REASON 4

최이진 지음

노하우
도서출판

초판 인쇄 2008년 4월 12일
초판 발행 2008년 4월 15일

지은이 최이진

펴낸곳 도서출판 노하우
기획 노하우
진행 안세현
디자인 NOUS

주소 서울시 관악구 봉천6동 100-339
전화 02)888-0991
팩스 02)871-0995

등록번호 제320-2008-6호
도서문의 www.hyuneum.com

ISBN 978-89-960714-1-9

값 20,000원

ⓒ 최이진 2008

컴퓨터만 있으면, 누구나 안방에서 음악을 만들 수 있다!

수 년 전 필자의 서적에 헤드 카피로 사용된 말이다. 이 카피가 다소 과장된 내용이라는 것을 알고는 있었지만, 광고라는 것이 조금은 과장되는 것이 일반적이라는 생각에 나도 별다른 언급을 하지 않았던 기억이 난다. 그런데 불과 몇년 사이에 컴퓨터 음악 분야는 비약적인 발전을 거듭하여 진짜 컴퓨터만 있으면 누구나 안방에서 음악을 만들 수 있는 것이 과장처럼 현실화되었다.

작/편곡가의 꿈을 가지고 컴퓨터 음악 공부를 시작할 때, 흔히 소나를 선택할까, 아니면 큐베이스를 선택할까를 고민한다. 프로그램을 선택한 후에는 당장 내일부터라도 음악을 만들 수 있을 것 같은 설렘으로 공부를 시작하지만 막상 음악을 만들기 위해서는 적어도 한 두 대의 악기가 필요하고, 욕심을 낸다면 리버브, 딜레이, 컴프레서 등과 같은 이펙트 장치에 대한 필요성을 느끼게 된다. 그나마 의지가 굳은 사람이라면 아르바이트를 해서라도 필요한 장비를 구입해보겠다는 생각을 갖지만, 수백만 원이 넘는 장비를 갖추기는 현실적으로 쉽지 않으므로 안타깝게도 중간에 포기하는 이들도 적지 않다. 다행히도 이러한 어려움을 해소해 준 것이 바로 리즌이다.

리즌 4는 음악을 만드는데 필요한 하드웨어 악기와 이펙트를 컴퓨터에서 구현하고 있는 프로그램이다. 이렇게 녹음 스튜디오에서 사용하는 실제 하드웨어 악기와 이펙트를 컴퓨터에서 소프트웨어로 구현하는 프로그램들을 Virtual Studio Technology의 약자인 'VST' 라고 하며, 이미 수많은 종류의 프로그램들이 실제 음반 작업에 사용되고 있을 만큼 그 퀄리티를 보장받고 있다. 가끔 인터넷을 보면, "OO사의 VST가 OO 음악에 사용되었다는 광고는 거짓말" 이라든가, "VST 악기는 눈 감고 들어도 표시가 나는 허접 사운드"라는 글들을 본다. 물론 그런 경우도 있을 수 있지만, OO 음악에 OO VST가 사용되었다는 제작사 광고는 법적으로 거짓말을 할 수가 없으며, 실제로 VST는 테크노라는 음악 장르를 넘어 록과 발라드는 물론, 드라마, 영화 음악까지 사용 범위가 확대되고 있는 추세이다. 아직까지 국내에는 VST 하면 공짜라는 개념으로 연결되고, 공짜로 얻은 것은 쉽게 취급하는 경향이 있기 때문에 많은 이들이 무시하고 있지만, VST는 그 꿈을 포기하는 학생들에게 새로운 희망이 될 수 있는 기술이다.

이 책은 경제적인 이유 때문에 꿈을 포기하는 일이 없었으면 하는 바람으로 도서출판 노하우와 함께 기획한 VST 시리즈의 첫 번째 안내서이다. 여담이지만 요즘 내가 작가인지 음악 프로듀서인지 혼란스러울 만큼 컴퓨터 음악 관련 서적의 대부분을 집필하고 있다. 안타까운 것은 이만한 글을 쓸 수 있는 사람이 없어서가 아니라 쓰려는 사람이 없다. 아마도 경제적으로 큰 이익이 되지 않기 때문일게다. 나 역시 글쓰는 시간에 음악 작업을 하는 것이 훨씬 큰 이익이 된다. 그럼에도 불구하고 매번 글을 쓰는 이유는 독자가 보내주는 감사의 편지 때문이다. 미흡한 글이지만 누군가에게는 도움이 되고 있다는 기쁨이 "이번이 마지막이야" 라는 다짐을 번복하게 만들고, VST 시리즈를 기획하게 된 동기가 되었다. 아무쪼록 악기를 구입할 돈이 없어서 음악을 포기해야겠다는 메일을 보내온 독자에게 이 책이 소중한 꿈을 지탱하는데 조금이나마 힘이되엇으면 하는 바램이다. 적어도 내 경험에 비추어 멈추지 않는다면 꿈은 반드시 이루어지기 때문이다.

2008년 3월 최이진 씀

이 책의 구성

리즌은 음악을 만드는데 필요한 하드웨어 악기와 이펙트를 컴퓨터에서 그대로 구현합니다.
특히 새롭게 출시된 리즌 4는 자체 미디 음악 작업이 가능한 독립 프로그램이면서도 내장된 신디사이저와 샘플러, 다양한 이펙트 기능이 매우 탁월하기 때문에 큐베이스, 소나, 로직, 프로-툴 등의 컴퓨터 음악 프로그램 사용자가 리와이어 방식으로 많이 사용하고 있는 대표적인 프로그램입니다.

이 책은 국내에 처음 선보이는 리즌 4를 초보 학습자는 물론 기존에 리즌을 사용해왔던 분들까지도 완벽하게 그 기능을 익히고 실습해 볼 수 있도록 구성하였습니다. 아래의 구성 현황을 통해 각각의 리즌 학습을 구현해 보시기 바랍니다.

PART 1 리즌 4와의 첫 만남

리즌 4에 대한 개요와 기본 지식을 살펴보고, 큐베이스, 소나 사용자들이 리즌 4를 이용하여 어떻게 곡 작업을 하는지, 또한 프로그램 실행에서 오디오 CD 제작까지의 전과정을 실습하도록 합니다. 아울러 큐베이스에서 곡 만들어보기와 소나에서 곡 만들어보기 실습은 동일한 내용이므로 자신이 사용하고 있는 프로그램에 맞게 선택적으로 학습해 볼 수 있습니다.

PART 2 실습으로 익히는 리즌4의 시스템

리즌 4에서 제공하는 악기와 이펙트 기능을 실습으로 익힐 수 있도록 구성하였습니다. 리즌 4의 시스템 통해 처음 접해보는 VST는 물론이거니와 실제 하드웨어 장비를 다룰 수 있는 능력을 갖출 수 있습니다.

PART 3 시퀀서와 메뉴 익히기

대부분의 사용자들이 큐베이스나 소나에서 시퀀서 작업을 하기 때문에 간단한 테마 음악을 만들어볼 때 외에는 리즌 4의 시퀀서를 사용할 일은 그다지 많지 않습니다. 하지만 리즌 4의 학습을 마무리하는 차원에서 시퀀서와 메뉴를 익혀 볼 수 있도록 배려하였습니다.

Chapter
실습할 내용을 소개합니다.

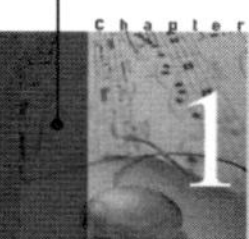

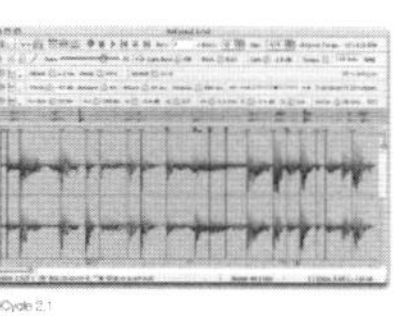

Tip
실력을 업그레이드 시킬 수 있는 상세한 내용을 설명합니다.

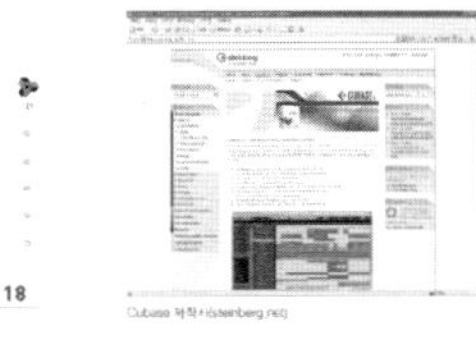

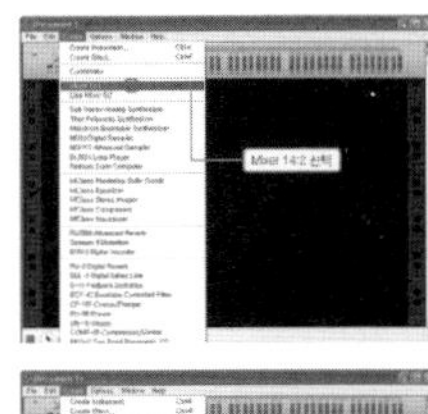

지시선
모든 과정에서 지시선을 표시하여 초보자도 쉽게 실습을 진행할 수 있습니다.

실습
각 기능을 따라하기 방식으로 익힐 수 있습니다.

부록 CD 구성

이 책은 사용자가 음악을 만들어보면서 각각의 장치를 익힐 수 있게 구성되어 있기 때문에 별도의 실습 파일은 제공되고 있지 않음을 양지하시기 바랍니다. 부록 CD의 구성 내용은 아래와 같습니다.

1. Reason 4 데모 버전

리즌 4 데모 버전입니다. 데모 버전은 작업한 곡을 저장하거나 믹스다운 할 수 없으며, 1회 20분까지만 사용할 수 있는 등의 제한이 있는 것으로 정품을 구입하기 전에 리즌 4의 성능을 경험해 보는 용도입니다.

2. Reason 4 소개 영상

리즌 4 제작사인 Propellerhead사에서 제공하는 영상으로 리즌 4에 대한 소개와 각 장치의 사용법을 설명하고 있습니다. 영어로 제작되어있어 다소 불편할 수도 있겠지만, 각 Chapter의 장치 학습을 마치고 영상을 보면 많은 도움이 될 것입니다.

3. ReCycle 2 데모 버전

리즌 4 샘플의 핵심 포맷인 REX 파일을 편집하거나 제작할 수 있는 ReCycle 2 데모 버전입니다. REX 파일은 템포에 자유롭다는 장점이 있기 때문에 샘플 제작에 많이 사용되는 포맷입니다. 자신이 제작한 샘플을 음악에 사용하고 싶다면 관심을 가져보는 것이 좋습니다.

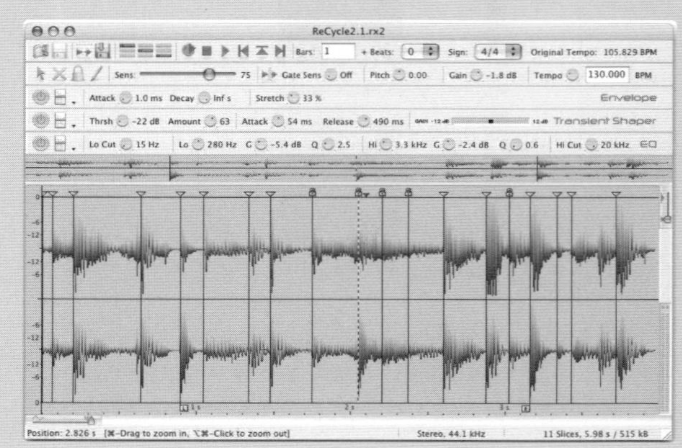

차례

Chapter **3** | DR.REX LOOP PLAYER   158

PART 3 시퀀서와 메뉴 익히기　　339

 **R e a s o n 4**

리즌 4에 대한 개요와 기본 지식을 살펴보고, 큐베이스나 소나 사용자가 리즌 4를 이용해서

어떻게 곡 작업을 하는지, 프로그램 실행에서부터 오디오 CD제작까지의 전 과정을 실습합니다.

큐베이스에서 곡 만들어보기와 소나에서 곡 만들어보기 실습은 동일한 내용이므로,

자신이 사용하고 있는 프로그램에 대해서만 학습을 합니다.

::: **PART 1** :::

리즌 4와의
첫 만남

1 리즌 4를 사용하기 위한 준비

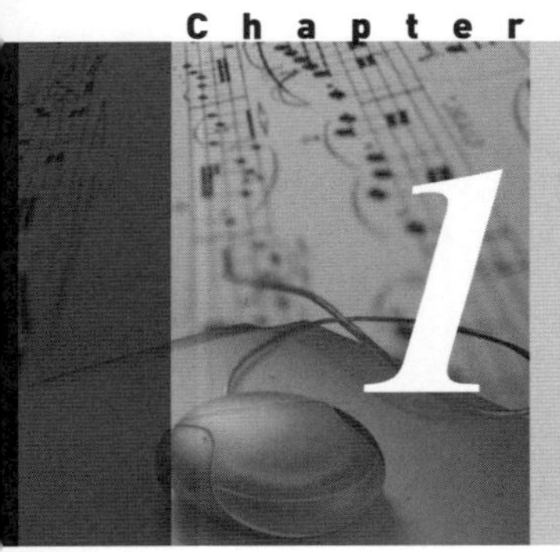

리즌 4는 자체적으로 미디 음악 작업이 가능한 독립 프로그램임에도 불구하고, 내장된 신디사이저와 샘플러, 그리고, 다양한 이펙트 기능이 너무 뛰어나기 때문에 큐베이스, 소나, 로직, 프로-툴 등의 컴퓨터 음악 프로그램 사용자가 리와이어 방식으로 많이 사용하고 있는 대표적인 프로그램입니다. 리즌 4에 대한 이해와 설치 방법 등을 살펴보겠습니다. 이미 사용자 컴퓨터에 리즌 4가 설치되어 있으며, 리즌 4가 어떤 프로그램인지를 알고 있다면, 바로 실습을 진행해도 좋습니다.

1 리즌 4의 이해

2000년에 발표한 Propellerhead사의 REASON 1.0은 녹음 스튜디오를 컴퓨터로 옮겨놓은 듯한 화려한 인터페이스로 세계 컴퓨터 뮤지션들의 관심을 끌어 모으는데 성공을 했고, 기능과 성능을 꾸준히 업그레이드하여 REASON 4에 이르기까지 MACMUSIC 유저들이 선정한 세계에서 가장 많이 사용하는 음악 프로그램 1위 자리를 지키고 있습니다. 이처럼 세계 컴퓨터 뮤지션들의 사랑을 받고 있는 리즌 4가 어떤 프로그램인지를 살펴보겠습니다.

1. 컴퓨터 음악 프로그램

컴퓨터 음악 프로그램은 미디와 오디오 데이터를 입력하고 편집하는 툴입니다. PC에서 가장 많이 사용하는 컴퓨터 음악 프로그램으로는 Steinberg사의 큐베이스와 Cakewalk사의 소나가 있습니다. 두 프로그램 모두 가상 악기인 VST Instruments와 가상 이펙트인 VST Effects를 포함하고 있지만, 미디와 오디오의 작업 비중이 크기 때문에 컴퓨터 음악 프로그램으로 구분합니다.

Cubase 제작사(steinberg.net)

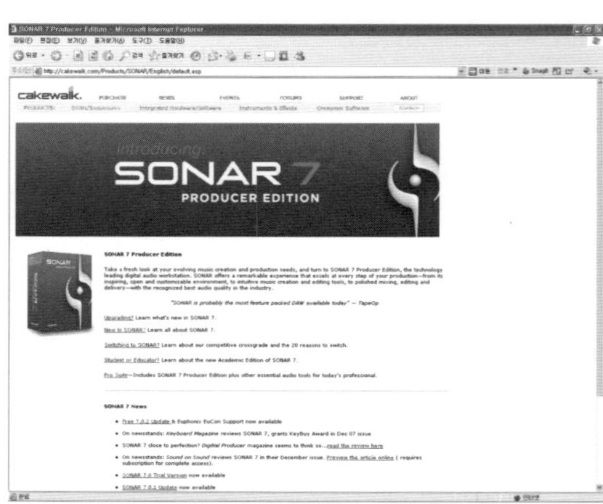

Sonar 제작사(Cakewalk.com)

2. 오디오 시퀀싱 프로그램

Steinberg사의 큐베이스와 Cakewalk사의 소나는 미디 데이터의 입력과 편집을 목적으로 사용하는 미디 시퀀싱 프로그램이었지만, 오디오 기능과 각종 VST가 추가되면서 미디와 오디오의 경계가 희미해졌기 때문에 컴퓨터 음악 프로그램으로 구분하고 있습니다. 그러나 처음부터 미디 보다는 오디오 편집에 비중을 두고 있는 프로그램들이 있습니다. 이것을 오디오 시퀀싱 프로그램이라고 하며, 대표적인 것으로는 Digidesign사의 Pro Tools과 Ableton사의 Live 등이 있습니다.

Pro Tools 제작사(digidesign.com)

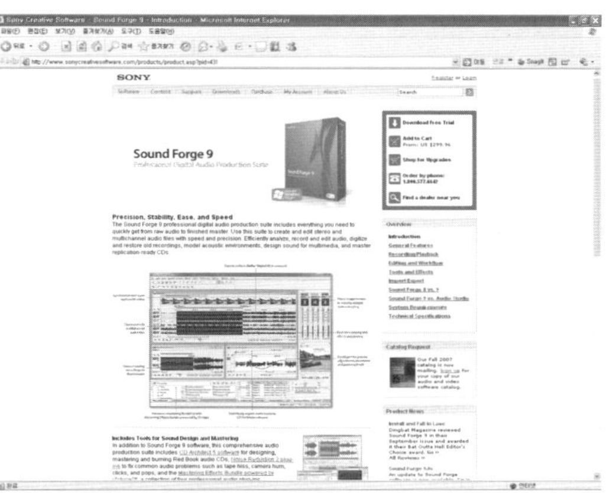

Live 제작사(ableton.com)

3. 사운드 편집 프로그램

앞에서 살펴본 컴퓨터 음악 프로그램과 오디오 시퀀싱 프로그램 모두 사운드를 편집할 수 있는 기능을 가지고 있지만, 간단한 스테레오 샘플 작업을 하기에는 조금 과분합니다. 스테레오 사운드를 편집하는데 적합한 프로그램으로는 Sony사의 SoundForge와 리즌 4에서 사용하는 REX 파일을 편집할 수 있는 Propellerhead사의 ReCycle이 있습니다.

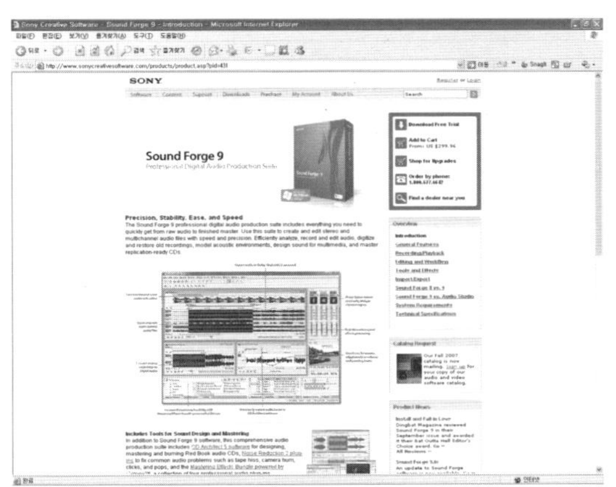

SoundForge 제작사(Sonycreativesoftware.com)

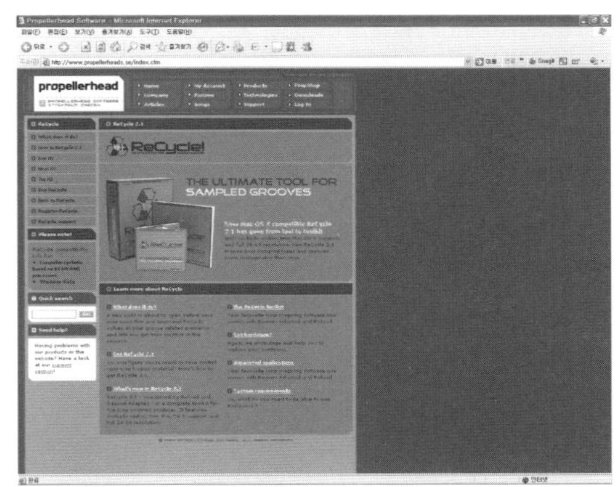

ReCycle 제작사(Propellerhead.se)

≈ 4. 영상 음악 프로그램

영상 음악과 사운드를 제작하는데 가장 많이 사용하는 프로그램으로는 Steinberg사의 Nuendo와 Digidesign 사의 Pro Tools이 있지만, 부가 장비가 많이 필요하기 때문에 개인에게는 다소 부담스러운 프로그램입니다. 개인 사용자에게는 프리미어 유저를 위한 Adobe사의 Audition과 Sony사의 Vegas가 가장 적합할 것입니다.

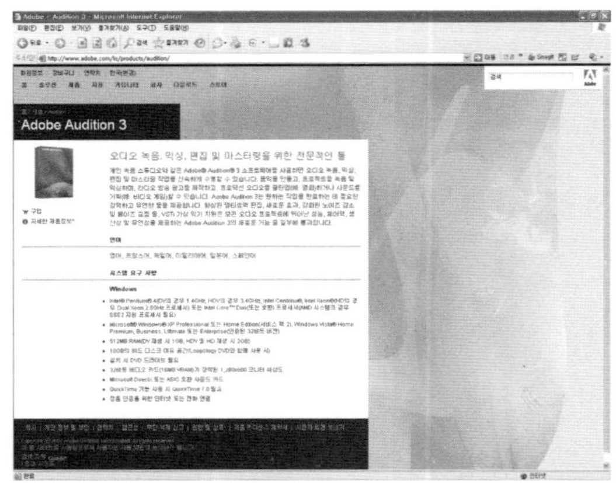

Audition 제작사(Adobe.com)

Vegas 제작사(Sonycreativesoftware.com)

≈ 5. 믹싱 프로그램

지금까지 살펴본 모든 프로그램은 DJ 믹싱 음악을 제작하는데 전혀 손색이 없는 프로그램들입니다. 그러나 사운드를 편집하는데 SoundForge나 ReCycle 등의 프로그램이 편리하듯이 DJ 믹싱 음악에 적합한 프로그램들이 있습니다. 그 중에서 가장 많이 사용하는 것에는 Native Instruments사의 Traktor DJ Studio와 Sony사의 Acid Pro 등이 있습니다.

Acid Pro 제작사(Sonycreativesoftware.com)

Traktor DJ Studio 제작사(native-instruments.com)

6. VST

VST란 Virtual Studio Technology의 약자로 녹음 스튜디오에서 사용하는 각종 장비를 소프트웨어로 구현하는 기술을 의미합니다. VST는 악기를 구현하는 VST Instruments와 이펙트를 구현하는 VST Effects로 구분하기도 하지만, 일괄적으로 VST라 부르고 있습니다. VST는 Instruments로 유명한 Native Instruments와 Effects로 유명한 Waves사 외에도 실제 하드웨어를 제작하는 회사를 비롯해서 그 수를 헤아릴 수 없을 정도로 많습니다.

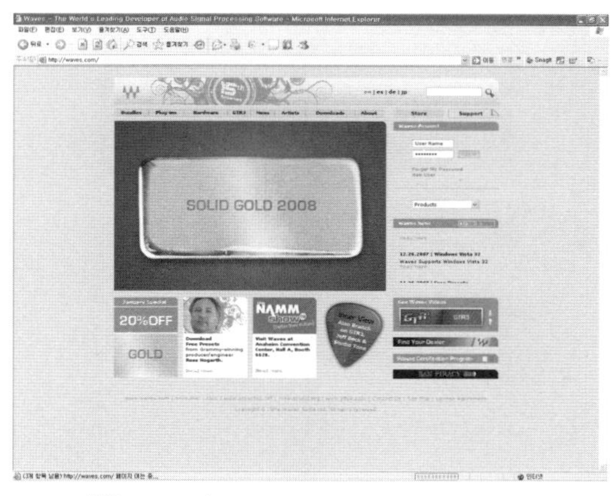

waves사(Waves.com)

Native Instruments사(native-instruments.com)

VST는 실제 하드웨어 장비와 비슷한 외관과 성능을 가지고 있으며, 작업의 효율성이나 공간 활용 등에서는 오히려 하드웨어를 앞지르고 있기 때문에 컴퓨터 뮤지션이라면 최소한 한 두 가지 이상은 설치해 놓았을 것입니다. 컴퓨터 음악 프로그램에서 VST를 사용하는 방식은 두 가지가 있습니다. 첫 번째는 컴퓨터 음악 프로그램의 VST 목록에 추가되어 자체 기능을 사용하는 느낌을 주는 플러그-인 방식으로 편하다는 장점은 있지만, 단독으로 사용할 수 없다는 단점이 있습니다.

큐베이스에서의 VST 사용 모습

소나에서의 VST 사용 모습

두 번째는 실제 하드웨어 장비를 컴퓨터에 연결해서 사용하듯 컴퓨터 음악 프로그램과 가상으로 연결해서 사용하는 리와이어 방식이 있습니다. 리와이어 방식은 실제 하드웨어 장비와 같이 단독으로 사용할 수 있다는 장점이 있지만, 높은 시스템 사양을 요구한다는 단점이 있습니다.

대표적인 리와이어 프로그램으로는 본서에서 살펴볼 Propellerheads사의 Reason 4와 최근에 플러그-인 방식의 GVI를 발표한 TASCAM사의 Giga Studio가 있습니다.

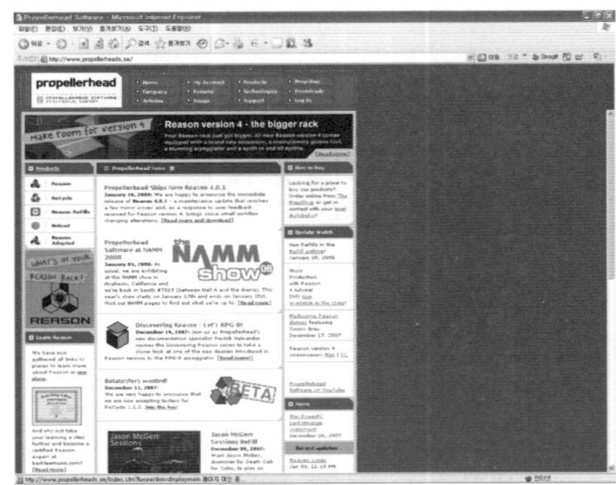

Reason 제작사(propellerheads.se)

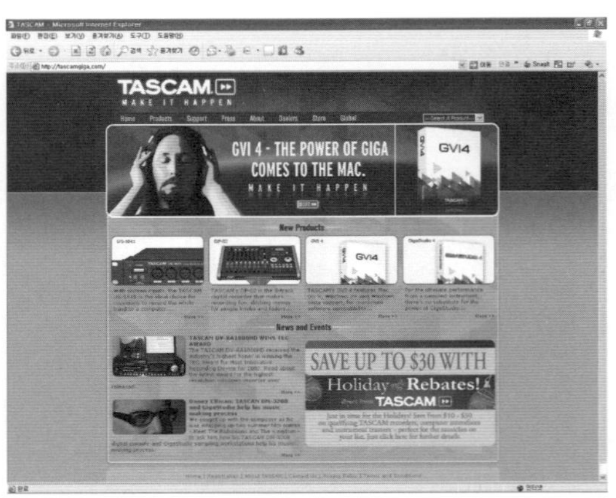

GVI제작사(tascamgiga.com)

7. 리즌 4

최근에 출시되는 VST는 플러그-인 방식과 리와이어 방식을 모두 지원하는 추세이기 때문에 활용 범위가 넓어지고 있지만, 리즌 4는 아직도 리와이어 방식으로만 사용이 가능합니다. 그 이유는 리즌 4 자체에 미디 데이터를 입력하거나 편집할 수 있는 시퀀싱 기능이 있고, 대부분의 VST가 모듈, 샘플러, 이펙트 등 각각의 장비를 구현하고 있지만, 리즌 4는 녹음 스튜디오에서 필요한 모든 장비를 구현하고 있는 종합 제품이기 때문입니다. 즉, 리즌 4 하나만으로도 음악 제작에 필요한 모든 장비를 갖출 수 있다는 것입니다.

스튜디오의 전경

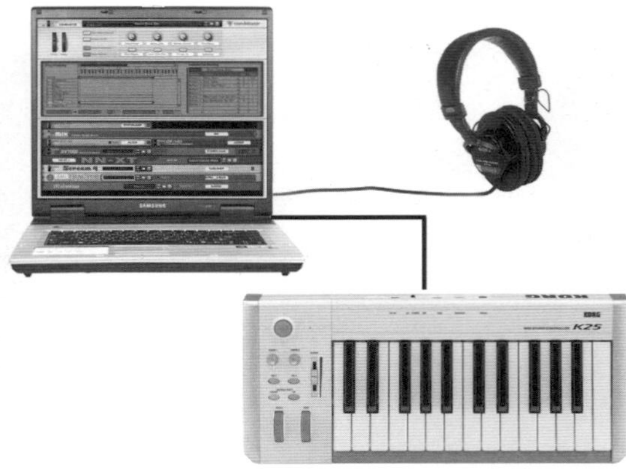

리즌 4로 구현하는 스튜디오

8. 스코어 프로그램

지금까지 살펴본 음악 프로그램과는 성격이 조금 다른 악보 사보를 위한 스코어 프로그램이 있습니다. 악보 사보란 가요 전집이나 밴드 스코어와 같은 악보 출판물을 제작할 때 사용하는 프로그램을 말합니다. Steibnerg사의 큐베이스는 스코어 프로그램과 동일한 품질의 악보를 제작할 수 있지만, 단지, 악보 사보가 목적인 사용자라면, Finalemusic사의 Finale나 Sibelius사의 Sibelius와 같은 스코어 프로그램을 이용하는 것이 바람직합니다.

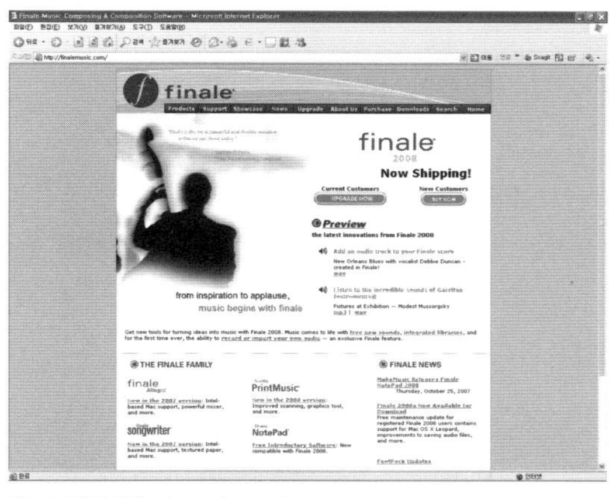

Finale 제작사(finalemusic.com)

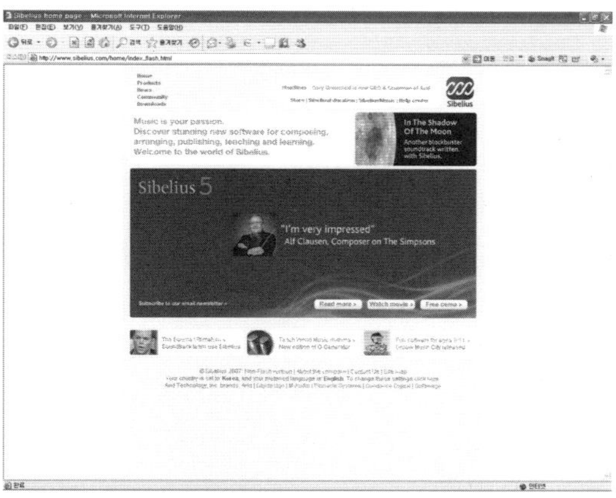

Sibelius 제작사(sibelius.com)

9. 그 밖의 프로그램

음악을 제작할 수 있는 프로그램 중에는 컴퓨터 키보드로 코드를 입력하고, 원하는 음악 장르를 선택하기만 하면 자동으로 음악을 만들어주는 PGMusic사의 Band In a box나 마우스 드래그만으로도 다양한 장르의 음악을 손쉽게 만들 수 있는 Steinberg사의 sequel 등 컴퓨터음악에 관련된 프로그램의 종류는 수도 없이 많습니다.

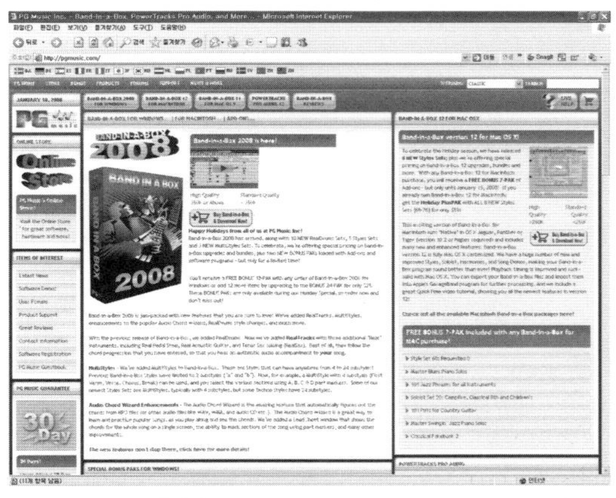

Band in a box 제작사

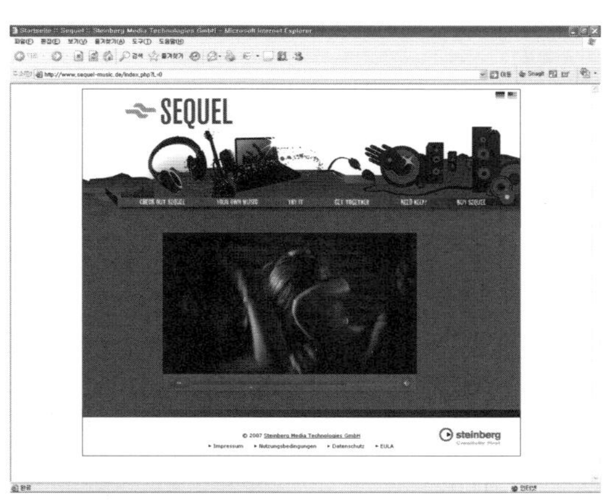

sequel 제작사(sequel-music.de)

리즌 4를 원활하게 사용하기 위한 시스템 사양과 필요한 장비를 살펴보겠습니다. Propellerhead 사는 인텔 펜티엄 III 600 MHz 이상의 CPU와 256 MB 이상의 RAM을 갖추고 있다면, 리즌 4를 사용하는데 무리가 없다고 밝히고 있지만, 리즌 4는 소나 및 큐베이스 사용자가 리와이어로 이용하는 것이 일반적이므로, 인텔 펜티엄 IV 2.8 GHz 이상의 CPU와 1 GB 이상의 RAM을 갖추는 것이 좋습니다.

1. CPU

컴퓨터의 핵심 부품으로 장치 제어 및 프로그램의 명령을 처리하는 역할의 CPU는 인텔 펜티엄 IV 2.8 GHz 이상을 권장합니다. 소나 및 큐베이스를 마스터로 사용할 경우에는 한 개의 프로세서 안에 두 개의 실행 코어를 제공함으로써 최대 2배에 가까운 성능 향상을 볼 수 있는 듀얼 코어의 지원 여부도 확인하는 것이 좋습니다. 물론, 요즘에 출시되는 CPU는 모두 듀얼 코어를 지원하고 있습니다.

2. RAM

CPU에서 처리할 데이터를 하드 디스크에서 미리 불러오는 역할을 하는 RAM은 1 GB 이상의 용량을 권장합니다. 음악 작업을 하면서 소나 및 큐베이스의 트랙과 리즌 4의 악기가 늘어날수록 RAM의 용량에 따라 현저한 속도 차이를 보이게 되므로, 여건이 되는대로 RAM의 용량을 늘리는 것이 좋습니다.

3. VGA

요즘 출시되는 대부분의 VGA 카드는 두 대의 모니터를 연결할 수 있는 듀얼 링크를 지원합니다.

소나 및 큐베이스를 마스터로 사용하고, 리즌 4를 리와이어로 사용할 때, 모니터를 두 대 이용하면 매우 효율적인 작업이 가능하므로, 무리가 되더라고 두 대의 모니터를 연결해서 사용하는 것이 좋습니다. 일반적인 VGA 카드는 아날로그와 디지털 방식의 모니터를 한 대씩 연결할 수 있으므로, 모니터를 추가할 때 확인할 필요가 있습니다.

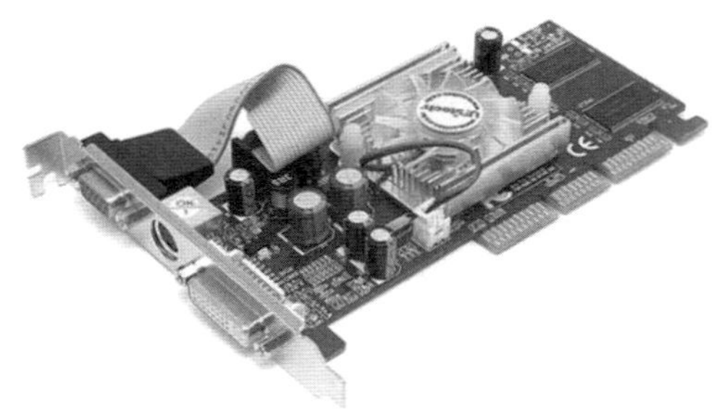

4. HDD

500 G 이상의 하드 디스크가 몇 만원에 판매되고 있는 시점에서 하드 디스크의 용량을 거론한다는 것은 별 의미가 없을 것이고, 데이터 보관을 위한 별도의 HDD를 추가하여 사용할 것을 권장합니다. 여건이 된다면 프로그램을 설치하거나 실행하는 HDD는 E-IDE 보다 평균 탐색 시간(MS)이 짧은 S-ATA 나 SCSI 방식을 권장합니다.

5. DVD-ROM

리즌 4의 설치 프로그램은 DVD로 제공되고 있으므로, 반드시 DVD-ROM 드라이브가 필요합니다.

요즘에 출시되는 컴퓨터에는 DVD를 읽을 수 있는 드라이브가 기본 적으로 장착되어 있지만, 간혹 읽을 수만 있는 경우도 있으므로, 새로 구입하는 사용자라면 데이터 백업 및 DVD 제작을 고려하여 DVD-RW의 지원 여부를 확인하는 것이 좋습니다.

6. 오디오 카드

메인 보드에 기본적으로 장착되어 있는 사운드 카드도 리즌 4를 학습하는 데는 무리가 없지만, 레이턴시 해결
을 위한 ASIO 드라이버, 사운드의 퀄리티를 결정하는 샘플 포맷, 동시 녹음을 위한 멀티 포트 등, 불편한 점이
많기 때문에 오디오 카드는 필요합니다. 그러나, 사운드 카드로 공부를 하면서 불편한 점들이 몸으로 느껴질
때쯤 구입 여부를 고려하는 것이 현명합니다.

7. 마스터 건반

리즌 4에서 제공하는 다양한 미디 악기들은 사용자가 입력한 미디 정보를 연주하는 역할을 합니다. 컴퓨터 게
임을 할 때 마우스나 키보드를 이용하는 것 보다는 조이스틱이라는 장치를 이용하는 것이 편리하듯이 미디 정
보는 신디사이저와 마스터 건반 등의 장치를 이용하는 것이 편리합니다. 신디사이저는 악기 자체에 음색이 내
장되어 있으며, 마스터 건반은 내장된 음색이 없고, 단지 미디 정보를 입력하는 도구로 사용하는 장치입니다.

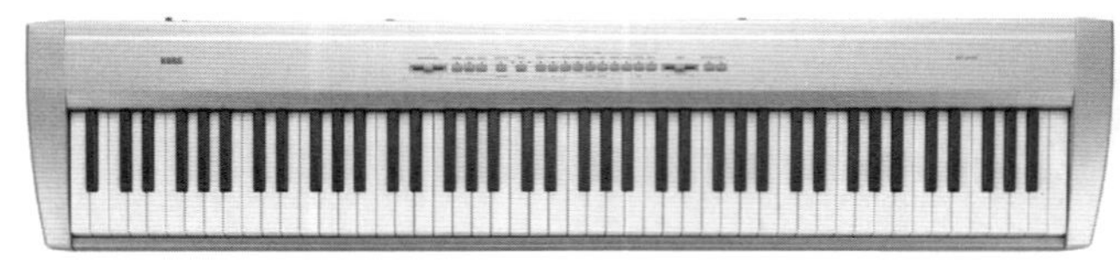

마스터 건반

신디사이저

8. 미디 인터페이스와 케이블

미디 연주 정보 입력 장치인 '마스터 건반' 과 컴퓨터를 서로 연결하기 위해서는 '미디 인터페이스' 라는 장치
와 '미디 케이블' 이 필요합니다. 사운드 카드는 한 대의 장치를 연결할 수 있는 미디 인터페이스 기능이 있기
때문에 장치가 한대뿐이라면 별도의 미디 인터페이스는 필요 없고, 사운드 카드의 미디 인터페이스 기능을 사
용하기 위한 사운드 카드 전용 미디 케이블만 준비하면 됩니다.

사운드 카드용 미디 케이블

미디 인터페이스용 미디 케이블

마스터 건반 외에 신디사이저, 모듈, 미디 컨트롤러 등의 다양한 장비를 갖추고 있는 경우라면, 여러 대의 악기를 동시에 연결할 수 있는 멀티 포트의 미디 인터페이스와 전용 미디 케이블이 필요합니다. 미디 인터페이스는 동시에 4대의 장비를 연결할 수 있는 4In/Out과 8대의 장비를 연결할 수 있는 8in/Out 제품이 주로 사용되고 있으며, 1~2대의 장비를 간편하게 연결하여 사용할 수 있는 USB 타입의 미디 인터페이스도 많이 사용합니다.

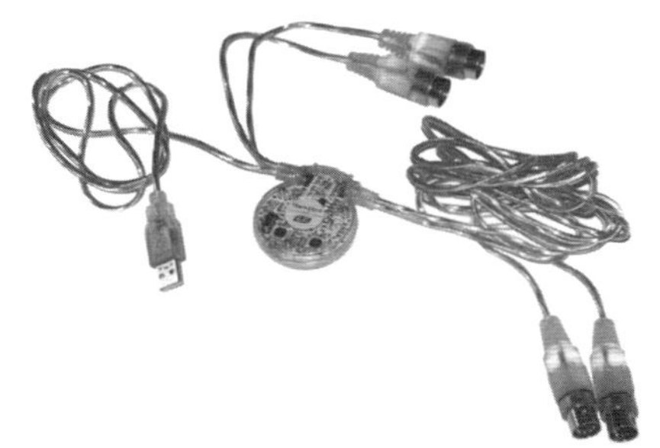
usb 타입의 미디 인터페이스

4포트 미디 인터페이스

〜 9. 모니터 스피커

작업하는 음악을 모니터 하기 위해서는 소리를 증폭하는 앰프와 증폭한 소리를 전달하는 스피커로 구성된 모니터 시스템이 필요합니다. 일반적으로 가정용 오디오 또는 컴퓨터 전용 스피커를 이용해서 모니터 시스템을 대신하는 경우가 있는데, 가급적 주파수 대역이 고른 전문 모니터 시스템을 갖추는 것이 좋습니다. 모니터 스피커는 앰프가 내장되어 있는 액티브 타입과 앰프를 별도로 구매해야 하는 패시브 타입이 있습니다.

앰프 내장형 모니터 스피커

앰프 분리형 모니터 시스템

리즌 4의 설치 과정과 처음 실행할 때, 열리는 창의 역할을 살펴보겠습니다. 리즌 4의 설치 DVD에는 프로그램 외에 Orkester Sound bank와 Factory Sound Bank의 음원을 포함하고 있으며, 프로그램과 각각의 음원을 설치하기 위해서는 하드 디스크에 1G 이상의 여유 공간이 필요합니다.

부록 CD에는 정품을 구입하기 전에 리즌 4를 체험해볼 수 있는 데모 버전을 제공하고 있습니다.

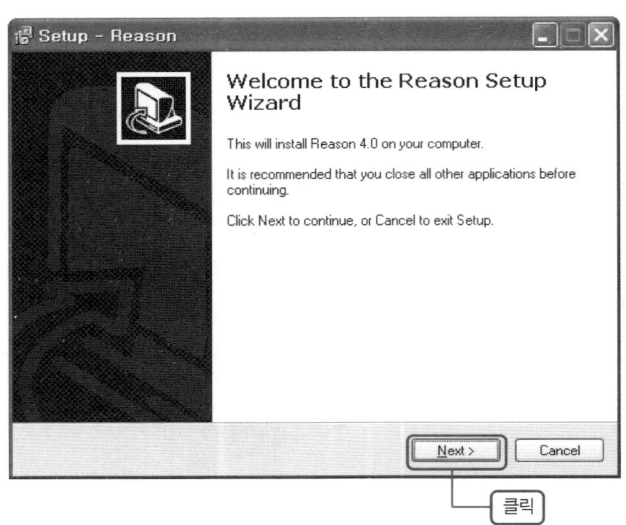

01 DVD-ROM 드라이브에 설치 DVD를 삽입하면, 자동으로 설치 마법사가 실행됩니다. [Next] 버튼을 클릭하여 설치를 시작합니다.

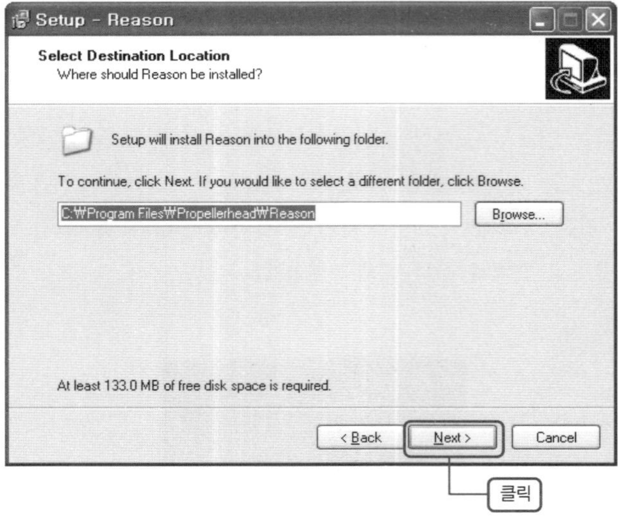

02 설치될 위치를 선택할 수 있는 Select Destination Location 창이 열립니다. 기본 위치인 C:\Program Files\Propellerhead\Reason에 그대로 설치하기로 하고, [Next] 버튼을 클릭합니다.

가 정 교·사

리즌 4의 설치 위치는 [Browse] 버튼을 클릭하여 변경할 수 있습니다.

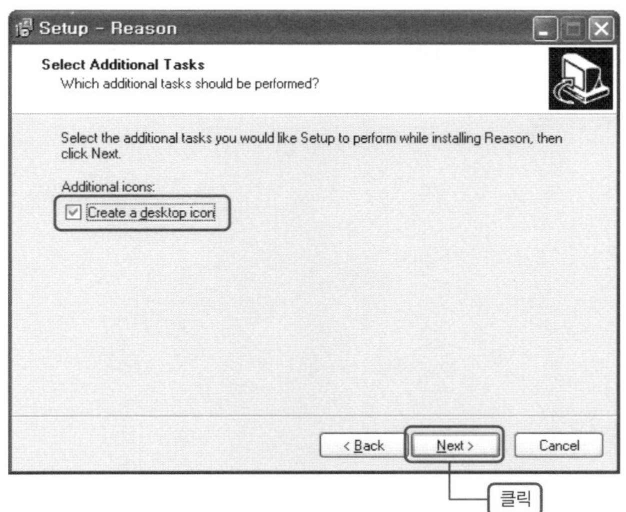

클릭

03 바탕화면에 실행 아이콘을 만들 것인지의 여부를 선택할 수 있는 Select Additional Tasks 창이 열립니다. Create a desktop icon 옵션이 선택되어 있는 상태로 [Next] 버튼을 클릭합니다.

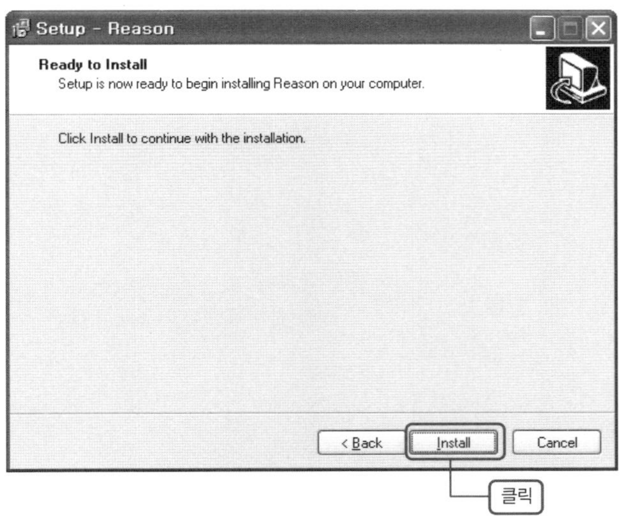

클릭

04 설치 준비가 완료되었습니다. [Install] 버튼을 클릭하면, 설치가 진행되는 과정이 보입니다. 설치가 완료될 때까지 잠시 기다립니다.

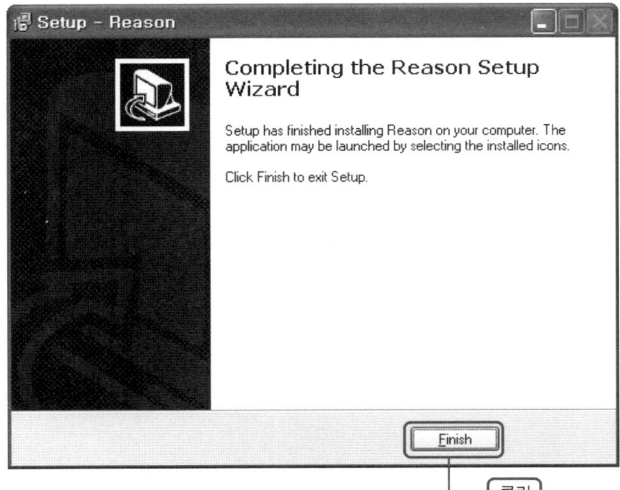

클릭

05 설치가 완료되면, completing the Reason Setup Wizard 창이 열립니다. [Finish] 버튼을 클릭하여 설치를 마칩니다.

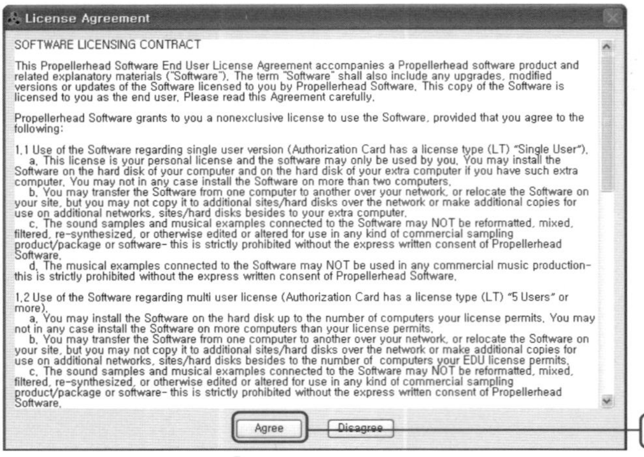

06 바탕화면에 만들어진 reason 아이콘을 더블 클릭하여 실행합니다. 사용자 계약서인 License Agreement 창이 열립니다. [Agree] 버튼을 클릭하여 동의합니다.

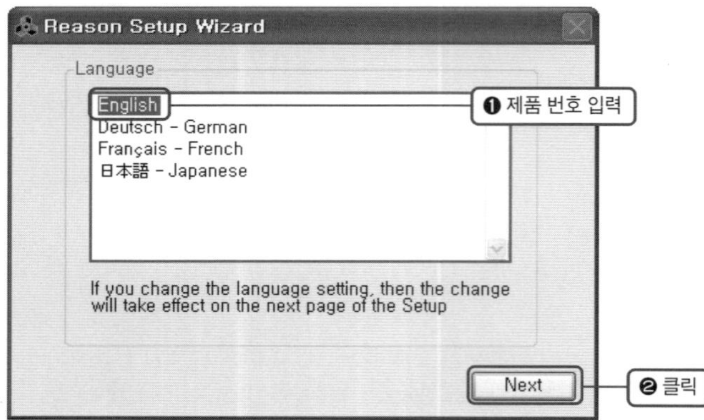

07 샘플이 복사되는 과정이 잠시 진행되고, 제품 번호 입력을 요구하는 Enter License Number 창이 열립니다. License 항목에 제품 번호를 입력하고, [OK] 버튼을 클릭합니다.

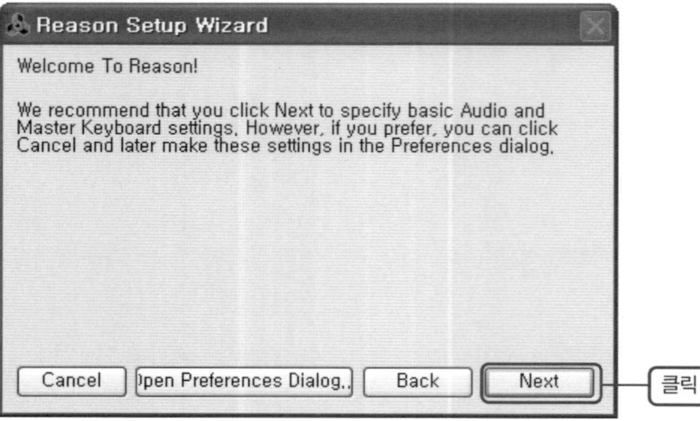

08 사용 언어를 선택할 수 있는 Language 창이 열립니다. English를 선택하고, [Next] 버튼을 클릭합니다.

09 환경 설정 마법사 창이 열립니다. 리즌 4는 큐베이스나 소나의 리와이어로 사용하기 때문에 환경을 설정할 이유는 없지만, 단독으로 사용할 경우를 대비하여 [Next] 버튼을 클릭합니다.

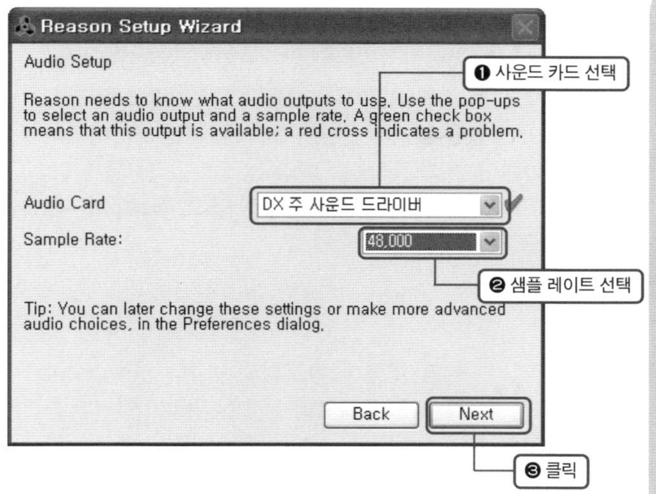

10 오디오 카드와 샘플 레이트를 설정하는 창이 열립니다. Audio Card에서 사용자 컴퓨터에 장착되어 있는 사운드 카드를 선택하고, Sample Rate는 많이 사용하는 48,000을 선택합니다. 그리고, [Next] 버튼을 클릭합니다.

가 정 교 사

리즌 4는 44.1KHz~96KHz까지의 샘플 레이트를 지원합니다. 일반적으로 48KHz를 많이 사용하지만, 사운드 카드가 지원하는지의 여부를 확인해야 합니다. 컴퓨터에 내장되어 있는 사운드 카드의 대부분은 48KHz를 지원하지 않으므로, 44.100을 선택합니다.

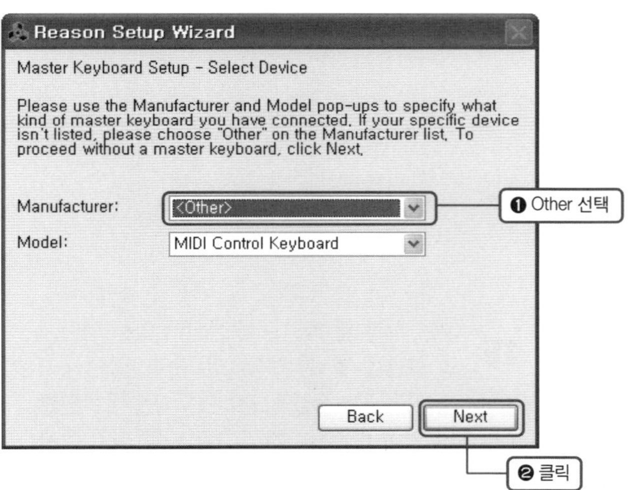

11 마스터 건반을 찾는 과정이 잠시 진행되고, 마스터 건반의 모델을 선택하는 창이 열립니다. 마스터 건반을 자동으로 찾지 못했다면, Manufacture에서 Other를 선택하고, [Next] 버튼을 클릭합니다.

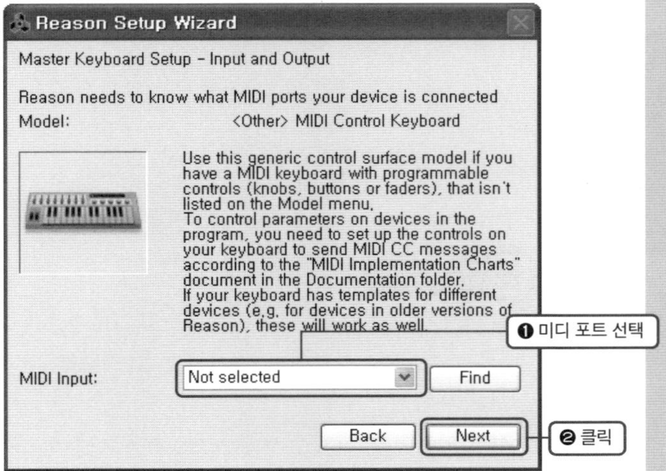

12 마스터 건반이 연결되어 있는 인 포트를 선택하는 창이 열립니다. MIDI Input에서 마스터 건반이 연결되어 있는 미디 포트를 선택하고, [Next] 버튼을 클릭합니다. 마스터 건반이 연결되어 있는 인 포트를 모르겠다면, [Find] 버튼을 클릭합니다.

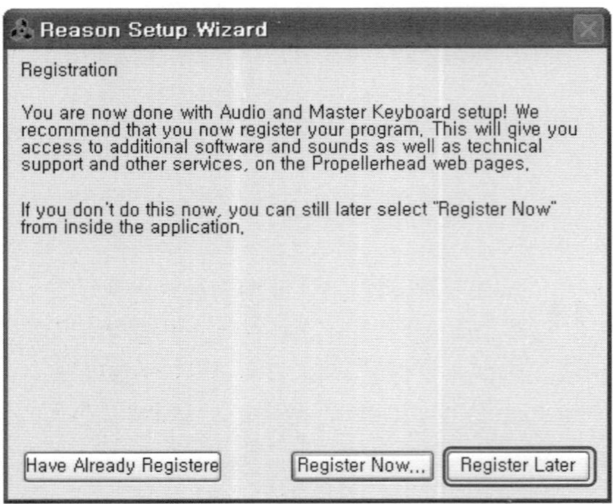

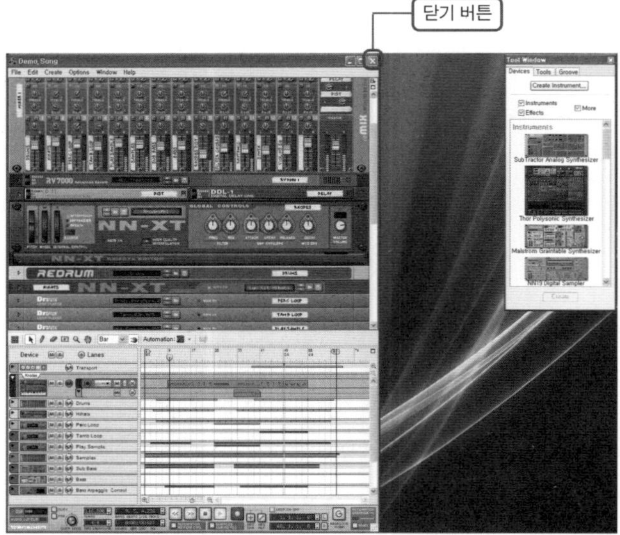

13 [Find] 버튼을 클릭했다면, 마스터 건반이 연결되어 있는 미디 인 포트를 자동으로 찾을 수 있는 창이 열립니다. 사용하고 있는 마스터 건반의 전원을 켜거나 건반을 누르면, 자동으로 마스터 건반이 연결되어 있는 미디 인 포트를 인식합니다. [Choose] 버튼을 클릭하여 창을 닫고, [Next] 버튼을 클릭합니다.

14 환경 설정이 완료되었습니다. [Register Later]를 클릭하여 환경 설정을 마칩니다. 참고로 [Register Now] 버튼을 클릭하면, 사용자 등록을 할 수 있는 Propellerhaed사의 홈페이지에 연결됩니다. 사용자 등록을 하면, 무료 업그레이드, 새 소식 등의 다양한 혜택을 받을 수 있습니다.

15 메인 창과 툴 창으로 구성되어 있는 리즌 4의 화면을 볼 수 있습니다. 숫자열의 Enter 키를 눌러 데모 곡이 정상적으로 연주되는지 확인합니다. 이상 없이 연주된다면, 0번 키를 눌러 정지하고, [닫기] 버튼을 클릭하여 종료합니다.

가정교사

데모 곡이 정상적으로 연주되지 않는 다면, 스피커의 전원이나 라인의 연결 상태를 체크하기 바랍니다. 의외로 많은 분들이 실수하는 부분입니다.

실제 녹음실의 장비를 컴퓨터 화면으로 옮겨 놓은 듯한 모습을 하고 있는 리즌 4는 미디 및 오디오 인터페이스 역할을 하는 하드웨어 인터페이스와 큐베이스나 소나에서와 같은 미디 작업을 할 수 있는 시퀀서를 기본으로 여러 가지 미디 악기와 이펙트 등의 장치를 제공합니다. Tab 키를 누르면, 각 장치의 라인 연결을 컨트롤 할 수 있는 뒷모습을 볼 수 있습니다.

1. 랙의 의미

가정에서 TV나 홈시어터 등은 공간 활용이나 멋을 위해 추가 비용이 들더라도 전용 장식장을 이용하듯이, 녹음 스튜디오에서도 각종 장비를 장착하기 위한 랙이라고 부르는 장식장을 이용합니다. 리즌 4는 녹음 스튜디오에서 사용하는 랙과 동일한 모습을 하고 있으며, 각종 장치를 소프트웨어로 구현하고 있는 프로그램입니다.

2. 기본 장치

아무런 장치도 추가하지 않은 리즌 4의 빈 랙은 하드웨어 인터페이스와 트랜스포트를 포함하고 있는 시퀀서의 2가지로 구성되어 있습니다. 하드웨어 인터페이스는 16채널 미디와 64채널 오디오 인터페이스를 구현하며, 시퀀서는 큐베이스나 소나와 동일한 미디 작업을 할 수 있습니다.

그리고, 오른쪽에 보이는 툴 창은 Create 메뉴를 이용해서 악기를 장착하는 역할과 동일한 것으로, 원하는 악기를 선택하고, [Create] 버튼을 클릭하여 악기를 장착할 수 있습니다.

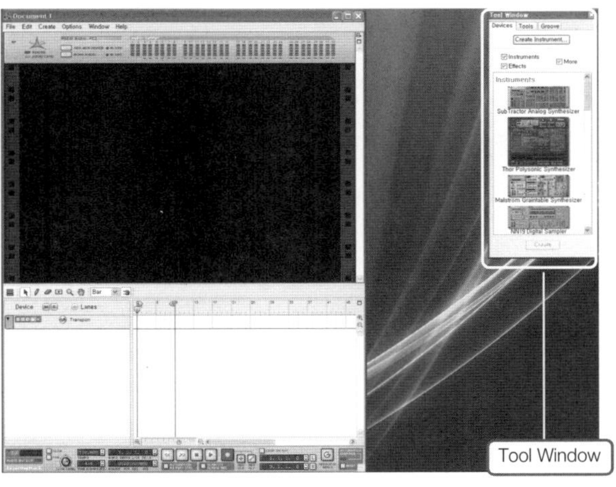

3. 장치 추가

리즌 4는 기본 장치 외에 사용자가 추가하고 싶은
장치들을 Create 메뉴 또는 툴 윈도우를 이용해서
추가할 수 있으며, Combinator에서부터 ReBirth
Input Machine까지 32가지의 장치를 제공하고 있습
니다. 물론, 동일한 장치를 중복해서 장착할 수 있기
때문에 랙에 장착할 수 있는 장치의 수는 제한이 없
습니다.

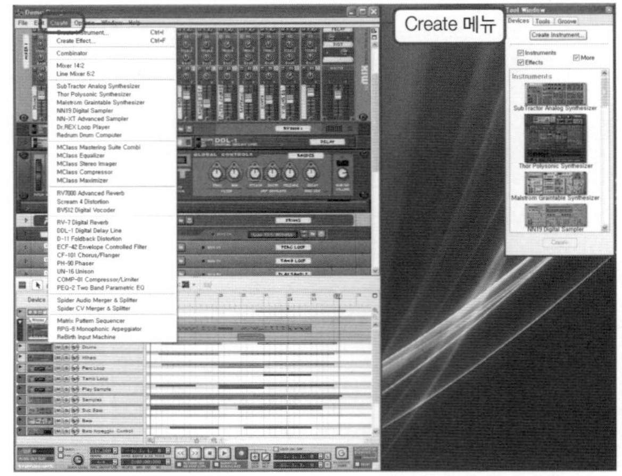

4. Combinator

랙에 장착할 수 있는 첫 번째 장치는 사용자가 원하
는 장치들을 하나의 세트로 관리할 수 있는
Combinator입니다. 마스터 링 작업에 필요한 장치
를 내장하고 있는 MClass Mastering Suite Combi와
동일한 장치이며, 사용자가 원하는 장치로 구성할
수 있게 비어있다는 점만 다릅니다.

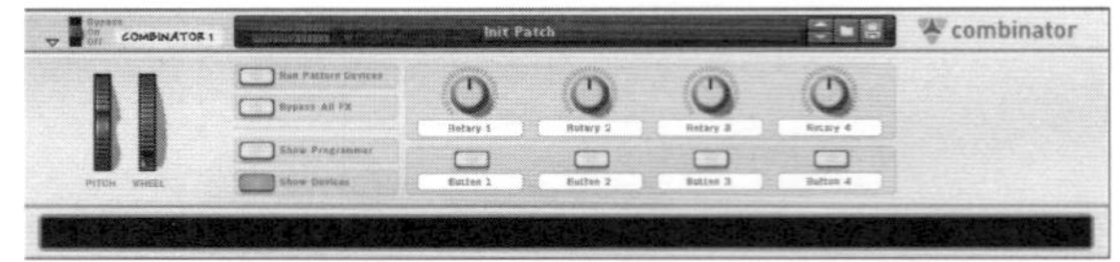

5. Mixer

리즌 4의 14in/2Out 믹서는 흔하게 볼 수 있는 아날
로그 믹서를 시뮬레이션 하고 있기 때문에 소프트웨
어 믹서를 처음 접하는 사용자도 쉽게 사용할 수 있
다는 장점이 있습니다.

믹서의 역할은 다수의 장비를 Audio In에 연결하여 하나의 스테레오 Master Out으로 출력하는 역할을 합니다.
예를 들어 두 대 이상의 악기를 가지고 있는데, 믹서가 없다면, 그림에서와 같이 두 조 이상의 스피커가 필요할
것입니다.

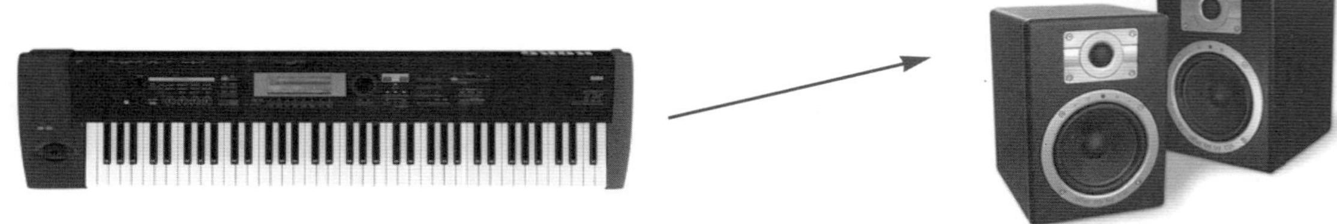

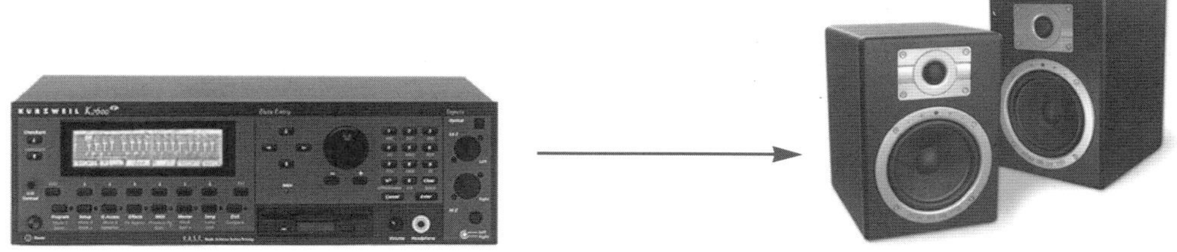

이것은 자세한 설명이 없어도 매우 비효율적이라는 것을 짐작할 수 있습니다. 그래서 여러 대의 장치를 연결할 수 있는 믹서를 사용하여 하나의 스피커로 출력할 수 있는 시스템을 구축할 필요가 있습니다. 리즌 4에서 제공하는 믹서 역시, 하드웨어의 믹서와 동일한 역할을 하는 것으로 리즌 4에서 제공하는 다양한 악기를 믹서에 연결하여 컴퓨터에 장착된 하나의 사운드 카드로 출력할 수 있습니다.

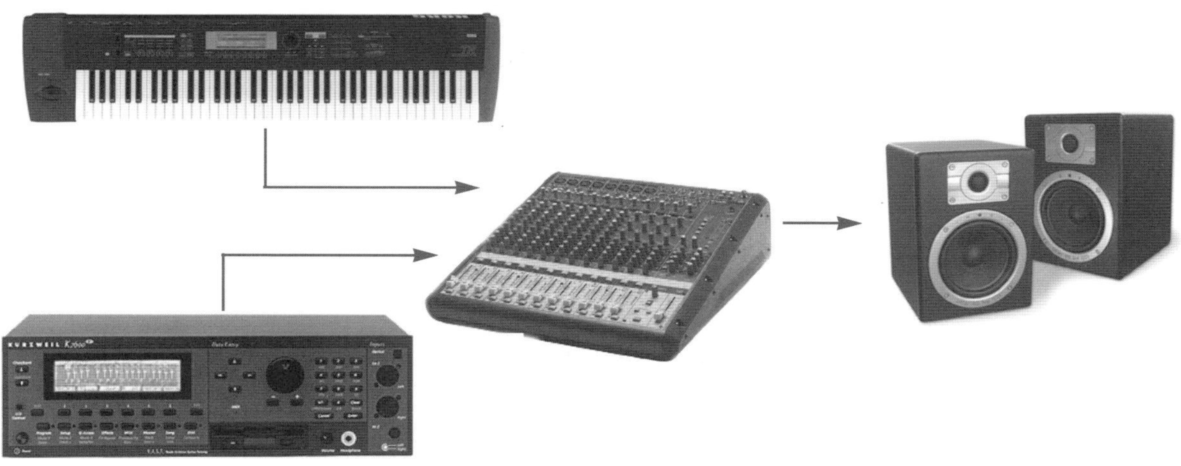

6. Line Mixer

리즌 4에서 기본적으로 제공하는 14:2는 14대의 악기를 연결할 수 있지만, 모노 채널인 하드웨어 믹서와 비교하면, 스테레오 채널의 리즌 4 믹서는 실제로 28채널과 같은 효과입니다. 그리고, 리즌 4에서 제공하는 모든 장치는 사용자가 원하는 만큼 장착할 수 있기 때문에 두 대의 믹서만 장착해도 56채널의 하드웨어 믹서를 시뮬레이션 할 수 있는 것입니다. 52채널 믹서가 국내 몇 대 있지도 않고, 수 천만 원의 가격대를 형성하고 있다는 것을 감안하면, 리즌 4의 위력을 실감할 수 있을 것입니다.

리즌 4의 Line Mixer는 6개의 스테레오 라인 인을 제공하고 있다는 것 외에 reMIX14:2와 동일한 역할을 합니다. 이미14:2의 믹서를 제공하고 있는데, 굳이 6:2의 간이 믹서가 필요할까? 라는 생각이 들 수도 있겠지만, 리즌 4에서 제공하는 악기 중에는 멀티 아웃을 제공하는 것들이 있습니다. Line Mixer는 이러한 멀티 채널 악기를 컨트롤할 때 매우 유용하게 사용할 수 있습니다.

7. Sub Tractor Analog Synthesizer

Sub Tractor Analog Synthesizer는 기본적인 오실레이터 주파수에 Phase 파형을 더하거나 빼서 새로운 사운드를 만드는 가감 방식의 전통적인 아날로그 신디사이저를 시뮬레이션하고 있습니다.

실제 하드웨어 아날로그 신디사이저와 비슷한 패널로 구성되어 있기 때문에 악기를 공부하는 사용자에게도 매우 유익한 장치가 될 것입니다.

8. Thor Polysonic Synthesizer

리즌 4에서 새롭게 선을 보이고 있는 아날로그 신디사이저로 오실레이터와 필터를 3개씩 제공하고 있으며, 각각의 오실레이터와 필터의 특성을 사용자가 원하는 타입으로 선택하여 사용할 수 있다는 특징이 있습니다. 그 외, 패턴을 만들 수 있는 파라미터도 제공하고 있는 Thor Polysonic Synthesizer는 Propellerhead사가 야심 차게 내놓은 신디사이저로 놀라움을 감추지 못할 사운드를 제공하고 있습니다.

9. Malstrom Graintable Synthesizer

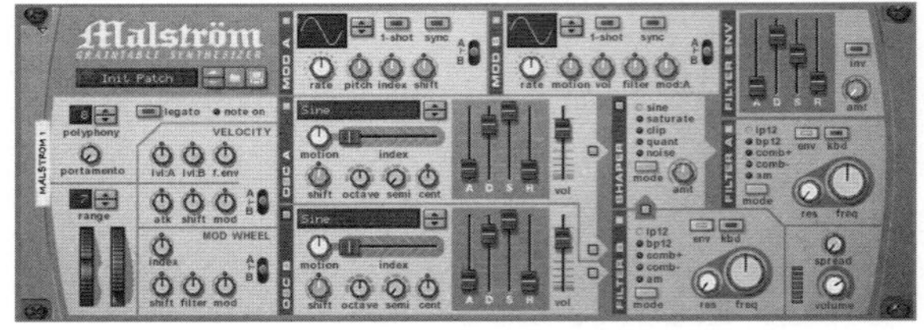

Malstrom Graintable Synthesizer는 주파수 변조 방식의 일반적인 아날로그 신디사이저와는 다르게 Propellerhead사의 독자적인 기술로 만들어진 Graintable 방식의 신디사이저입니다.

Graintable이란 실제 하드웨어 악기를 녹음한 샘플링 방식의 신디사이저와 같이 디지털 샘플 소스를 사용하고 있으며, 샘플을 5~100ms 단위로 나누어 자유롭게 변형하거나 합성하여 새로운 사운드를 만들 수 있는 방식으로 아날로그와 디지털 신디사이저의 장점을 모두 갖추고 있습니다.

🌊 10. NN19 Digital Sampler

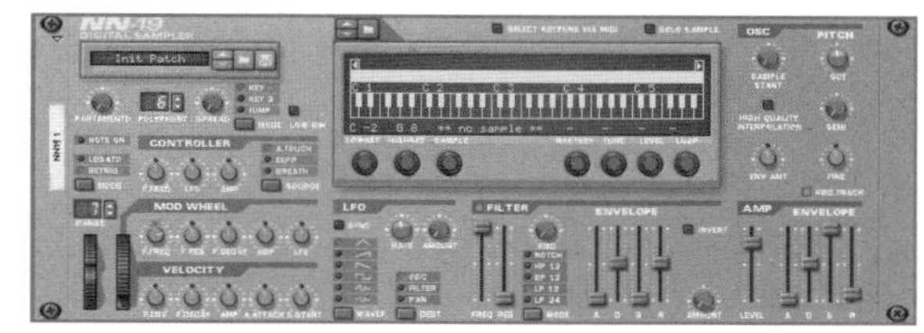

리즌 4의 초창기 버전에서부터 많은 사랑을 받아오고 있는 디지털 샘플러 입니다. 샘플은 Wav, Aif, Rx2 등의 포맷을 불러와 사용할 수 있기 때문에 고유 포맷을 이용하는 하드웨어 샘플러 보다 효과적으로 사용할 수 있습니다.

🌊 11. NN-XT Advanced Sampler

리즌 4에서 제공하는 두 번째 디지털 샘플러 입니다. 멀티 레이어 방식을 제공하고 있기 때문에 사용자가 상상하는 음원을 구현할 수 있으며, 정밀한 편집이 가능합니다. 그러나, 초보자에게는 다소 부담스러운 인터페이스를 갖추고 있기 때문에 NN-19의 학습이 충분히 이루어진 다음에 도전해보는 것이 좋습니다.

🌊 12. Dr REX Loop Player

Propellerhead사의 디지털 사운드 편집 프로그램인 ReCycle에서 만들 수 있는 Rx2 파일을 연주하는 장치 입니다. Rx2 파일은 하나의 샘플을 슬라이드 방식으로 나누어 저장하기 때문에 템포 변화에도 사운드의 색깔을 유지할 수 있다는 장점이 있습니다. Rx2 포맷을 직접 제작하고 싶은 욕심이 있다면, ReCycle 프로그램 학습을 병행하는 것도 좋습니다.

🌊 13. Redrum Drum Computer

Redrum Drum Computer는 10채널의 드럼 모듈과 1~4마디 길이의 리듬 패턴을 32개까지 만들 수 있는 드럼 머신의 기능을 동시에 이용할 수 있습니다. Dr.REX와 같이 미리 만들어져 있는 리듬 패턴은 없지만, 사용자가 원하는 리듬을 만들 수 있다는 장점이 있습니다. 그리고 각 노트마다 3가지 타입의 벨로시티를 설정할 수 있는 고급 기능을 갖추고 있습니다. 음악 작업을 할 때나 악기 연주를 연습할 때, 메트로놈 대용으로 사용해도 좋은 장치입니다.

14. MClass Mastering Suite Combi

MClass Mastering Suite Combi는 계속해서 살펴볼 MClass Equalizer, MClass Stereo Imager, MClass Compressor, MCass Maximizer의 4가지 제품이 내장되어 있는 Combinator입니다. 메인 믹서의 마스터 아웃과 오디오 인터페이스 인풋 사이에 장착하여 음악 전체의 색깔과 다이내믹을 결정하는 마스터링 작업을 한번에 끝낼 수 있는 강력한 기능을 갖추고 있습니다.

15. MClass Equalizer

MClass Equalizer는 30Hz이하의 주파수를 차단하는 Lo Cut과 4밴드의 EQ 기능을 가지고 있는 파라메트릭 방식의 EQ입니다. 마스터링 작업을 할 때 MClass Mastering Suite Combi에 종속시켜 사용하거나 단독으로 사용할 수 있습니다.

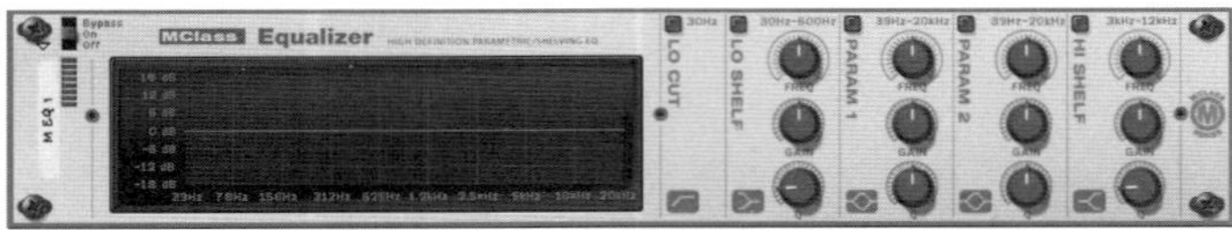

16. MClass Stereo Imager

MClass Stereo Imager는 Low와 High의 두 채널로 나누어 각 채널 별로 스테레오 범위를 설정할 수 있는 고급 장치입니다. 마스터링 작업을 할 때 MClass Mastering Suite Combi에 종속시켜 사용하거나 단독으로 사용할 수 있습니다.

17. MClass Compressor

MClass Compressor는 Threshold에서 설정한 레벨 이상을 Ratio에서 설정한 비율로 압축하여 곡 전체의 다이내믹을 조정하는 역할을 합니다. 마스터링 작업을 할 때 MClass Mastering Suite Combi에 종속시켜 사용하거나 단독으로 사용할 수 있습니다.

18. MCass Maximizer

MCass Maximizer는 Limter와 Soft Clip의 두 가지 기능을 할 수 있는 장치이며, 고급 기종에서만 볼 수 있는 VU 레벨 미터를 지원하고 있기 때문에 객관적인 마스터링 작업이 가능합니다. 마스터링 작업을 할 때 MClass Mastering Suite Combi에 종속시켜 사용하거나 단독으로 사용할 수 있습니다.

19. RV7000 Advanced Reverb

리즌 3에서부터 추가된 리버브입니다. 다양한 알고리즘을 제공하고 있으며, 고급 장비에서만 볼 수 있는 게이트 리버브 기능을 제공하고 있습니다. 리버브는 가장 많이 사용하는 이펙트인 만큼 많은 실습이 필요한 장치이기도 합니다.

20. Scream 4 Distortion

Scream 4 DistortionOverdrive, Distortion, Fuzz 등 디스토션에 관련된 이펙트를 하나의 패키지로 제공하는 있는 장치입니다. 일반적으로 Guitar 음색에 습관적으로 사용하는 것이 디스토션이지만, 리즌 4의 Scream 4 Distrotion을 이용하면, 보다 다양한 음색에 적용하여 새로운 사운드를 만드는 목적으로 이용할 수 있습니다.

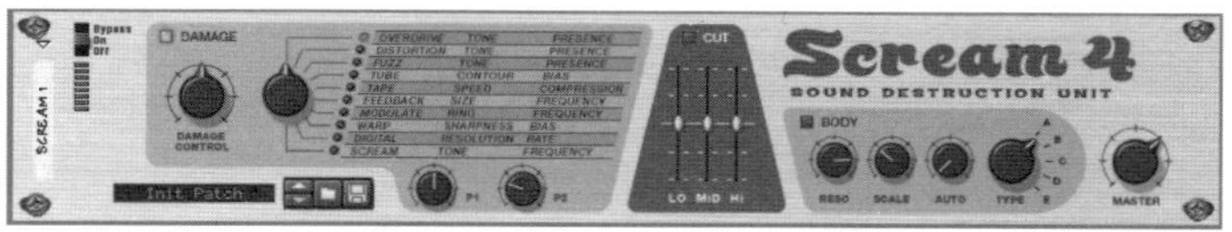

21. BV512 Digital Vocoder

BV 512 Digital Vocoder는 혼자 부른 노래를 합창으로 만들거나 기계적인 보컬 사운드를 연출하는 등 다양한 용도로 사용할 수 있는 장치입니다. 단, 리즌 4에서는 오디오 사운드를 녹음할 수 없기 때문에 큐베이스나 소나 등의 마스터 프로그램을 이용하거나 사운드 포지, 리사이클 등의 사운드 편집 프로그램에서 사전 작업이 필요하다는 번거로움이 있습니다.

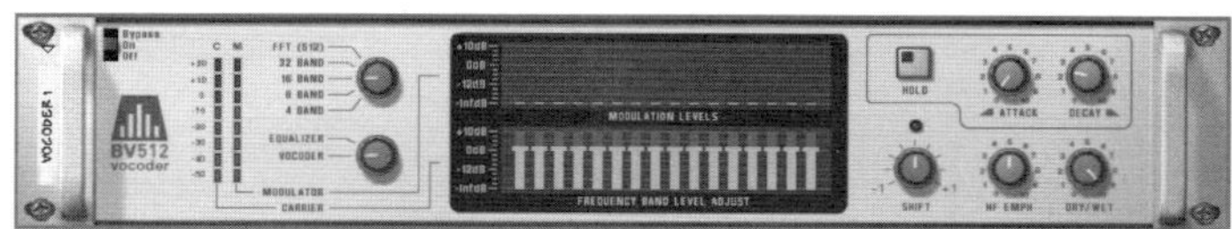

22. RV-7 Digital Reverb

초창기 버전에서부터 제공하고 있던 리버브입니다. 매우 간단한 파라미터로 이루어져 있기 때문에 쉽게 사용할 수 있지만, 미세한 조정으로도 전체 사운드에 큰 영향을 미치므로 많은 실습이 필요합니다.

23. DDL-1 Digital Delay Line

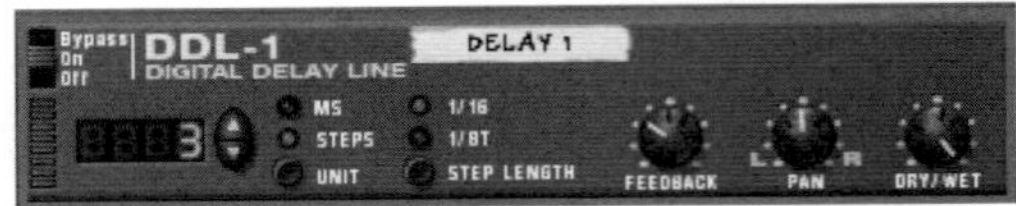

리버브 다음으로 많이 사용하는 이펙트인 딜레이입니다. 딜레이라는 장치를 처음 접하는 사용자를 위해 타임을 템포에 맞출 수 있는 Steps 방식을 제공하고 있으며, 고급 사용자를 위한 ms 방식도 제공하고 있습니다.

24. D-11 Foldback Distortion

초창기 버전에서부터 제공하고 있던 디스토션입니다. 파라미터도 디스토션의 양을 조정할 수 있는 Amount와 색깔을 조정할 수 있는 Foldback의 두 가지로 간단하게 구성되어 있습니다. Scream 4 Distortion과는 색깔이 다른 사운드를 연출하고 할 수 있습니다.

25. ECF-42 Envelope Controlled Filter

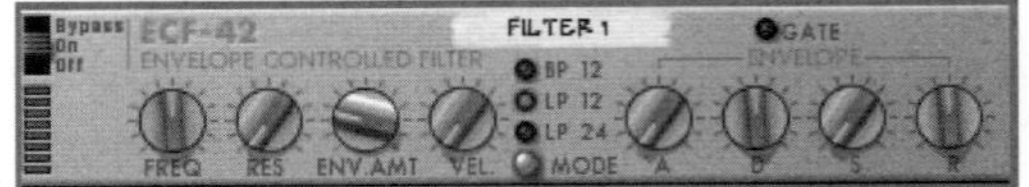

사운드의 색깔을 결정하는 엔벨로프 필터는 리즌 4에서 제공하는 모든 악기에 내장되어 있지만, 별도로 제공하는 ECF-42 Envelope controlled Filter를 이용하면, 전체 사운드의 색깔을 조정하거나 Matrix와 CV 라인으로 연결하여 주기적인 사운드 변화를 연출하는 목적으로 사용할 수 있습니다.

26. CF-101 Chorus/Flanger

리버브, 딜레이 다음으로 이펙트의 3가지 기초 장비에 해당하는 코러스입니다. 리즌 4에서 제공하는 코러스는 위상의 변조를 이용한 플랜저 역할을 동시에 하고 있기 때문에, 일반적인 코러스 장비와는 다른 사운드를 연출할 수 있습니다.

27. PH-90 Phaser

사운드에 짧은 딜레이 타임을 걸고, 거기서 만들어지는 위
상의 변화로 독특한 사운드를 연출하는 페이저입니다.
Guitar 연주자라면 쉽게 이해할 수 있는 이펙트지만, 일반
컴퓨터 뮤지션이라면 반드시 사운드를 모니터 해봐야 할
것입니다. 위상은 파형의 각도를 의미합니다.

28. UN-16 Unison

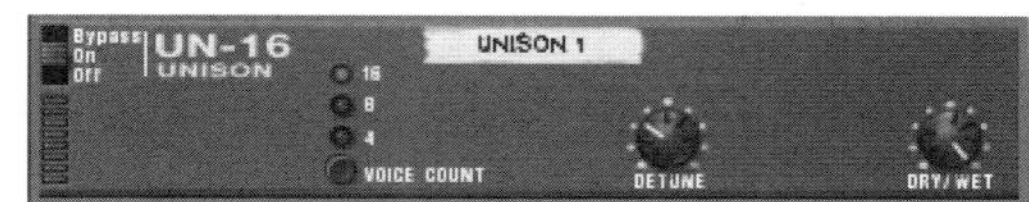

단선율의 사운드를 4, 8, 16 단위로 중복시켜주는 리즌 4
의 독특한 이펙트입니다. 일반적으로 사운드를 조금 두텁
게 만드는 목적으로 사용하지만, 피치를 변화시켜 개성 있
는 사운드를 연출할 수 있습니다.

29. COMP-01 Compressor/Limiter

사운드의 다이내믹을 조정할 수 있는 이펙트입니다. 일반
적으로 압축 비율이 작은 장치를 컴프레서라고 하며, 압축
률이 높은 장치를 리미터라고 구분하기도 합니다. 그러나,
둘 다 압축의 정도만 차이가 있을 뿐 방식이 같이 때문에
하나의 장치로 구현하고 있으며, 컴프레서는 메이커 업이라는 기능이 추가되어 있는 것이 정석이기 때문에 리
즌 4의 COMP-01 Compressor/Limiter는 리미터라도 보아도 좋습니다.

30. PEQ-2 Two Band Parametric EQ

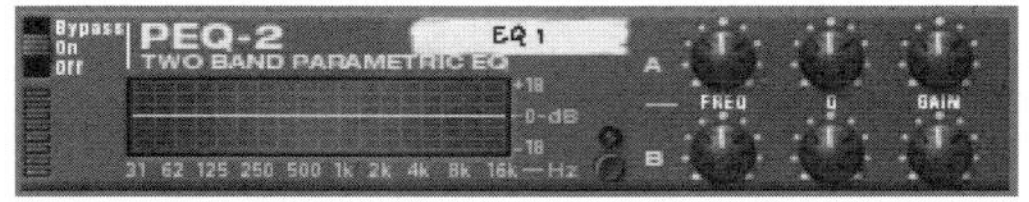

믹서 채널에서 제공하는 두 채널의 EQ로는 사운드를 컨트
롤하기에 조금 부족합니다. 이것을 보충할 수 있는 것이
PEQ-2 Two Band Parametric EQ로 사용자가 원하는 주
파수 대역을 설정할 수 있는 파라매트릭 방식의 2 Band
EQ입니다.

31. Spider Audio Merger & Splitter

Spider Audio Merger & Splitter는 앞에서 살펴본 악기나
이펙트와는 차이가 있는 장치입니다. 다수의 오디오 아웃
을 하나로 묶거나 하나의 오디오 아웃을 다수로 나누는 역
할을 합니다. 여러 개의 장치를 하나로 묶어 합성 음색을
만드는 목적으로 사용할 수 있습니다.

32. Spider CV Merger & Splitter

Spider Audio Merger & Splitter와 동일한 장치로 CV
라인을 하나로 합치거나 다수로 나눈다는 차이점만 있
습니다. CV는 미디 노트로 장치의 파라미터를 컨트롤
할 수 있는 독특한 연결 방식을 말하며, 리즌 4에서 재
미있는 사운드를 연출할 수 있는 기능입니다.

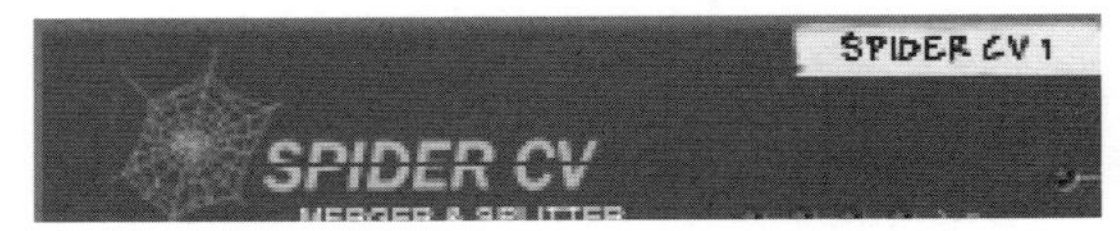

33. Matrix Pattern Sequencer

Matrix Pattern Sequencer는 미니 시퀀서라고 불러도
좋은 장치입니다. 최대 두 마디 길이의 노트나 컨트롤
데이터를 입력하여 리즌 4의 다른 장치를 연주하는 역
할을 합니다. 단순한 패턴을 반복할 때 유용한 장치입
니다.

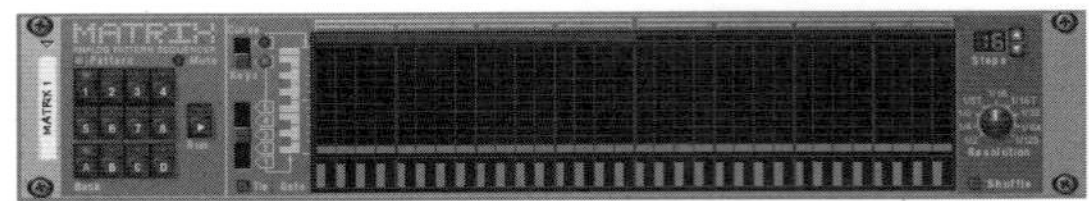

34. PRG-8 Monophonic Arpeggitor

리즌 4에서 새롭게 선을 보이고 있는 PRG-8
Monophonic Arpeggitor는 Matrix Pattern Sequencer
를 한 단계 업그레이드 시킨 장치입니다. 다양한 아르
페지오 패턴을 만들 수 있으며, 셔플 리듬의 패턴을 쉽
게 연출할 수 있다는 장점이 있습니다.

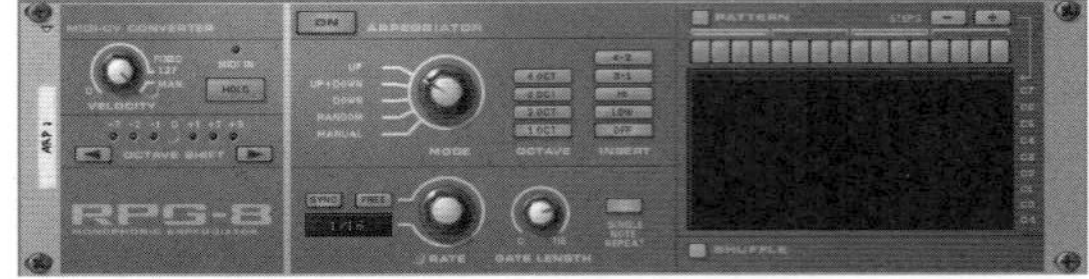

35. Rebirth Input Machine

Propellerehead사에서 출시했던 Rebirth라는 드럼 머신 프로그램을 리즌 4에서 리와이어로 사용할 수 있게 하
는 장치입니다. Rebirth를 실행하면, 그 출력을 리즌 4에서 컨트롤 할 수 있다는 것 외에는 별 다른 역할을 하
는 것이 아니므로, Rebirth 사용자는 쉽게 이용할 수 있을 것입니다. 단, Rebirth라는 프로그램이 이미 단종되
었으므로 본서에서는 설명하지 않겠습니다.

2 큐베이스에서 곡 만들어보기

리즌 4는 큐베이스나 소나 사용자가 리와이어로 사용하는 것이 일반적입니다. 여기서는 큐베이스 사용자가 리즌 4를 이용해서 곡을 만들어보는 과정을 실습할 것입니다. 실습 과정은 소나와 동일하므로, 소나 사용자는 다음 레슨의 소나에서 곡 만들어보기를 학습하기 바랍니다

1 큐베이스 실행하기

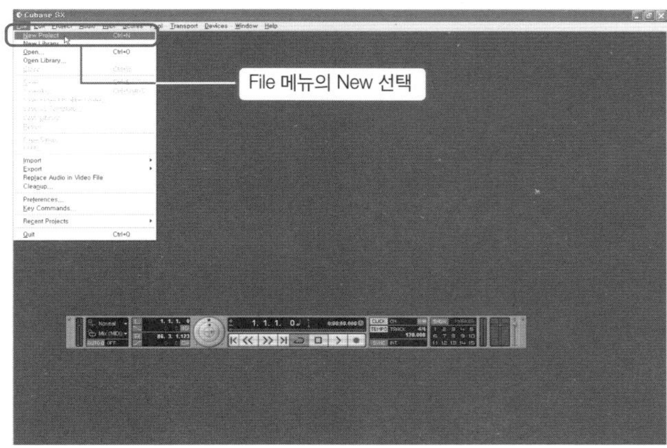

01 큐베이스에서 리즌 4를 리와이어로 사용할 때는 큐베이스가 마스터 프로그램이 되므로, 큐베이스를 먼저 실행해야 합니다. 큐베이스를 실행하고, File 메뉴의 New를 선택합니다.

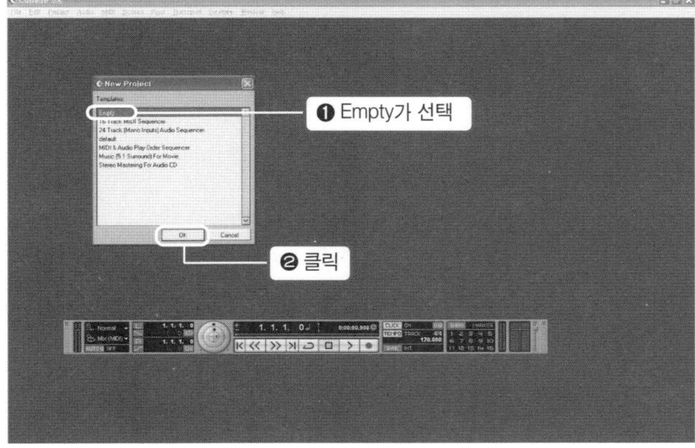

02 새로운 프로젝트를 만들 수 있는 New Project 창이 열립니다. Empty가 선택되어 있는 상태로 [OK] 버튼을 클릭합니다.

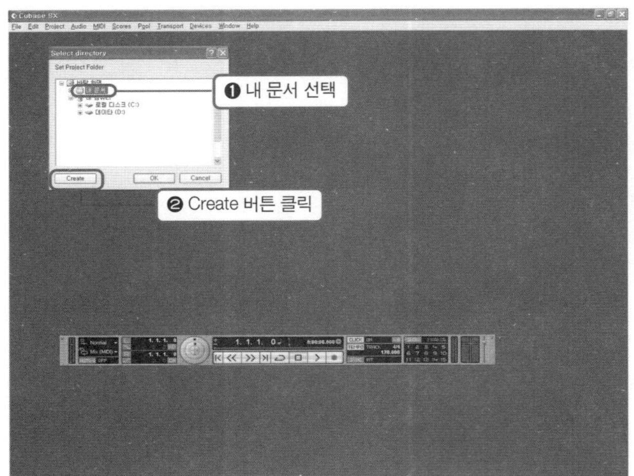

03 프로젝트의 저장 위치를 선택할 수 있는 Select directory 창이 열립니다. 프로젝트는 폴더 단위로 만드는 것이 편리하므로 내 문서를 선택하고, [Create] 버튼을 클릭합니다.

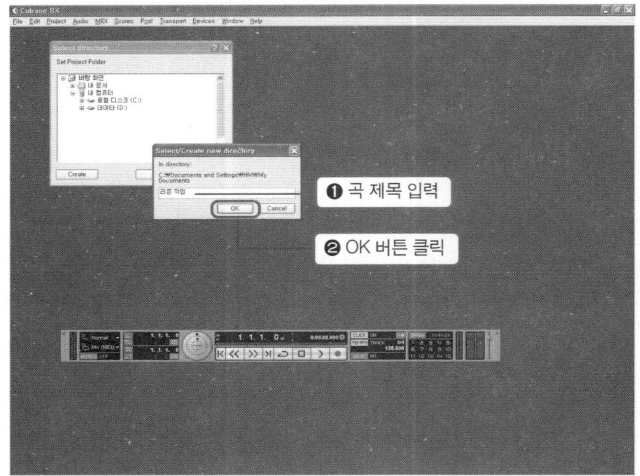

04 내 문서 폴더에 새로운 폴더를 만들 수 있는 Select/Create New directory 창이 열립니다. 작업할 곡의 제목으로 '리즌작업' 이라고 입력하고, [OK] 버튼을 클릭합니다.

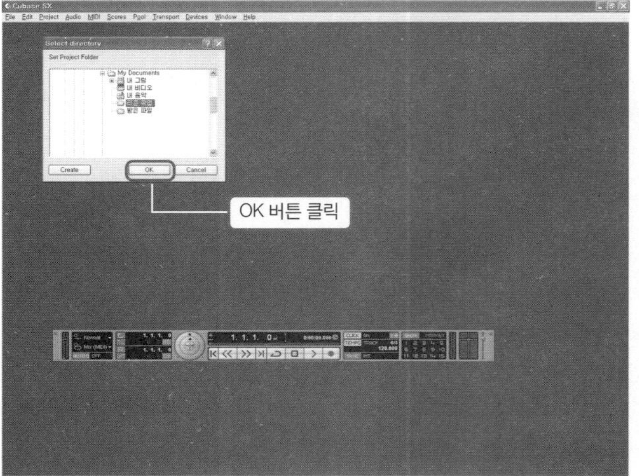

05 앞에서 입력한 곡의 제목으로 만들어진 폴더가 선택되어 있는 Select directory 창을 볼 수 있습니다. 확인을 하고, [OK] 버튼을 클릭합니다.

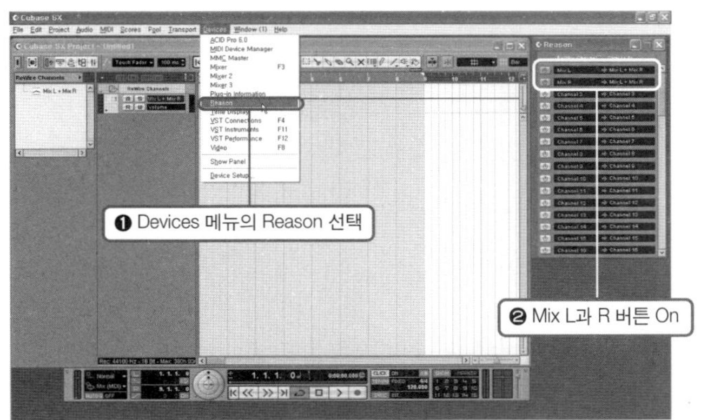

06 비어 있는 프로젝트 창이 열립니다. Devices 메뉴의 Reason을 선택하여 패널을 열고, Mix L과 Mix R 채널의 [On/Off] 버튼을 클릭하여 On 으로 합니다. Alt 키를 누른 상태에서 클릭하면 두 개의 채널을 동시에 On/Off 할 수 있습니다.

2 리즌4 실행하기

01 큐베이스에서 리즌 4를 사용하기 위한 준비는 끝났습니다. 윈도우 [시작] 버튼에서 '모든 프로그램 → Propellerhead → Reason → Reason' 을 선택하여 리즌 4를 실행합니다.

02 기본적으로 데모 곡이 열립니다. 비어있는 랙 환경에서 리즌 4를 사용해보기 위해서 설정을 변경하겠습니다. Edit 메뉴의 Preference를 선택하여 환경 설정 창을 엽니다.

가 정 교 사

본서에서는 Create 단축 메뉴를 이용할 것이므로, 오른쪽의 툴 윈도우는 닫아도 좋습니다.

03 Preferences 창의 General 페이지가 열립니다. Default Song 항목에서 Empty Rac을 선택하여 비어있는 작업 창으로 시작될 수 있게 합니다. [닫기] 버튼을 클릭하여 Preferences 창을 닫습니다.

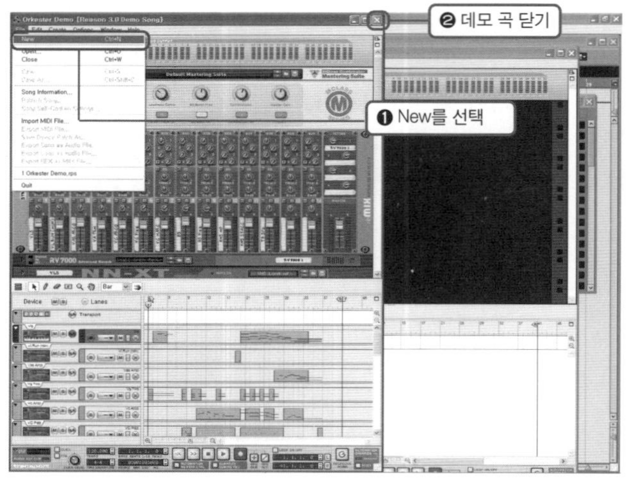

04 리즌 4의 File 메뉴에서 New를 선택하여 새로운 작업 창을 엽니다. 하드웨어 인터페이스와 시퀀서 창만 있는 리즌 4의 작업 창이 열립니다. 리즌 4를 실행했을 때, 열린 데모 곡은 [닫기] 버튼을 클릭하여 닫습니다.

단축키 이용하기

File 메뉴의 New 오른쪽에 보면 Ctrl+N이라는 표시가 있습니다. 이것은 키보드의 Ctrl 키를 누른 상태에서 N 키를 누르면 File 메뉴의 New 명령을 실행할 수 있다는 것을 나타냅니다. 자주 사용하는 메뉴는 단축키를 이용하는 것이 편리하므로, 기억나지 않을 때는 메뉴를 열어서 확인하는 수고를 하더라도, 단축키 이용 습관을 갖는 것이 좋습니다.

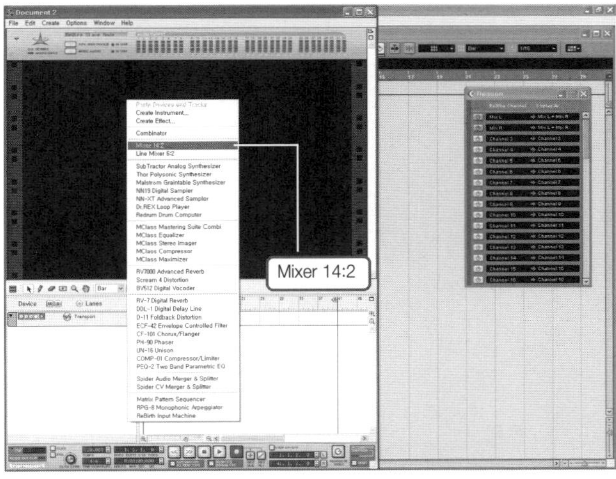

01 리즌 4의 Create 메뉴를 클릭하거나 검정색으로 표시되는 빈 공간에서 마우스 오른쪽 버튼을 클릭하여 단축 메뉴를 열고, Mixer 14:2를 선택합니다. 14채널 입력과 2채널 출력이 가능한 믹서를 장착하는 것입니다.

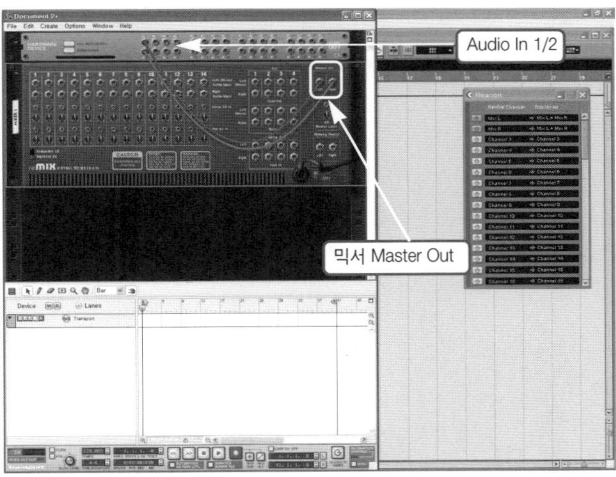

02 키보드의 Tab 키를 눌러 랙 뒷면을 보면, 믹서 Master Out의 Left는 하드웨어 인터페이스의 Audio In 1번에 연결되어 있고, Right는 2번 입력에 연결된 것을 확인할 수 있습니다.

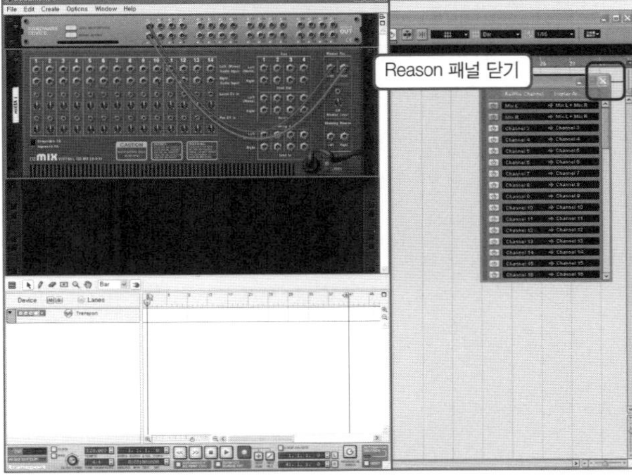

03 믹서의 마스터 아웃이 하드웨어 인터페이스 오디오 인 1/2번에 연결되어 있고, 큐베이스의 Reason 패널에서 채널 1/2번에 해당하는 Mix L/R을 On으로 했으므로, 리즌 4의 최종 출력이 큐베이스로 연결된 것입니다. 여기까지 이해했다면 큐베이스의 Reason 패널을 닫습니다.

04 큐베이스의 Reason 패널을 닫을 때, 리즌 4 작업 창은 큐베이스 뒤로 이동합니다. 다시 리즌 4를 선택할 때는 작업 표시줄의 Reason 아이콘을 선택하는 방법을 많이 사용합니다.

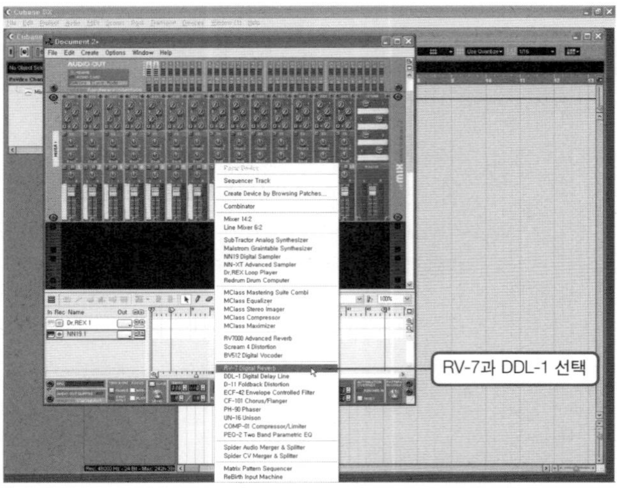

05 리즌 4의 비어 있는 작업 공간에서 마우스 오른쪽 버튼을 클릭하여 단축 메뉴를 열고, RV-7 Digital Reverb를 선택합니다. 그리고 다시 한 번 단축 메뉴를 열고, DDL-1 Digital Delay Line을 선택하여 두 개의 이펙트를 장착합니다.

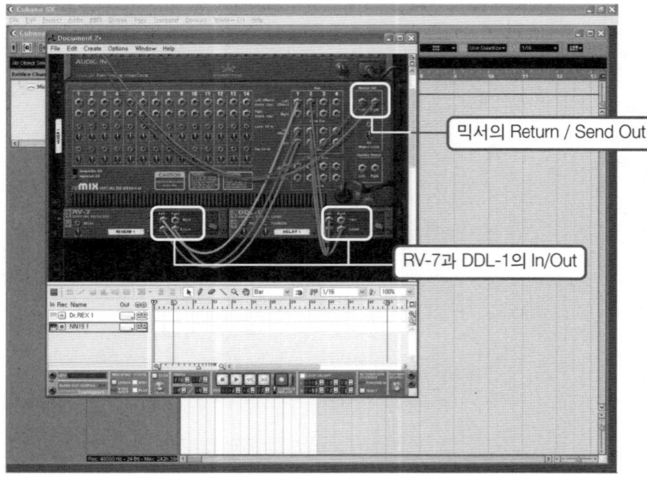

06 Tab 키를 눌러 랙 뒷면을 보면, RV-7의 Output이 믹서 Return1로 연결되어 있고, 믹서의 Send Out 이 RV-7 Input으로 연결되어 있습니다. 그리고, DDL-1의 Output은 믹서의 Return 2로 연결되어 있고, 믹서의 Send Out 2가 DDL-1 Input로 연결되어 있습니다.

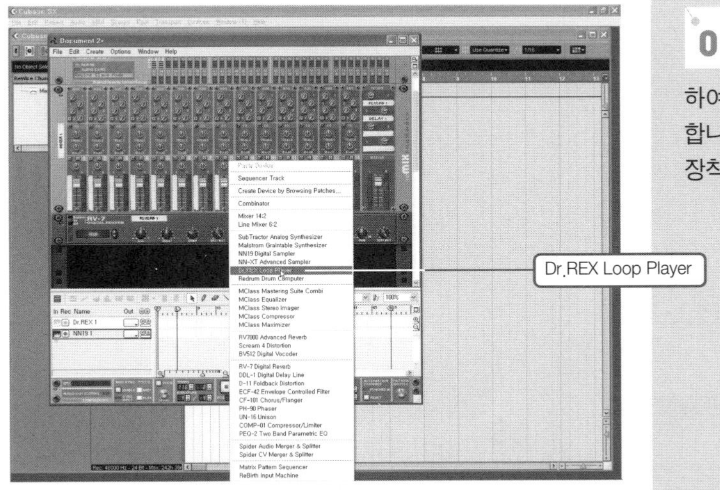

01 Tab 키를 눌러 전면이 보이게 합니다. 그리고, 빈 공간을 마우스 오른쪽 버튼으로 클릭하여 단축 메뉴를 열고, Dr.REX Loop Player를 선택합니다. 본격적으로 음악 작업을 하기 위한 모듈을 장착한 것입니다.

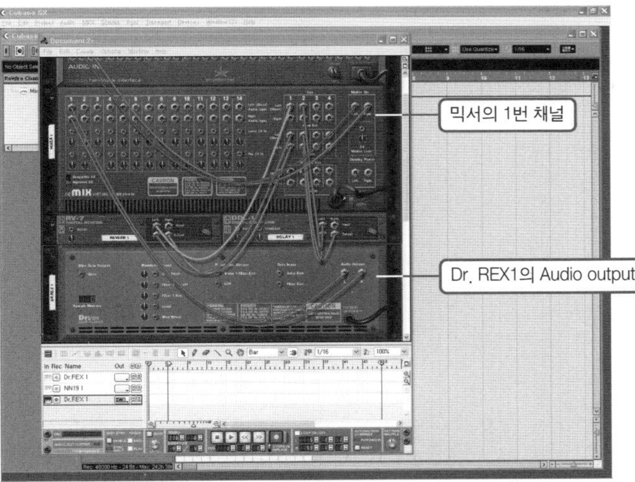

02 Tab 키를 눌러 랙 뒷면을 보면 Dr. REX1의 Audio output이 믹서의 Audio Input 1번 채널에 스테레오로 연결되어 있는 것을 확인할 수 있습니다. 다시 Tab 키를 눌러 전면이 보이게 합니다.

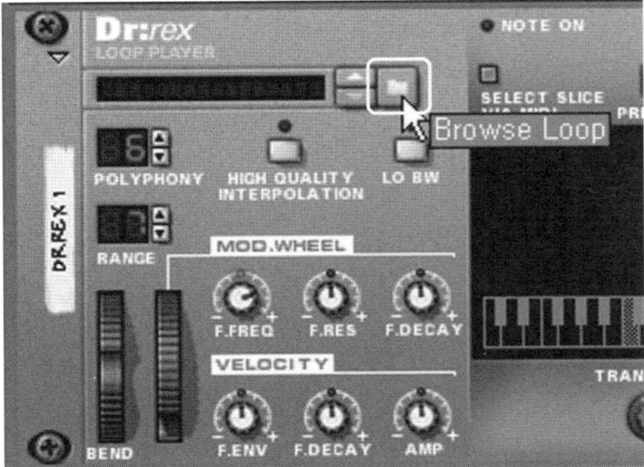

03 Dr.REX1 악기에서 사용할 음색을 불러오겠습니다. Dr.REX 패널의 [Browse Loop] 버튼을 클릭하여 창을 엽니다.

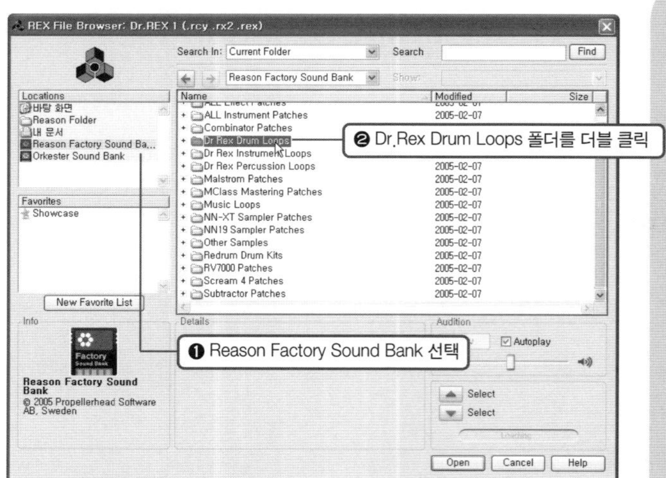

04 브라우저 창 왼쪽에서 Reason Factory Sound Bank 폴더를 선택하고, 목록에서 Dr.Rex Drum Loops 폴더를 더블 클릭합니다.

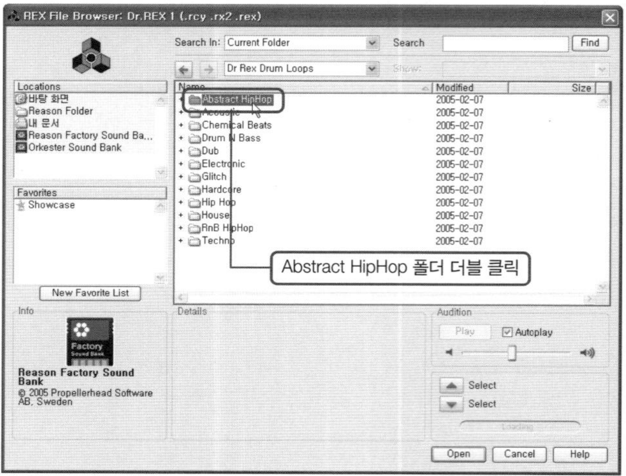

05 Dr.REX에서 사용할 수 있는 음색이 있는 폴더의 종류가 보입니다. 첫 줄에 보이는 Abstract HipHop 폴더를 더블 클릭으로 열어보겠습니다.

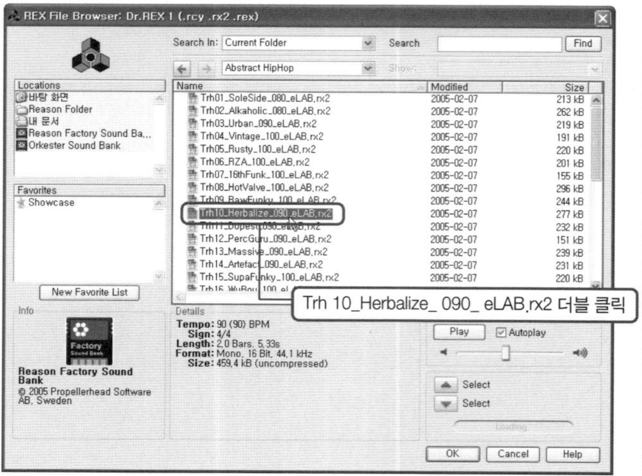

06 다양한 음색 목록이 보입니다. 음색을 선택해보면 어떻게 연주되는 루프 사운드인지를 모니터 할 수 있습니다. 각각의 사운드는 틈틈이 모니터를 해보기 바라며, 지금은 Trh 10_Herbalize_ 090_ eLAB.rx2 음색을 더블 클릭으로 불러 오겠습니다.

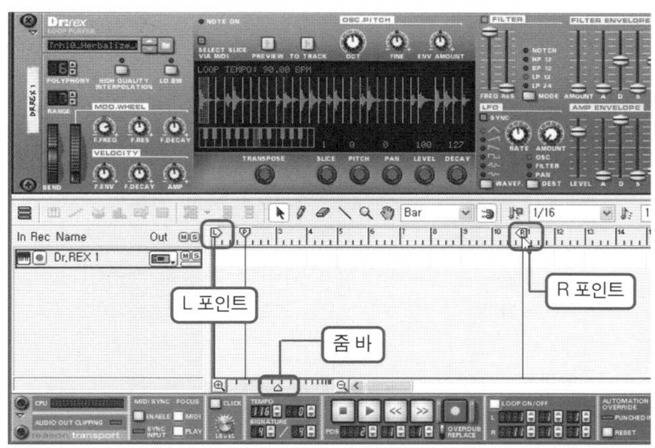

07 시퀀서 패널의 줌 바를 드래그하여 작업 공간의 크기를 조정한 다음에 L 포인트를 왼쪽으로 드래그하여 곡의 맨 처음 1마디에 위치하고, R 포인트를 오른쪽으로 드래그하여 11마디에 위치합니다. 총 10마디 길이로 로케이터 구간을 설정한 것입니다.

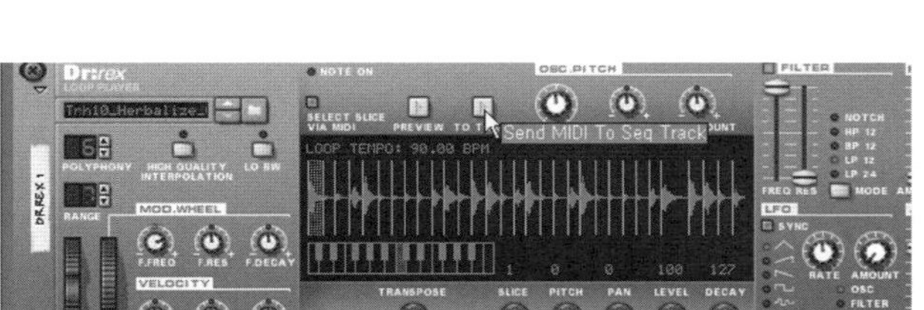

08 Dr.REX 패널의 [TO TRACK] 버튼을 클릭합니다. 로케이터 구간으로 설정한 10마디에 루프 이벤트가 삽입되는 것을 확인할 수 있습니다. 숫자열의 Enter 키를 눌러 사운드를 연주해봅니다.

09 Dr.REX가 믹서 1번 채널에 연결되어 있고, RV-7은 AUX 1번, DDL-1은 AUX 2번에 연결되어 있다는 것을 기억할 것입니다. 믹서 1번 채널의 AUX 1번 노브를 위쪽으로 드래그하여 RV-7의 리버브가 적용되게 합니다.

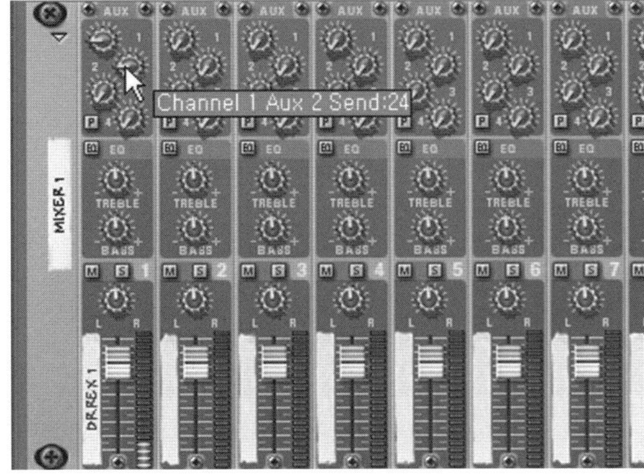

10 Dr.DRX 사운드에 리버브가 적용되는 것을 확인할 수 있습니다. AUX 2번 노브도 위쪽으로 드래그하여 DDL-1의 딜레이도 적용해봅니다. AUX에 연결했던 RV-7과 DDL-1을 사용하는 방법입니다.

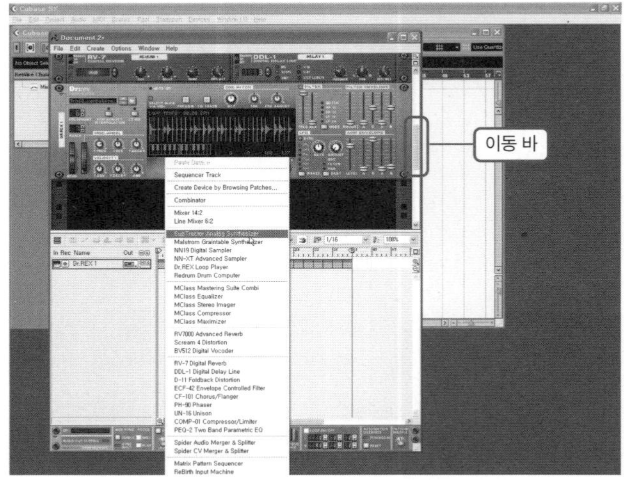

01 루프 사운드를 이용해서 리듬 파트를 완성 했습니다. 계속해서 베이스 파트를 만들어 보겠습니다. 빈 공간에서 마우스 오른쪽 버튼을 클릭하여 단축 메뉴를 열고, Sub Tractor Analog Synthesizer를 선택합니다. 빈 공간이 보이지 않는 다면, 오른쪽의 이동 바를 드래그합니다.

02 장착하는 장치가 많아지면 각 장치의 고유 이름으로 악기 파트를 구분하는 것이 어려 울 수 있습니다. Subtractor 1이라고 표시되어 있는 이름을 클릭하여 Bass로 변경해봅니다.

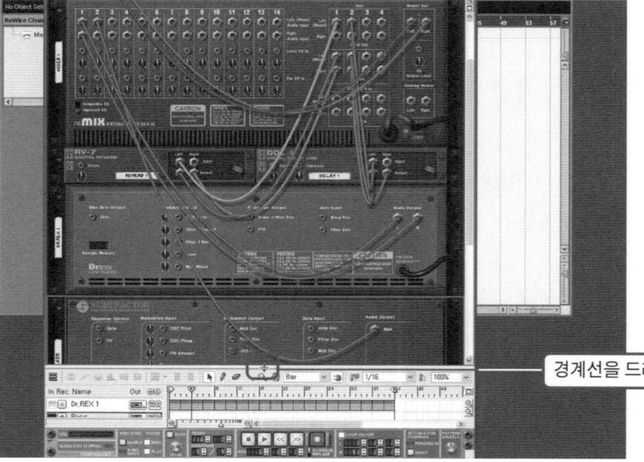

03 Tab 키를 눌러 랙 뒷면을 보면, Bass의 Output이 믹서의 2번 채널로 연결되어 있으 며, Sub Tractor라는 악기가 모노 인 것을 확인할 수 있습니다. 한 화면에 보이지 않는다면, 시퀀서의 경 계선을 드래그하여 작업 공간의 크기를 조정합니다.

04 Tab 키를 눌러 전면이 보이게 합니다. Sub Tractor에서 사용할 음색을 로딩하기 위해서 [Browse Patch] 버튼을 클릭합니다.

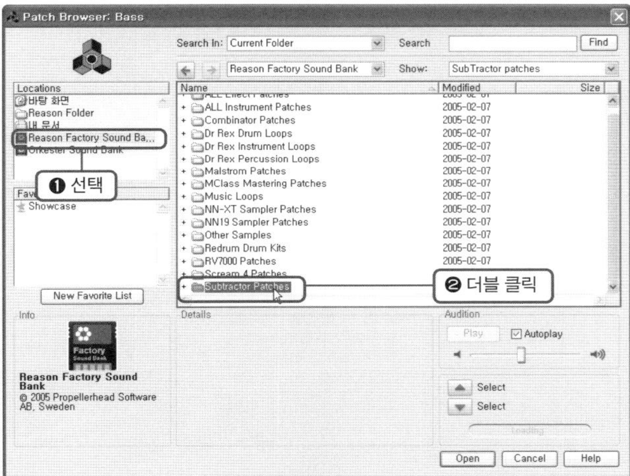

05 Patch Browser 창의 Locations 항목에서 Reason Factory Sound Bank를 선택하고, 오른쪽 목록에서 Sub tractor Patches 폴더를 더블 클릭합니다.

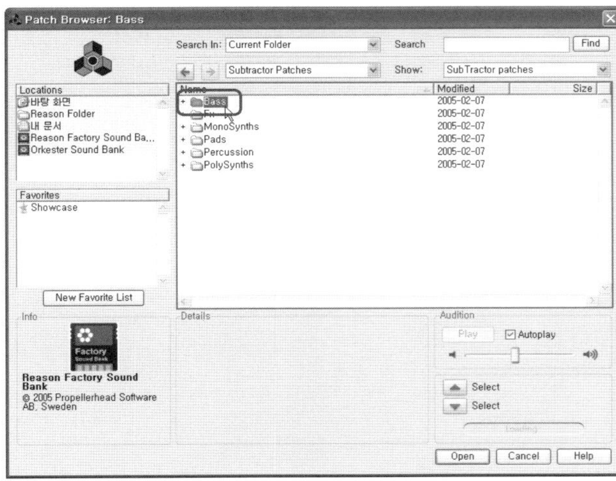

06 Subtractor에서 사용할 수 있는 음색이 있는 폴더 목록이 보입니다. 베이스 라인을 입력해볼 것이므로, Bass 폴더를 더블 클릭하여 엽니다.

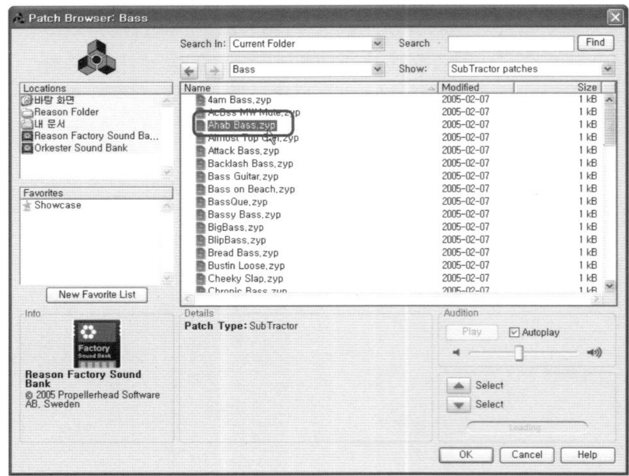

07 베이스 음색 목록이 보입니다. 음색을 선택하고, 마스터 건반을 연주해보면 사운드를 모니터 할 수 있습니다. 각각의 음색은 틈틈이 모니터 해보기 바라며, 실습에서는 Ahab Bass.zyp를 더블 클릭하겠습니다.

08 불러온 베이스 음색이 마음에 들지 않는다면, 브라우저를 열지 않고, Patch 리스트 항목을 클릭하여 베이스 음색을 선택할 수 있습니다.

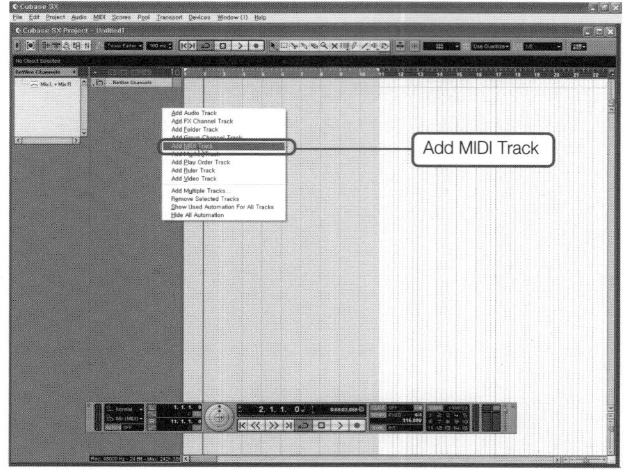

09 큐베이스의 트랙 리스트에서 마우스 오른쪽 버튼을 클릭하여 단축 메뉴를 열고, Add MIDI Track을 선택합니다. 베이스(Subtractor)를 연주할 미디 이벤트를 입력하기 위해서입니다.

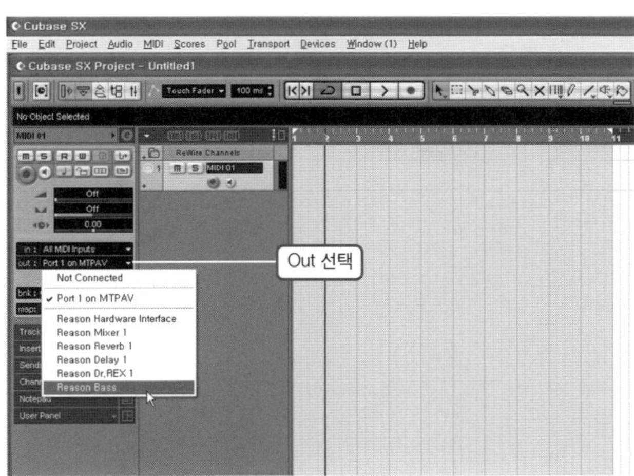

10 미디 인스펙터 파라미터의 Out 항목에서 Subtractor를 선택합니다. 앞에서 이름을 Bass로 변경했으므로 Reason Bass를 선택하면 됩니다.

11 Alt 키를 누른 상태에서 작업 공간을 드래그하여 미디 데이터를 입력할 파트를 만듭니다. 실습에서는 2마디에서 4마디 위치까지 2마디 길이의 파트를 만들고 있습니다.

12 만든 파트를 더블 클릭하여 미디 데이터 입력/편집 창으로 많이 사용하는 키 에디터를 엽니다.

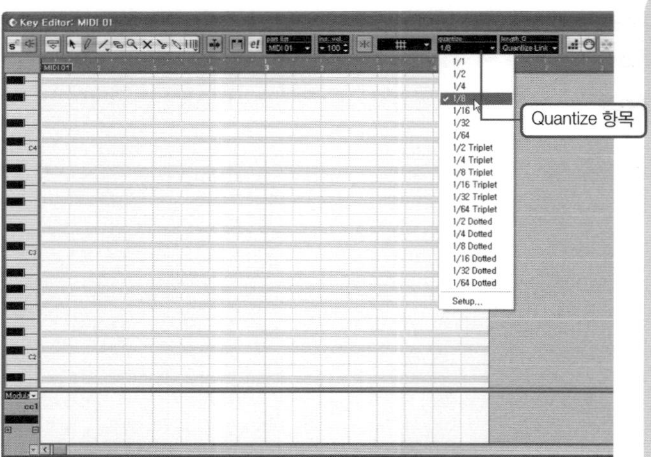

13 Quantize 항목을 클릭하여 메뉴를 열고, 1/8 을 선택합니다. 8분 음표를 입력하기 편리하게 한 마디를 8개의 라인으로 표시하는 것입니다.

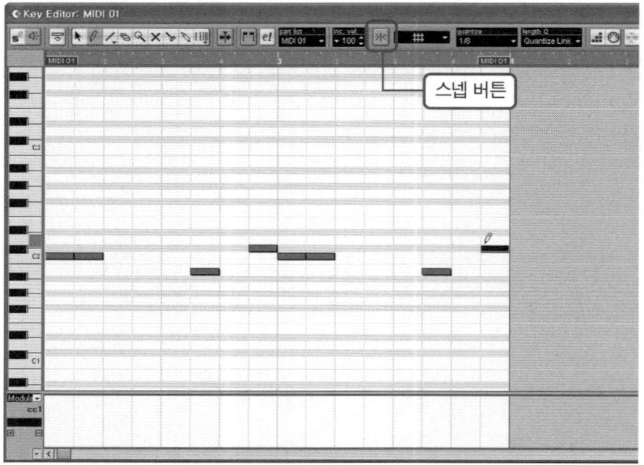

14 도구 모음 줄에서 연필을 선택하고, 그림 참조하여 간단한 베이스 라인을 입력합니다. 정확한 위치에 입력되지 않는 다면, [스냅] 버튼이 On으로 되어 있는지 확인합니다.

15 키 에디터의 닫기 버튼을 클릭하여 창을 닫고, Ctrl + K 키를 눌러 Repeat Event 창을 엽니다. Count 항목에 3을 입력하고, [OK] 버튼을 클릭하여 앞에서 입력한 미디 파트를 3번 더 반복하게 합니다.

16 키보드 숫자열의 Enter 키를 눌러 곡을 연주해 봅니다. 리즌 4를 실행하면 자동으로 반복 버튼이 On으로 활성화 되기 때문에 로케이터 구간을 반복 연주합니다. 큐베이스와 리즌 4는 단축키와 용어가 비슷하기 때문에 큐베이스 사용자에게 조금 유리합니다.

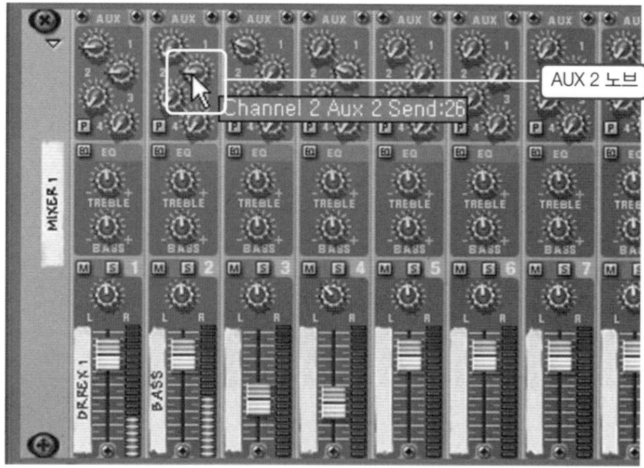

17 Subtractor가 믹서의 2번 채널에 연결되어 있고, RV-7이 AUX 1번, DDL-1이 AUX 2번에 연결되어 있다는 것을 기억할 것입니다. 사운드를 모니터 하면서 2번 채널의 AUX2를 위쪽으로 드래그하여 딜레이를 적용해봅니다.

18 볼륨 슬라이드를 드래그하여 Dr. REX보다 조금 작게 연주되게 합니다. 볼륨 밸런스에 자신이 없는 초보자는 볼륨 슬라이드 우측의 레벨 미터를 확인하면서 조정하는 것도 좋습니다.

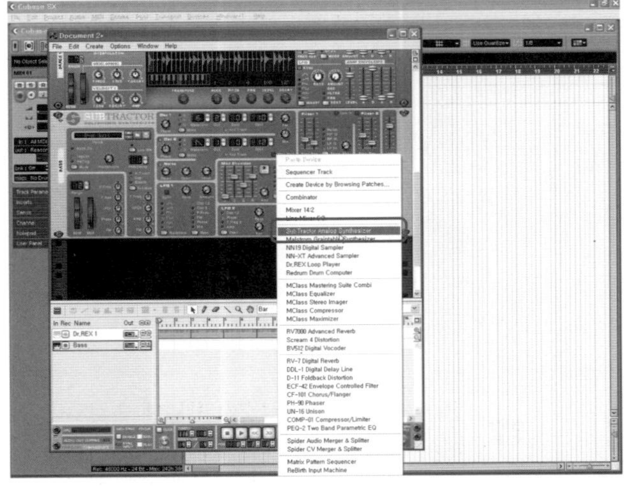

01 숫자열의 0 키를 눌러 곡을 정지하고, 작업 공간의 빈 공간에서 마우스 오른쪽 버튼을 클릭하여 단축 메뉴를 엽니다. 그리고, Sub Tractor Analog Synthesizer를 선택합니다. 이처럼 리즌 4는 동일한 악기를 제한 없이 추가할 수 있습니다.

02 베이스 음색을 사용했던 악기와 동일한 악기 이므로, 혼동을 피하기 위해서 이름을 변경합니다. 패드를 입력할 것이므로 Pad라고 하겠습니다.

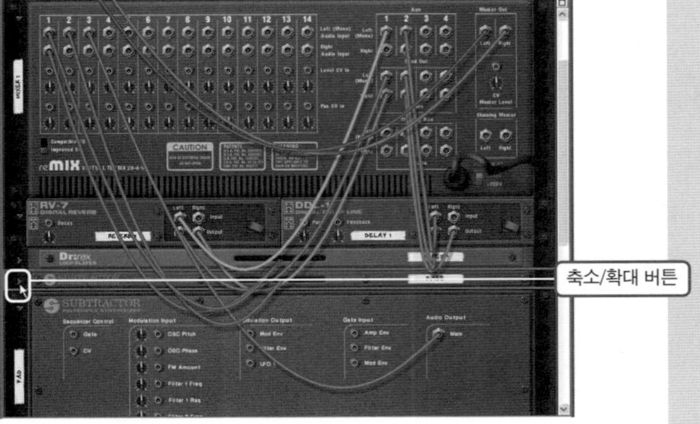

03 Tab 키를 눌러 랙 뒷면을 보면, Pad의 Output이 믹서의 3번 채널로 연결된 것을 확인할 수 있습니다. 더 이상 패널을 조정할 필요가 없는 악기는 우측의 작은 삼각형을 클릭하여 축소/확대할 수 있습니다.

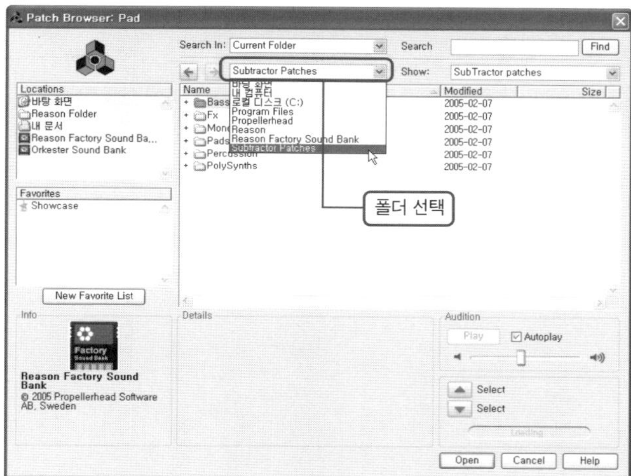

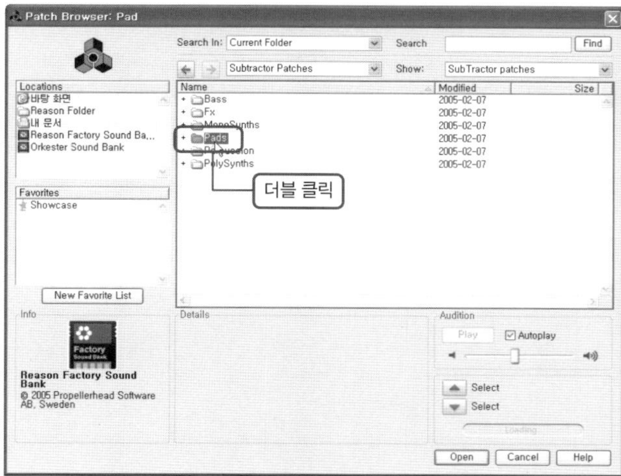

04 Tab 키를 눌러 전면이 보이게 하고, 음색을 로딩하기 위해서 [Browse Patch] 버튼을 클릭합니다.

05 Patch Browser 창의 폴더 선택 메뉴를 클릭하여 Subtractor Patches를 선택합니다. 이처럼 Patch Browser 창의 폴더 선택 메뉴에는 작업 중에 열어보았던 폴더의 목록을 기억하고 있습니다.

06 Subtractor Patches에서 사용할 수 있는 음색을 담고 있는 폴더의 이름이 보입니다. 패드를 입력하기로 했으므로, 패드 음색이 있는 Pads 폴더를 더블 클릭하여 엽니다.

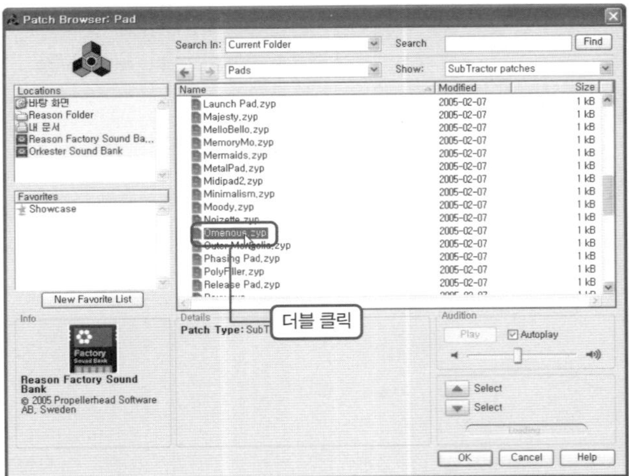

07 다양한 패드 음색들이 있습니다. 음색을 선택하고 마스터 건반을 연주하면 사운드를 모니터 할 수 있습니다. 각각의 음색은 시간이 날 때 모니터를 해보기 바라며, 여기서는 Omenous.zyp를 더블 클릭하겠습니다.

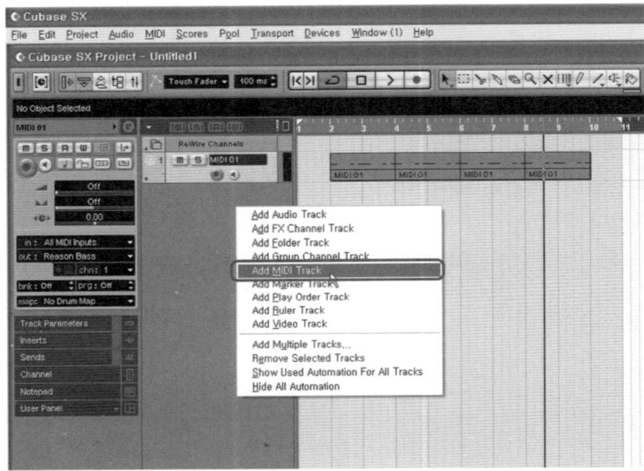

08 Bass에서와 같이 리즌4에 새로 장착한 악기를 연주할 데이터를 큐베이스에서 입력합니다. 큐베이스의 트랙 리스트에서 마우스 오른쪽 버튼을 클릭하여 단축 메뉴를 열고, [Add MIDI Track]을 선택합니다.

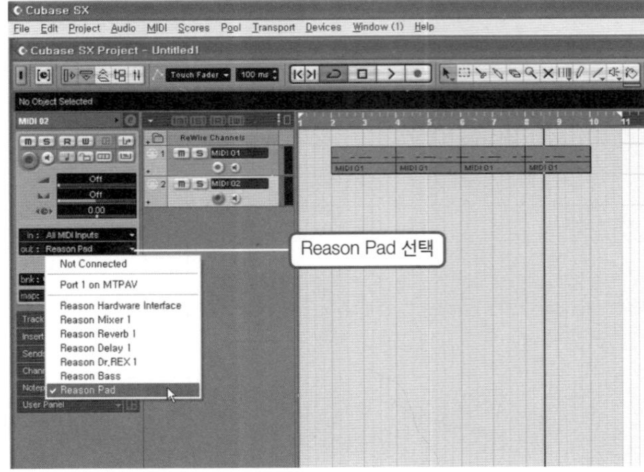

09 추가한 미디 트랙의 인스펙터 파라미터 Out 항목을 리즌 4에서 새로 추가한 Subtractor를 연주할 수 있게 선택합니다. 이름을 Pad로 변경했으므로 [Reason Pad]를 선택하면 됩니다.

10 Alt 키를 누른 상태로 드래그하여 Pad를 연주할 미디 이벤트를 입력할 수 있는 파트를 만듭니다. 실습에서는 3마디 위치에서 9마디까지 총 6마디 길이의 파트를 만들고 있습니다.

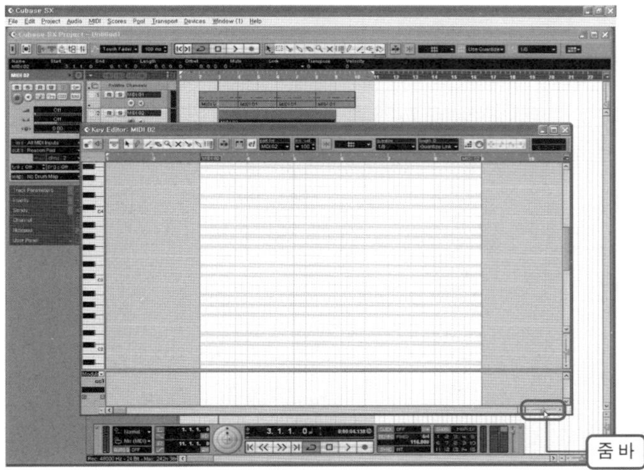

11 만든 파트를 더블 클릭하여 키 에디터 창을 엽니다. 6마디의 작업 공간을 한 화면에서 모두 볼 수 있게 줌 바를 드래그하여 작업 창의 크기를 조정합니다.

12 작업 환경은 베이스를 입력할 때 설정했던 상태를 유지하고 있을 것입니다. 8분 음표 이상의 음표는 마우스를 드래그하여 입력할 수 있으므로 설정을 변경할 이유는 없습니다. 그림을 참조하여 6마디 길이의 Cm 코드를 입력합니다.

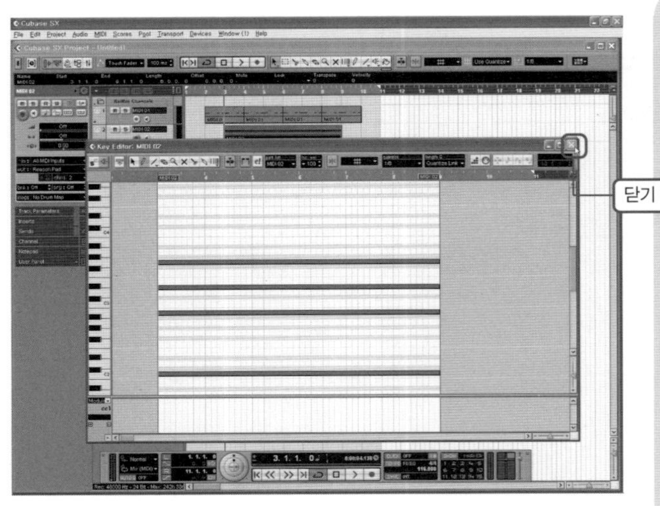

13 [닫기] 버튼을 클릭하여 키 에디터 창을 닫고, 숫자열의 Enter 키를 눌러 사운드를 모니터 합니다. 리즌 4에서 Pad 악기는 믹서의 3번 채널에 연결되었던 것을 기억할 것입니다.

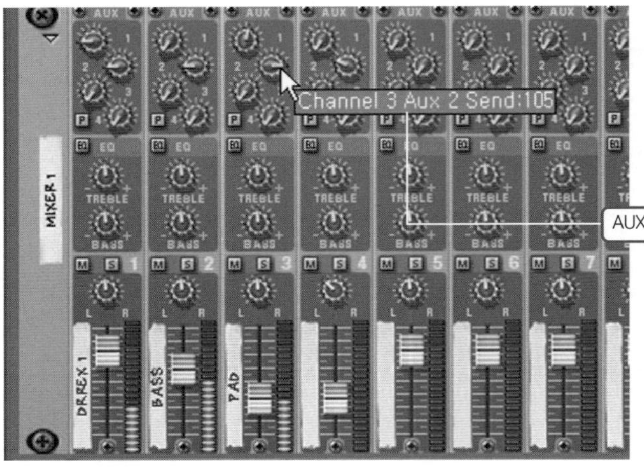

14 믹서의 3번 채널에서 AUX1의 리버브와 AUX2의 딜레이를 조정하여 적용합니다. 패드 계열이므로 조금 많은 값을 주어도 좋습니다. 볼륨은 Bass 채널보다 조금 작게 조정합니다.

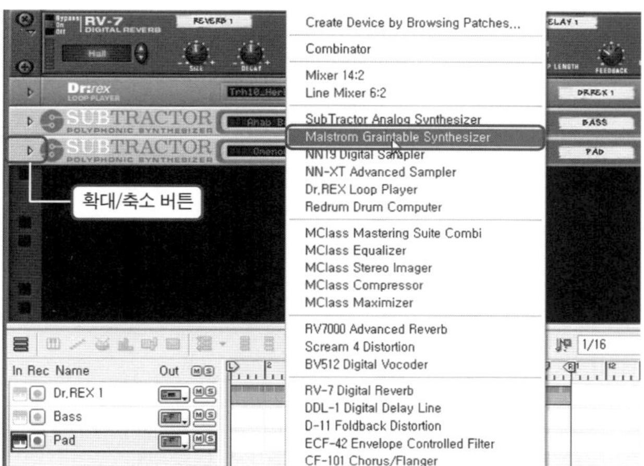

01 숫자열의 ⓞ 키를 눌러 곡을 정지하고, 작은 삼각형 모양의 [확대/축소] 버튼을 클릭하여 Pad 음색을 사용하고 있는 Subtractor를 축소합니다. 그리고, 빈 공간에서 마우스 오른쪽 버튼을 클릭하여 단축 메뉴를 열고, Malstrom Graintable Synthesizer를 선택합니다.

02 Tab 키를 눌러 랙 뒷면을 보면, Malstrom의 Main Output이 믹서의 4번 채널로 연결된 것을 확인할 수 있습니다. 지금까지 악기를 추가하면서 느꼈겠지만, 추가하는 순서대로 믹서의 Audio In에 연결된다는 것을 알 수 있습니다.

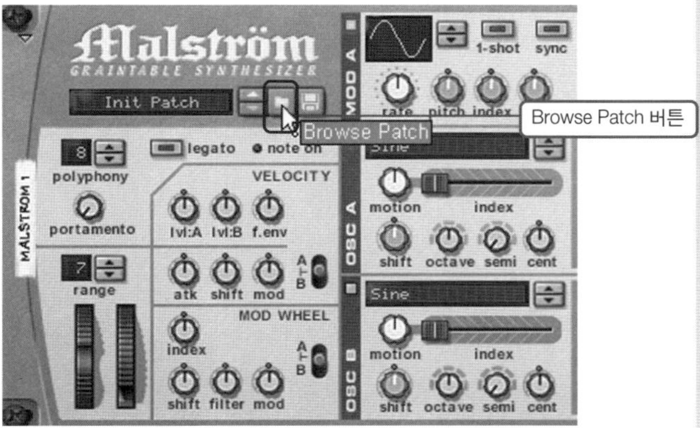

03 Tab 키를 눌러 전면이 보이게 하고, [Browse Patch] 버튼을 클릭합니다. 리즌 4에서 제공하는 악기를 효과적으로 이용하기 위해서는 각 장치의 음색적인 특징을 평소에 모니터 해두는 것이 좋습니다.

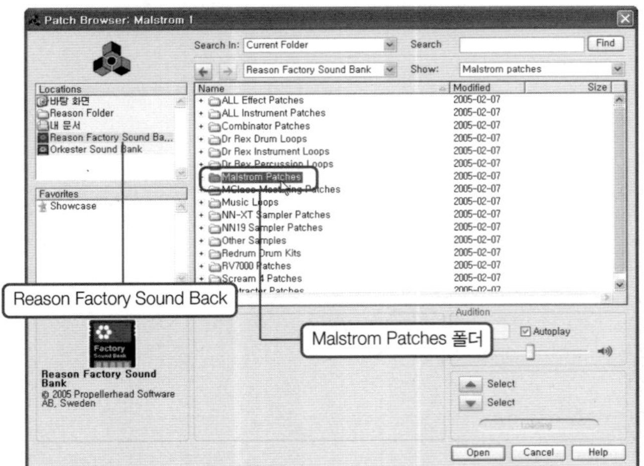

04 Patch Browser 창의 Locations 항목에서 Reason Factory Sound Back를 선택하고, 목록에서 Malstrom Patches 폴더를 더블 클릭합니다. 이처럼 각 악기의 음색은 악기 이름 폴더로 구분되어 있다는 것을 알 수 있습니다.

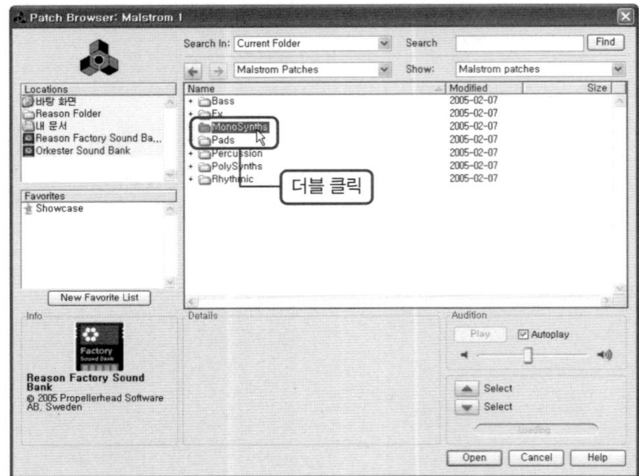

05 Malstrom에서 사용할 수 있는 음색이 폴더별로 구분되어 있습니다. 여기서 Mono-Synths 폴더를 더블 클릭하겠습니다. 이처럼 각 악기 이름의 폴더를 열어보면, 음색 단위로 폴더가 구분되어 있다는 것을 알 수 있습니다.

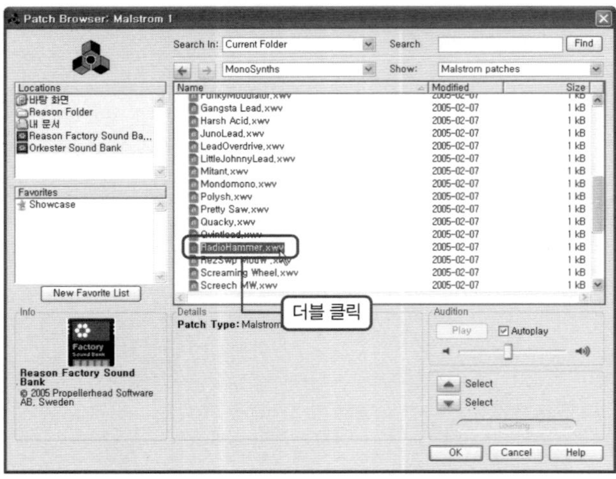

06 MonoSynths에 해당하는 음색 목록이 보입니다. RadioHammer.xwv를 더블 클릭으로 로딩하겠습니다. 리즌 4는 음색을 불러오기 전에 마스터 건반을 연주하여 사운드를 모니터 할 수 있다는 것을 기억할 것입니다.

07 불러온 음색은 지금까지와 같이 그대로 사용해도 좋지만, 사용자가 원하는 색깔로 편집할 수 있습니다. 자세한 것은 해당 장치를 학습할 때, 살펴보기로 하고, 여기서는 Polyphony를 1로 낮추고, Portamento를 46정도로 조정하겠습니다.

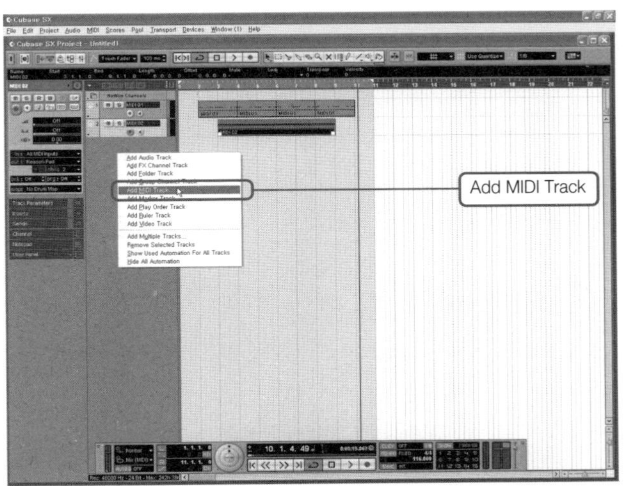

08 악기를 장착한 후에는 큐베이스에서 연주 데이터를 입력합니다. 큐베이스의 트랙리스트에서 마우스 오른쪽 버튼을 클릭하여 단축 메뉴를 열고, [Add MIDI Track]을 선택하여 미디 트랙을 추가합니다.

09 추가한 미디 트랙의 인스펙터 파라미터 Out 항목에서 Reason Malstrom 1을 선택합니다. 마치 외장 악기를 사용하는 것과 동일한 방식이라는 것을 알 수 있습니다.

10 Alt 키를 누른 상태에서 클릭하여 한 마디 길이의 미디 파트를 입력합니다. 그림에서는 4번째 마디에서부터 미디 파트를 만들고 있습니다.

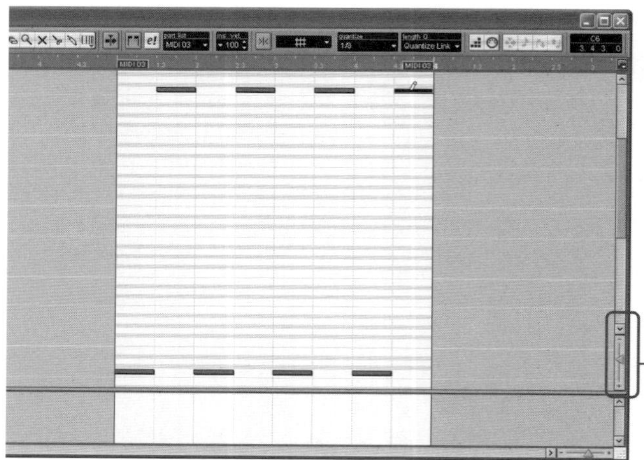

11 만든 파트를 더블 클릭하여 키 에디터를 열고, 그림에서와 같이 4옥타브 음정을 입력합니다. 한 화면에 4옥타브가 모두 보이지 않는 다면, 세로 줌 바를 드래그하여 조정하면 됩니다.

12 키 에디터 창을 닫고, 미디 파트를 그림과 같이 6마디, 10마디 위치로 각각 복사합니다. 복사 방법은 Alt 키를 누른 상태에서 미디 파트를 드래그하면 됩니다.

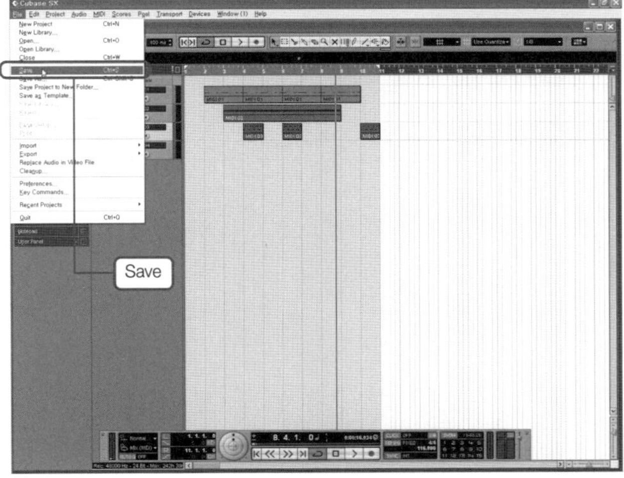

01 큐베이스의 미디 데이터 입력 작업이 모두 끝났습니다. File 메뉴의 Save를 선택하여 곡을 저장합니다. 단축키 Ctrl + S 키를 외워두고, 작업 도중에 틈틈이 누르는 것이 만일의 사태에 대비할 수 있는 보험입니다.

02 Save 명령을 처음 실행할 때는 파일의 이름을 입력할 수 있는 Save As 창이 열립니다. File name항목에 곡의 제목인 '리즌 실습' 을 입력하고, [Save] 버튼을 클릭합니다.

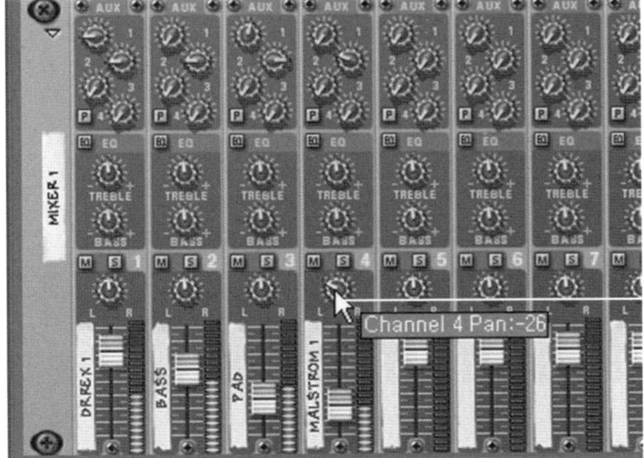

03 숫자열의 Enter 키를 눌러 곡을 연주해보면서 4번 채널의 AUX2를 조정하여 딜레이를 적용하고, 팬을 왼쪽으로 돌려 Malstrom 연주가 왼쪽 스피커에서 들리게 합니다. 그리고, 볼륨은 3번 채널의 패드 연주보다 조금 작게 합니다.

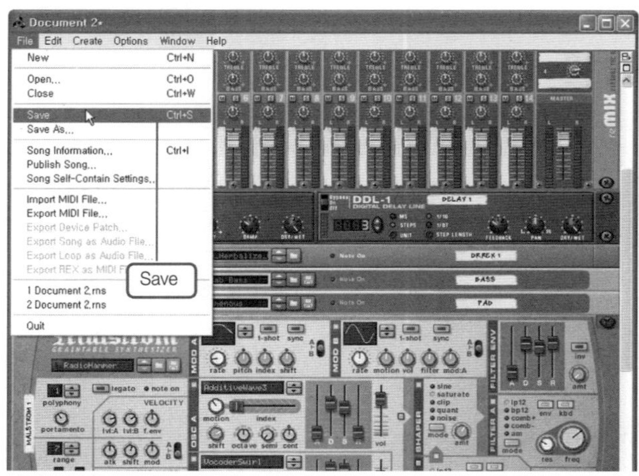

04 리즌 4에서의 작업도 모두 끝났습니다. ⃝ 키를 눌러 곡을 정지하고, File 메뉴의 Save 를 선택하여 저장합니다. 리즌 4 역시 저장 단축키 가 Ctrl + S 이므로 틈틈이 누르는 습관을 갖는 것이 좋습니다.

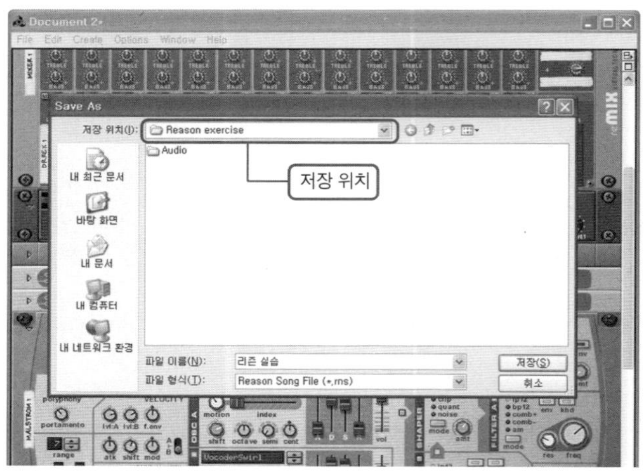

05 리즌 4 역시 큐베이스와 동일하게 파일 이름 을 곡의 제목으로 합니다. 저장 위치는 큐베 이스 파일을 저장했던 폴더를 찾아 같은 위치에 저 장하는 것이 좋습니다.

06 음악 작업의 최종 목적은 오디오 CD나 MP3 파일 등을 만들기 위한 익스포팅 작업 을 해야 합니다. 큐베이스는 로케이터 범위만을 익 스포팅 합니다. 이펙트의 여운을 남기기 위해서 우 측의 로케이터 포인트를 드래그하여 12마디 위치로 이동합니다.

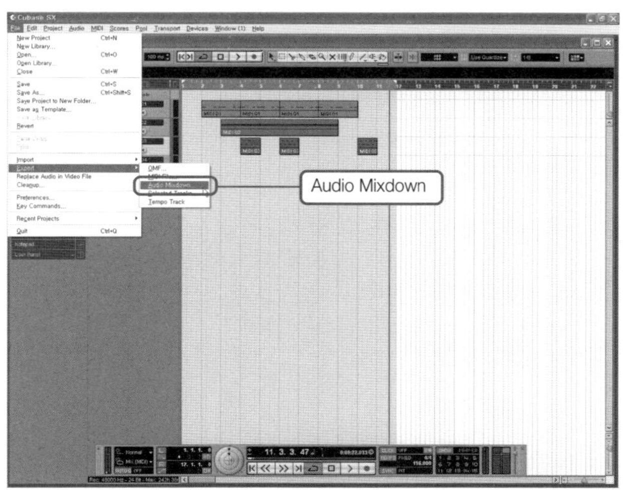

07 큐베이스에서 오디오 CD 제작을 위한 WAV 파일, MP3 파일 등 오디오 파일로 익스포팅 하기 위해서는 File 메뉴의 Export에서 [Audio Mixdown]을 선택합니다.

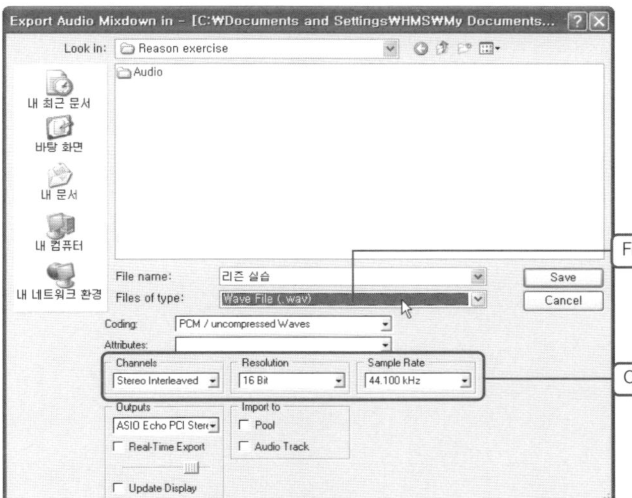

08 File Name에 곡의 제목을 입력하고, Files of type은 오디오 CD 제작을 위해서 Wave File 을 선택합니다. 그리고, 오디오 CD 포맷 규격에 맞게 Channels은 Stereo Interleaved, Resolution은 16Bit, Sample Rate는 44.100Hz를 선택하고, [Save] 버튼을 클릭합니다.

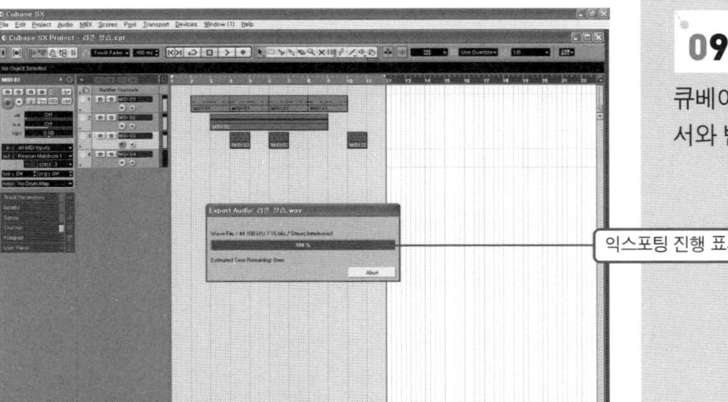

09 잠시 익스포팅 하는 과정이 보입니다. 익스 포팅이 완료되면, 리즌 4를 먼저 종료하고, 큐베이스를 종료합니다. 프로그램을 실행할 때의 순서와 반대입니다.

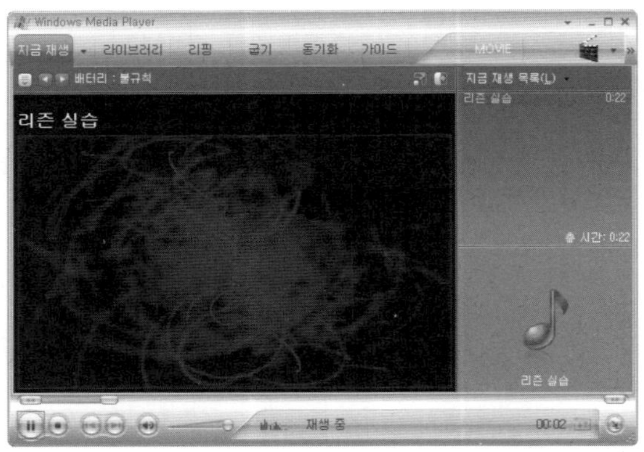

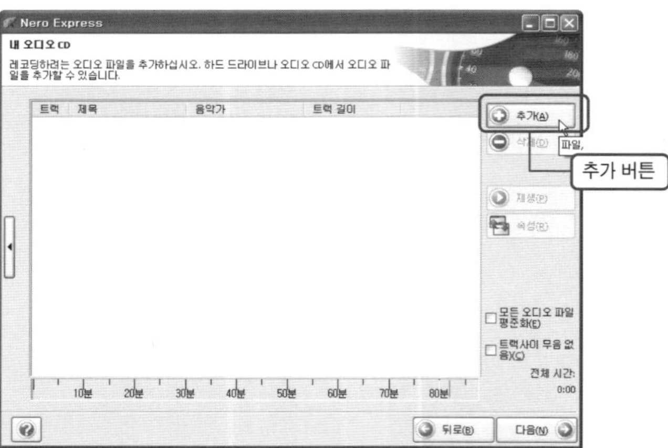

01 큐베이스 프로젝트 파일을 저장한 폴더에서 믹스 다운한 웨이브 파일을 더블 클릭하여 재생합니다. 기본적으로 Windows Media Player가 실행되지만, 사용자가 별도의 Player를 설치했다면, 해당 Player가 실행될 것입니다.

02 Windows Media Player는 오디오 CD를 제작할 수 있는 기능이 있지만, 가장 많이 사용하는 Nero를 이용하겠습니다. Windows Media Player를 닫고, 공 CD를 CD-R 드라이브에 삽입하면 열리는 창에서 오디오 CD 만들기를 더블 클릭합니다.

03 Nero Express가 실행됩니다. 큐베이스에서 내 문서 폴더에 저장한 '리즌 실습' 웨이브 파일을 목록에 추가하기 위해서 [추가] 버튼을 클릭합니다.

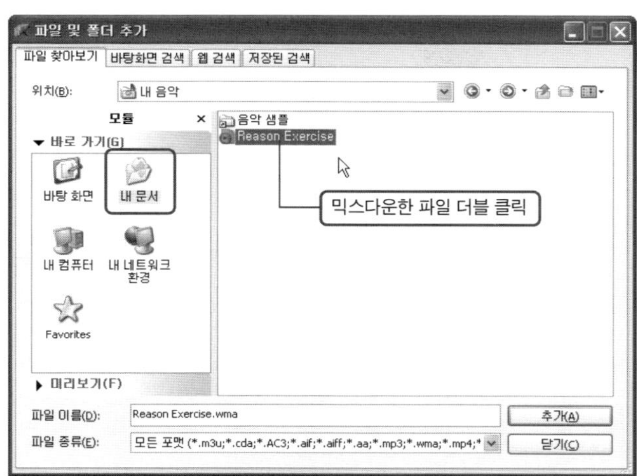

04 바로 가기 목록에서 내 문서를 선택하여 폴더를 열고, 큐베이스에서 믹스다운했던 '리즌4 실습' 웨이브 파일을 더블 클릭합니다.

05 일반적으로 사용하는 700MB의 공 CD는 80분 정도 길이의 음악을 담을 수 있습니다. CD에 담을 음악이 더 있다면 더블 클릭으로 추가합니다. 그렇지 않다면 [닫기] 버튼을 클릭하여 파일 추가 창을 닫습니다.

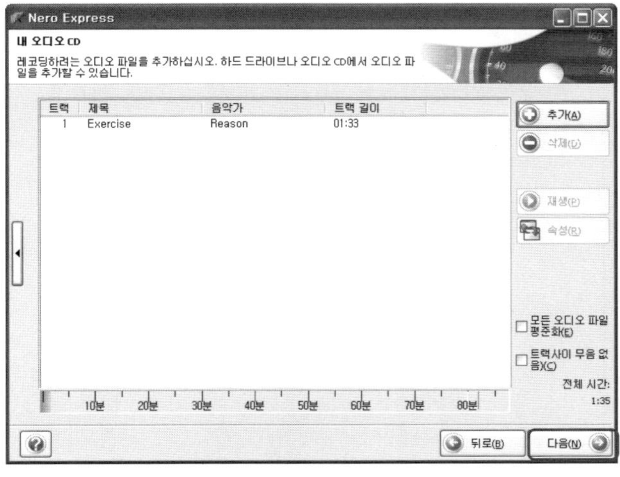

06 여러 곡을 담는다면, 용량 표시 줄의 붉은 색 라인이 넘지 않게 주의합니다. 그리고 곡과 곡 사이에 2초간 쉬는 부분이 없는 논 스톱 음악CD를 만들고 싶다면, 트랙 사이의 무음 없음 옵션을 체크합니다. 실습에서는 한 곡뿐이므로 그냥 [다음] 버튼을 클릭하겠습니다.

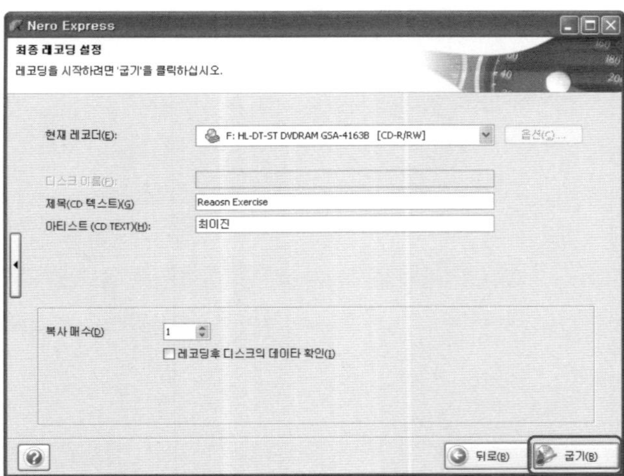

07 CD 타이틀과 제작자 이름을 입력할 수 있는 최종 레코딩 설정 창이 열립니다. 필요한 항목을 입력하고, [굽기] 버튼을 클릭합니다.

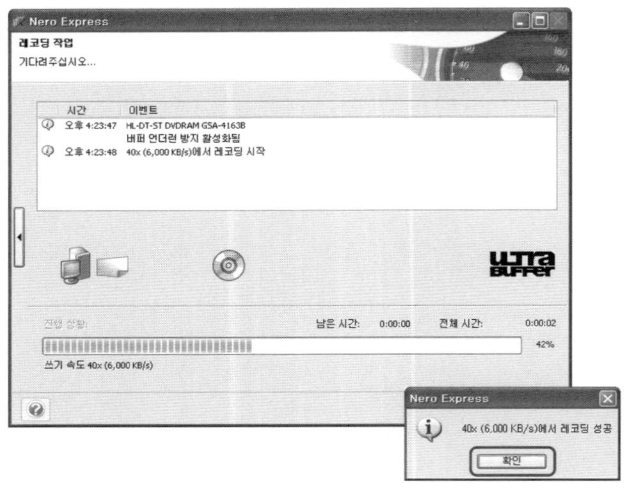

08 오디오 CD를 굽는 과정이 잠시 보이고, 완료 창이 열립니다. [확인] 버튼을 클릭하여 오디오 CD 제작을 완료합니다.

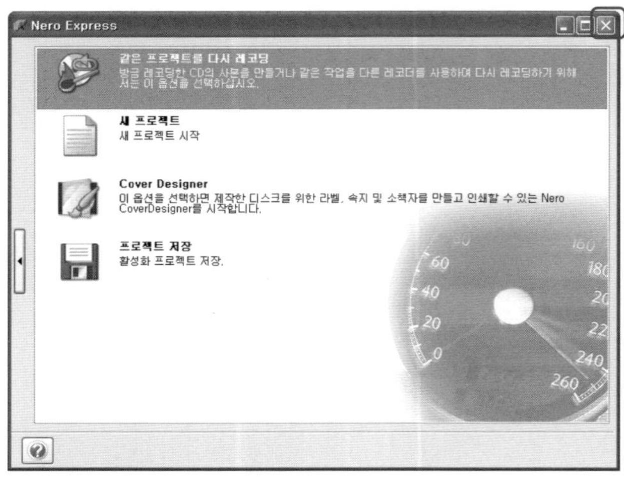

09 CD드라이브가 자동으로 열리고, 프로젝트 저장 여부를 묻는 창이 열립니다. 나중에 동일한 CD를 제작할 필요가 있다면, 저장을 해두고, 그렇지 않다면, [닫기] 버튼을 클릭하여 닫습니다. 완성된 오디오 CD는 일반 CD Player에서 재생이 가능하며, 대량 생산을 위한 마스터 CD 제작을 할 수 있습니다.

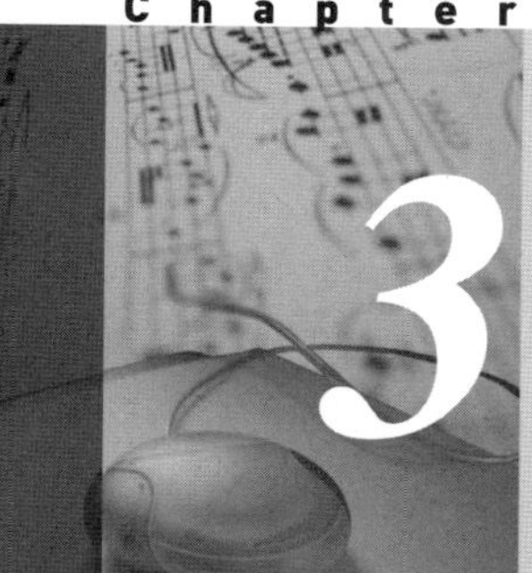

3 소나에서 곡 만들어보기

리즌 4는 큐베이스나 소나 사용자가 리와이어로 사용하는 것이 일반적입니다. 여기서는 소나 사용자가 리즌 4를 이용해서 곡을 만들어보는 과정을 실습할 것입니다. 실습 과정은 큐베이스와 동일하므로 큐베이스 사용자는 이번 레슨을 학습할 필요가 없습니다.

1 소나와 리즌 4 실행하기

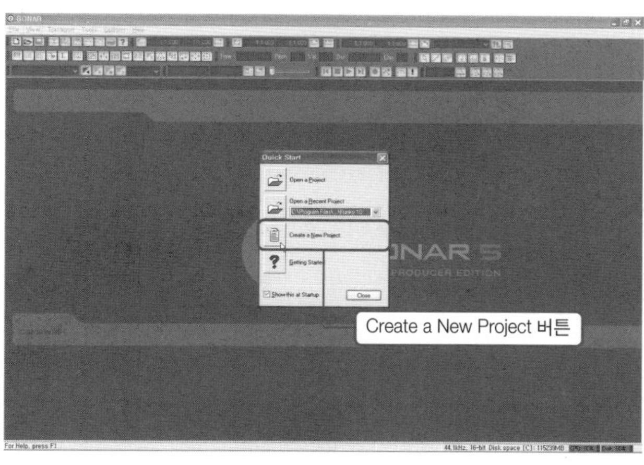

01 소나에서 리즌 4를 리와이어로 사용하는 경우에는 소나가 마스터 프로그램이 되므로, 소나를 먼저 실행해야 합니다. 소나를 실행하면 열리는 Quick Start 창에서 [Create a New Project] 버튼을 클릭합니다. Quick Start 창을 열리지 않게 해놓았다면, 도구 모음 줄의 [New] 버튼을 클릭합니다.

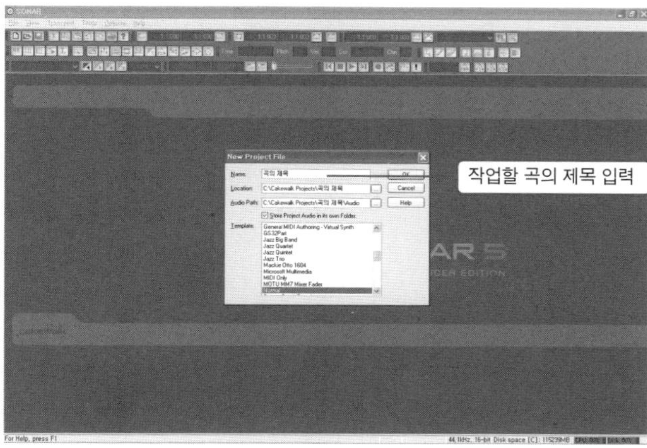

02 프로젝트의 이름을 입력할 수 있는 New Project File 창이 열립니다. Name 항목에 작업할 곡의 이름을 입력하고, [OK] 버튼을 클릭합니다.

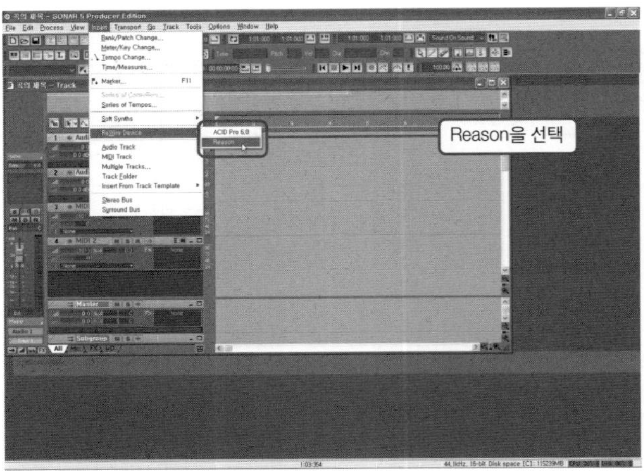

03 미디와 오디오 트랙이 각각 2개씩 있는 Normal 환경의 프로젝트가 열립니다. Insert 메뉴의 ReWire Device에서 [Reason]을 선택합니다.

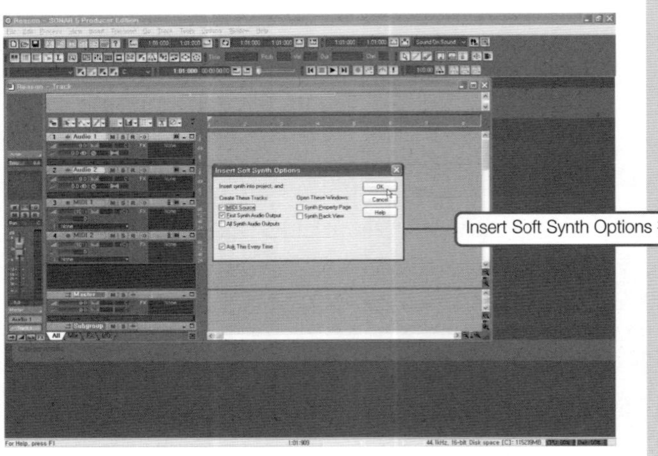

04 Insert Soft Synth Options 창이 열립니다. MIDI Source와 First Synth Audio Output 옵션이 선택되어 있는지 확인을 하고, Synth Property Page 옵션을 체크합니다. 그리고 [OK] 버튼을 클릭합니다.

05 기본적으로 데모 곡이 열려있는 리즌 4가 실행됩니다. 비어있는 랙 환경에서 리즌 4를 사용하기 위해서 설정을 변경하겠습니다. Edit 메뉴의 [Preference]를 선택하여 환경 설정 창을 엽니다.

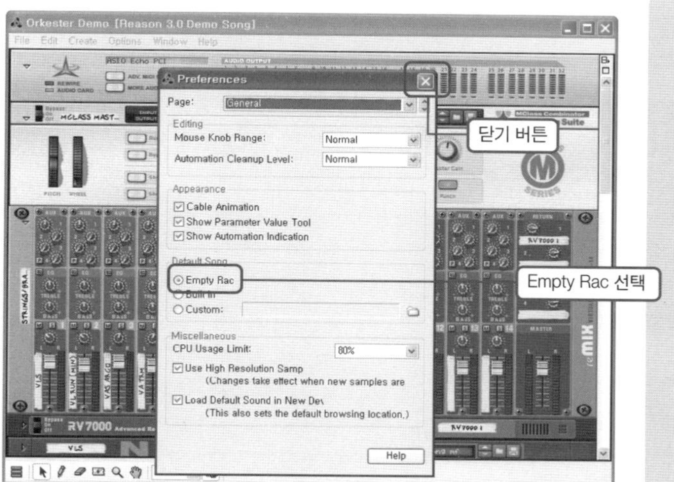

06 Preferences 창의 General 페이지가 열립니다. Default Song 항목에서 Empty Rac을 선택하여 비어있는 작업 창으로 시작될 수 있게 합니다. [닫기] 버튼을 클릭하여 Preferences 창을 닫습니다.

07 리즌 4의 File 메뉴에서 [New]를 선택하여 새로운 작업 창을 엽니다. 하드웨어 인터페이스와 시퀀서 창만 있는 리즌 4의 작업 창이 열립니다. 리즌 4를 실행했을 때, 열린 데모 곡은 [닫기] 버튼을 클릭하여 닫습니다.

2 장치 장착하기

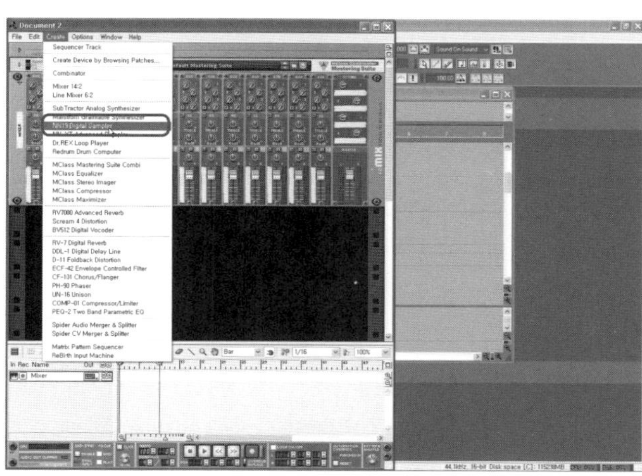

01 리즌 4의 Create 메뉴를 클릭하거나 검정색으로 표시되는 빈 공간에서 마우스 오른쪽 버튼을 클릭하여 단축 메뉴를 열고, Mixer 14:2를 선택합니다. 14채널 입력과 2채널 출력이 가능한 믹서를 장착하는 것입니다.

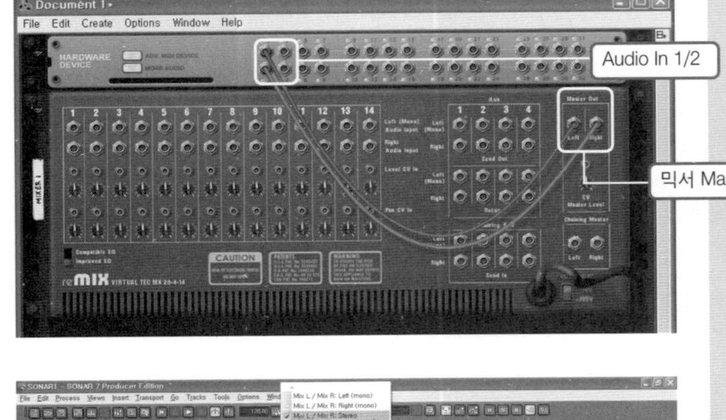

02 키보드의 Tab 키를 눌러 랙 뒷면을 보면, 믹서 Master Out의 Left는 하드웨어 인터페이스의 Audio In 1번에 연결되어 있고, Right는 2번 입력에 연결된 것을 확인할 수 있습니다.

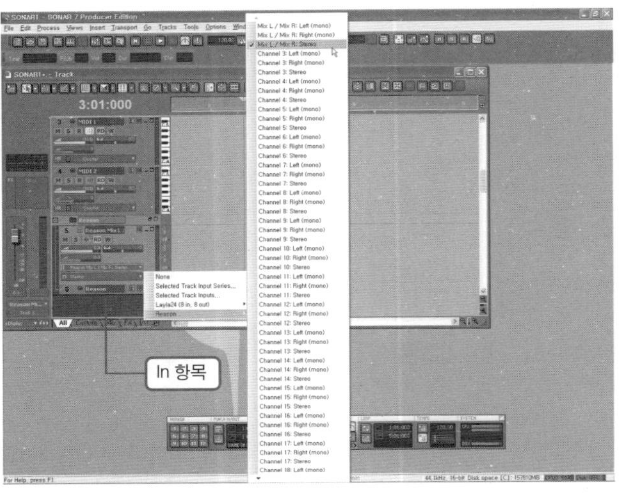

03 믹서의 마스터 아웃이 하드웨어 인터페이스 오디오 인 1/2번에 연결되어 있고, 소나의 Reason MIx트랙에서 in항목이 Reason Mix L/R로 설정되어 있으므로, 리즌 4의 최종 출력이 소나로 연결된 것입니다.

04 소나에 미디 데이터를 입력하고, 리즌 4에 악기를 장착하거나 설정 값을 변경하는 등의 작업을 하기 위해서는 두 프로그램 사이를 왔다 갔다 하게 됩니다. Windows XP 작업 표시줄의 아이콘을 선택하여 각각의 프로그램을 선택할 수 있습니다.

단축키 이용하기

File 메뉴의 New 오른쪽에 보면 Ctrl+N이라는 표시가 있습니다. 이것은 키보드의 Ctrl 키를 누른 상태에서 N 키를 누르면 File 메뉴의 New 명령을 실행할 수 있다는 것을 나타냅니다. 자주 사용하는 메뉴는 단축키를 이용하는 것이 편리하므로, 기억나지 않을 때는 메뉴를 열어서 확인하는 수고를 하더라도, 단축키 이용 습관을 갖는 것이 좋습니다.

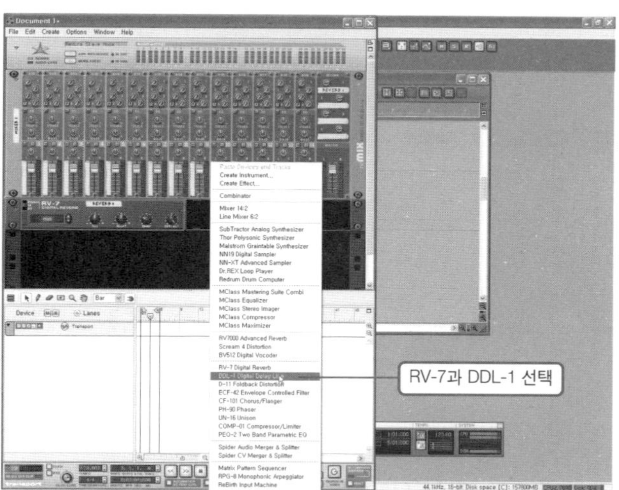

05 리즌 4의 비어 있는 작업 공간에서 마우스 오른쪽 버튼을 클릭하여 단축 메뉴를 열고, [RV-7 Digital Reverb]를 선택합니다. 그리고, 다시 한번 단축 메뉴를 열고, DDL-1 Digital Delay Line을 선택하여 두 개의 이펙트를 장착합니다.

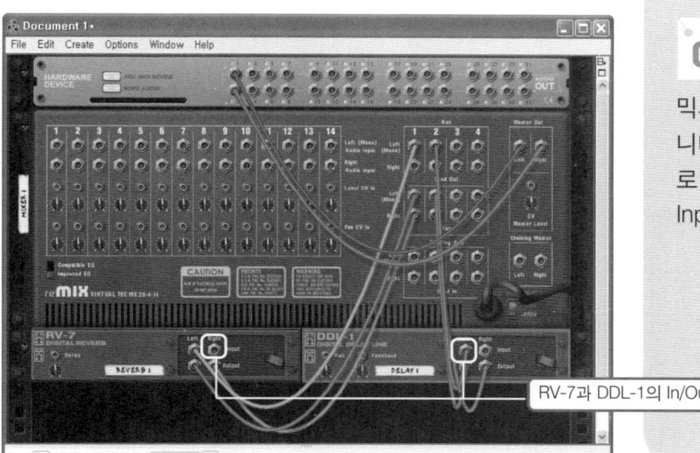

06 Tab 키를 눌러 랙 뒷면을 보면, RV-7의 Output이 믹서 Return1로 연결되어 있고, 믹서의 Send Out 이 RV-7 Input으로 연결되어 있습니다. 그리고, DDL-1의 Output은 믹서의 Return 2로 연결되어 있고, 믹서의 Send Out 2가 DDL-1 Input로 연결되어 있습니다.

3 드럼 루프 만들기

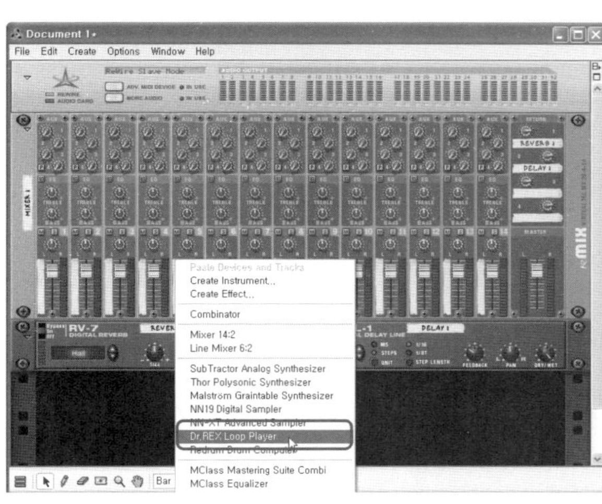

01 Tab 키를 눌러 전면이 보이게 합니다. 그리고 빈 공간을 마우스 오른쪽 버튼으로 클릭하여 단축 메뉴를 열고, Dr.REX Loop Player를 선택합니다. 본격적으로 음악 작업을 하기 위한 모듈을 장착한 것입니다.

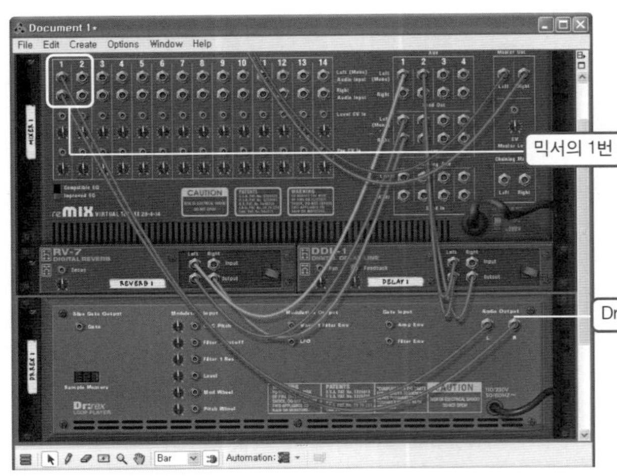

02 Tab 키를 눌러 랙 뒷면을 보면 Dr. REX1의 Audio output이 믹서의 Audio Input 1번 채널에 스테레오로 연결되어 있는 것을 확인할 수 있습니다. 다시 Tab 키를 눌러 전면이 보이게 합니다.

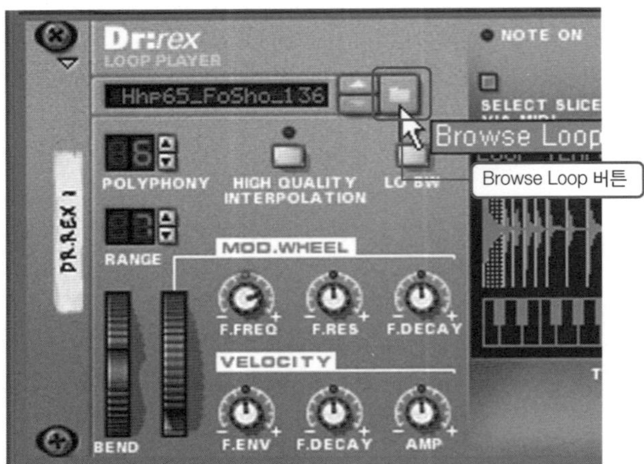

03 Dr.REX1 악기에서 사용할 음색을 불러오겠습니다. Dr.REX1 패널의 [Browse Loop] 버튼을 클릭하여 창을 엽니다.

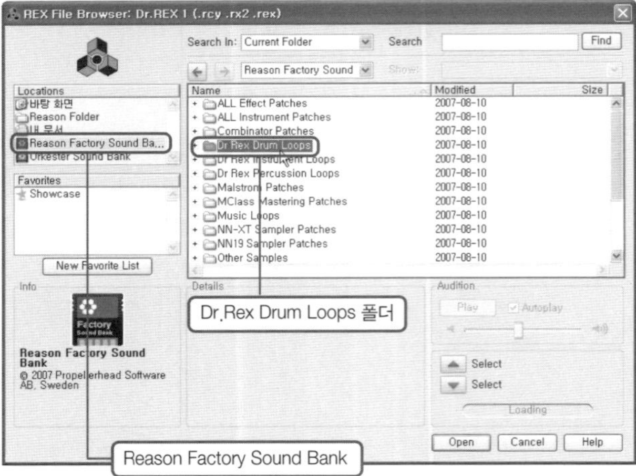

04 브라우저 창 왼쪽에서 Reason Factory Sound Bank 폴더를 선택하고, 목록에서 Dr.Rex Drum Loops 폴더를 더블 클릭합니다.

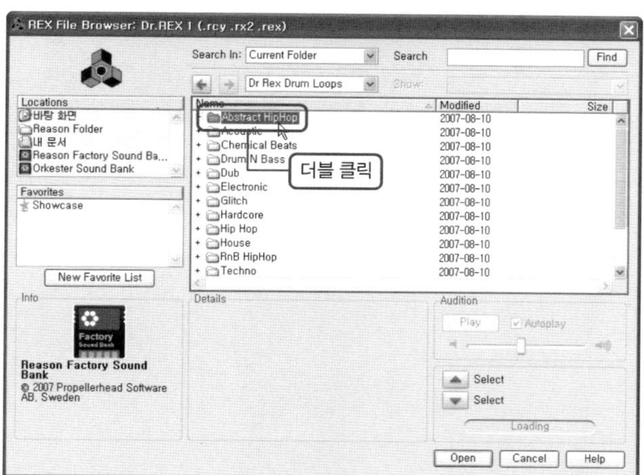

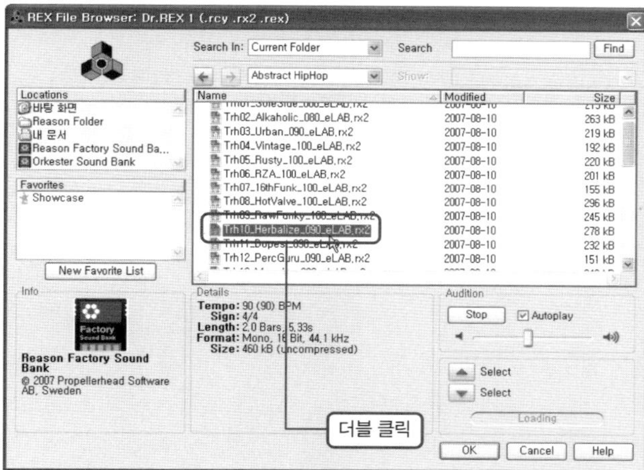

05 Dr. REX에서 사용할 수 있는 음색이 있는 폴더의 종류가 보입니다. 첫 줄에 보이는 Abstract HipHop 폴더를 더블 클릭으로 열어보겠습니다.

06 다양한 음색 목록이 보입니다. 음색을 선택해보면 어떻게 연주되는 루프 사운드인지를 모니터 할 수 있습니다. 각각의 사운드는 틈틈이 모니터를 해보기 바라며, 지금은 Trh10_Herbalize_090_ eLAB.rx2 음색을 더블 클릭으로 불러 오겠습니다.

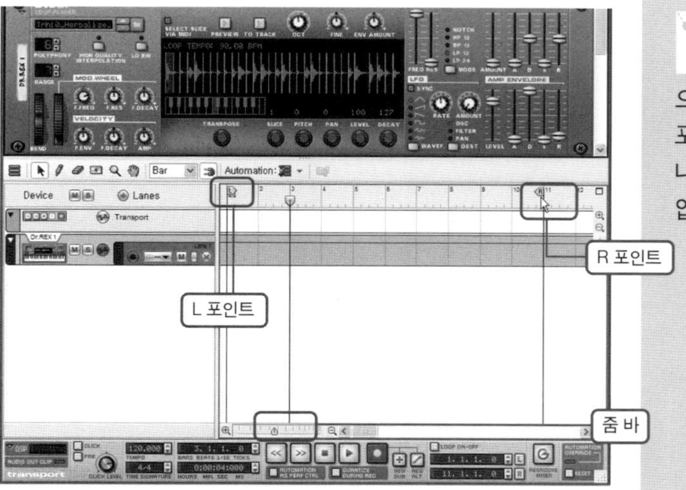

07 시퀀서 패널의 줌 바를 드래그하여 작업 공간의 크기를 조정한 다음에 L 포인트를 왼쪽으로 드래그하여 곡의 맨 처음 1마디에 위치하고, R 포인트를 오른쪽으로 드래그하여 11마디에 위치합니다. 총 10마디 길이로 로케이터 구간을 설정한 것입니다.

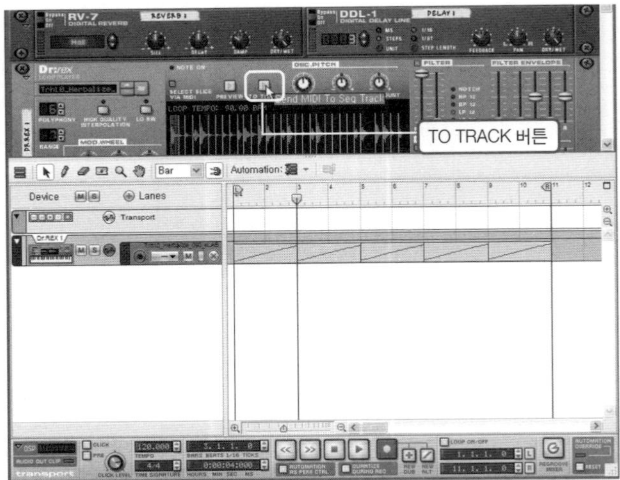

08 Dr.REX 패널의 [TO TRACK] 버튼을 클릭합니다. 로케이터 구간으로 설정한 10마디에 루프 이벤트가 삽입되는 것을 확인할 수 있습니다. 숫자열의 Enter 키를 눌러 사운드를 연주해봅니다.

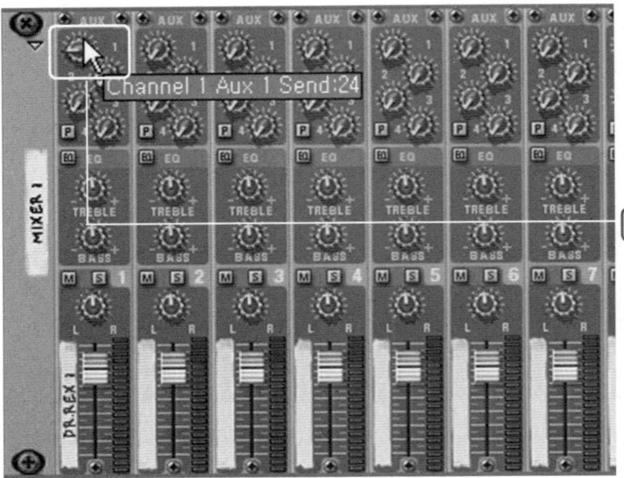

09 Dr.REX가 믹서 1번 채널에 연결되어 있고, RV-7은 AUX 1번, DDL-1은 AUX 2번에 연결되어 있다는 것을 기억할 것입니다. 믹서 1번 채널의 AUX 1번 노브를 위쪽으로 드래그하여 RV-7의 리버브가 적용되게 합니다.

10 Dr.DRX 사운드에 리버브가 적용되는 것을 확인할 수 있습니다. AUX 2번 노브도 위쪽으로 드래그하여 DDL-1의 딜레이도 적용해봅니다. AUX에 연결했던 RV-7과 DDL-1을 사용하는 방법입니다.

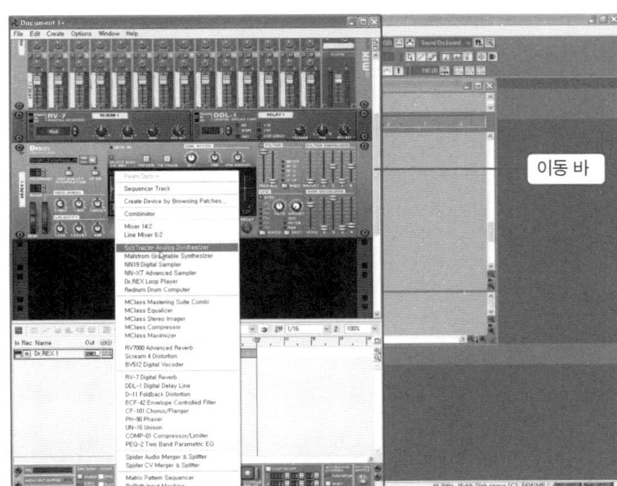

01 루프 사운드를 이용해서 리듬 파트를 완성했습니다. 계속해서 베이스 파트를 만들어 보겠습니다. 빈 공간에서 마우스 오른쪽 버튼을 클릭하여 단축 메뉴를 열고, Sub Tractor Analog Synthesizer를 선택합니다. 빈 공간이 보이지 않는 다면, 오른쪽의 이동 바를 드래그합니다.

02 장착하는 장치가 많아지면 각 장치의 고유 이름으로 악기 파트를 구분하는 것이 어려울 수 있습니다. Subtractor 1이라고 표시되어 있는 이름을 클릭하여 Bass로 변경해봅니다.

03 Tab 키를 눌러 랙 뒷면을 보면, Bass의 Output이 믹서의 2번 채널로 연결되어 있으며, Sub Tractor라는 악기가 모노 인 것을 확인할 수 있습니다. 한 화면에 보이지 않는 다면 시퀀서의 경계선을 드래그하여 작업 공간의 크기를 조정합니다.

 Tab 키를 눌러 전면이 보이게 합니다. Sub
Tractor에서 사용할 음색을 로딩하기 위해
서 [Browse Patch] 버튼을 클릭합니다.

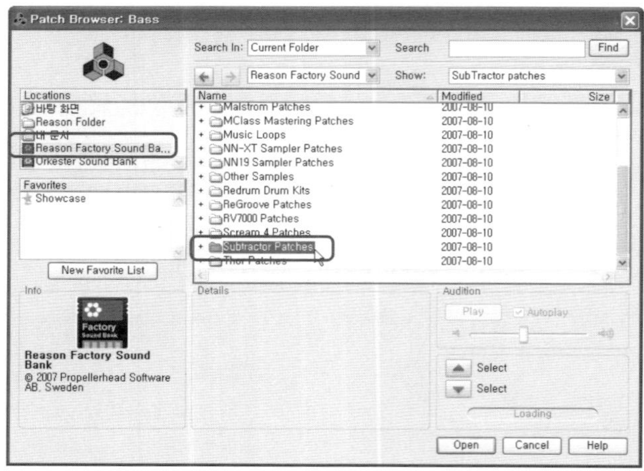

 Patch Browser 창의 Locations 항목에서
Reason Factory Sound Bank를 선택하고,
오른쪽 목록에서 Sub tractor Patches 폴더를 더블
클릭합니다.

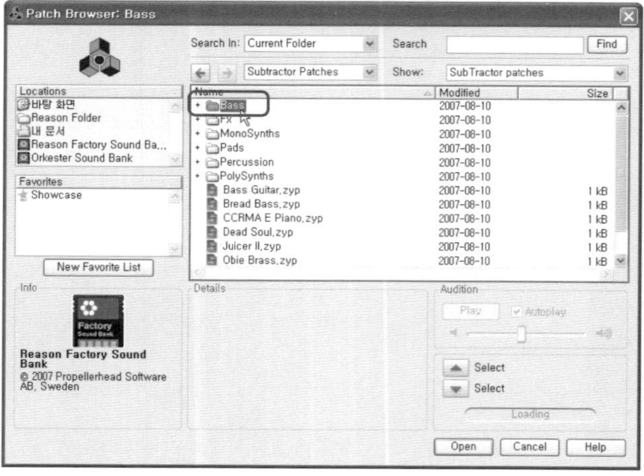

 Subtractor에서 사용할 수 있는 음색이 있는
폴더 목록이 보입니다. 베이스 라인을 입력
해볼 것이므로, Bass 폴더를 더블 클릭하여 엽니다.

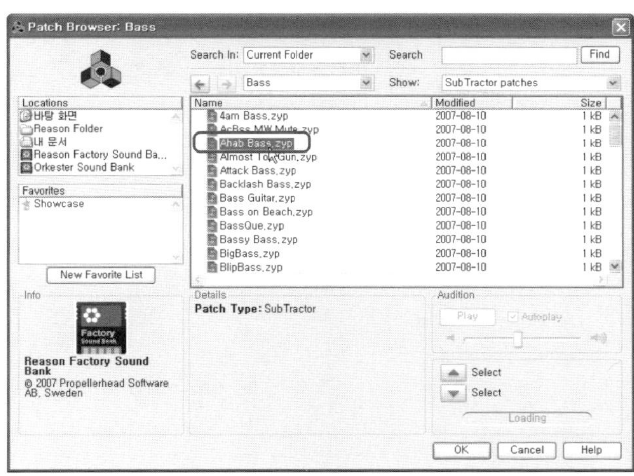

07 베이스 음색 목록이 보입니다. 음색을 선택하고, 마스터 건반을 연주해보면 사운드를 모니터 할 수 있습니다. 각각의 음색은 틈틈이 모니터 해보기 바라며, 실습에서는 Ahab Bass.zyp를 더블 클릭하겠습니다.

08 불러온 베이스 음색이 마음에 들지 않는다면, 브라우저를 열지 않고, Patch 리스트 항목을 클릭하여 베이스 음색을 선택할 수 있습니다.

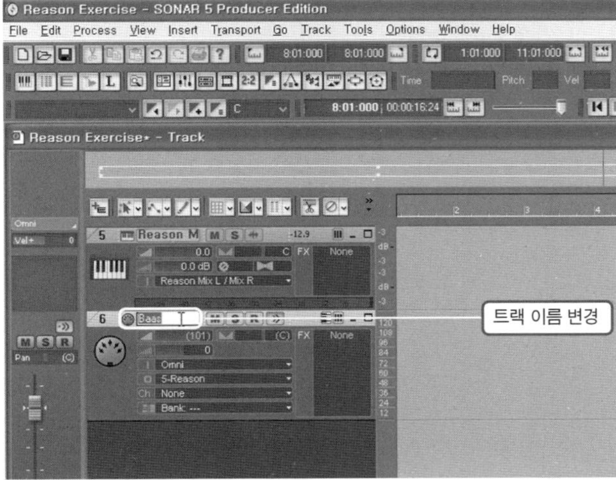

09 소나에 추가했던 Reason이라는 이름의 미디 트랙을 더블 클릭하여 Bass로 변경합니다. 작업을 할 때, 각 트랙의 이름을 구분하기 쉬운 것으로 변경하는 것은 좋은 습관입니다.

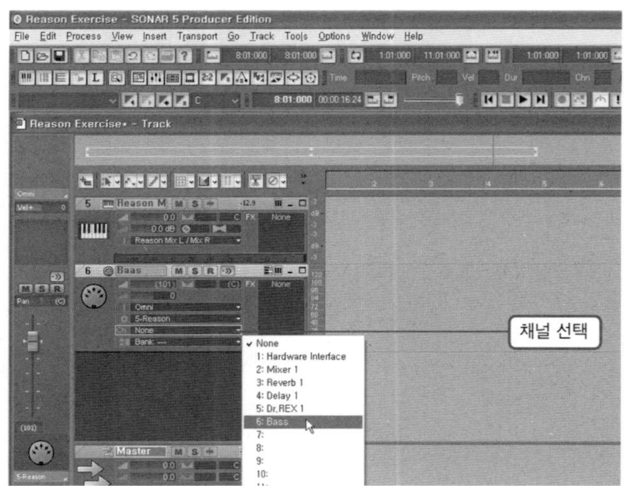

10 미디 트랙의 채널(Ch) 항목에서 Subtractor 를 선택합니다. 앞에서 이름을 Bass로 변경했으므로 Bass를 선택하면 됩니다.

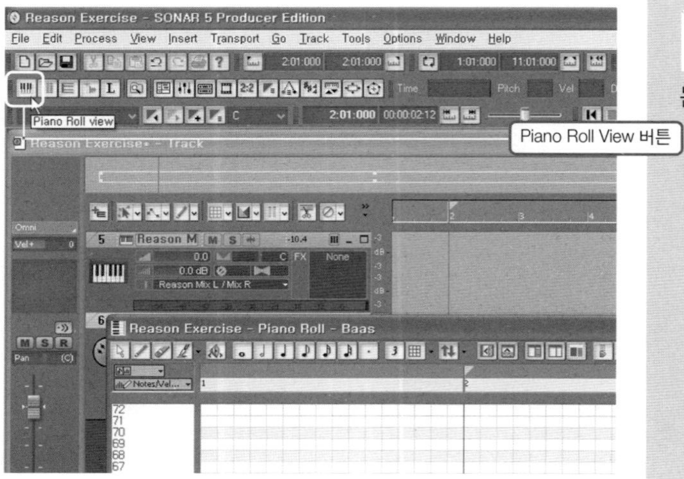

11 도구 모음 줄의 [Piano Roll View] 버튼을 클릭하여 미디 입력/편집 작업에 많이 사용하는 피아노 창을 엽니다.

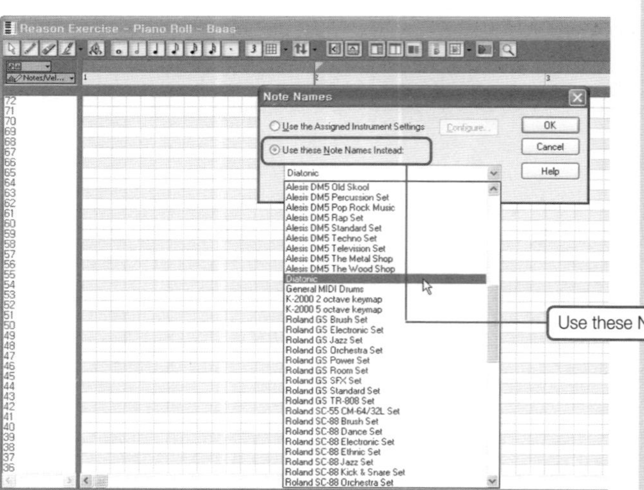

12 피아노 창 왼쪽이 미디 노트 번호로 표시된다면, 건반 창에서 마우스 오른쪽 버튼을 클릭하여 Note Names 창을 열고, [Use these Note Names Instead] 옵션을 선택합니다. 그리고 목록에서 Diatonic을 선택하면 건반 그림을 볼 수 있습니다.

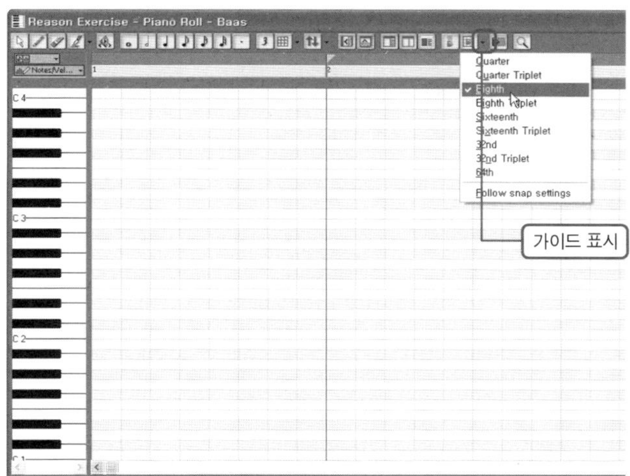

13 [가이드] 버튼을 클릭하여 Eight 메뉴를 선택합니다. 8분 음표를 입력하기 편하게 한 마디에 8개의 가이드 라인만 표시되게 하는 것입니다.

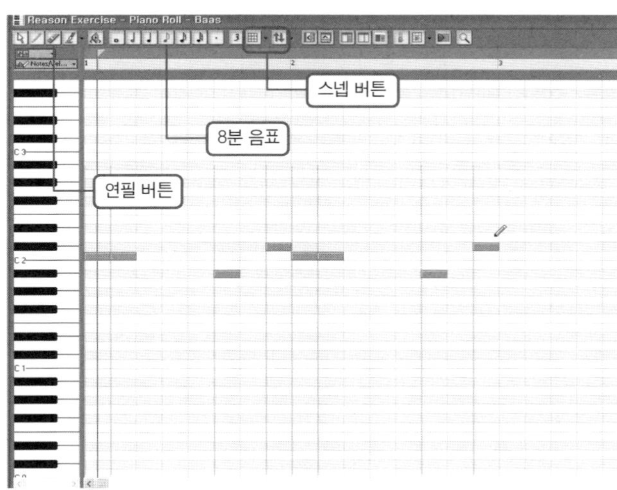

14 도구 모음 줄에서 [연필] 버튼과 8분 음표를 선택하고, 그림을 참조하여 2마디 위치부터 2마디 길이의 간단한 베이스 라인을 입력합니다. 정확한 위치에 입력되지 않는 다면, [스넵] 버튼이 On으로 되어 있는지 확인합니다.

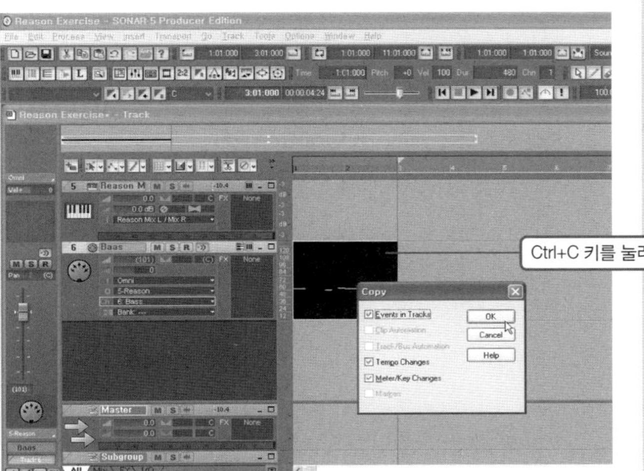

15 피아노 창을 닫고, 베이스 라인을 입력한 클립을 선택합니다. 그리고, Ctrl + C 키를 눌러 복사합니다. Copy 대화 상자는 [OK] 버튼을 클릭하여 닫습니다.

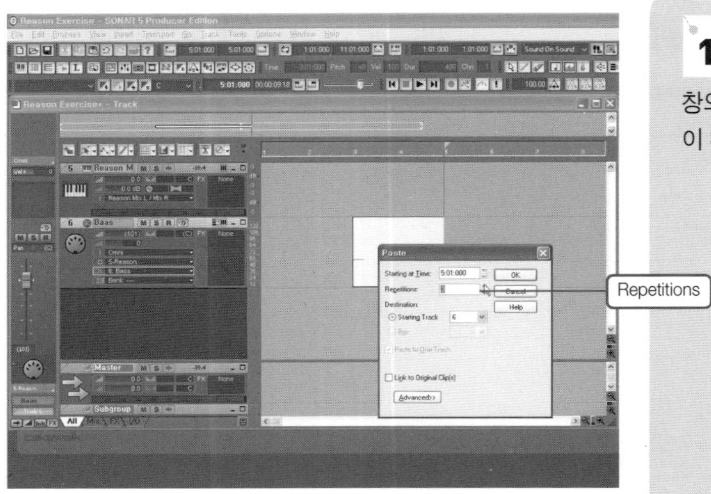

16 4마디 위치를 클릭하여 송 포지션 라인을 위치시키고, Ctrl + V 키를 누릅니다. Paste 창의 Repetitions 값을 3으로 변경하여 선택한 클립이 3번 반복되게 합니다.

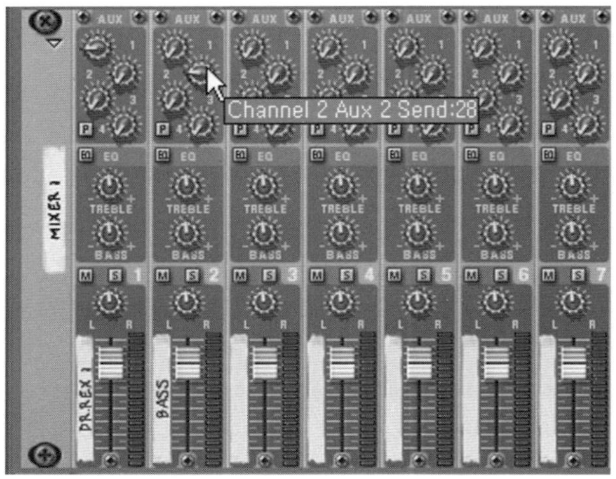

17 Subtractor가 믹서의 2번 채널에 연결되어 있고, RV-7이 AUX 1번, DDL-1이 AUX 2번에 연결되어 있다는 것을 기억할 것입니다. 스페이스 바 키를 눌러 사운드를 모니터 하면서 2번 채널의 AUX2를 위쪽으로 드래그하여 딜레이를 적용해 봅니다.

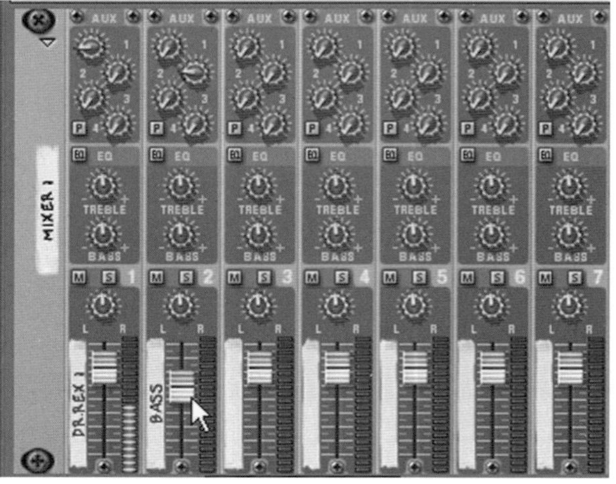

18 볼륨 슬라이드를 드래그하여 Dr. REX보다 조금 작게 연주되게 합니다. 볼륨 밸런스에 자신이 없는 초보자는 볼륨 슬라이드 우측의 레벨 미터를 확인하면서 조정하는 것도 좋습니다.

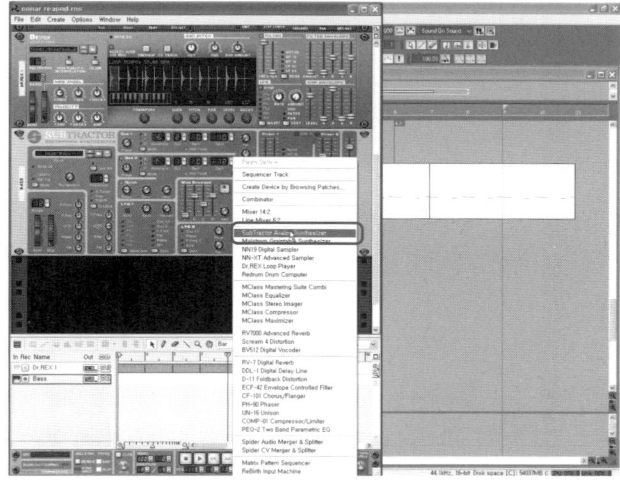

01 Space bar 키를 눌러 곡을 정지하고, 작업 공간의 빈 공간에서 마우스 오른쪽 버튼을 클릭하여 단축 메뉴를 엽니다. 그리고, Sub Tractor Analog Synthesizer를 선택합니다. 이처럼 리즌 4는 동일한 악기를 제한 없이 추가할 수 있습니다.

02 베이스 음색을 사용했던 악기와 동일한 악기 이므로, 혼동을 피하기 위해서 이름을 변경합니다. 패드를 입력할 것이므로 Pad라고 하겠습니다.

03 Tab 키를 눌러 랙 뒷면을 보면, Pad의 Output이 믹서의 3번 채널로 연결된 것을 확인할 수 있습니다. 더 이상 패널을 조정할 필요가 없는 악기는 우측의 작은 삼각형을 클릭하여 축소/확대할 수 있습니다.

04 Tab 키를 눌러 전면이 보이게 하고, 음색을 로딩하기 위해서 [Browse Patch] 버튼을 클릭합니다.

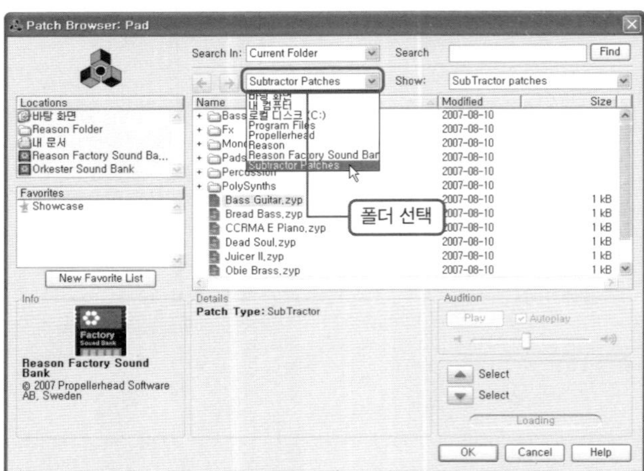

05 Patch Browser 창의 폴더 선택 메뉴를 클릭하여 Subtractor Patches를 선택합니다. 이처럼 Patch Browser 창의 폴더 선택 메뉴에는 작업 중에 열어보았던 폴더의 목록을 기억하고 있습니다.

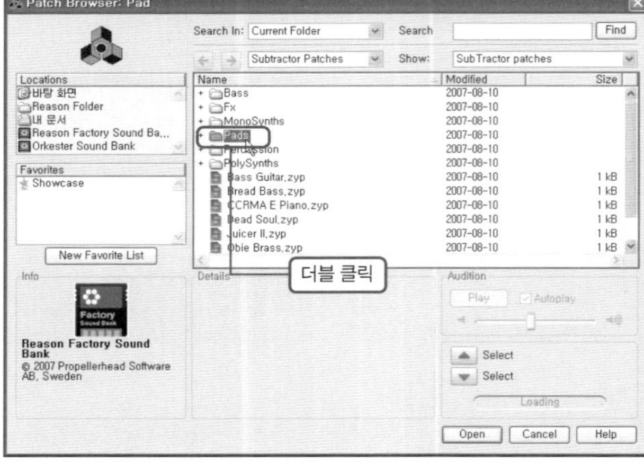

06 Subtractor Patches에서 사용할 수 있는 음색을 담고 있는 폴더의 이름이 보입니다. 패드를 입력하기로 했으므로, 패드 음색이 있는 Pads 폴더를 더블 클릭하여 엽니다.

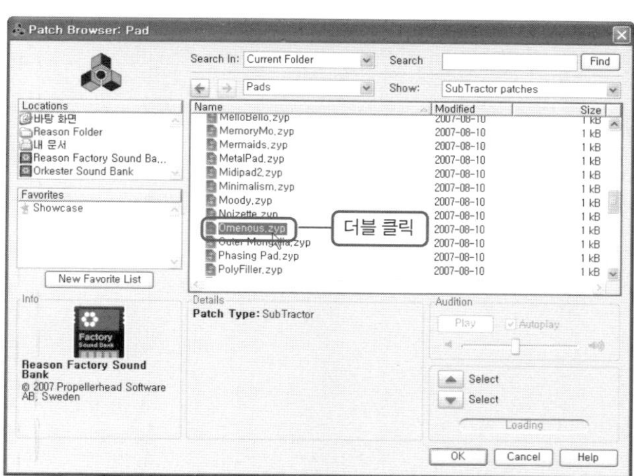

07 다양한 패드 음색들이 있습니다. 음색을 선택하고 마스터 건반을 연주하면 사운드를 모니터 할 수 있습니다. 각각의 음색은 시간이 날 때마다 모니터를 해보기 바라며, 여기서는 Omenous.zyp를 더블 클릭하겠습니다.

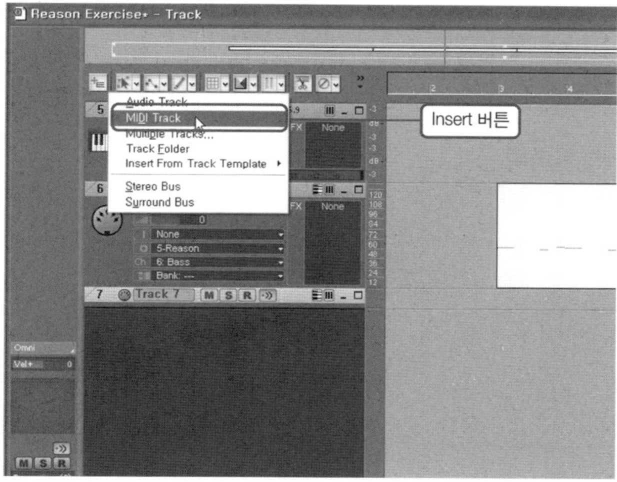

08 Bass에서와 같이 리즌 4에 새로 장착한 악기를 연주할 데이터를 소나에서 입력합니다. 트랙 리스트의 [Insert] 버튼을 클릭하여 메뉴를 열고, MIDI Track을 선택하여 미디 트랙을 추가합니다.

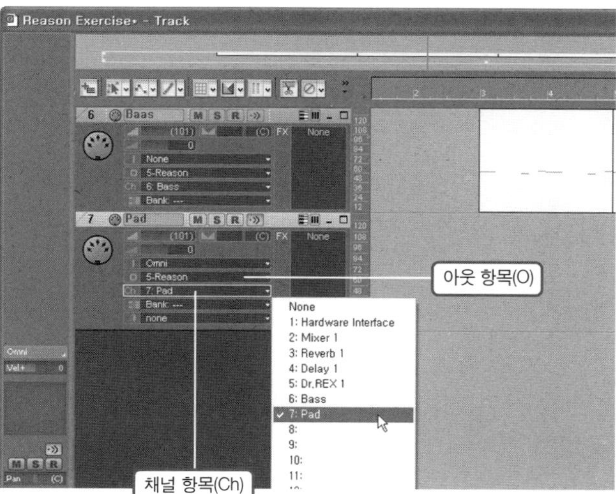

09 추가한 미디 트랙의 Out 항목에서 Reason을 선택하고, 채널에서 Pad를 선택하여 Subtractor를 연주할 수 있게 합니다. 새로 추가한 Subtractor의 이름을 Pad로 변경했던 것을 기억할 것입니다.

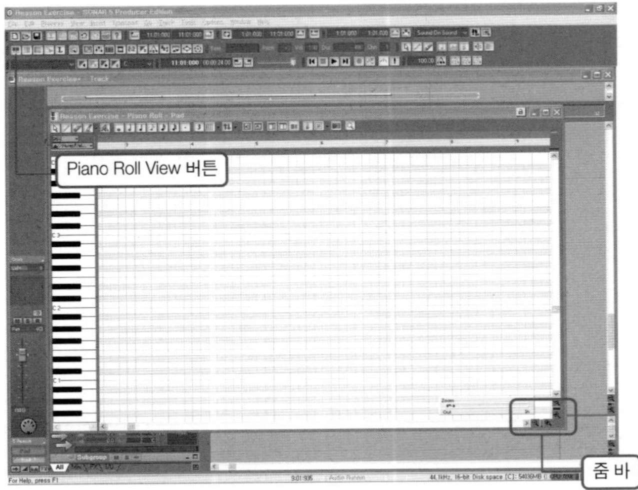

10 도구 모음 줄의 Piano Roll View 버튼을 클릭하여 피아노 창을 열고, 6마디의 작업 공간을 한 화면에서 모두 볼 수 있게 줌 바를 드래그하여 작업 창의 크기를 조정합니다.

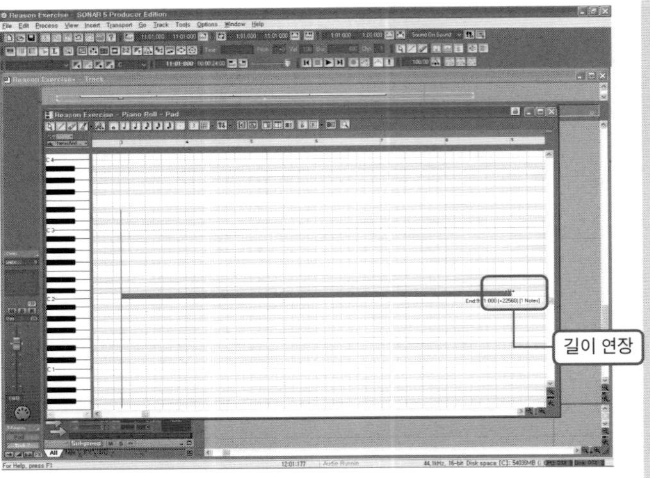

11 작업 환경은 베이스를 입력할 때 설정했던 상태를 유지하고 있을 것이므로, 3마디 위치의 C2음을 입력하면 8분 음표로 입력됩니다. 입력한 노트를 우측으로 드래그하여 6마디 길이로 연장합니다.

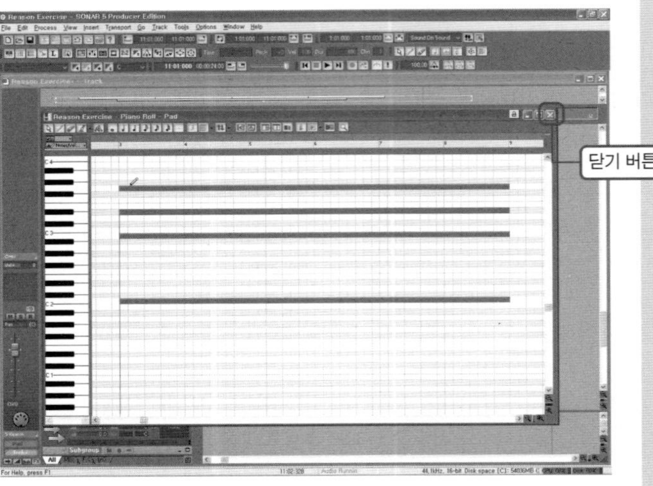

12 소나는 마지막에 입력한 노트의 길이로 입력이 되기 때문에 나머지 노트는 마우스 클릭으로 6마디 길이의 노트를 입력할 수 있습니다. Cm 코드를 완성하고, 피아노 창을 닫습니다.

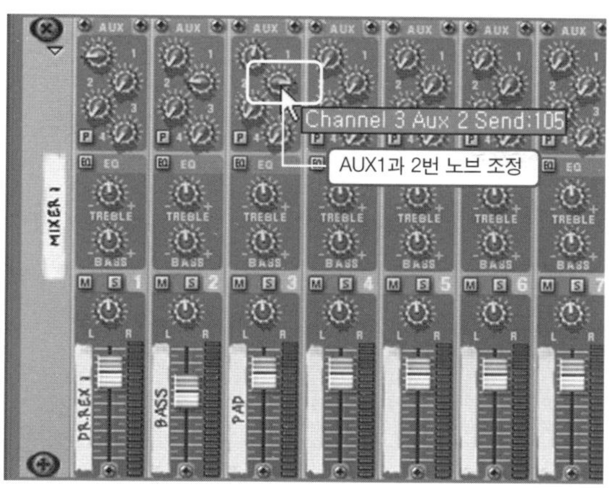

13 Pad가 믹서의 3번 채널에 연결되었던 것을 기억할 것입니다. [Space bar] 키를 눌러 곡을 모니터 하면서 AUX1의 리버브와 AUX2의 딜레이를 조정하여 적용합니다. 패드 계열이므로 조금 많은 값을 주어도 좋습니다. 볼륨은 Bass 채널보다 조금 작게 조정합니다.

6 리드 파트 만들기

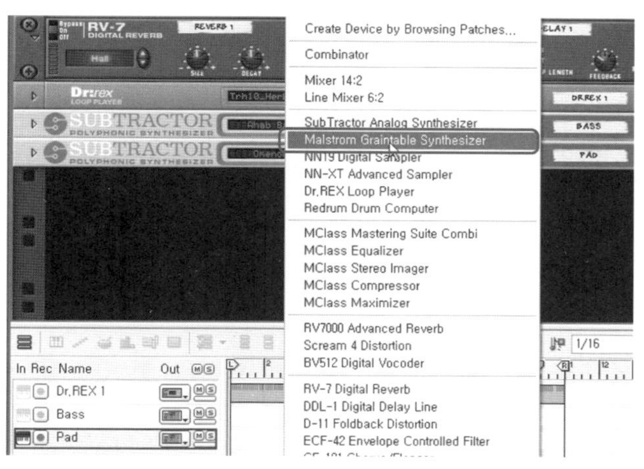

01 [Space bar] 키를 눌러 곡을 정지하고, 작은 삼각형 모양의 [확대/축소] 버튼을 클릭하여 Pad 음색을 사용하고 있는 Subtractor를 축소합니다. 그리고, 빈 공간에서 마우스 오른쪽 버튼을 클릭하여 단축 메뉴를 열고, Malstrom Graintable Synthesizer를 선택합니다.

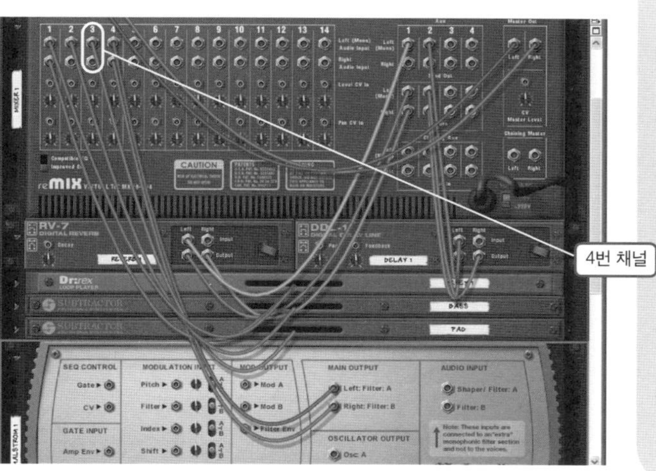

02 [Tab] 키를 눌러 랙 뒷면을 보면, Malstrom의 Main Output이 믹서의 4번 채널로 연결된 것을 확인할 수 있습니다. 지금까지 악기를 추가하면서 느꼈겠지만, 추가하는 순서대로 믹서의 Audio In 에 연결된다는 것을 알 수 있습니다.

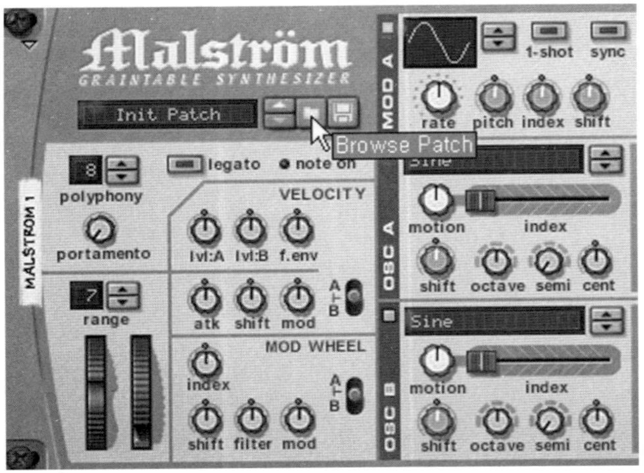

03 Tab 키를 눌러 전면이 보이게 하고, [Browse Patch] 버튼을 클릭합니다. 이처럼 리즌 4의 모든 악기는 장착을 한 후에는 음색을 로딩하는 과정이 필요하다는 것을 알 수 있습니다.

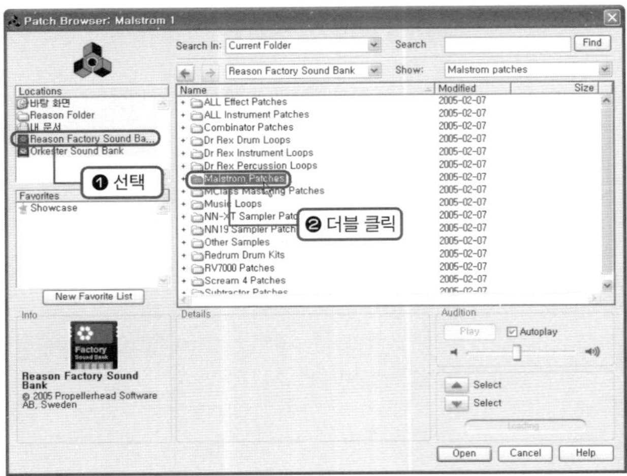

04 Patch Browser 창의 Locations 항목에서 Reason Factory Sound Back를 선택하고, 목록에서 Malstrom Patches 폴더를 더블 클릭합니다. 이처럼 각 악기의 음색은 악기 이름 폴더로 구분되어 있다는 것을 알 수 있습니다.

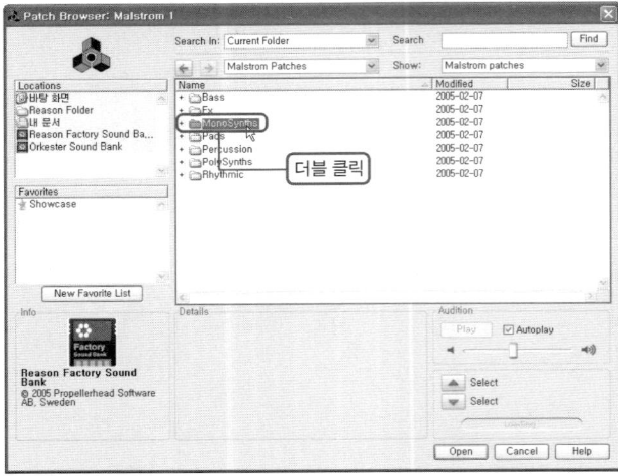

05 Malstrom에서 사용할 수 있는 음색이 폴더별로 구분되어 있습니다. MonoSynths 폴더를 더블 클릭하겠습니다. 이처럼 각 악기 이름의 폴더를 열어보면, 음색 단위로 폴더가 구분되어 있다는 것을 알 수 있습니다.

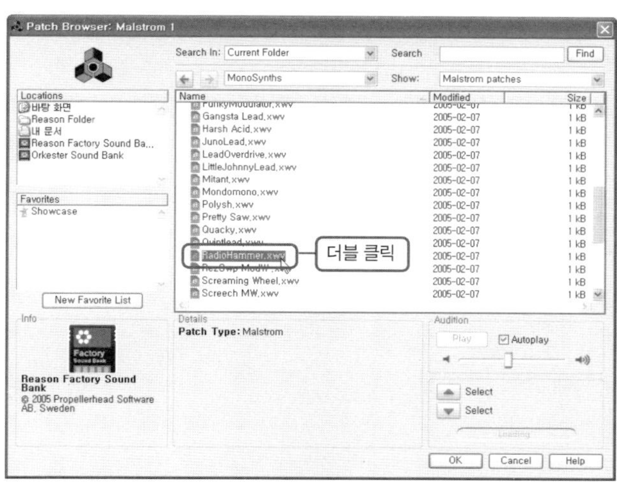

MonoSynths에 해당하는 음색 목록이 보입니다. RadioHammer.xwv를 더블 클릭으로 로딩하겠습니다. 리즌 4는 음색을 불러오기 전에 마스터 건반을 연주하여 사운드를 모니터 할 수 있다는 것을 기억할 것입니다.

불러온 음색은 지금까지와 같이 그대로 사용해도 좋지만, 사용자가 원하는 색깔로 편집할 수 있습니다. 자세한 것은 장치 학습편에서 살펴보기로 하고, 여기서는 Polyphony를 1로 낮추고, Portamento를 46정도로 조정하겠습니다.

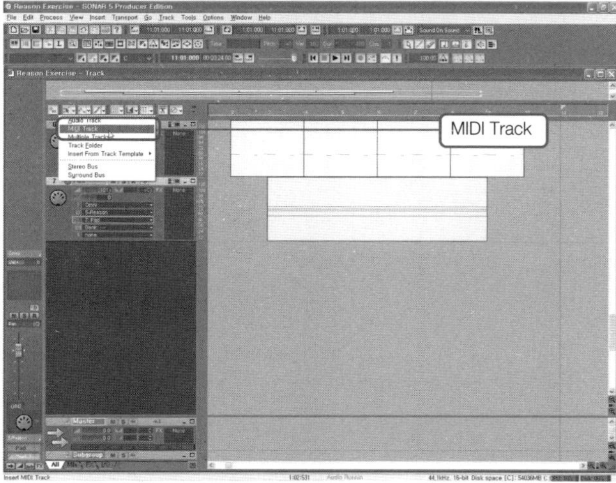

악기를 장착한 후에는 소나에서 연주 데이터를 입력합니다. 소나의 트랙리스트 도구에서 [Insert] 버튼을 클릭하여 메뉴를 열고, MIDI Track을 선택하여 미디 트랙을 추가합니다.

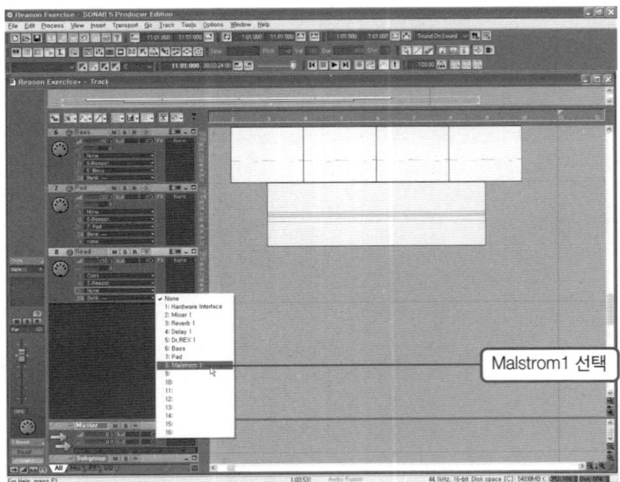

09 추가한 미디 트랙의 Out 항목에서 Reason 을 선택하고, 채널에서 Malstrom1을 선택합니다. 마치 외장 악기를 사용하는 것과 동일한 방식이라는 것을 알 수 있습니다.

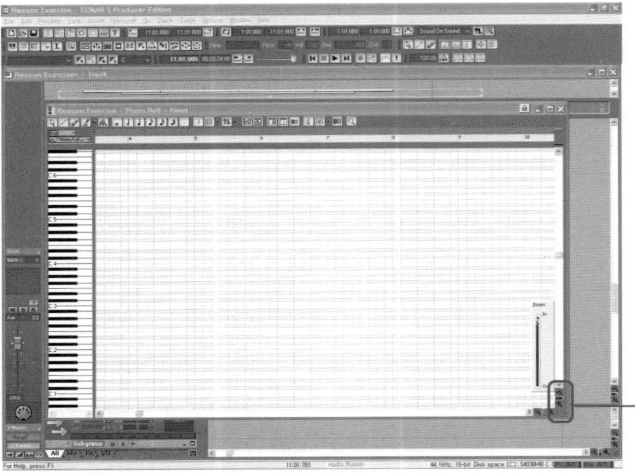

10 도구 모음 줄의 [Piano Roll View] 버튼을 클릭하여 피아노 창을 엽니다. C2에서 C6까지의 노트를 한 화면에서 볼 수 있게 세로 줌 바를 드래그하여 작업 공간의 크기를 조정합니다.

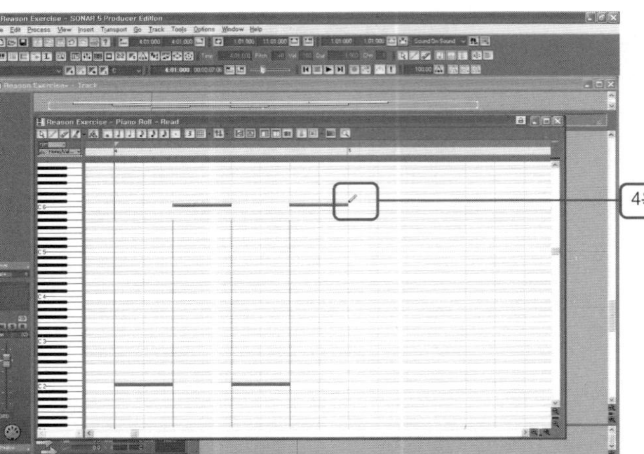

11 그림에서와 같이 4마디에 4옥타브 음정이 번갈아 연주될 수 있게 입력합니다. Maelstrom 의 Portamento 연주 효과를 확실하게 느껴볼 수 있게 하는 연주 패턴입니다.

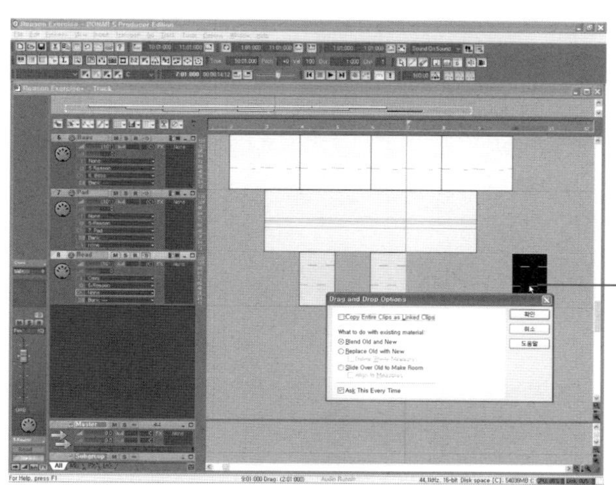

12 피아노 창을 닫고, Ctrl 키를 누른 상태로 클립을 드래그하여 6마디와 10마디 위치에 각각 복사합니다. 클립을 복사 할 때 열리는 Drag and Drop Options 창은 [확인] 버튼을 클릭하여 닫습니다.

7 믹스다운

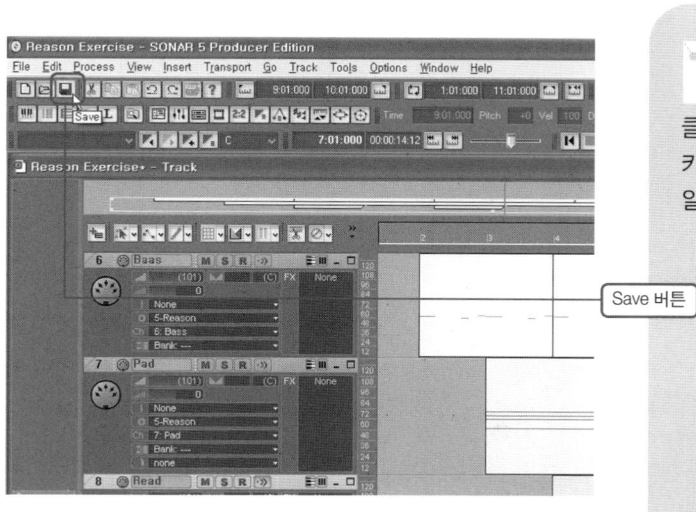

01 소나에서의 미디 데이터 입력 작업은 모두 끝났습니다. 도구 모음 줄의 [Save] 버튼을 클릭하여 작업한 곡을 저장합니다. 단축키 Ctrl + S 키를 외워두고, 작업 도중에 틈틈이 누르는 것이 만일의 사태에 대비할 수 있는 보험입니다.

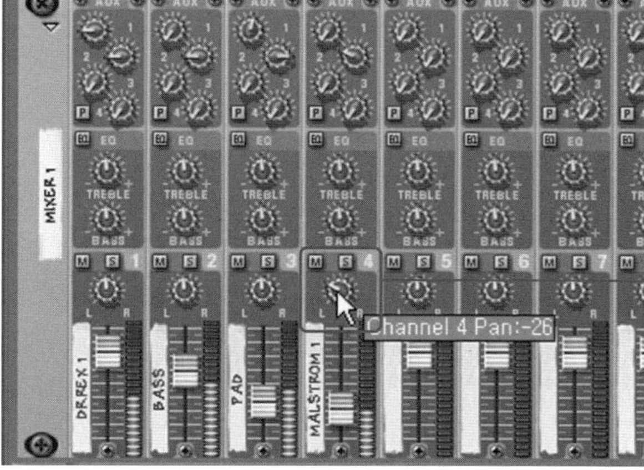

02 Space bar 키를 눌러 곡을 연주해보면서 4번 채널의 AUX2를 조정하여 딜레이를 적용하고, 팬을 왼쪽으로 돌려 Malstrom 연주가 왼쪽 스피커에서 들리게 합니다. 그리고, 볼륨은 3번 채널의 패드 연주보다 조금 작게 합니다.

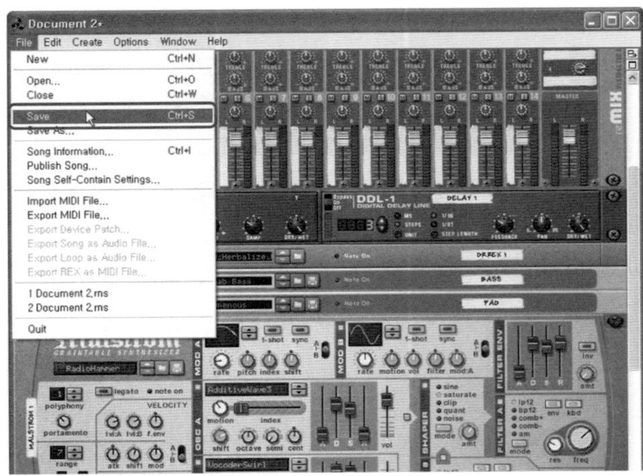

03 리즌 4에서의 작업도 모두 끝났습니다. Space bar 키를 눌러 곡을 정지하고, File 메뉴의 Save를 선택하여 저장합니다. 리즌 4 역시 저장 단축키가 Ctrl + S 이므로 틈틈이 누르는 습관을 갖는 것이 좋습니다.

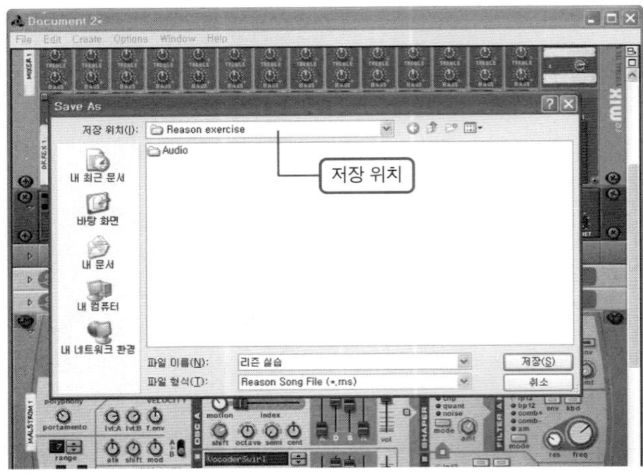

04 파일 이름을 입력할 수 있는 Save 창이 열립니다. 나중에 구분하기 쉽게 소나를 저장했던 폴더에 동일한 이름으로 저장하는 것이 좋습니다.

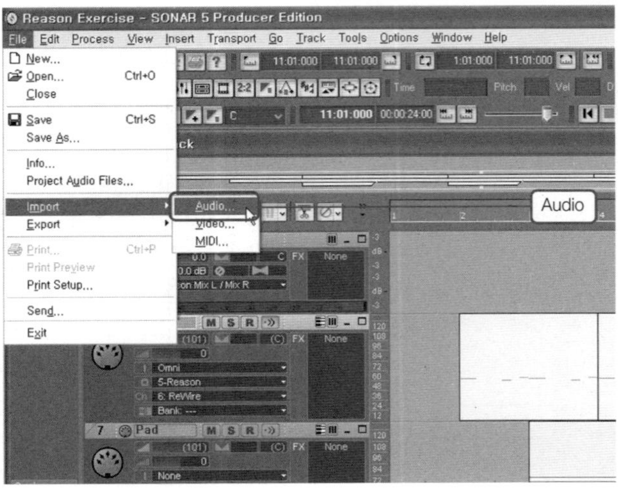

05 음악 작업의 최종 목적인 오디오 CD 제작을 위한 WAV 파일이나 MP3 파일 등을 제작하기 위해서 소나의 File 메뉴에서 오디오 파일로 익스포팅하기 위해서는 File 메뉴의 Export에서 Audio를 선택합니다.

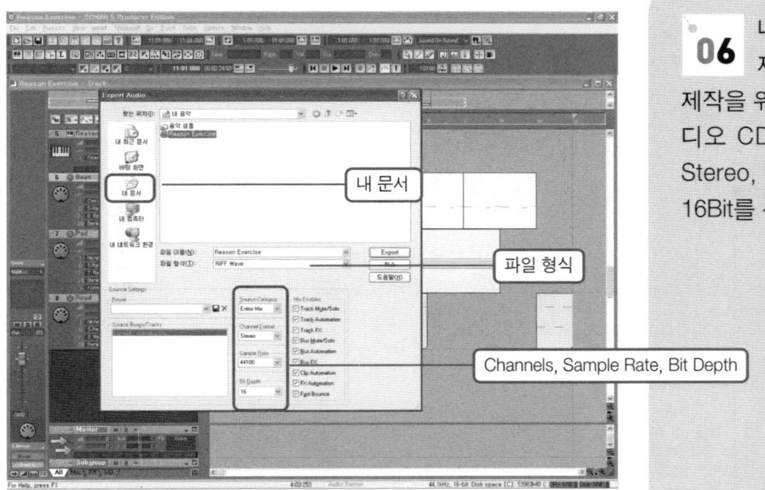

06 내 문서 폴더를 선택하고, 파일 이름에 곡의 제목을 입력합니다. 파일 형식은 오디오 CD 제작을 위해서 RIFF Wave을 선택합니다, 그리고 오디오 CD 포맷 규격에 맞게 Channel Format은 Stereo, Sample Rate는 44.100Hz, Bit Depth는 16Bit를 선택하고, [Export] 버튼을 클릭합니다.

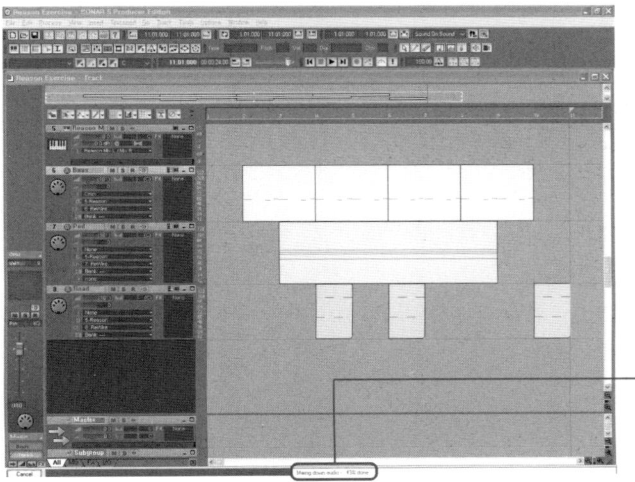

07 잠시 익스포팅 하는 과정이 보입니다. 익스포팅이 완료되면, 리즌 4를 먼저 종료하고, 소나를 종료합니다. 프로그램을 실행할 때의 순서와 반대입니다.

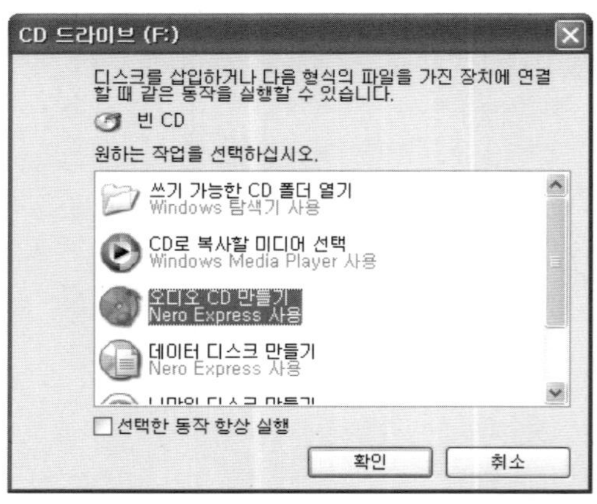

01 CD제작 프로그램은 국내에서 많이 사용하는 Nero를 이용하겠습니다. 공 CD를 CD-R 드라이브에 삽입하면 열리는 창에서 오디오 CD 만들기를 더블 클릭합니다.

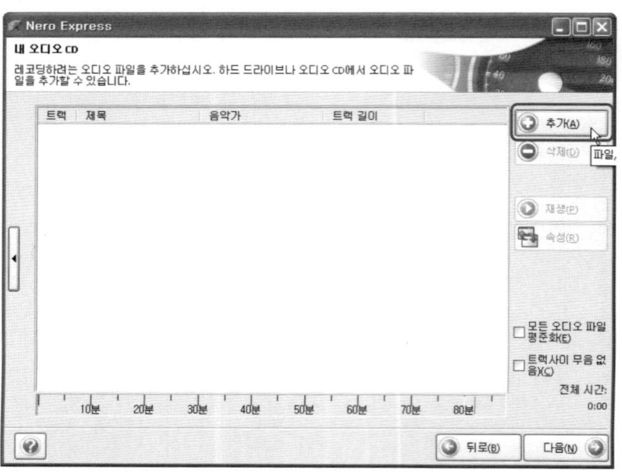

02 Nero Express가 실행됩니다. 소나에서 내 문서 폴더에 익스포팅한 웨이브 파일을 목록에 추가하기 위해서 [추가] 버튼을 클릭합니다.

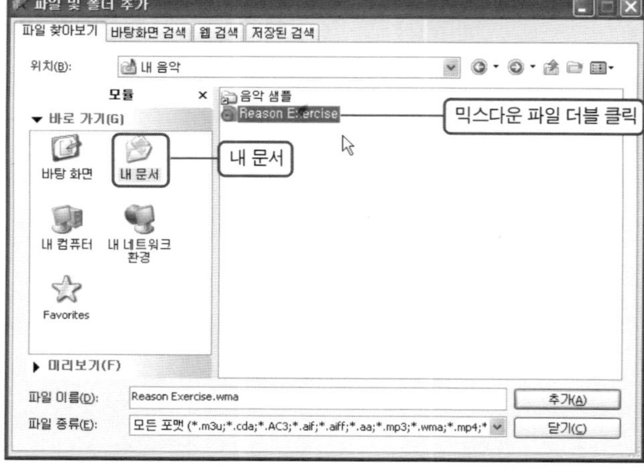

03 바로 가기 목록에서 내 문서를 선택하여 폴더를 열고, 소나에서 믹스다운했던 웨이브 파일을 더블 클릭합니다.

04 일반적으로 사용하는 700MB의 공 CD는 80분 정도 길이의 음악을 담을 수 있습니다. CD에 담을 음악이 더 있다면 더블 클릭으로 추가합니다. 그렇지 않다면 [닫기] 버튼을 클릭하여 파일 추가 창을 닫습니다.

05 여러 곡을 담는다면, 용량 표시 줄의 붉은 색 라인이 넘지 않게 주의합니다. 그리고, 곡과 곡 사이에 2초간 쉬는 부분이 없는 논 스톱 음악 CD를 만들고 싶다면, 트랙 사이의 무름 없음 옵션을 체크합니다. 실습에서는 한 곡뿐이므로 그냥 다음 버튼을 클릭하겠습니다.

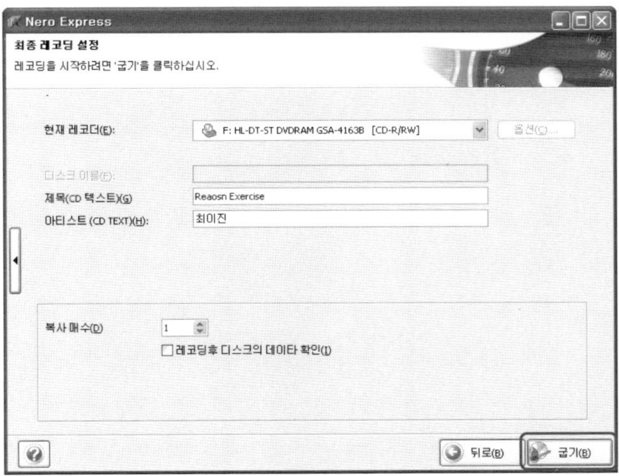

06 CD 타이틀과 제작자 이름을 입력할 수 있는 최종 레코딩 설정 창이 열립니다. 필요한 항목을 입력하고, [굽기] 버튼을 클릭합니다.

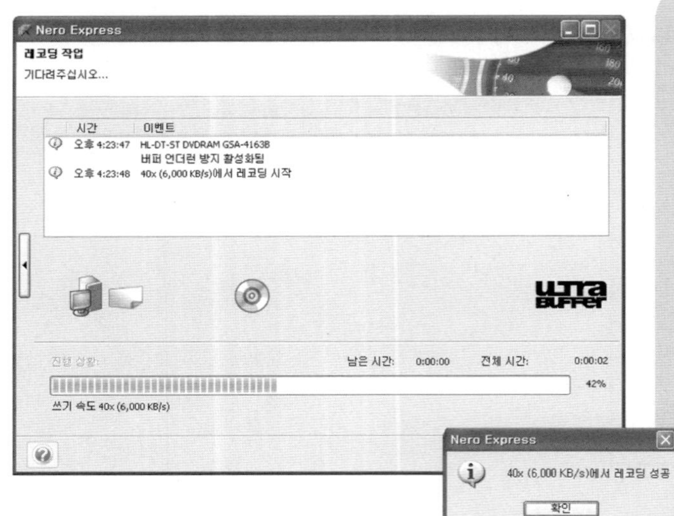

07 오디오 CD를 굽는 과정이 잠시 보이고, 완료 창이 열립니다. [확인] 버튼을 클릭하여 오디오 CD 제작을 완료합니다.

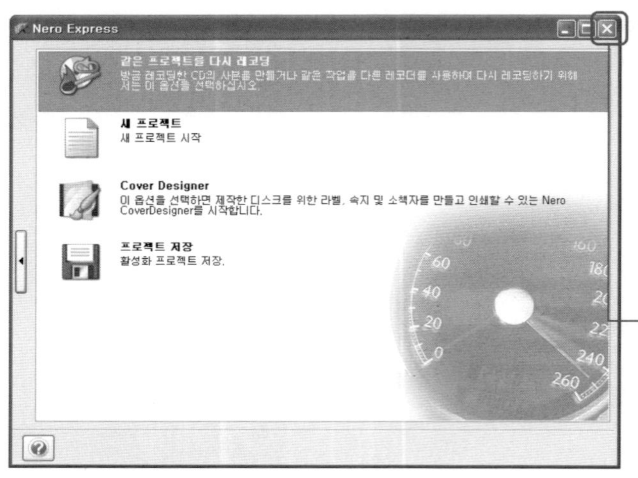

09 CD 드라이브가 자동으로 열리고, 프로젝트 저장 여부를 묻는 창이 열립니다. 나중에 동일한 CD를 제작할 필요가 있다면, 저장을 해두고, 그렇지 않다면, [닫기] 버튼을 클릭하여 닫습니다. 완성된 오디오 CD는 일반 CD Player에서 재생이 가능하며, 대량 생산을 위한 마스터 CD 제작을 할 수 있습니다.

4 환경 설정하기

리즌 4의 작업 환경을 설정할 수 있는 Preferences 창은 Edit 메뉴에서 열 수 있습니다.

Preferences 창에는 리즌 4의 기본 환경을 설정하는 General, 오디오 환경을 설정하는 Audio, 컨트롤러를 설정하는 Keyboards and Control Surfaces, 미디 인 포트를 설정하는 Advanced Control, 언어를 선택하는 International 의 5가지 페이지로 구성되어 있습니다. 각 페이지의 역할과 옵션을 살펴보겠습니다.

1 PREFERENCES 창 열기

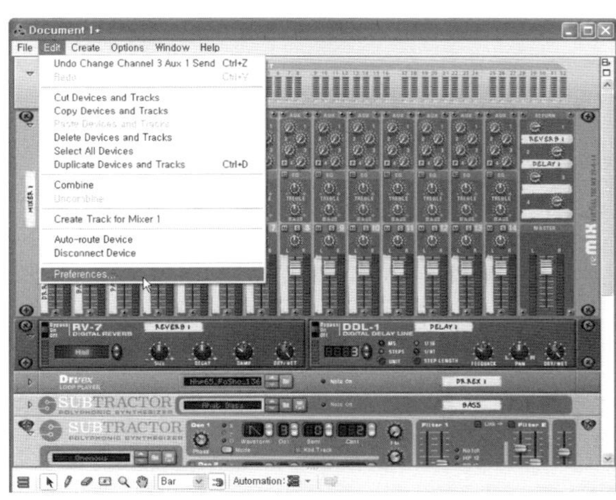

01 리즌 4의 작업 환경을 설정할 수 있는 Preferences 창은 Edit 메뉴의 Preferences 를 선택하여 열 수 있습니다.

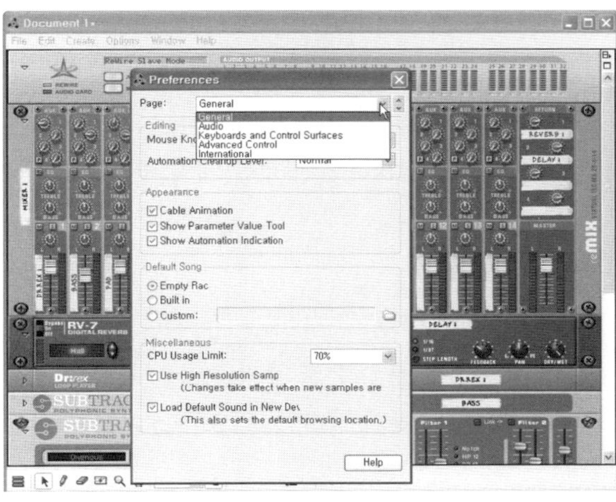

02 Page 항목에서 General, Audio, keyboards and Control Surfaces, Advanced Control, International의 5가지 페이지를 선택할 수 있습니다.

General 페이지는 Editing-mouse Knob Range, Appearance-Cable Animation 등 리즌 4의 기본 환경을 설정할 수 있는 옵션들로 구성되어 있습니다. 각 옵션의 역할은 다음과 같습니다.

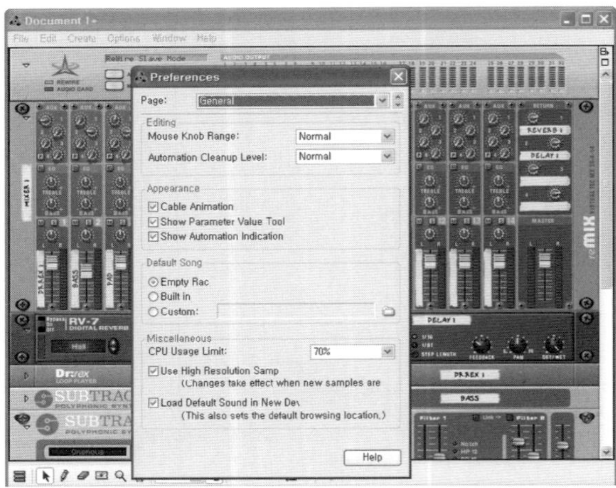

1. Mouse Knob Range

리즌 4에서 제공하는 각 장치의 컨트롤을 마우스로 조정할 때의 정밀도를 선택합니다. Normal, Precise, Very Precise 순서로 보다 정밀한 조정이 가능합니다. 그러나 Normal 환경에서도 컨트롤을 조정할 때, Shift 키를 누르고 있으면, Very Precise를 선택했을 때와 같이 정밀한 조정이 가능하므로, 굳이 옵션을 변경할 이유는 없을 것입니다.

2. Automation Cleanup Level

리즌 4에서 제공하는 각 장치의 파라미터를 자동으로 컨트롤할 수 있는 오토메이션의 기록 단위를 선택합니다. Maximum일 때, 보다 정밀한 간격으로 오토메이션을 기록할 수 있지만, 시스템에 따라 연주가 부자연스러울 수 있으므로, 기본값인 Normal을 변경할 필요는 없습니다.

3. Cable Animation

리즌 4는 키보드의 Tab 키를 눌러 각 장치의 뒷모습을 볼 수 있습니다. 이때, 각 장치를 연결하고 있는 케이블이 출렁거리는 애니메이션 효과가 연출됩니다. Cable Animation 옵션을 해제하면 이러한 애니메이션 효과를 연출하지 않습니다.

4. Show Parameter Value Tool

리즌 4에서 제공하는 각 장치의 컨트롤을 조정할 때, 마우스 포인터에 컨트롤 이름과 값의 정보를 표시합니다. Show Parameter Value Tool Tip 옵션을 해제하여 정보를 표시하지 않게 할 수있지만, 필요한 정보이므로 옵션을 해제할 이유는 없습니다.

5. Show Automation Indication

리즌 4에서 조정할 수 있는 각종 컨트롤의 움직임을 기록하는 기능을 오토메이션이라고 합니다. 오토메이션을 기록할 컨트롤은 마우스 오른쪽 버튼을 클릭하여 단축 메뉴를 열고, Edit Automation을 선택하여 설정합니다. 이때, 오토메이션 기록이 가능하다는 뜻으로 해당 컨트롤 테두리에 형광 색으로 사각형을 표시하는데, Show Automation Indication 옵션을 해제하면 오토메이션을 설정한 경우에도 형광 색 테두리를 표시하지 않습니다. 작업을 하는데 많은 도움이 되므로, 옵션을 해제할 이유는 없습니다.

6. Default Song

Empty Rac, Built in, Custom의 3가지 옵션으로 구성되어 있는 Default Song은 리즌 4를 실행하거나 File 메뉴의 New를 선택했을 때, 열리게 할 랙의 구성이나 곡을 선택할 수 있습니다.

Empty Rac

상단에 하드웨어 인터페이스와 하단에 시퀀서로만 구성되어 있는 빈 랙을 엽니다.

Built in

리즌 4를 실행할 때는 데모 곡이 열리고, File 메뉴의 New를 선택하면 Mixer와 MClass Mastering Suite Combi의 기본 장치가 연결되어 있는 랙을 엽니다.

Custom

리즌 4를 실행할 때나 File 메뉴의 New를 선택할 때, 사용자가 선택한 곡이 열리게 합니다.

아직은 Custom 옵션의 기능이 필요 없겠지만, 자신만의 장치 구성과 연결을 구축할 수 있을 정도로 리즌 4에 익숙해졌을 때가 되면 유용한 옵션이 될 것입니다. 자신에게 필요한 장치를 구성하고, File 메뉴의 Save로 저장합니다. 그리고 Custom 옵션 오른쪽에 있는 브라우저 버튼을 클릭하여 Song Browser 창을 열고, 저장한 파일을 더블 클릭으로 지정하면, 리즌 4를 실행할 때나 File 메뉴의 New를 선택했을 때, 사용자가 설정한 구성의 작업 화면을 이용할 수 있습니다.

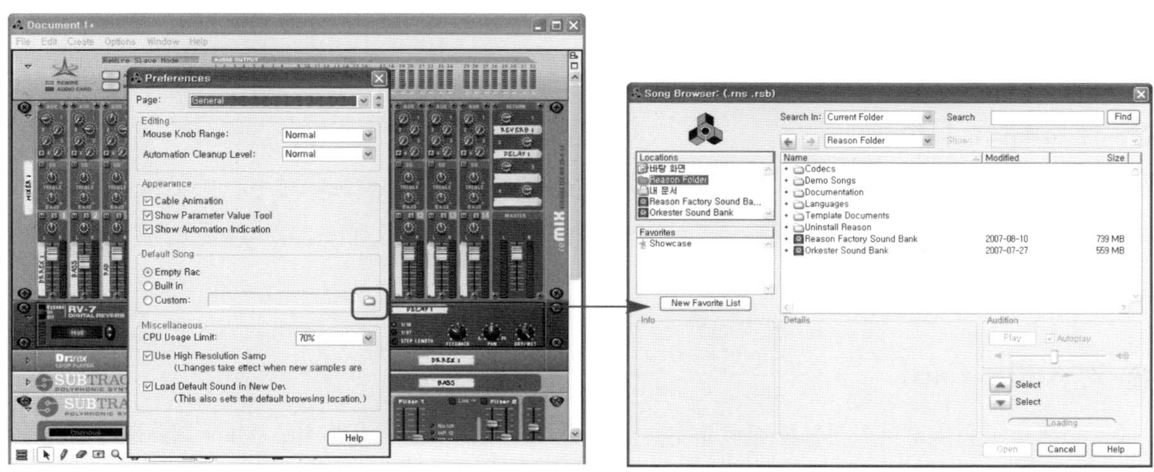

7. CPU Usage Limit

리즌 4에서 장치를 로딩 할 때 마다 컴퓨터 시스템 자원인 CPU를 사용하게 됩니다. CPU Usage Limit는 리즌 4
에서 CPU를 사용하게 될 최대 값을 제한하는 역할을 합니다. 큐베이스나 소나를 함께 사용한다면 이 값을
70%로 제한할 것을 권장합니다.

8. Use High Resolution Samp

24Bit 샘플을 로딩하여 사용할 때, 24Bit로 재생되게 할 것인지의 여부를 선택합니다. 옵션을 해제하면 샘플 비
트에 상관없이 모두 16Bit로 재생합니다.

3 AUDIO 설정 페이지

리즌 4의 오디오 환경을 설정할 수 있는 Audio 페이지는 리즌 4를 리와이어로 사용하는 마스터 프로그램에 종속
되기 때문에 별 의미는 없지만, 리즌 4를 단독으로 사용할 때의 역할은 다음과 같습니다.

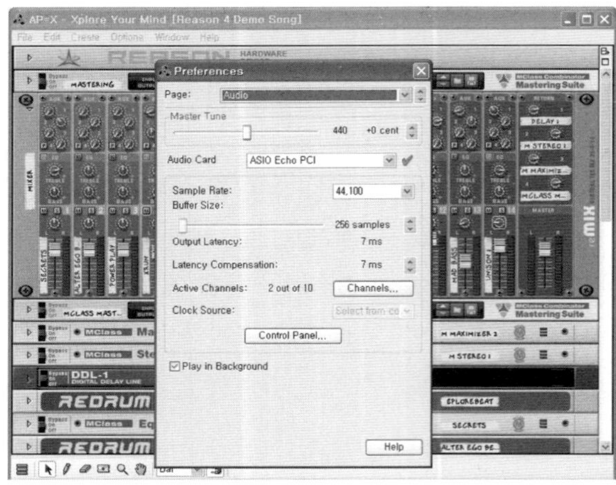

1. Master Tune

리즌 4에서 사용하는 악기의 음정을 최대 한 음정 범위로 조정할 수 있습니다. 세계 표준인 440Hz를 변경할 이
유는 없겠지만, 반 음 낮게 연주하는 경우가 많은 Guitar 리스트의 경우에는 값을 -100으로 반 음 낮게 조율하
여 사용하면 훌륭한 연주 파트너로 이용할 수 있습니다.

2. Audio Card

리즌 4에서 사용할 오디오 카드를 선택합니다. 멀티 오디오 카드 사용자라면 윈도우에서 기본으로 사용하는 포
트 외의 것을 선택하면, 각종 미디어 플레이어나 인터넷 여행 도중에도 리즌 4를 자유롭게 사용할 수 있습니다

3. Sample Rate

22050Hz에서부터 96000Hz까지 사용자가 원하는 샘플 레이트를 선택할 수 있습니다. 단, 사용자 컴퓨터에 장착되어 있는 사운드 카드에서 선택한 샘플 레이트를 지원해야만 효과를 볼 수 있는 항목입니다.

4. Buffer Size

사용자의 연주 신호를 CPU에서 처리하는 동안 대기 상태로 머물게 될 임시 공간을 버퍼라고 합니다. 당연히 버퍼 크기가 작을수록 좋지만, 오디오 카드의 성능에 따라 결정되므로, 1024, 512, 256 등으로 테스트를 해봅니다. 오디오 카드의 종류에 따라 자체 컨트롤 패널에서 조정해야만 하는 것도 있으므로, 오디오 카드 매뉴얼을 참조하기 바랍니다.

5. Output Latency

마스터 건반을 연주하면 오디오 카드의 성능에 따라 사운드가 늦게 들리는 경우가 있습니다. 이렇게 사용자의 연주와 실제 모니터 되는 사운드의 시간 차를 레이턴시라고 합니다. 레이턴시의 값이 작을수록 사운드가 지연되는 현상이 작아지는데, 약 10~20ms 정도면 리즌 4를 사용하는데 무리가 없습니다. 다만, 레이턴시는 오디오 카드의 성능에 따라 결정되는 것이므로, ASIO 드라이브를 지원하는 오디오 카드를 권장합니다.

6. Latency Compensation

Output Latency에서 설정한 레이턴시와 실제 연주에 차이가 있을 때의 오차를 조정하는 옵션입니다. 이런 경우는 매우 드문 경우이므로, Output과 일치하는 값을 사용합니다. 만일 이런 현상이 발생한다면, 미디 인터페이스와 케이블의 이상을 점검하는 것이 좋습니다.

7. Active Channels

멀티 오디오 카드 사용자만 사용할 수 있는 패널로 리즌 4에서 사용할 오디오 아웃 포트를 선택합니다. [Channels] 버튼을 클릭하면 사용자 컴퓨터에 장착되어 있는 오디오 카드의 아웃 포트를 체크할 수 있는 Select Active Channels 창이 열립니다.

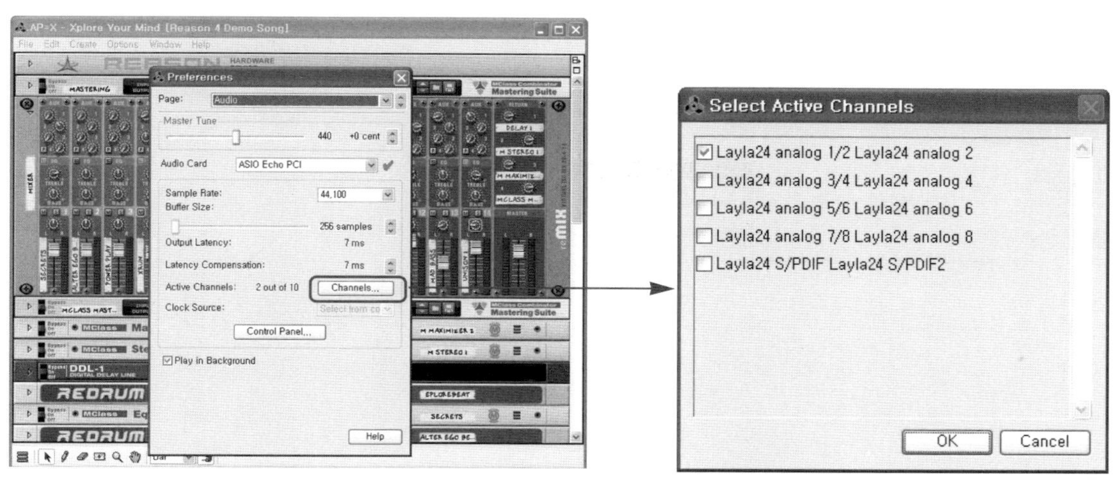

8. Clock Source

동기 신호 설정이 가능한 오디오 카드 사용자만 사용할 수 있는 패널로 오디오 카드의 클럭 소스를 선택합니다. 대부분 오디오 카드 자체에서 제공하는 컨트롤 패널을 이용하므로, 해당 카드의 매뉴얼을 참조합니다.

9. Control Panel

오디오 카드 자체에서 컨트롤 패널을 제공하고 있는 경우에만 사용할 수 있는 버튼으로 해당 카드의 컨트롤 패널을 여는 역할을 합니다. 오디오 카드마다 컨트롤 패널의 구성과 사용법이 다르므로 해당 카드의 매뉴얼을 참조합니다.

10. Play in Background

인터넷이나 다른 미디어 플레이어를 사용할 때, 리즌 4를 백 그라운드로 사용하게 할 것인지의 여부를 선택합니다. 옵션을 해제하면 리즌 4를 실행한 상태에서도 다른 미디어 프로그램을 사용할 수 있지만, 옵션을 체크하면 리즌 4 실행 중에는 다른 미디어 프로그램을 사용할 수 없습니다. 멀티 포트 사용자라면 옵션을 체크하고, 아웃 포트가 하나뿐인 사운드 카드 사용자라면 옵션을 해제합니다.

4 KEYBOARDS AND CONTROL SURFACES 설정 페이지

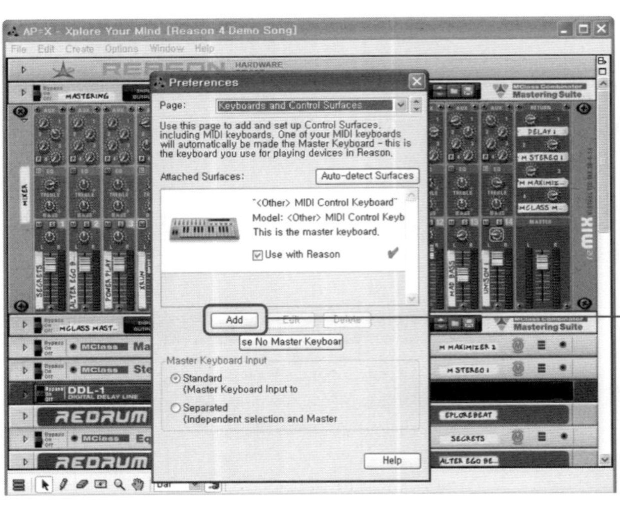

01 마스터 건반 및 미디 컨트롤 장치를 등록합니다. [Auto-detect Surfaces] 버튼을 클릭하면, 리즌 4에 프리셋 되어 있는 장치를 자동으로 검색하여 등록합니다. 자동으로 검색되지 않는 장치를 사용하고 있는 경우에는 [Add] 버튼을 클릭하여 수동으로 등록합니다.

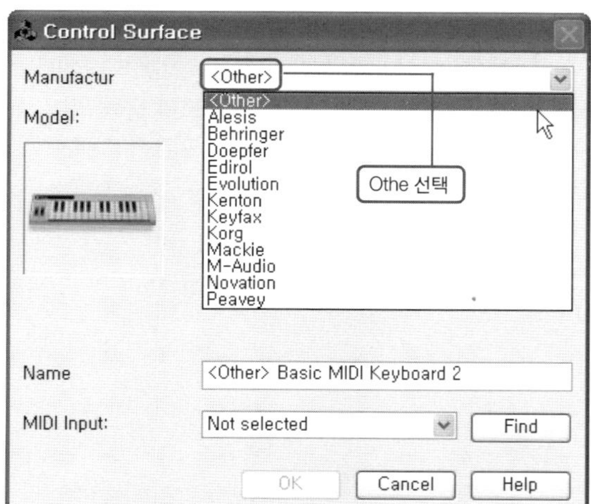

02 [Add] 버튼을 클릭하면 수동으로 장치를 등록할 수 있는 Control Surface 창이 열립니다. Manufacture에서 제조사를 선택합니다. [Auto-detect Surfaces] 버튼으로 검색된 제품을 사용하고 있다면, 이 창을 열 필요가 없었을 것이므로, [Other]를 선택합니다.

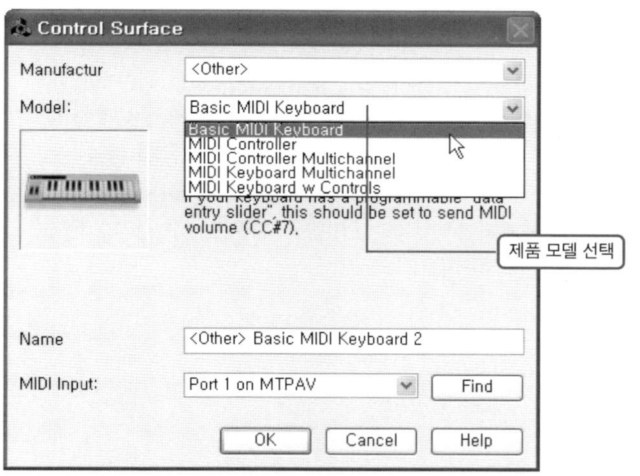

03 Model에서 제품 모델을 선택합니다. 마스터 건반 사용자를 위한 Basic MIDI Keyboard, 미디 컨트롤러 사용자를 위한 MIDI Controller 등 5가지 목록이 있지만, 리즌 4에 등록되어 있지 않은 제품은 기본적인 정보 외에는 별도의 맵핑 작업이 필요하므로, 차이는 없습니다.

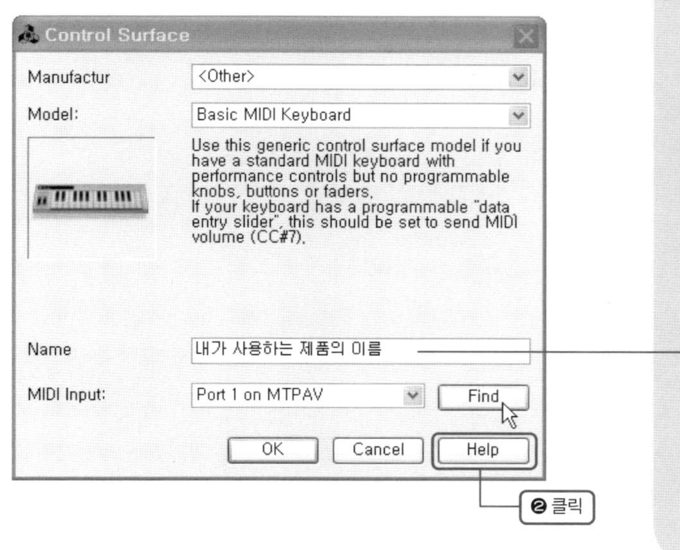

04 Name 항목에 자신이 사용하는 제품의 이름을 입력할 수 있고, MIDI Input에서 제품이 연결되어 있는 미디 인 포트를 선택합니다. 어떤 포트에 연결했는지 모르겠다면, [Find] 버튼을 클릭하여 찾을 수 있습니다.

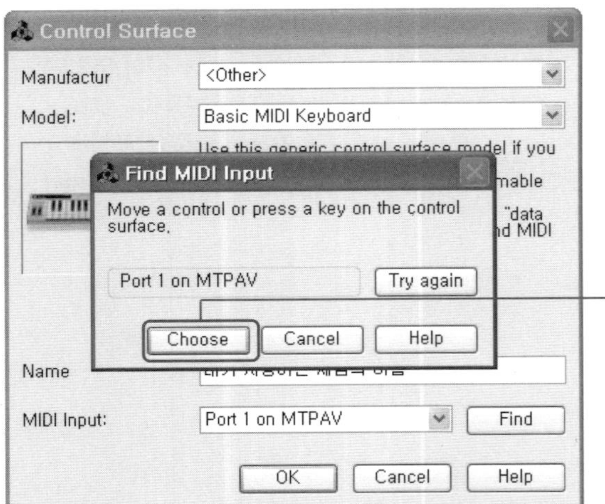

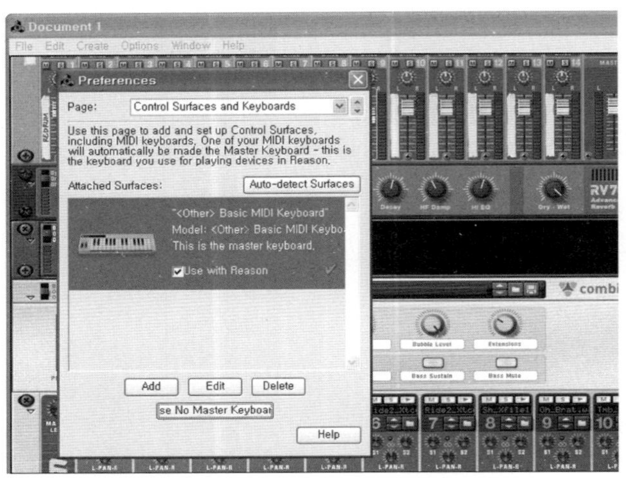

05 [Find] 버튼을 클릭하면, Find MIDI Input 창이 열립니다. 자신이 사용하는 마스터 건반에서 건반을 누르거나 컨트롤러의 노브를 움직이면, 해당 장치가 연결되어 있는 미디 인 포트를 자동으로 찾습니다. 연결 포트를 찾은 후에는 [Choose] 버튼을 클릭하여 닫습니다.

06 Control Surface 창에서 장치 연결 설정이 끝나면, [OK] 버튼을 클릭하여 Preference의 Control Surfaces and Keyboards 페이지에 등록된 것을 확인할 수 있습니다. 등록한 장치를 선택하고, [Edit] 버튼을 클릭하여 설정 내용을 변경하거나 Delete 키를 눌러 삭제할 수 있습니다. Make Master [Keyboard] 버튼은 선택한 장치를 마스터로 지정합니다.

개인 사용자가에게는 별 의미 없는Advanced Control 페이지는 외부 시퀀서나 동기 신호를 받을 장치가 연결되어 있는 미디 인 포트를 선택합니다. External Control에서 외부 시퀀서가 연결되어 있는 미디 인 포트를 최대 4대까지 선택할 수 있고, MIDI Clock Sync에서 재생과 정지 등의 미디 클락 신호를 받을 장치가 연결되어 있는 포트를 선택할 수 있습니다.

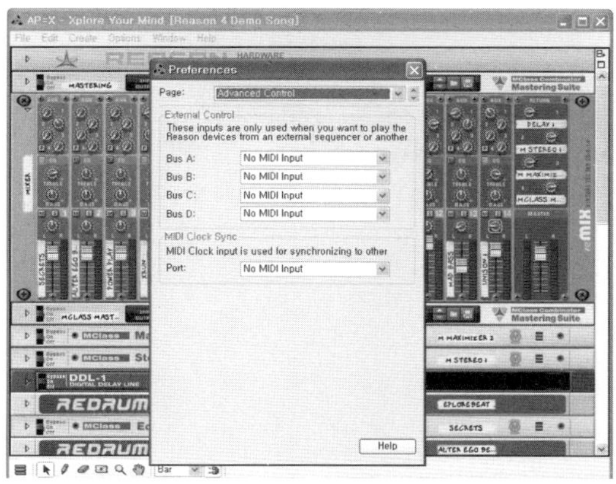

외부 시퀀서는 컴퓨터가 될 수 있고, 신디사이저와 같은 하드웨어가 될 수 있습니다. 예를 들어 사용자가 두 대의 컴퓨터를 사용하고 있고, A 컴퓨터에 리즌 4, B 컴퓨터에 큐베이스나 소나 등의 시퀀서 프로그램을 사용하고 있다고 가정합니다. 두 컴퓨터를 미디 케이블로 연결하고, External Control 에서 B컴퓨터를 연결한 미디 인 포트를 선택하면, B 컴퓨터의 시퀀서 프로그램에서 A 컴퓨터의 리즌 4 장치를 사용할 수 있는 것입니다.

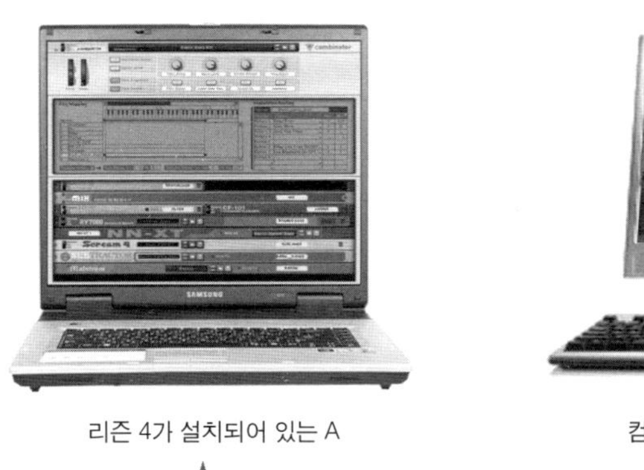

리즌 4가 설치되어 있는 A

컴퓨터 음악 프로그램이 설치되어 있는 B

B 컴퓨터에 설치되어 있는 큐베이스나 소나에서 템포나 재생 등의 미디 클락 정보에 의해서 리즌 4가 함께 동작되게 하고 싶다면, MIDI Clock Sync에서 B 컴퓨터를 연결한 미디 인 포트를 선택하고, 별도의 컨트롤러를 사용하고 있다면, 해당 장치를 연결한 미디 인 포트를 선택합니다.

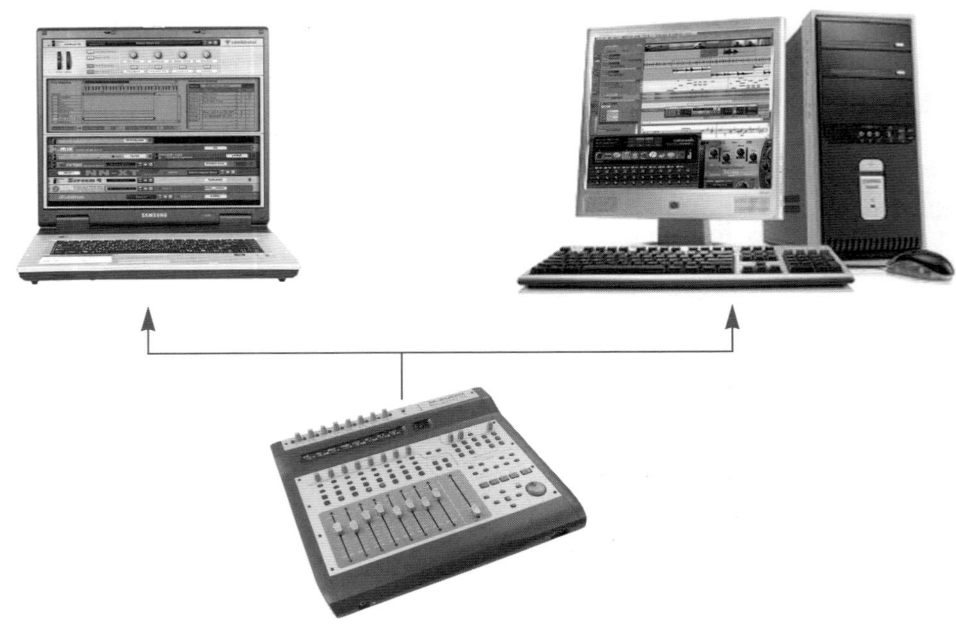

6 INTERNATIONAL

Preferences의 마지막 페이지인 International은 리즌 4의 사용 언어를 변경하는 역할을 합니다. English 외에도 German, French, Japaness의 언어를 지원하고 있지만, 한글은 아직까지 지원하고 있지 않기 때문에 국내 사용자인 경우에는 별로 해당사항이 없는 페이지 입니다. 만일, 리즌 4의 메뉴나 장치 이름이 영어 이외의 언어로 표시되고 있다면, International 페이지를 확인해보기 바랍니다.

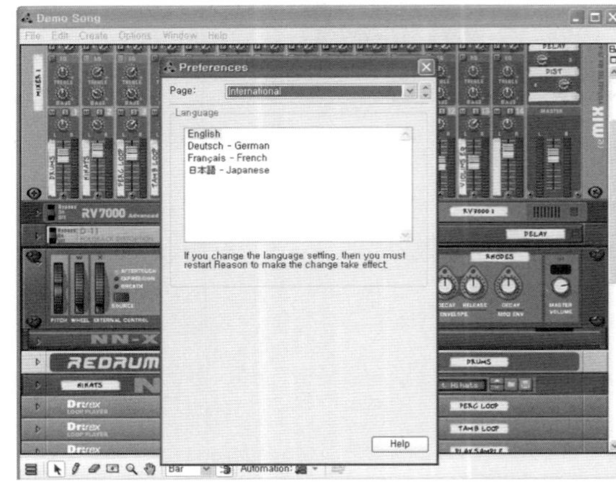

병행 프로그램

Propellerhead사는 리즌 4외에도 ReCycle, ReFills, Reload 등 리즌 4 사용자에게 유리한 몇 가지 프로그램들을 함께 출시하고 있습니다.

ReCycle은 사운드포지와 같이 디지털 사운드를 편집할 수 있는 프로그램으로서 Wav와 Aif 포맷 외에도 REX, RCY, RX2 등의 파일을 만들 수 있습니다. REX는 MAC전용 포맷이고, RCY는 Windows 전용 포맷이며, RX2는 OS에 구분 없이 사용할 수 있는 호환 포맷입니다. ReCycle 파일은 Wav나 Aif와는 다르게 하나의 샘플을 5ms~10ms 단위로 나눈 정보를 함께 기록할 수 있다는 특징이 있습니다. 이것의 장점은 곡의 템포를 변경할 때, Wav 나 Aif와 같이 음질이 변하거나 비트가 어긋나는 현상을 최소화 할 수 있다는 것입니다.

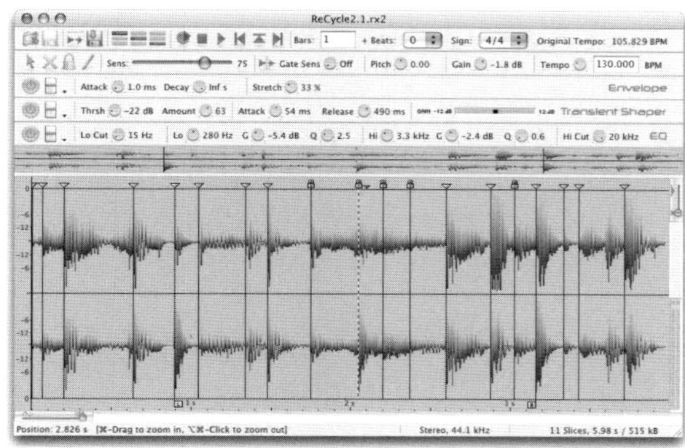

ReCycle 2.1

ReFills은 리즌 4에서 기본적으로 제공하고 있는 Factory Sound Bank, Orkester Sound Bank 외에도 Reason Pianos, Reason Drum Kits 2.0, RDK Vintage Mono ReFill, ElectroMechanical 2.0 Refill, Strings Refill 등의 음색을 말합니다.

Reload는 AKAI이 샘플 CD를 리즌 4에서 사용할 수 있는 샘플 파일이나 ReFill 파일을 만드는 역할을 합니다. 리즌 4 는 자체적으로 AKAI 샘플을 로딩할 수 없기 때문에 AKAI 샘플을 리즌 4에서 사용하고자 하는 경우라면, 반드시 설치 해야 합니다. 그 밖에 Propellerhead.kr를 방문하면, 보다 자세한 내용과 새로운 소식을 접할 수 있습니다.

Propellerhead.kr

 **R e a s o n 4**

리즌 4에서 제공하는 악기와 이펙트의 기능을 실습으로 익힐 수 있게 구성하였습니다.

리즌 4의 시스템을 익히면, 처음 접해보는 VST 물론, 실제 하드웨어 장비를 다룰 수 있는 능력을 갖게

될 것입니다.

실습으로 익히는
리즌 4의 시스템

1 REMIX & LINE MIXER

리즌 4는 14개의 스테레오 인풋과 스테레오 메인 아웃을 제공하는 Mixer 14:2와 6개의 스테레오 인풋과 스테레오 메인 아웃을 제공하는 Line Mixer 6:2의 두 가지 믹서를 제공합니다. 큐베이스나 소나 사용자의 경우에는 해당 프로그램의 믹서를 이용하겠지만, 많은 악기를 장착했거나 다채널 악기를 사용할 때는 리즌 4의 믹서와 병행해서 효율적인 채널 관리를 할 수 있습니다.

1 채널 이름 바꾸기

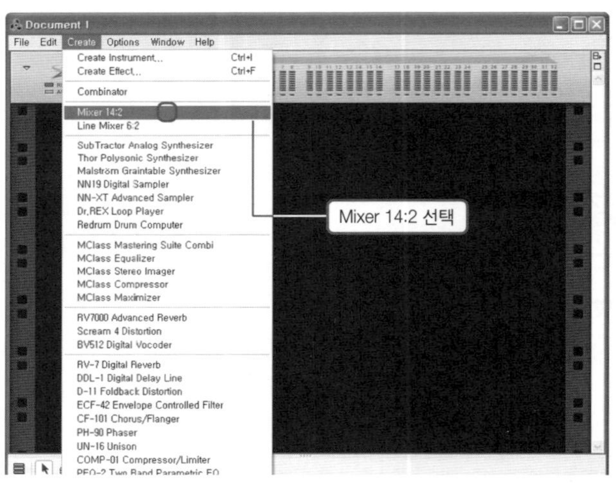

01 File 메뉴의 New를 선택하여 새로운 랙을 만듭니다. 그리고, Create 메뉴의 Mixer 14:2를 선택하여 믹서를 장착합니다.

02 14개의 스테레오 악기를 연결할 수 있는 reMIX가 장착됩니다. Create 메뉴의 Dr. REX Loop Player를 두 번 선택하여 두 대의 Dr. REX를 장착합니다.

03 믹서의 볼륨 슬라이드 왼쪽을 보면 Dr.REX1, Dr.RX2 라는 이름이 자동으로 표시되는 것을 확인할 수 있습니다. 이것은 처음에 추가한 Dr. REX 는 1번 채널에 연결되었고, 두 번째 추가한 Dr. REX 는 2번 채널에 연결된 것을 표시합니다.

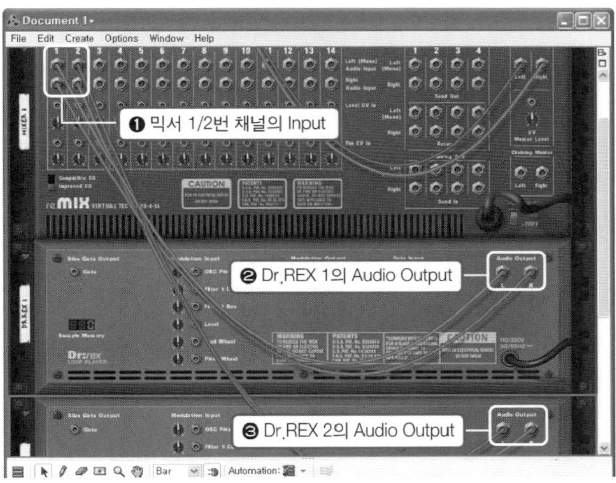

04 Tab 키를 눌러 랙의 뒷면을 보면, Dr.REX1 의 Audio Output이 믹서 1번 채널 Input에 연결되어 있고, Dr.RX2의 Audio Output이 믹서 2 번 채널 Input에 연결되어 있는 것을 확인할 수 있 습니다.

05 Tab 키를 눌러 랙의 전면이 보이게 합니다. 장치 왼쪽에 보이는 Dr.REX 이름을 클릭하 여 변경합니다. Dr.REX1은 Drums으로, Dr.RX2는 Guitar로 변경하겠습니다.

가정교사

악기의 이름은 한글로 입력해도 좋습니다.

06 믹서의 채널 이름을 보면, 사용자가 변경한 이름으로 표시되는 것을 확인할 수 있습니다. 믹서를 효율적으로 사용하기 위해서는 각 채널에 연결한 장치의 이름을 사용자가 구분하기 쉬운 것으로 변경하는 것이 좋습니다.

2 볼륨 슬라이드의 역할

01 믹서의 기능을 실습해보기 위해서 각각의 장치에 음색을 로딩하겠습니다. Drums 라고 이름을 변경한 Dr.REX의 [Browse Loop] 버튼을 클릭하여 창을 엽니다.

02 REX File Browse 창이 열립니다. 왼쪽에 보이는 Locations 패널에서 Reason Factory Sound Bank 폴더를 클릭하고, 목록에서 Dr REX Drum Loops 폴더를 더블 클릭합니다.

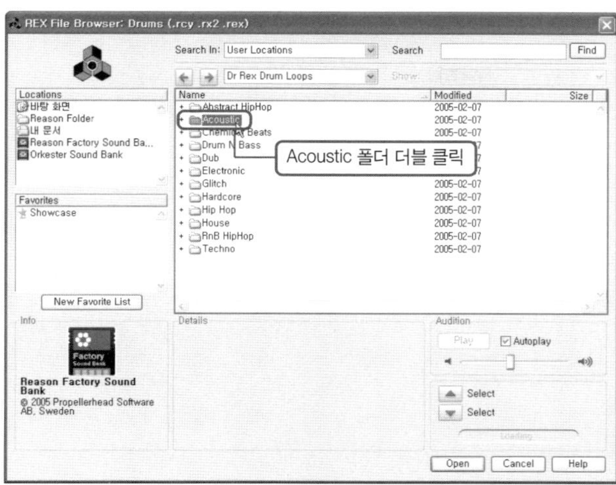

03 Dr REX에서 사용할 수 있는 드럼 루프 사운드가 폴더 별로 구분되어 있는 목록이 보입니다. 실습에서는 Acoustic 폴더를 더블 클릭으로 열겠습니다.

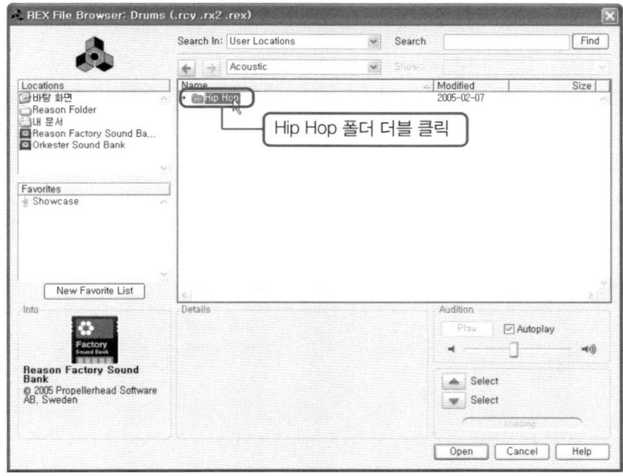

04 Acoustic 폴더 안에 Hip Hop, Shuffle, Straight의 3가지 폴더가 있습니다. 그 중에서 Hip Hop 폴더를 더블 클릭하여 엽니다.

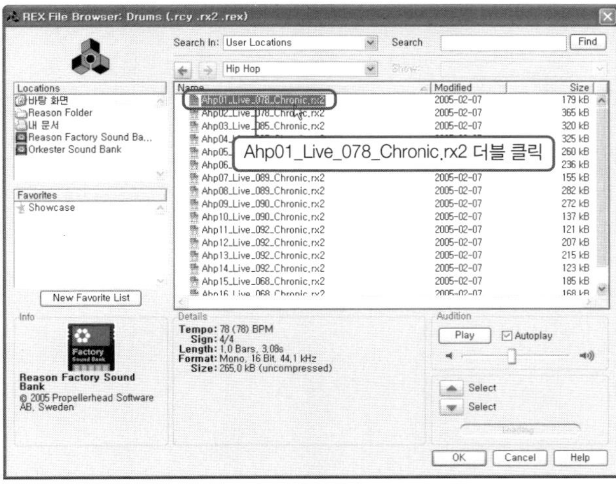

05 17가지의 Hip Hop 리듬 리스트를 확인할 수 있으며, 각각의 리듬을 선택하여 사운드 인지를 모니터 할 수 있습니다. 시간이 있을 때마다 반드시 들어보기 바라며, 실습에서는 첫 번째 보이는 Ahp01_Live_078_Chronic.rx2를 더블 클릭하겠습니다.

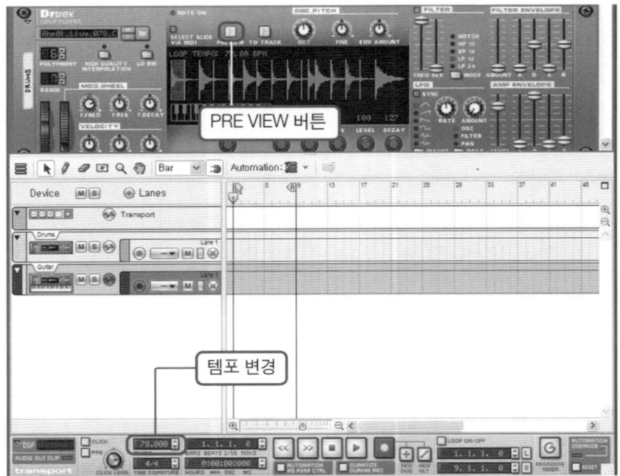

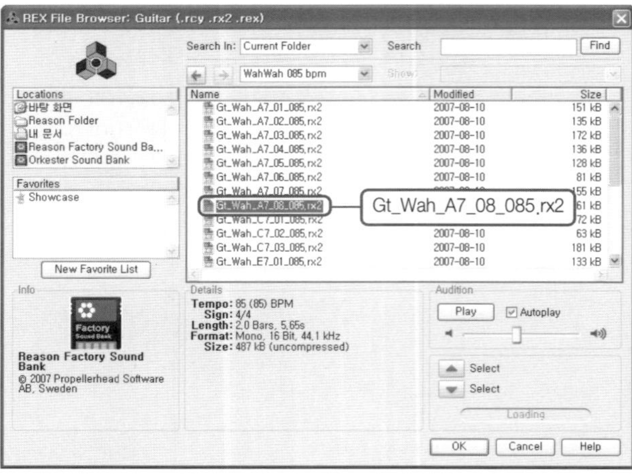

06 Dr REX 패널의 [PRE VIEW] 버튼을 클릭하여 로딩한 리듬을 연주합니다. 리즌 4의 기본 템포가 120이기 때문에 조금 급한 느낌입니다. 트랜스포트 패널의 TEMPO 항목을 클릭하여 음색이 권장하는 78정도로 변경합니다.

07 Guitar로 이름을 변경한 Dr.REX의 [Browse Loop] 버튼을 클릭하여 앞에서와 동일한 방법으로 음색을 로딩합니다.

08 실습에서는 Dr.REX Instrument Loops 폴더의 Guitar Loops ▶ Wah Wah 085 bpm ▶ Gt_Wah_A7_08_085.rx2 음색을 로딩하겠습니다.

09 Guitar라는 이름의 Dr REX 역시 [PRE VIEW] 버튼을 클릭하여 연주합니다. 믹서1번과 2번 채널을 보면, 각 연주의 볼륨을 표시하는 레벨 미터가 튀는 것을 확인할 수 있습니다.

10 Drums 채널과 Guitar 채널의 볼륨 슬라이드를 위/아래로 드래그하여 각 채널의 볼륨 변화를 모니터 해봅니다. 이처럼 채널 볼륨 슬라이드는 각 채널에 연결한 악기의 볼륨을 0에서 127까지의 범위로 조정하는 역할을 합니다.

11 Ctrl 키를 누른 상태에서 볼륨 슬라이드를 클릭하여 각각의 볼륨을 초기값 100으로 설정합니다. 그리고, 오른쪽에 보이는 MASTER 볼륨 슬라이드를 위/아래로 조정해봅니다. reMIX에 연결한 모든 악기의 최종 볼륨을 조정하는 것입니다.

01 각 채널에는 고주파수 대역의 레벨을 조정하는 TREBLE과 저주파수 대역의 레벨을 조정하는 BASS 노브가 있는 EQ 패널이 있습니다. 각 채널의 [EQ On/Off] 버튼을 클릭합니다.

02 각 채널의 TREBLE과 BASS 노브를 위/아래로 드래그하여 사운드의 변화를 모니터해봅니다. TRBLBE 값을 최대 63까지 증가시키거나 최소 -64까지 감소시키면, 고주파수 사운드가 변하고, BASS 값을 증/감하면, 저주파수 사운드가 변하는 것을 알 수 있습니다.

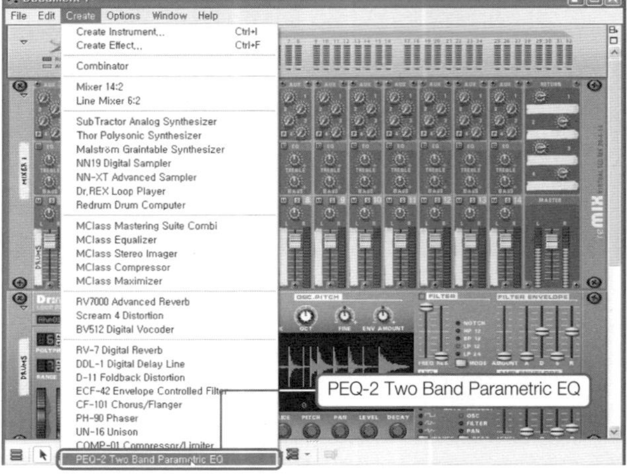

03 각 EQ 노브를 Ctrl 키를 누른 상태로 클릭하여 초기 값 0으로 설정하거나 [EQ On/Off] 버튼을 Off으로 하여 EQ를 적용하지 않게 합니다. Guitar 악기를 선택하고, Create 메뉴의 PEQ-2 Two Band Parametric EQ를 선택합니다.

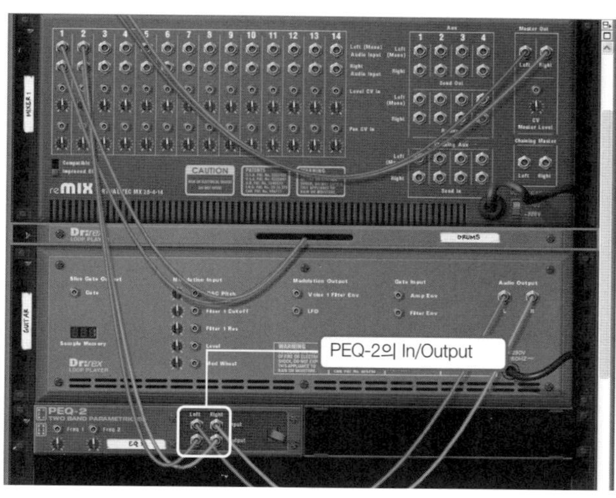

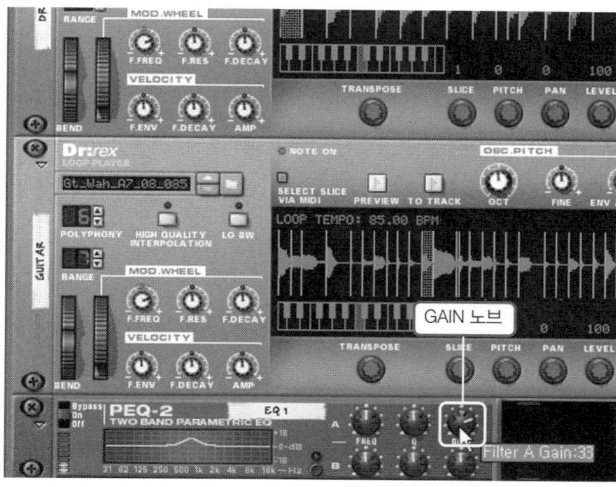

04 Tab 키를 눌러 랙 뒷면을 보면, 추가한 PEQ-2의 Input으로 Guitar 악기의 Audio Out이 연결되고, 믹서의 Input 채널 2번으로, PEQ-2의 Output이 연결되어 라인의 인/아웃이 변경된 것을 확인할 수 있습니다.

05 믹서의 2번 채널로 연결했던 Guitar 사운드가 새로 추가한 PEQ-2를 거치게 된 것입니다. Tab 키를 눌러 전면이 보이게 하고, PEQ-2의 GAIN 노브를 위/아래로 드래그하여 값을 조정하면, 믹서의 EQ를 조정했을 때와 같이 사운드가 변하는 것을 모니터 할 수 있습니다.

06 믹서의 EQ는 주파수 대역이 고정되어 있지만, PEQ-2는 사용자가 원하는 주파수 대역을 설정할 수 있다는 장점이 있습니다. 자세한 것은 PEQ-2 학습 편에서 살펴보기로 하고, Delete 키를 누르면 열리는 창에서 Delete 버튼을 클릭하여 PEQ-2를 제거합니다.

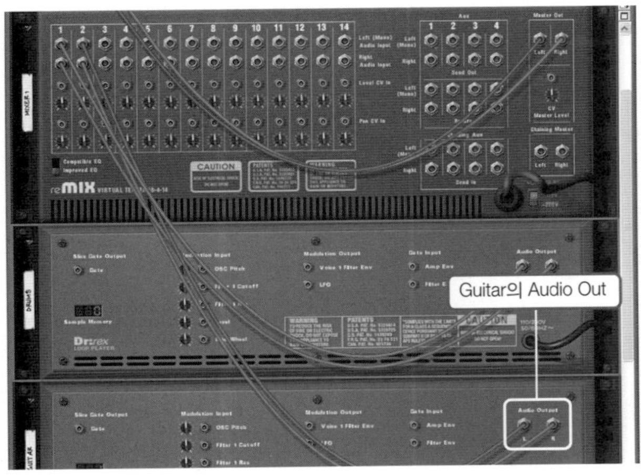

07 Tab 키를 눌러 랙 뒷면을 보면, Guitar 악기의 Audio Out이 믹서의 2번 채널로 복구된 것을 확인할 수 있습니다. 이처럼 리즌 4는 장치의 추가/삭제 여부에 따라 라인이 자동으로 연결되기 때문에 초보자도 쉽게 이용할 수 있습니다.

4 M & S 버튼과 PAN 노브의 역할

01 EQ 노브 아래쪽에 있는 M과 S 버튼은 해당 채널을 뮤트하거나 솔로로 연주하는 역할을 합니다. Drums 채널의 [M] 버튼을 클릭하면 Drums 이 뮤트되므로, Guitar 연주만 들리는 것을 모니터 할 수 있습니다.

02 Drums 채널의 [S] 버튼을 클릭하면 Drums 채널을 솔로로 연주하므로, 다른 채널의 M 버튼이 모두 On으로 되고, 1번 채널의 드럼 사운드 만 연주되는 것을 모니터 할 수 있습니다. Guitar 채널의 [S] 버튼도 실험을 해봅니다.

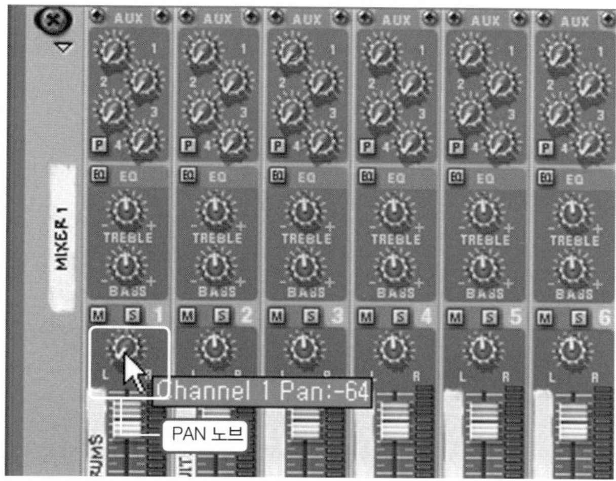

03 L과 R로 표시되어 있는 PAN 노브는 해당 채널의 연주 위치를 조정합니다. [M]과 [S] 버튼을 모두 Off로 하고, Drums 채널의 PAN 노브를 아래쪽으로 드래그하여 -64로 조정합니다. 드럼이 왼쪽 스피커에서 들리는 것을 모니터 할 수 있습니다.

04 Guitar 채널의 PAN 노브를 위쪽으로 드래그하여 63으로 조정합니다. Guitar 연주가 오른쪽 스피커에서 들리는 것을 모니터 할 수 있습니다. PAN의 역할을 이해했다면 Ctrl 키를 누른 상태로 노브를 클릭하여 중앙에서 들리는 0으로 초기화합니다.

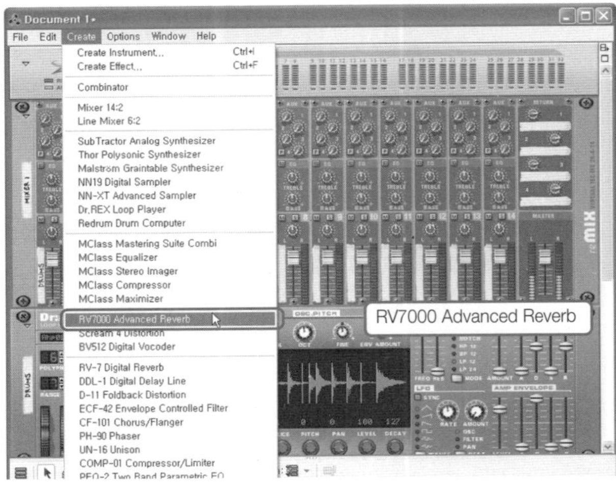

01 각 채널 상단에 보이는 4개의 AUX 노브는 믹서의 RETURN 단자에 연결한 4개의 이펙트를 샌드 방식으로 적용합니다. 이펙트를 추가하면 선택한 악기에 인서트로 연결되므로, 믹서를 먼저 선택하고, Create 메뉴의 [RV7000 Advanced Reverb]를 선택합니다.

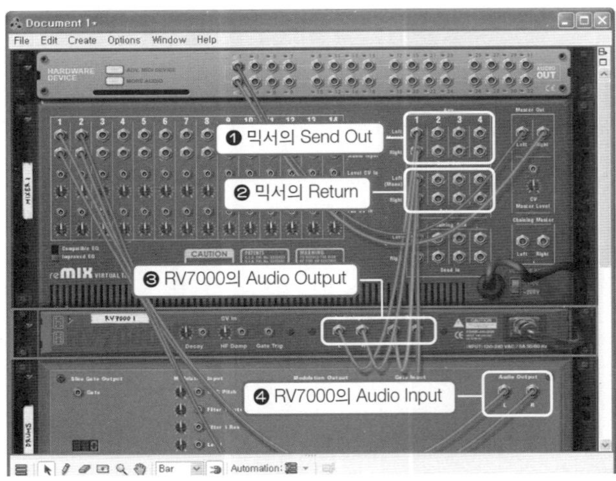

02 Tab 키를 눌러 랙 뒷면을 보면, 믹서의 Send Out 1번이 RV7000의 input에 연결되어 있고, RV7000의 Output이 믹서의 Return 1번에 연결된 것을 확인할 수 있습니다.

03 Tab 키를 눌러 전면이 보이게 하고, Create 메뉴의 DDL-1 Digital Delay Line을 선택하여 딜레이를 추가합니다. 믹서의 RETRUN 패널을 보면, 랙의 뒷면을 보지 않아도 AUX 1번에 RV7000과 AUX2번에 DEALY 1이 연결되었다는 것을 확인할 수 있습니다.

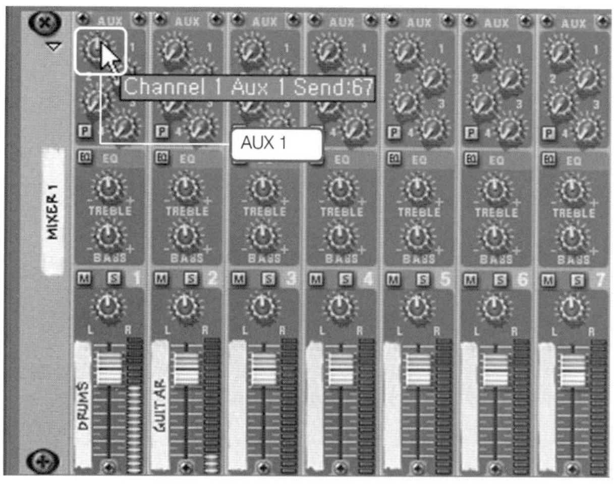

04 믹서 1번 채널의 AUX 1번 노브를 위쪽으로 드래그하여 값을 높이면, RETURN 1번에 연결한 RV7000으로 인해서 Drums 연주에 리버브가 적용되는 것을 모니터 할 수 있습니다.

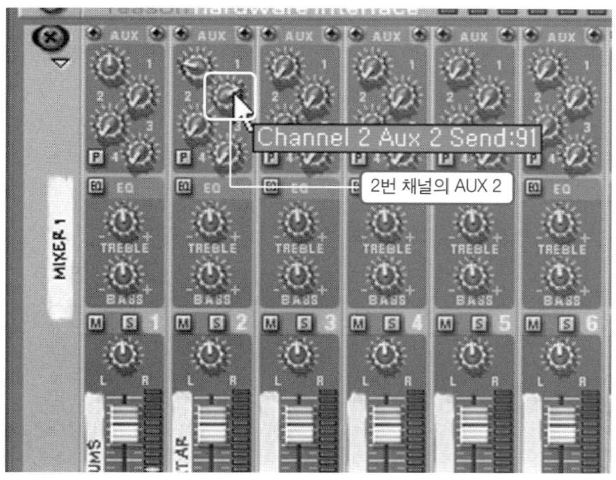

05 믹서 2번 채널의 AUX1과 AUX2 노브를 조정해보면, Guitar 연주에 리버브와 딜레이가 동시에 적용되는 것을 모니터 할 수 있습니다. 이렇게 Return에 연결한 하나의 이펙트를 14개의 채널에서 동시에 사용할 수 있게 하는 것이 AUX의 역할입니다.

06 AUX 패널의 [P] 버튼은 이펙트 신호를 볼륨 페이더 전에 사용하게 하는 [Pre] 버튼입니다. [P] 버튼이 Off인 상태에서 채널의 볼륨을 조정해 보면, 볼륨 값에 따라 이펙트의 양이 함께 조정되는 것을 모니터 할 수 있는데, 이것을 Post 방식이라고 합니다.

07 [P] 버튼을 클릭하여 Pre 방식으로 변경하면, 이펙트가 볼륨 슬라이드 전에 적용되어 볼륨 변화에 상관없이 이펙트 값이 유지되는 것을 모니터 할 수 있습니다. 반드시 실습을 해보면서 차이점을 모니터 하기 바랍니다.

6 다중 믹서 사용하기

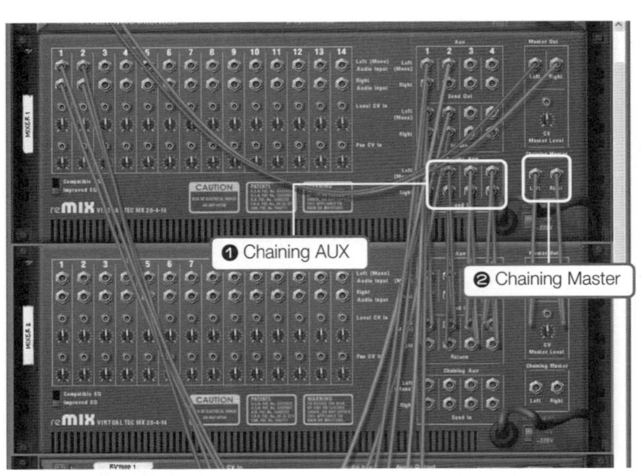

01 Create 메뉴의 Mixer 16:2를 선택하여 믹서를 추가하고, 랙 뒷면을 보면, 추가한 믹서의 Master Out이 Mixer 1번의 Chaining Master로 연결되고, 4개의 AUX가 Chaining AUX로 연결되어 28개의 악기를 연결할 수 있게 확장되는 것을 확인할 수 있습니다.

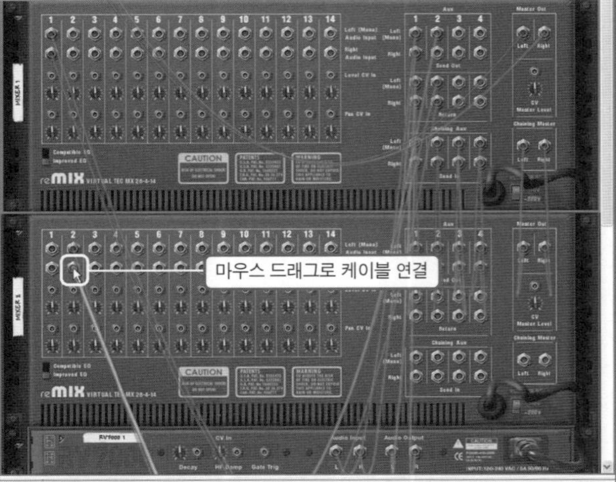

02 Mixer 1의 2번 채널에 연결되어 있는 케이블을 드래그하여 Mixer 2의 2번 채널 Input으로 연결합니다. 그리고, Tab 키를 눌러 전면이 보이게 하고, Mixer 2의 2번 채널에서 지금까지 학습한 노브 및 버튼들을 조정해보면, 믹서 채널이 확장되었을 뿐, 기능이 동일하다는 것을 알 수 있습니다.

01 Ctrl 키를 누른 상태에서 Z 키를 반복해서 눌러 믹서를 추가하기 전 상태로 되돌립니다. 그리고, 장치 왼쪽에 보이는 작은 삼각형 모양의 확대/축소 버튼을 클릭하여 믹서를 제외한 장치들을 축소합니다.

02 리즌 4에서 제공하는 라인 믹서를 살펴보기 위해서 Create 메뉴의 Redrum Drum Computer과 Line Mixer 6:2를 선택하여 각각의 장치를 추가합니다.

03 Redrum에 음색을 로딩하기 위해서 Browse [Patch] 버튼을 클릭하여 Patch Browse 창을 엽니다.

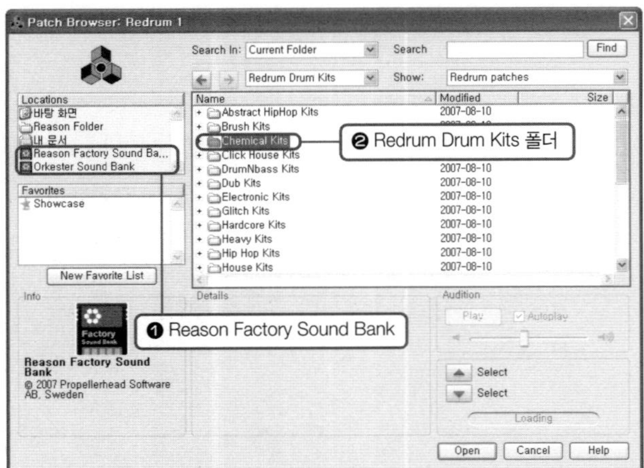

04 Location 항목에서 Reason Factory Sound Bank를 선택하고, 목록에서 Redrum Drum Kits 폴더를 더블 클릭합니다.

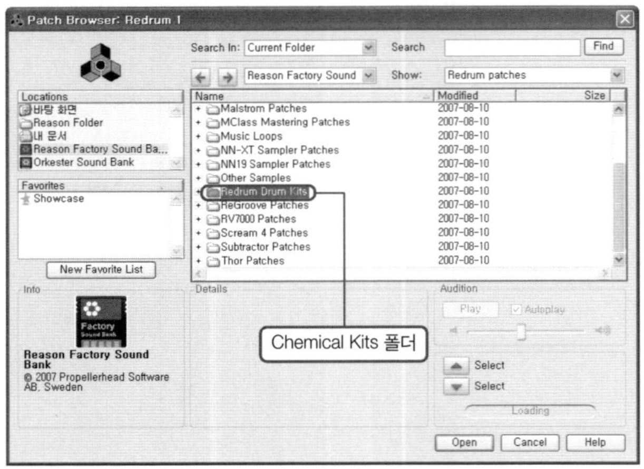

05 다른 악기와 동일하게 Redrums에서 사용할 수 있는 음색이 폴더 별로 정리되어 있습니다. Chemical Kits 폴더를 더블 클릭합니다.

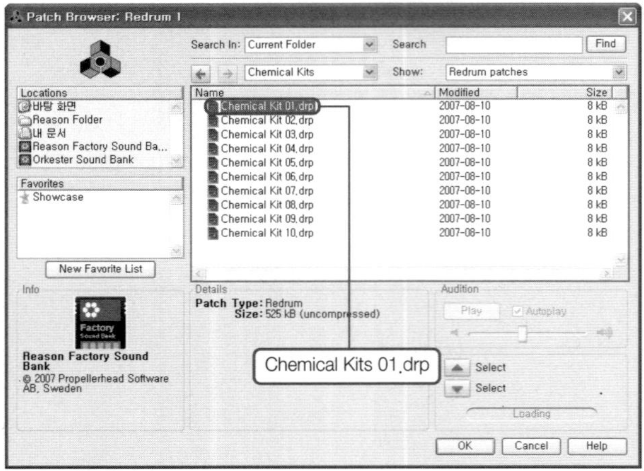

06 음색 목록이 보입니다. 각각의 음색을 선택하고, 마스터 건반을 눌러 사운드를 모니터 할 수 있습니다. 실습에서는 첫 번째 보이는 Chemical Kit 01.drp를 더블 클릭합니다.

07 [Run] 버튼을 클릭하여 On으로 하고, 1, 4, 5, 9, 12, 13 비트의 버튼을 클릭하여 On으로 합니다. 간단한 16비트 패턴의 베이스 드럼 연주를 들을 수 있습니다.

08 스네어 드럼 음색이 로딩되어 있는 2번 채널의 [Select] 버튼을 클릭하고, 5번과 13번 비트 버튼을 클릭하여 On으로 합니다. 2와 4 박자에 악센트를 주는 스네어 드럼 패턴을 연주하는 것입니다.

09 하나만 더 해보겠습니다. 10번 채널의 [Select] 버튼을 클릭하고, 7, 8번과 15, 16번의 비트 버튼을 On을 합니다. 현재 1번, 2번, 10번 채널의 드럼 사운드를 연주하고 있습니다.

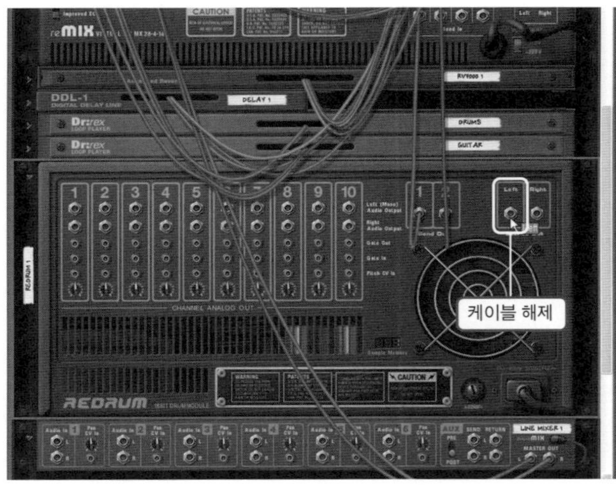

10 Tab 키를 눌러 랙의 뒷면이 보이게 하고, Redrum의 Stereo Out에 연결되어 있는 케이블을 랙 바깥쪽으로 드래그하여 제거합니다. 믹서 3번 채널에 연결되었던 라인을 제거했으므로 Redrum 사운드가 들리지 않습니다.

11 Redrum 1번 채널의 Output을 드래그하여 Line Mixer의 Audio In 1번 채널로 연결합니다. 나머지 Redrum 2번 채널과 10번 채널도 line mixer 2번과 3번 채널로 연결합니다. Line Mixer의 Out이 reMixer의 4번 채널로 연결되어 있다는 것을 기억할 것입니다.

12 Tab 키를 눌러 전면이 보이게 합니다. 그리고, Line Mixer의 1,2,3 채널의 볼륨과 팬을 조정해봅니다. reDrum의 베이스 드럼, 스네어 드럼 등의 연주를 개별적으로 컨트롤 할 수 있다는 것을 알 수 있습니다.

13 Line Mixer 각 채널에도 reMixer와 비슷하게 Level, Pan, AUX 노브와 M, S 버튼이 있습니다. Create 메뉴의 RV7000 Advanced Reverb를 선택하여 이펙트를 추가하고, Line 믹서의 AUX 노브를 조정하여 센드 방식의 이펙트도 실험해봅니다.

14 reMixer 축소판 같은 느낌이 드는 Line mixer는 여러 채널을 가지고 있는 악기를 컨트롤할 때, 유용하게 사용할 수 있는 장치라는 것을 알 수 있습니다. Line Mixer의 최종 컨트롤은 reMixer의 4번 채널에서 하면 됩니다.

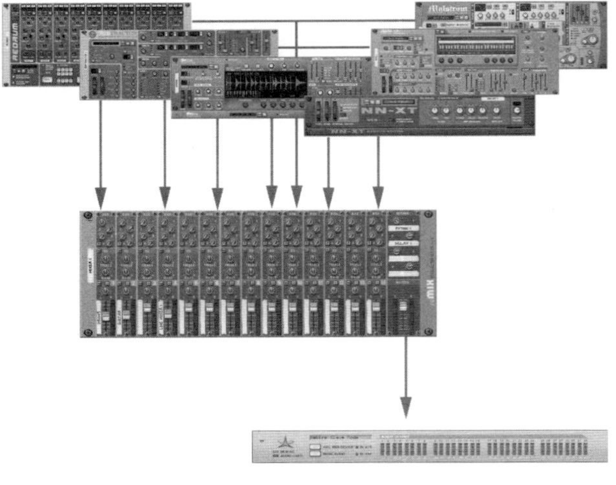

01 각 채널로 입력되는 다양한 악기의 사운드를 마스터 채널의 스테레오 사운드로 모아서 하드웨어 인터페이스의 1/2번 포트로 전송하는 것이 믹서의 기본적인 역할입니다.

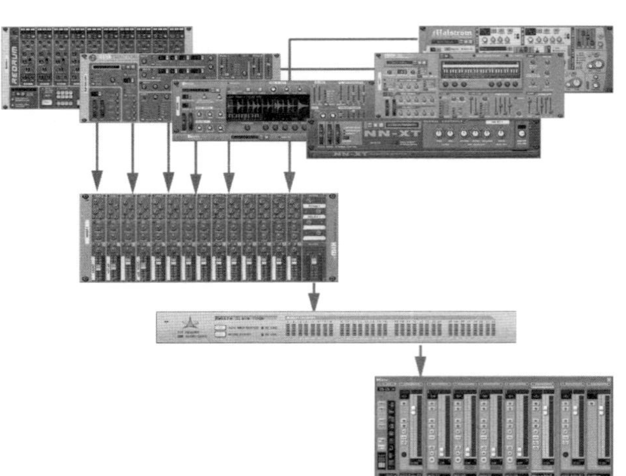

02 큐베이스나 소나를 마스터 프로그램으로 사용하고, 리즌 4를 리와이어로 사용하는 경우에는 리즌4의 최종 출력이 마스터 프로그램의 믹서 채널로 입력되기 때문에 2개의 믹서를 사용하는 것과 동일한 효과입니다.

03 결국 리즌 4에서 사용하는 악기 수에 상관없이 마스터 프로그램의 믹서는 하나의 채널로 인식하기 때문에 마스터 프로그램은 데이터 입력용으로 사용하게 되고, 모든 믹싱의 권한이 리즌 4에 있습니다.

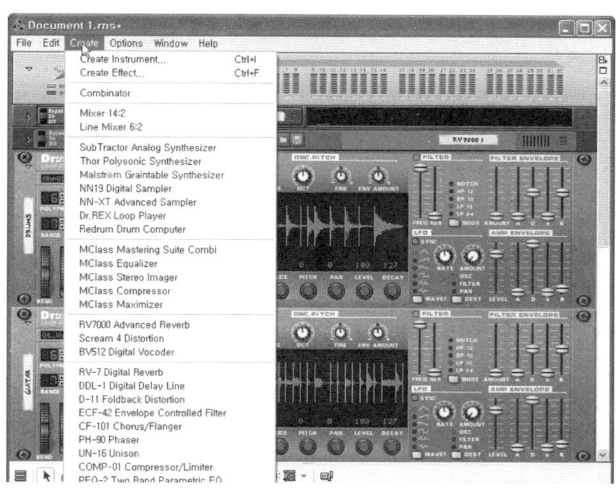

04 리즌 4만으로 곡 작업을 한다면, 편리하다는 장점이 있지만, 다양한 VST를 사용하는 경우에는 리즌 4의 음원을 사용하는 용도로만 이용하고, 마스터 프로그램에서 믹싱 작업을 하는 것이 좋습니다. 리즌 4의 Create 메뉴를 이용해서 믹서를 제외한 다양한 악기를 추가해 봅니다.

05 Tab 키를 눌러 뒷면을 보면, 처음에 추가한 악기를 제외한 나머지는 하드웨어 인터페이스의 Audio In에 연결되지 않은 것을 알 수 있습니다. 각 악기의 Out을 드래그하여 수동으로 연결합니다.

가 정 교 사

악기는 1/2, 3/4… 와 같이 스테레오로 연결하는 것이 편리하므로, 모노 악기는 짝수 단자를 비워놓습니다.

06 리즌 4의 이펙트를 사용하겠다면, 이펙트를 사용할 악기를 선택하고, 이펙트를 추가합니다. 그러면, 믹서가 없으므로 악기 ▶ 이펙트 ▶ 오디오 인의 순서인 인서트 방식으로 연결됩니다.

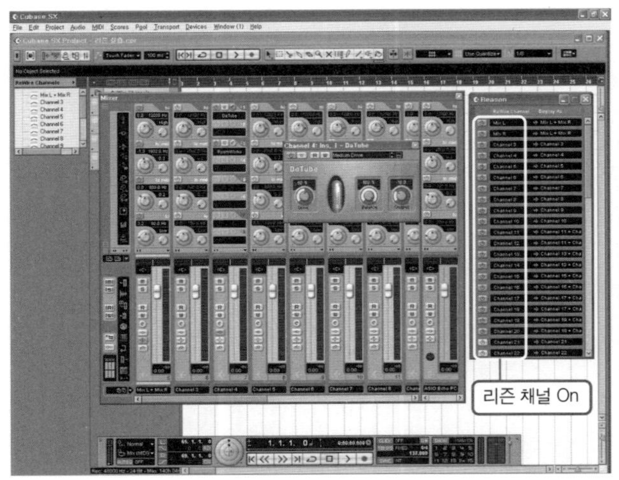

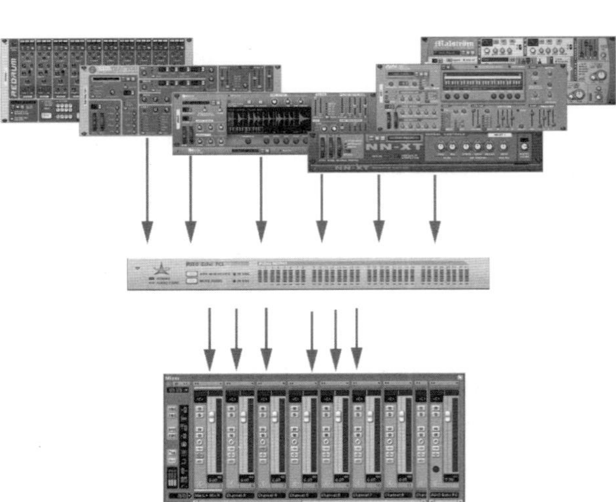

07 리즌 4의 믹서를 사용하지 않고, 각각의 악기를 오디오 인으로 연결하면, 마스터 프로그램에서는 최대 64채널까지 개별적으로 컨트롤 할 수 있습니다. 마스터 프로그램에서는 사용할 채널을 On으로 설정하기만 하면 됩니다.

08 이렇게 리즌 4의 악기들을 하드웨어 인터페이스에 연결하면, 큐베이스나 소나 등의 마스터 프로그램에서 각각의 장치를 개별적으로 컨트롤 할 수 있기 때문에 더욱 다양한 사운드 연출이 가능합니다. 물론, 하나의 채널로 묶어도 상관없는 장치들은 리즌 4의 믹서로 연결하여 컨트롤 하는 방법과 병행하는 것도 요령입니다.

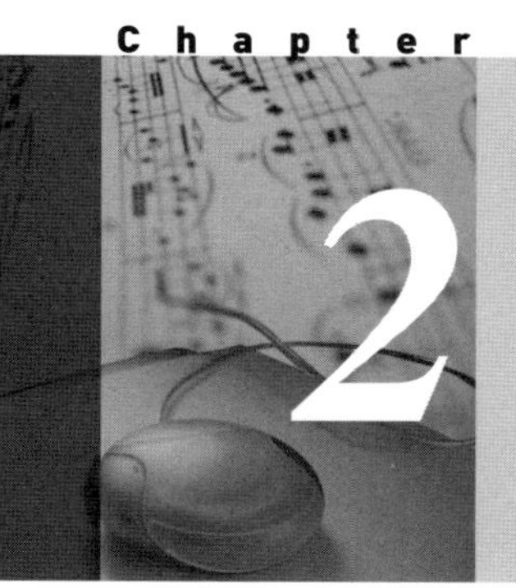

2 REDRUM DRUM COMPUTER

하드웨어 드럼 모듈과 패턴 연주 기능을 갖추고 있는 Redrum은 총 10개의 채널을 제공하고 있으며, 채널이 위에서 아래로 나열되는 일반적인 인터페이스와는 다르게 좌측에서 우측으로 나열되어 있다는 특징이 있습니다. Redrum은 자체 음색 포맷인 DRP외에도 AIF, WAV, SF2, RX2 등의 샘플 사운드를 로딩하여 사용할 수 있기 때문에 음색이 고정되어 있는 하드웨어 보다 무한한 가능성이 있습니다.

1 음색 불러오기

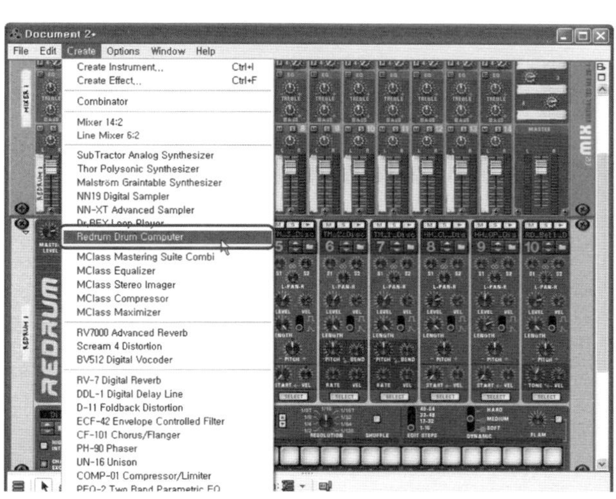

01 큐베이스나 소나 등의 마스터 프로그램에서 리즌 4를 사용하기 위한 준비를 하고, 리즌 4를 실행합니다. 그리고, Create 메뉴에서 Mixer 14:2와 Redrum Drum Computer를 선택하여 각각의 장치를 장착합니다.

02 Redrum에서 사용할 음색을 로딩하기 위해서 [Browse Parch] 버튼을 클릭하여 창을 엽니다. 리즌 4에서는 기본적으로 Disco Kit RDK.drp 음색이 로딩되어 있습니다.

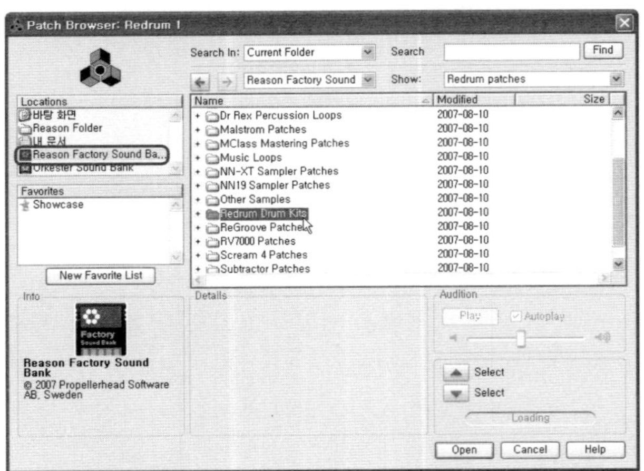

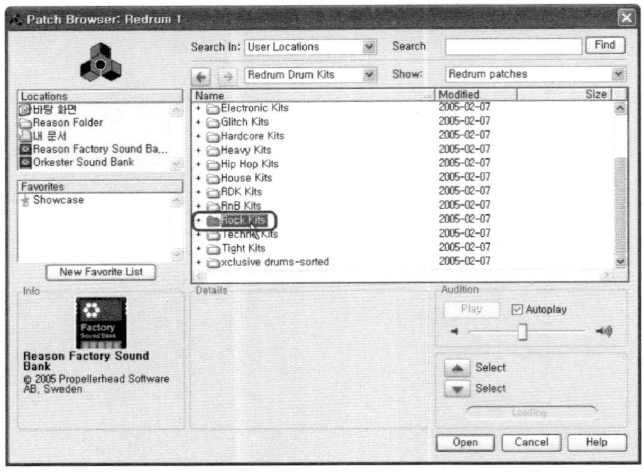

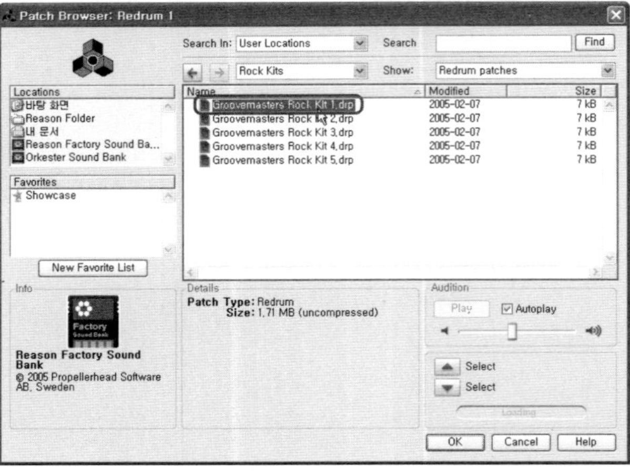

03 Locations에서 Reason Factory Sound Bank를 선택하고, 목록에서 Redrum Drum Kits 폴더를 더블 클릭합니다.

04 Redrum에서 사용할 수 있는 음색이 리듬 별로 구분되어 있는 폴더 목록을 볼 수 있습니다. 실습에서는 Rock Kits 폴더를 더블 클릭으로 열어보겠습니다.

05 Rock Kits의 음색 리스트가 보입니다. 원하는 리스트를 선택하고, 마스터 건반의 C1~A1까지 10개의 건반을 연주하여 해당 노트에 배치되어 있는 드럼 음색을 모니터 할 수 있습니다. 실습에서는 Groovemasters Rock Kit 1.drp를 더블 클릭하겠습니다.

06 불러온 음색 이름은 패치 리스트에 표시됩니다. 그리고 패치 리스트를 클릭하면, 해당 폴더의 음색 리스트를 선택하여 변경할 수 있는 메뉴가 열립니다. 메뉴 상단의 Open Browse는 [Browse Patch] 버튼과 동일한 역할을 합니다.

2 기본 설정 살펴보기

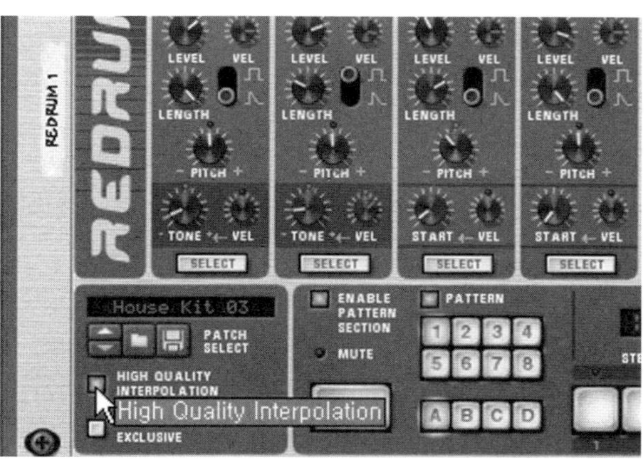

01 Patch Select 패널 아래쪽에는 High Quality Interpolation과 Channel 8&9 Exclusive의 두 가지 설정 버튼이 있습니다. High Quality Interpolation은 Redrum의 음질을 향상시키는 역할을 하는 것으로 시스템이 허락한다면, On으로 두는 것이 좋습니다.

02 Channel 8&9 Exclusive은 채널 8번과 9번을 연결하여 8번 채널이 연주할 때, 9번 채널의 사운드를 중지합니다. 이것은 8번 채널에 Close Hi-Hat, 9번 채널에 Open Hi-Hat의 샘플을 사용할 때 적용할 수 있는 옵션으로 9번 채널의 사운드를 겹치지 않게 할 수 있습니다.

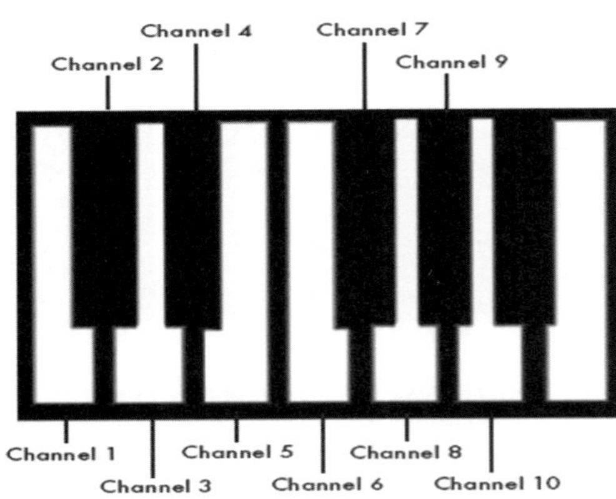

01 마스터 프로그램의 미디 아웃을 Redrum으로 하고, 8마디의 간단한 리듬을 입력해봅니다. Redrum의 각 채널은 그림과 같이 C1에서 A1의 10개의 노트에 할당되어 있습니다.

02 실습으로 입력할 드럼 연주의 악보는 다음과 같습니다. Redrum의 음색 마다 채널(노트)에 배치되어 있는 음색이 다르므로 반드시 건반을 눌러 확인하기 바랍니다.

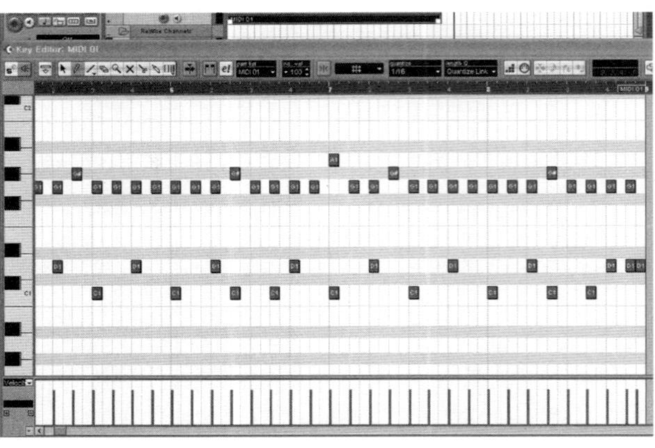

03 실습으로 불러온 Groovemasters Rock Kit 1.drp음색은 B.DR은 C1, S.DR은 D1, C.Cym은 A1, C.HH은 G1, O.HH은 G#1 노트에 배치되어 있습니다. 악보와 그림을 참조하여 마스터 프로그램에서 각각의 노트를 입력합니다.

04 Groovemasters Rock Kit 1.drp 음색에는 탬버린 음색 채널이 없으므로, 사용하지 않는 채널을 바꿀 필요가 있습니다. 5번 채널의 [Browse Sample] 버튼을 클릭합니다.

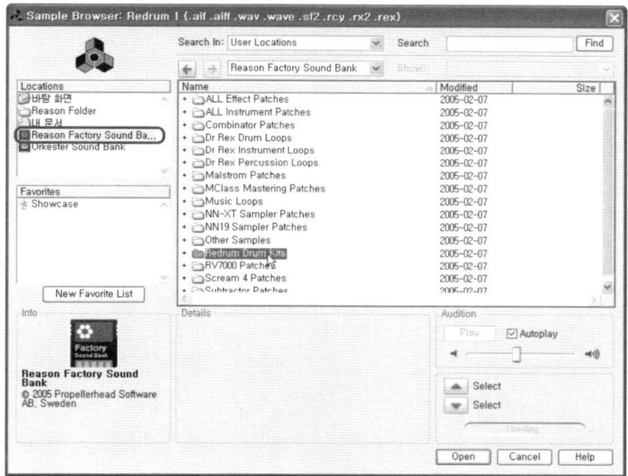

05 AIF, WAV, RX2 등의 사운드 파일을 불러올 수 있는 Sample Browse 창이 열립니다. Locations에서 Reason Factory Sound Bank를 선택하고, Redrum Drum Kits 폴더를 더블 클릭합니다.

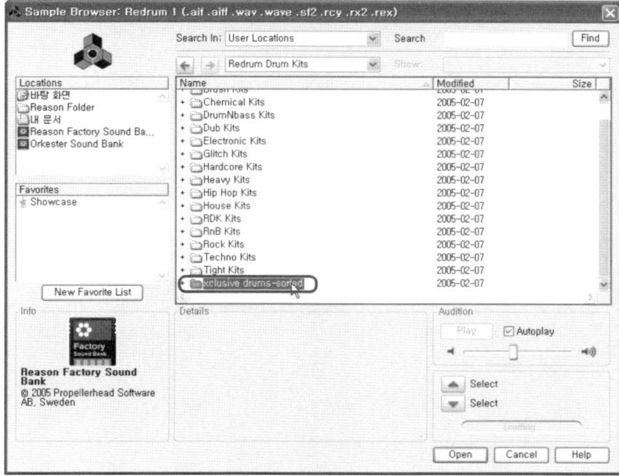

06 음색이 아닌 샘플 파일을 불러오는 것이므로 폴더 리스트 하단에 보이는 xclusive drums-sorted 폴더를 더블 클릭합니다.

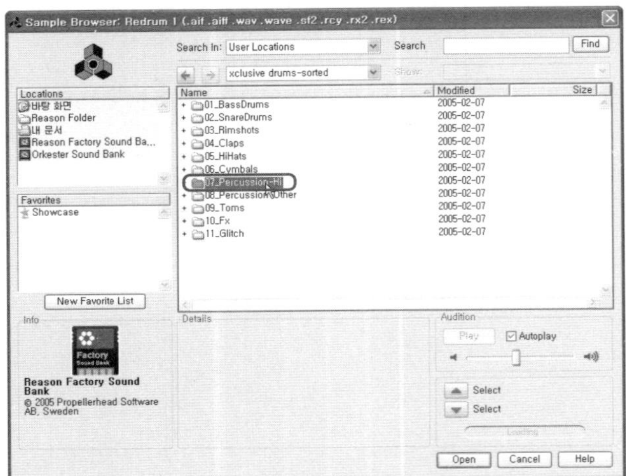

07 Redrum의 음색을 구성하고 있는 샘플이 폴더별로 구분되어 있는 것을 확인할 수 있습니다. 탬버린 음색은 Percussion-Hi 폴더에 있으므로, 해당 폴더를 더블 클릭합니다.

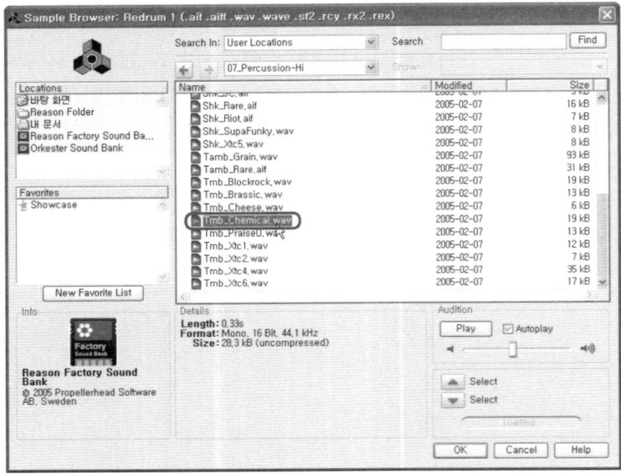

08 리즌 4에서 제공하는 Aif와 Wav 샘플 파일 목록을 볼 수 있습니다. 세로 이동 바를 드래그하여 아래쪽 목록이 보이게 하고, Tmb_Chemical. wav 샘플을 더블 클릭하여 불러오겠습니다.

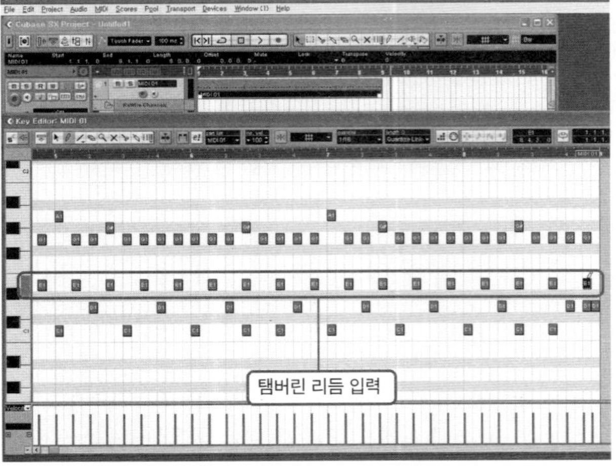

09 탬버린 음색을 채널 5번에 불러왔으므로, E1 노트입니다. 마스터 프로그램에서 악보를 참조하여 노트를 입력합니다. 마스터 프로그램과 리즌 4 모두 지금까지의 내용을 '실습-01' 로 저장합니다.

01 Redrum은 드럼 모듈 외에 사용자가 만든 패턴을 자동으로 연주하게 하는 드럼 머신으로 이용할 수 있습니다. House Kits 폴더의 House Kir 03.drp 음색을 불러옵니다. 그리고, [RUN] 버튼의 사용 여부를 결정하는 [Enable Pattern Selection] 버튼과 패턴 연주의 사용 여부를 결정하는 [Pattern] 버튼이 On으로 되어 있는지 확인합니다.

02 [Run] 버튼과 1번 채널의 [Select] 버튼을 클릭합니다. 그리고, 1, 5, 9, 13 비트 버튼을 클릭하여 베이스 드럼 패턴을 만듭니다.

03 계속해서 2번 채널의 [Select] 버튼을 클릭합니다. 그리고, 5번과 13번 비트 버튼을 클릭하여 2박과 4박에서 클립 사운드가 연주되게 합니다.

04 8번 채널의 [Select] 버튼을 클릭하여 1, 5, 9, 13비트를 연주를 하게하고, 9번 채널의 [Select] 버튼을 클릭하여 3, 7, 11, 15비트를 연주를 하게합니다. 전통적인 하우스 패턴을 만들어본 것입니다.

05 6번 채널의 [Select] 버튼을 클릭하여 선택하고, 3, 4, 11, 12번 비트 버튼을 클릭하여 하우스 패턴에 약간의 변화를 줍니다. 이처럼 Redrum은 채널을 선택하고, 원하는 비트를 클릭하는 것만으로 사용자가 원하는 리듬을 쉽게 만들 수 있습니다. 이 리듬을 가지고 각 채널의 파라미터를 살펴보겠습니다.

01 각 채널 상단에는 해당 채널을 뮤트하는 [M] 버튼, 솔로로 연주하는 [S] 버튼, 샘플을 모니터 하는 Trigger의 3가지 버튼이 있습니다. 1번 채널의 [M] 버튼을 클릭하면, 베이스 드럼 사운드가 뮤트되는 것을 확인할 수 있습니다.

02 1번 채널의 [M] 버튼을 Off로 하고, 2번 채널의 [S] 버튼을 클릭해봅니다. 2번 채널의 클립 사운드가 솔로로 연주되는 것을 확인할 수 있습니다.

03 [솔로] 버튼 오른쪽에 [재생] 버튼과 비슷한 모양을 하고 있는 것이 [Trigger] 버튼입니다. 이것은 해당 채널의 사운드를 모니터 해보는 기능으로 C1~A1의 건반을 이용해도 됩니다.

01 M/S/T 버튼 아래쪽에 음색 이름을 표시하고 있는 샘플 리스트를 클릭하면 xclusive drums-sorted 폴더의 샘플 사운드를 선택할 수 있는 샘플 리스트가 열립니다. 각각의 채널 마다 사용자가 원하는 사운드로 변경할 수 있습니다.

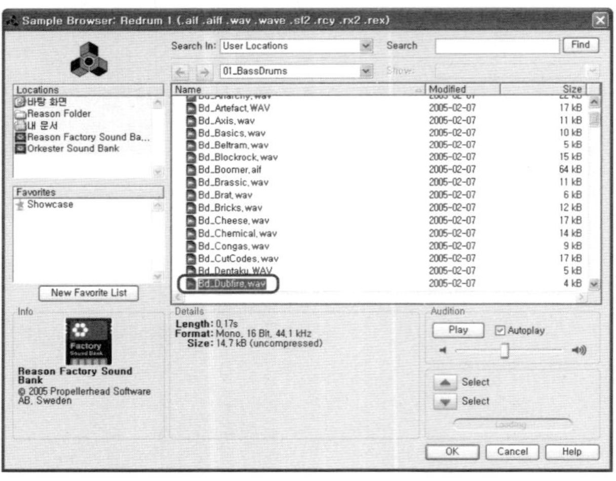

02 샘플 리스트 상단의 Open Browse를 선택하면 AIF, Wav, SF2, RX2 등의 샘플 사운드를 불러올 수 있는 Sample Browse 창이 열립니다. 사용자가 모아놓은 샘플이 있다면, Redurm을 보다 효과적으로 사용할 수 있을 것입니다.

03 샘플 리스트 아래쪽에는 각 채널 별로 구분되어 있는 폴더의 샘플을 순차적으로 선택할 수 있는 [상/하행 선택] 버튼과 Open Browse와 동일한 역할을 하는 [Browse Sample] 버튼이 있습니다.

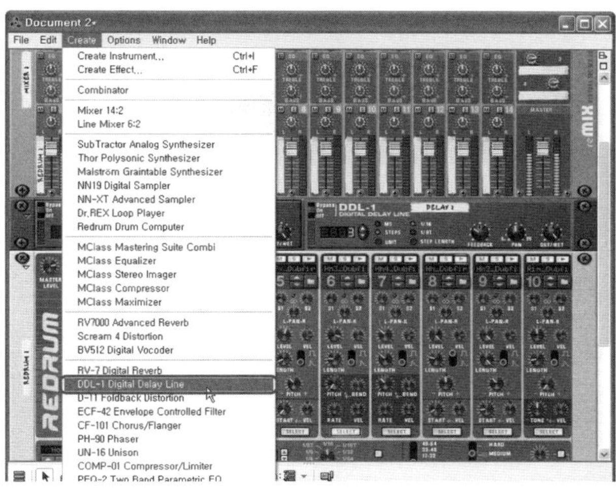

01 믹서를 선택하고, Create 메뉴의 RV-7 Digital Reverb와 DDL-1 Digital Delay Line 을 선택하여 두 개의 이펙트를 믹서의 AUX로 연결합니다. 반드시 믹서를 선택한 상태에서 추가해야만 AUX에 자동으로 연결됩니다.

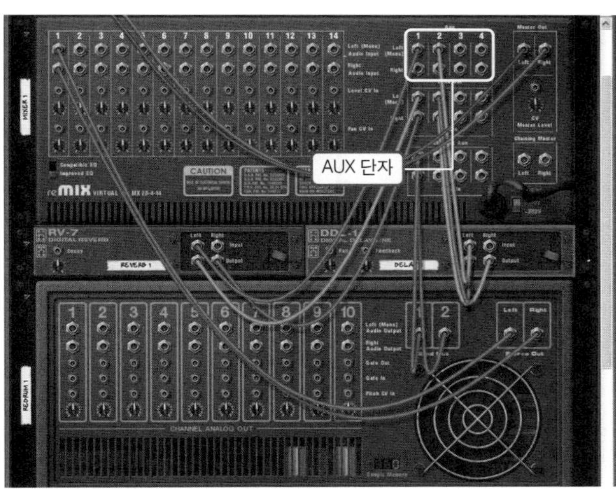

02 Tab 키를 눌러 랙 뒷면을 보면, 추가한 이펙트가 믹서의 AUX 단자에 Send, Return으로 연결되고, Redrum의 Send Out이 믹서의 Chaining Aux Send in으로 연결된 것을 확인할 수 있습니다.

03 즉, Redrum의 Send 단자가 믹서와 연결되었기 때문에 믹서에 추가한 이펙트를 Redrum의 S1과 S2 노브를 이용해서 이펙트를 적용할 수 있는 것입니다. 2번 채널의 S1노브는 40정도, 8번과 9번 채널의 S2노브는 80정도로 조정하여 S1의 리버브와 S2의 딜레이 적용 여부를 확인합니다.

Send 노브 아래쪽의 Pan 노브는 해당 채널의 연주 위치를 조정합니다. 1번 채널은 중앙에서 들리게 그대로 두고, 2, 8, 9는 약간 오른쪽, 6번 채널은 약간 왼쪽으로 조정하여 각 채널의 연주 위치가 어떻게 달라지는지 확인합니다.

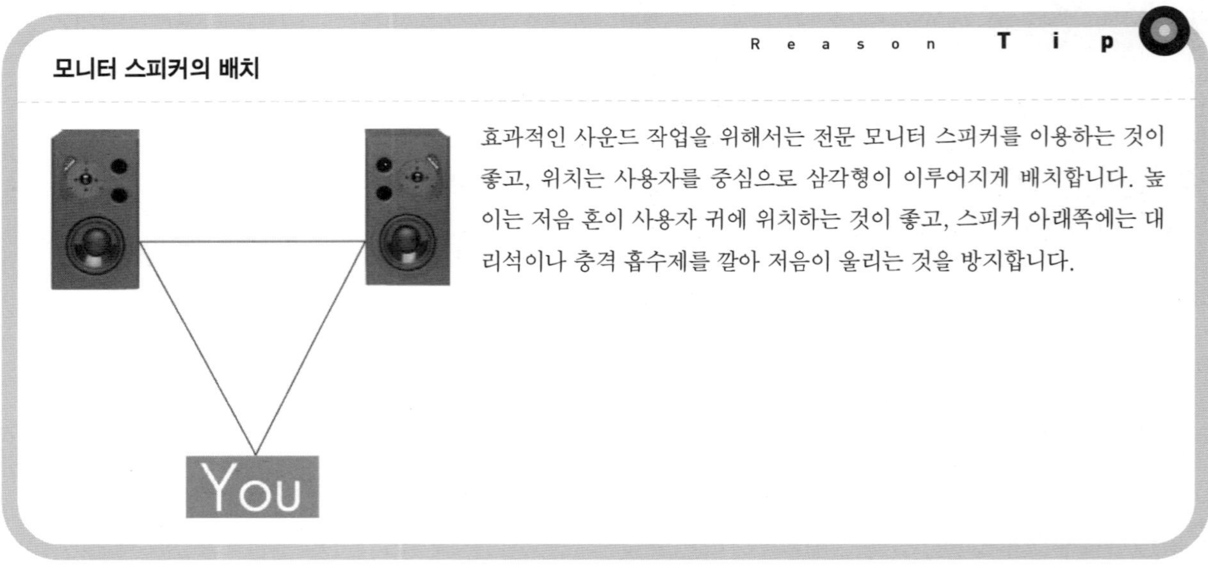

효과적인 사운드 작업을 위해서는 전문 모니터 스피커를 이용하는 것이 좋고, 위치는 사용자를 중심으로 삼각형이 이루어지게 배치합니다. 높이는 저음 혼이 사용자 귀에 위치하는 것이 좋고, 스피커 아래쪽에는 대리석이나 충격 흡수제를 깔아 저음이 울리는 것을 방지합니다.

01 Pan 노브 아래쪽에는 해당 채널의 볼륨을 조정하는 Level과 VEL 노브가 있습니다. Level 노브를 위/아래로 드래그하여 해당 채널의 볼륨을 0에서 127까지의 범위로 조정할 수 있습니다.

02 VEL 노브는 0을 기준으로 Dynamic에서 선택한 벨로시티의 적용 범위를 조정하는 것으로 Dynamic을 Soft로 설정하면 – 값은 Soft의 반대이므로, 벨로시티가 커지는 효과가 있다는 것에 착오 없길 바랍니다.

03 Redrum을 포함해서 리즌 4에서 연주되는 사운드의 레벨을 높일 때는 트랜스포트 패널의 Audio Out Clip LED에 빨간 불이 표시되지 않는 한도로 조정하여 사운드가 찌그러지는 현상을 피하는 것이 요령입니다.

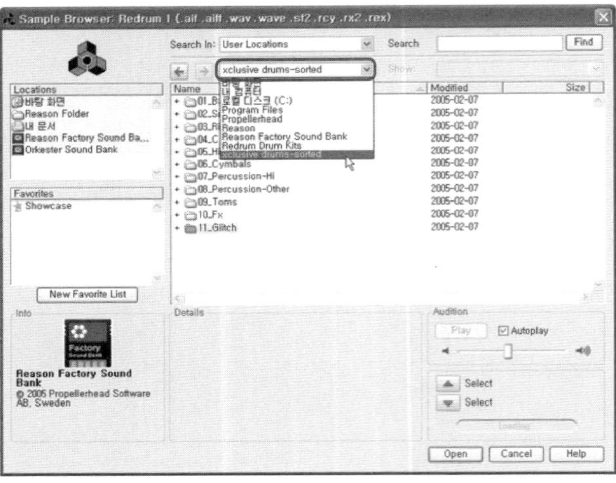

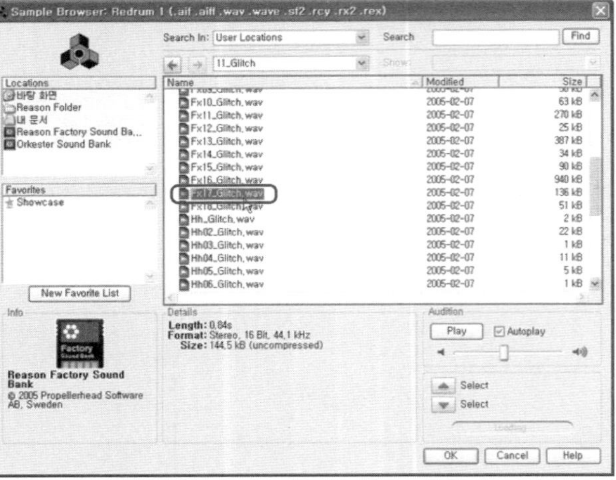

01 Length는 샘플 사운드가 연주되는 길이를 조정합니다. 오른쪽의 모드 선택 스위치는 연주가 반복될 때의 시작 위치를 설정합니다. 7번 채널의 [Browse Sample] 버튼을 클릭합니다.

02 샘플을 불러올 수 있는 Sample Browse 창이 열립니다. 폴더 선택 창에서 샘플 폴더인 xclusive drums-sorted를 선택합니다.

03 목록에서 11_Gitch 폴더를 더블 클릭하여 열고, Fx 17_Glitch.wav 샘플을 더블 클릭으로 불러옵니다.

04 Length와 모드를 실습하기 좋은 사운드를 불러왔습니다. 1번 비트를 클릭하여 연주되게 하고, Length 노브를 위쪽으로 드래그하여 값을 높여봅니다. 그리고, 모드 스위치를 위로 올려 Gate 모드로 바꿔 모든 길이가 반복되게 해보고, 아래로 내려 시작 위치에서 반복하는 Decay 모드와 비교해봅니다.

11 음정 조정하기

01 LENGTH 노브 아래쪽의 Pitch 노브는 해당 채널에서 연주되는 샘플의 음정을 조정합니다. 1번 채널의 Pitch를 조정해보면서 베이스 드럼의 음정이 바뀌는 것을 확인해보기 바랍니다.

02 6번과 7번 채널에는 Pitch 노브 오른쪽에 음정의 변환 과정을 연출하는 Bend 노브가 있습니다. 노브를 위로 드래그하여 값을 높일수록 변화 폭이 높아지는 것을 확인할 수 있습니다.

01 1, 2번 채널과 10번 채널의 Tone과 VEL 노브는 해당 채널의 사운드 색깔을 조정합니다. Tone 노브를 오른쪽으로 돌릴수록 고주파수 대역이 강조되어 사운드가 밝아 집니다. 오른쪽의 VEL은 TONE의 적용 범위를 조정합니다.

02 3, 4, 5번 채널과 8, 9번 채널은 샘플이 연주하는 시작 위치를 설정할 수 있는 Start 노브와 그 강도를 조정하는 VEL 노브가 있습니다. 어택 타임을 강조하고 싶다면, Vel 노브를 아래쪽으로 드래그하여 값을 낮추면 됩니다.

03 6번과 7번 채널에는 Pitch Bend에서 조정한 음정 변화의 속도를 제어할 수 있는 RATE 노브와 음정 변화의 범위를 제어할 수 있는 VEL 노브가 있습니다. RATE와 VEL 값을 높일수록 변화 속도가 빨라지고, 그 범위가 좁아지는 것을 확인할 수 있습니다.

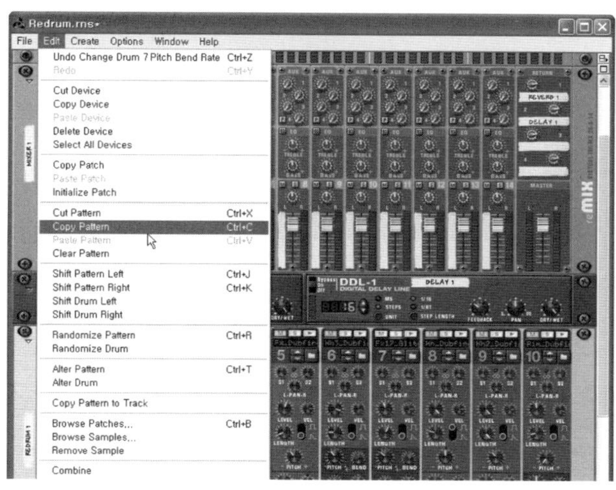

01 Redurm은 사용자가 만든 리듬의 A, B, C, D 각각 8개씩, 총 32개의 패턴으로 저장할 수 있습니다. Edit 메뉴의 Copy Pattern을 선택하거나 Ctrl+C 키를 눌러 지금까지 만든 패턴을 복사합니다.

02 A의 2번 패턴 버튼을 선택한 후에 Ctrl+V 키를 눌러 복사한 패턴을 붙입니다. 그리고 1번 채널의 베이스 드럼을 선택하고, 11, 15, 16번 비트 버튼을 클릭하여 리듬에 변화를 줍니다.

03 계속해서 Ctrl+C를 눌러 2번 패턴을 복사하고, 3번 패턴 버튼을 클릭한 후에 Ctrl+V 키를 눌러 붙입니다. 그리고, 2번 채널의 클립 사운드를 7, 10, 11비트를 추가하여 변화를 줍니다.

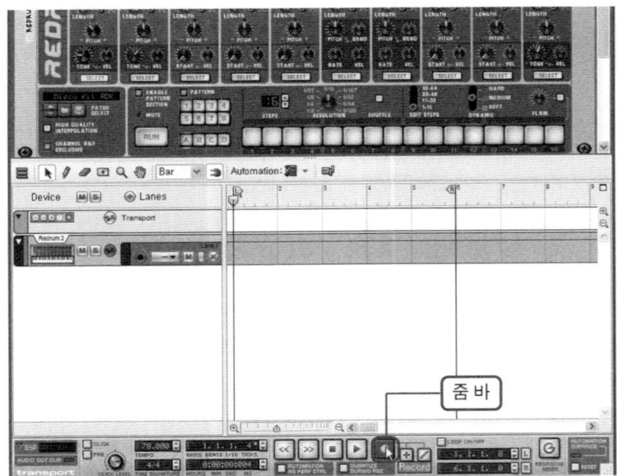

04 이렇게 만든 패턴들이 자동으로 연주되게 하기 위해서는 시퀀서에 기록을 해야 합니다. 줌 바를 드래그하여 마디 번호가 보이게 확대하고, 키보드 숫자열의 녹음 기능의 별표 키를 눌러 녹음 준비를 합니다. 그리고 재생 기능의 Enter 키를 눌러 녹음을 시작합니다.

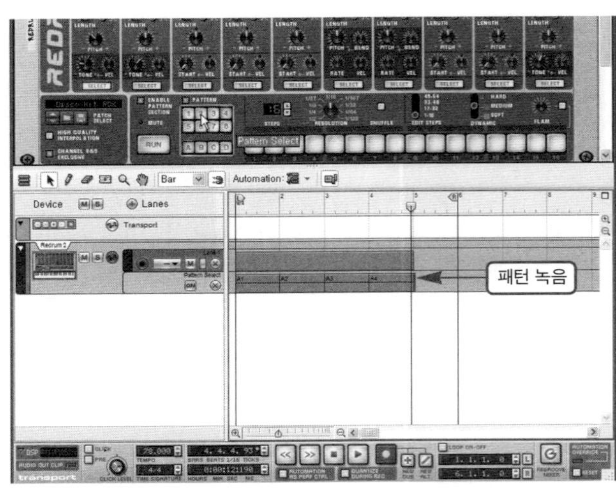

05 1번 마디에서 1번 패턴 버튼을 클릭하고, 2번 마디는 2번 패턴 버튼, 3번 마디는 3번 패턴 버튼 그리고 4번 마디는 1번 패턴 버튼을 클릭하여 4마디 길이에 3가지 패턴을 기록합니다. 숫자 0 키를 눌러 녹음을 정지합니다.

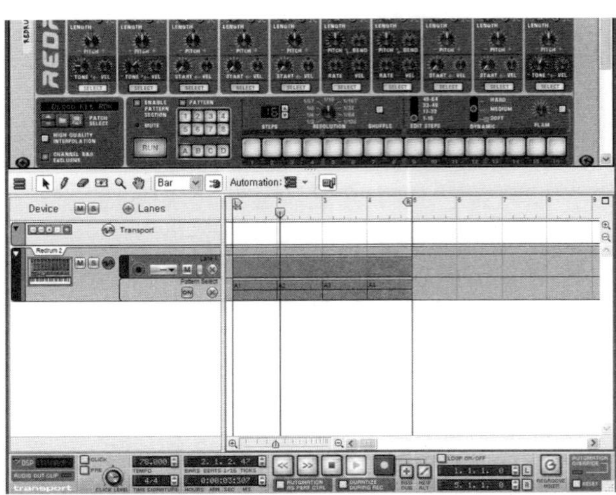

06 송 포지션 라인이 정지인 경우에 숫자 0 키를 누르면 곡의 처음의 이동합니다. 그리고, Enter 키를 눌러 연주를 해보면 기록한 순서에 맞추어 패턴이 자동으로 변경되는 것을 확인할 수 있습니다.

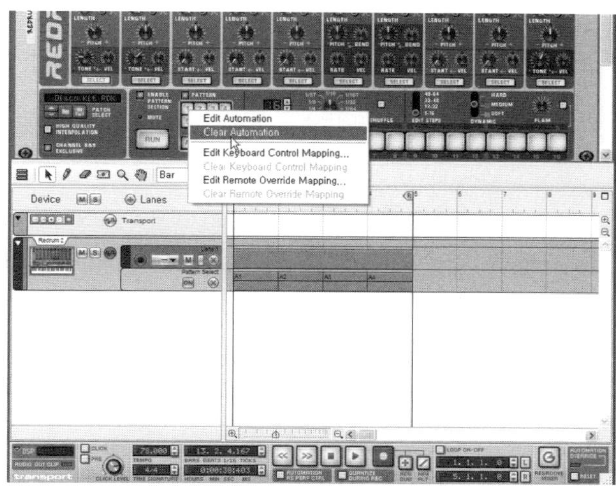

07 [패턴] 버튼 테두리에 형광 색 표시는 오토메 이션 기록이 되었다는 표시입니다. 만일, 오토페이션 기록을 지우고, 다시 기록하고 싶다면 버튼에서 마우스 오른쪽 버튼을 클릭하여 단축 메뉴를 열고, Cleat Automation을 선택합니다.

08 다양한 패턴을 사용하고, 작업 하는 곡의 길이가 길다면, 녹음 방식으로 패턴을 기록하는 것 보다는 마우스를 이용해서 직접 입력하는 것이 편리할 수 있습니다. 시퀀서의 [편집 모드] 버튼을 클릭합니다.

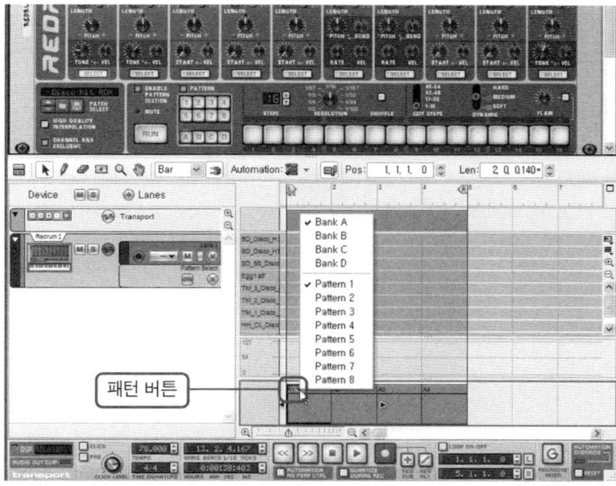

09 시퀀서의 트릭 창이 데이터를 편집할 수 있는 편집 창으로 바뀝니다. 패턴 라인에서 입력할 패턴을 선택합니다.

10 도구 모음 줄에서 [연필] 버튼을 선택하고, 패턴을 연주할 위치에서부터 오른쪽으로 드래그하여 연주 길이를 입력합니다. 같은 방법으로 사용자가 원하는 패턴을 입력할 수 있습니다. 수정하고 싶은 패턴 번호는 필요한 패턴 번호를 선택하고 다시 입력하면 됩니다.

14 왈츠 패턴 만들기

01 지금까지 16비트 패턴의 리듬을 만들어 보았지만, Redrum은 최대 64비트로 총 4마디 길이의 패턴을 만들 수 있습니다. Steps 값을 32로 설정하여 2마디 길이의 패턴을 만들 수 있게 합니다.

02 1번 채널을 선택하고, Edit Steps 스위치를 17-32로 올립니다. 2번째 마디의 패턴을 만들겠다는 의미입니다. 1, 5, 7를 클릭하고, 9번에서 15번까지 마우스 드래그로 [비트] 버튼을 On으로 합니다. 2번째 마디에서 입력한 베이스 드럼이 연주되는 것을 확인할 수 있습니다.

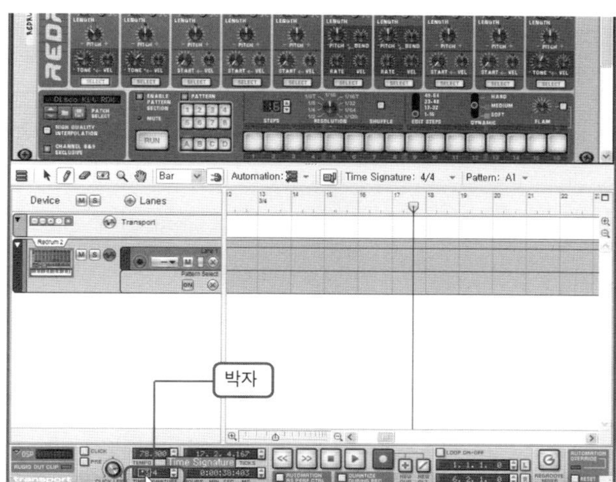

03 이처럼 Steps에서 연주할 길이를 설정하고, Edit Steps에서 편집할 마디를 선택하는 방식으로 최대 4마디 길이의 패턴을 만들 수 있습니다. 이것을 이해했다면 Steps을 12로 설정하고, 트랜스포트 패널의 박자를 3으로 변경하여 왈츠 리듬을 만들 수 있다는 것을 짐작할 수 있을 것입니다.

04 [Steps] 버튼 오른쪽의 Resolution은 마디의 분할 값을 설정합니다. 기본값인 1/16은 한 마디를 16등분 한다는 의미이고, 숫자 오른쪽에 T는 Triplet의 약자로 3 잇단 음을 표시합니다. 즉, 1/8T는 한 마디를 8분 음표 12개로 분할 한다는 의미입니다. 이것을 이용해서 왈츠 패턴을 연출해도 좋습니다.

셔플 버튼의 역할

[SHUFFLE] 버튼은 리듬을 셔플로 연주하여 글루브감 있는 리듬을 연출할 수 있게 합니다. 셔플의 정도는 ReGroove Mixer의 Shuffle 노브를 이용해서 조정할 수 있지만, 리즌 4를 리와이어로 사용할 때는 영향을 주지 않습니다. ReGroove Mixer는 트랜스포트 패널의 [ReGroove Mixer] 버튼을 클릭하여 엽니다. 자세한 것은 ReGroove Mixer 학습 편에서 살펴보겠습니다.

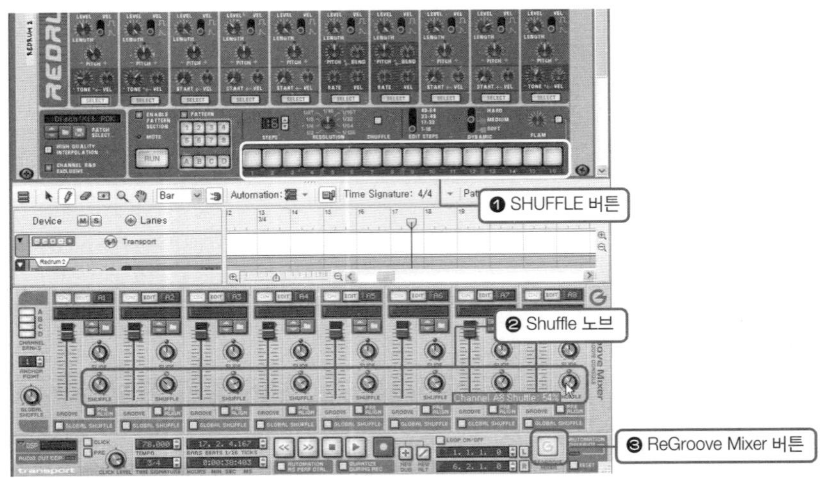

16 벨로시티 설정하기

[비트] 버튼을 클릭하여 리듬을 만들 때 Dynamic 스위치에서 선택한 값에 따라 벨로시티가 결정됩니다. 빨간 색의 HARD는 127, 노란 색의 Medium은 80, 파란 색의 Soft는 30입니다. [비트] 버튼을 클릭해보면 해당 색상 으로 표시되는 것을 확인할 수 있습니다.

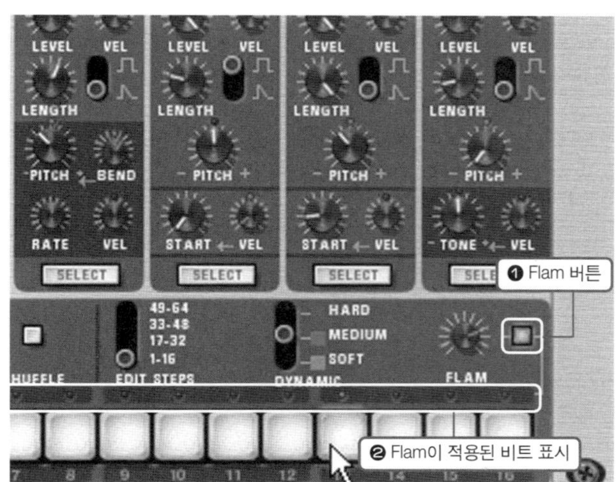

01 스네어 드럼을 연속으로 연주하는 플램 주법을 Redrum에서 연출할 수 있습니다. [Flam] 버튼을 On으로 하고, 연주할 [비트] 버튼을 선택합니다. 선택한 비트 위쪽에 있는 LED에 빨간 불이 들어오는 것을 확인할 수 있습니다.

02 연주하는 시간 타이밍은 FLAM 노브를 이용해서 조정합니다. [FLAM] 버튼을 Off로 하고, [비트] 버튼을 다시 클릭하여 플램 연주를 해제할 수 있습니다. Redrum의 최종 볼륨은 왼쪽 상단의 Master Level로 조정합니다. 이것으로 Drdrum의 학습을 마칩니다.

R e a s o n **T i p** 

라이브 드럼 연주

사람이 드럼을 연주할 때는 HH과 2장의 Cym을 동시에 연주하거나 2개의 B.Dr과 C.HH을 동시에 연주하는 등의 테크닉은 불가능합니다. 그럼 컴퓨터 연주에서도 이러한 테크닉을 피해야 할까요? 아닙니다. 진정한 컴퓨터 뮤지션이라면 라이브 연주에서는 불가능한 테크닉을 과감하게 연출하는 센스가 필요합니다. 다만, 라이브 연주에서 불가능한 테크닉이 무엇인지를 알고 사용하는 것과 모르고 사용하는 것에는 큰 차이가 있으므로, 실제 악기의 음역이나 기본 주법 정도는 학습할 필요가 있습니다.

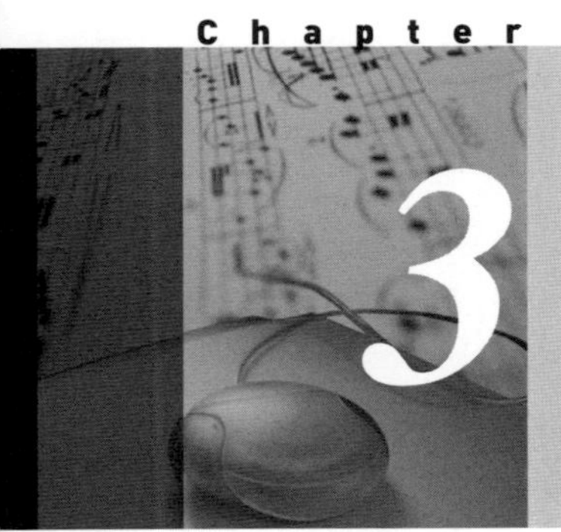

3 DR.REX LOOP PLAYER

Dr.REX는 Propellerhead사의 Recycle이라는 사운드 편집 프로그램으로 제작할 수 있는 RCY, RX2, REX 포맷의 샘플 파일을 연주하는 전용 플레이어입니다. REX 파일은 템포 변화에 뛰어난 유동성을 지니고 있기 때문에 큐베이스와 같은 전문 프로그램에서도 지원하고 있는 포맷입니다.

1 RECYCLE에 대하여

Wav 파일을 편집하거나 제작할 때, Sony사의 Sound Forge라는 프로그램을 많이 사용하듯, RX2 파일을 편집하거나 제작할 때는 리즌 4를 제작 발표한 Propellerhead사의 ReCycle이라는 프로그램을 사용합니다.

ReCycle은 RX2 파일 외에도 리즌 4에서 사용할 수 있는 REX와 RCY 파일을 제작할 수 있지만, REX는 MAC 전용 파일이고, RCY는 PC 전용 파일로 제한 되어 있기 때문에 MAC과 PC에서 모두 사용할 수 있는 RX2 파일을 다루는 것이 일반적입니다.

RX2 파일은 사운드를 비트 단위로 잘라서 저장할 수 있고, 그 정보를 그대로 재생할 수 있기 때문에 템포 변화에 매우 자유롭습니다. 일반적인 오디오 시퀀싱 프로그램에서 WAV 파일을 불러와 템포를 조정한 후, 비트가 어긋나는 현상을 경험해 보았다면, RX2 파일의 장점을 짐작할 수 있을 것입니다.

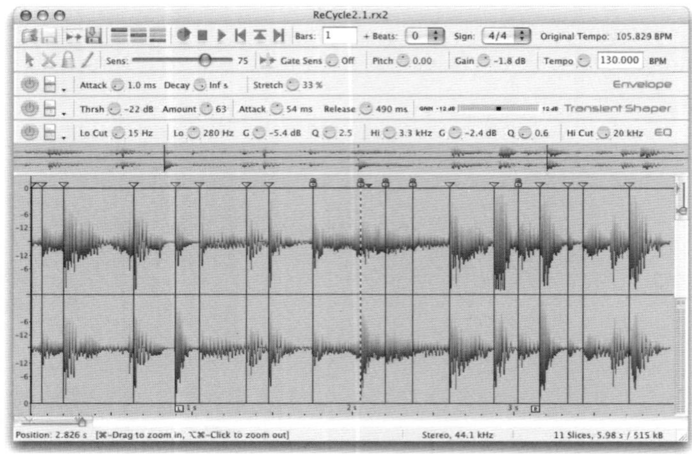

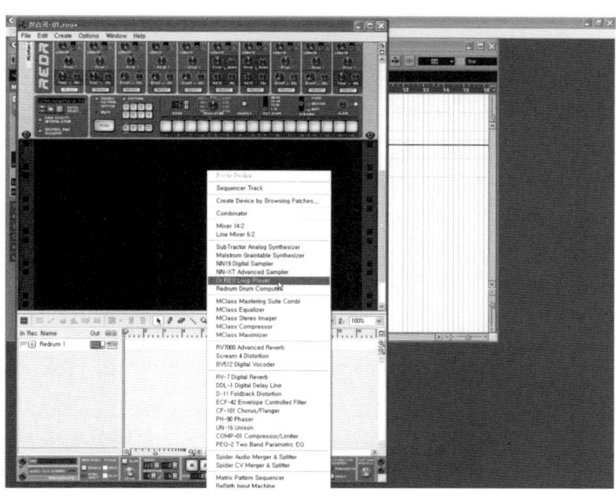

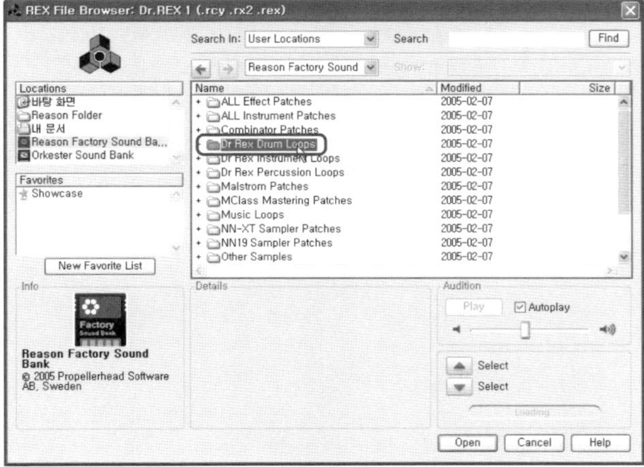

01 마스터 프로그램과 리즌 4를 실행하고, Redrum 실습에서 저장했던 '실습-01' 파일을 불러옵니다. 그리고 리즌 4의 작업 공간에서 마우스 오른쪽 버튼을 클릭하여 Dr.REX Loop Player 를 선택합니다.

02 Dr.REX의 [Browse Loop] 버튼을 클릭하여 창을 열고, Locations에서 Reseon Factory Sound Bank를 선택합니다. 폴더 목록에 Dr Rex Drums Loops, Dr Rex Instruments Loops, Dr Rex Percussion Loops의 3가지 폴더가 있는 것을 확인할 수 있습니다.

03 드럼 루프 사운드를 불러오기 위해서 Dr Rex Drum Loops 폴더를 더블 클릭합니다. Rrdurm에서 만든 리듬에 루프 사운드를 믹스하여 글루브감을 만드는 기법은 프로 뮤지션들 사이에서 공공연하게 사용하는 노하우입니다.

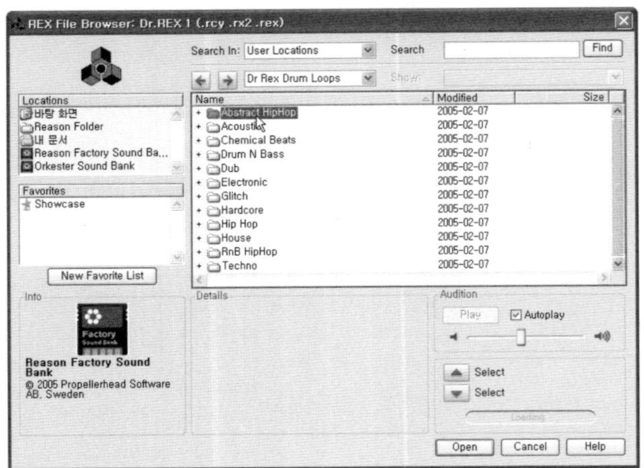

04 음악 장르별로 폴더가 구분되어 있어 원하는 리듬을 찾기 쉽게 되어 있습니다. Redrum과 어울릴만한 리듬을 찾는 것도 실력이므로, 시간이 있을 때 마다 각 폴더의 리듬을 모두 들어보기 바랍니다. 실습에서는 Abstract HipHop 폴더를 더블 클릭으로 열어보겠습니다.

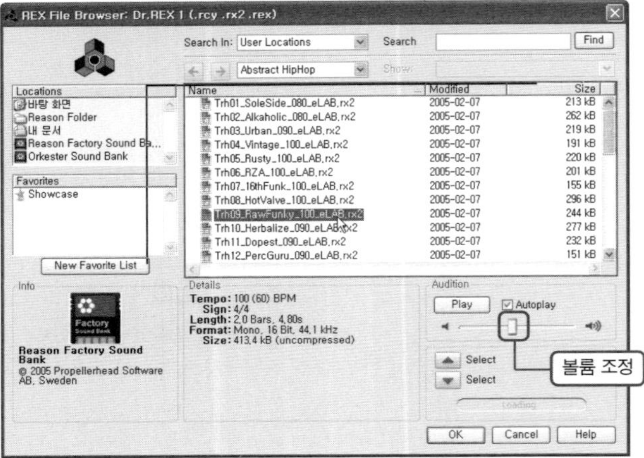

05 Abstract HipHop 폴더에는 36가지의 RX2 파일을 제공하고 있으며, 파일을 선택하면 자동으로 연주되어 모니터 할 수 있습니다. 볼륨은 슬라이드를 드래그하여 조정합니다. 실습에서는 Trh09_RawFunky_100_eLAB.rx2 파일을 더블 클릭하여 로딩하겠습니다.

3 미디 파일 만들기

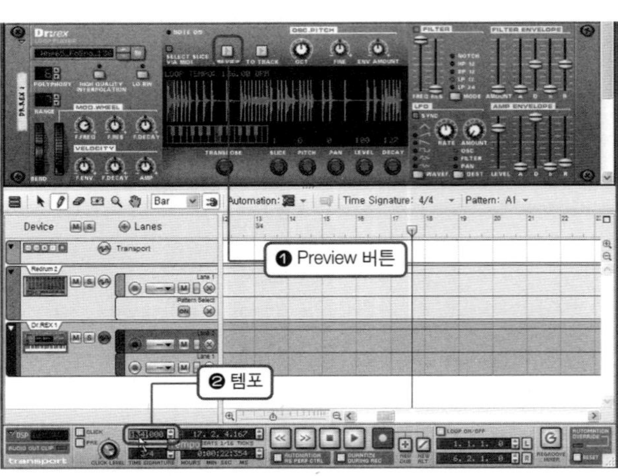

01 템포를 134로 변경하고, [Preview] 버튼을 클릭하여 사운드를 재생합니다. Trh09_RawFunky_1 00_eLAB.rx2라는 파일 이름에서 알 수 있듯이 원본 파일의 템포는 100이지만, 템포를 134로 변경해도 전혀 어색하지 않습니다.

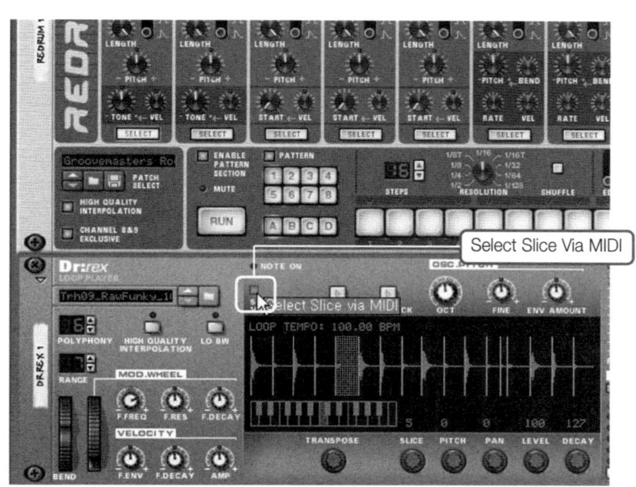

02 디스플레이를 보면 알 수 있듯이 RX2 파일은 비트 단위로 잘려져 있으며, 각각의 슬라이스 마다 C1에서부터 반음 단위로 할당되어 있습니다. [Select Slice Via MIDI] 버튼을 On으로 하고, 건반의 C1에서부터 차례로 눌러보면 각각의 건반에 할당된 슬라이스를 확인할 수 있습니다.

03 즉, 마스터 프로그램에서 Trh09_ Raw Funky_ 100_ eLAB.rx2 파일을 연주하기 위해서는 C1에서부터 E2까지 17개의 노트를 입력하면 됩니다. 그러나, 슬라이스 마다 위치가 정확하지 않으므로, 미디 파일로 만드는 것이 편리합니다. File 메뉴의 Export REX as MIDI File을 선택합니다.

04 저장 위치에서 작업 중인 프로젝트 파일이 저장되어 있는 폴더를 선택하고, [저장] 버튼을 클릭합니다. 마스터 프로그램과 리즌4에서 작업하는 파일은 곡 단위로 구분하여 저장하는 것이 좋습니다.

05 마스터 프로그램에서 미디 트랙을 만들고, MIDI Out을 Reason Dr. REX1으로 선택합니다. 그리고, 리즌4에서 제작한 미디 파일을 마스터 프로그램의 미디 트랙으로 드래그하여 가져다 놓습니다.

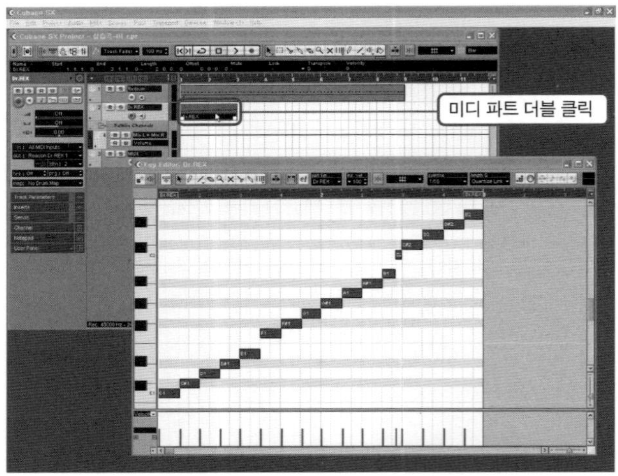

06 마스터 프로그램의 트랙에 두 마디 길이의 미디 파일이 임포팅됩니다. 임포팅한 파트를 더블 클릭하여 키 에디터 창을 열어보면, C1에서 E2까지의 노트가 나열되어 있는 것을 확인할 수 있습니다.

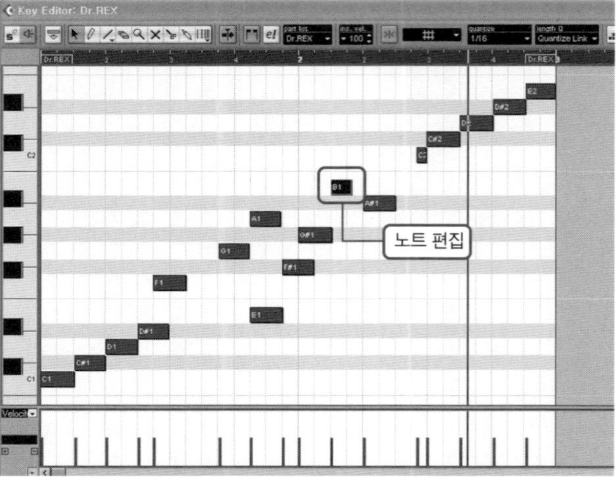

07 각각의 노트를 좌/우로 드래그하여 슬라이스되어 있는 파일의 연주 순서를 자유롭게 변경할 수 있습니다. 노트의 위치가 바뀔 때 연주 상태를 모니터 해보고, Ctrl + Z 키를 눌러 노트의 변경을 취소합니다.

08 키 에디터 창을 닫고, Ctrl + K 키를 눌러 Repeat Events 창을 엽니다. 그리고, Count 에 3을 입력하여 미디 파트를 3번 반복 복사합니다. 소나 사용자는 해당 프로그램의 반복 기능을 이용하기 바랍니다.

09 Dr.REX의 [Preview] 버튼을 Off로 하고, 키보드 숫자열의 Enter 키를 눌러 곡을 재생해 보면, Redrum을 단독으로 연주할 때 보다 글루브감이 증가된 것을 확인할 수 있습니다.

4 기본 설정 살펴보기

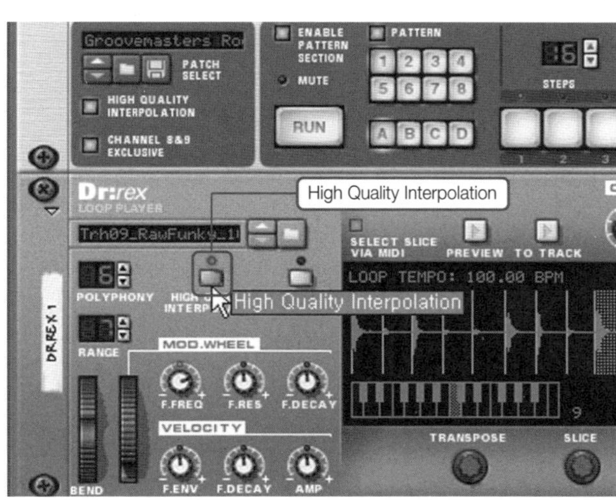

01 Dr.REX의 기본 환경을 설정하는 패널에 보이는 [High Quality Interpolation] 버튼은 말 그대로 사운드의 질을 높여주는 역할을 하는 것은 시스템이 허락한다면 On으로 두는 것이 좋습니다.

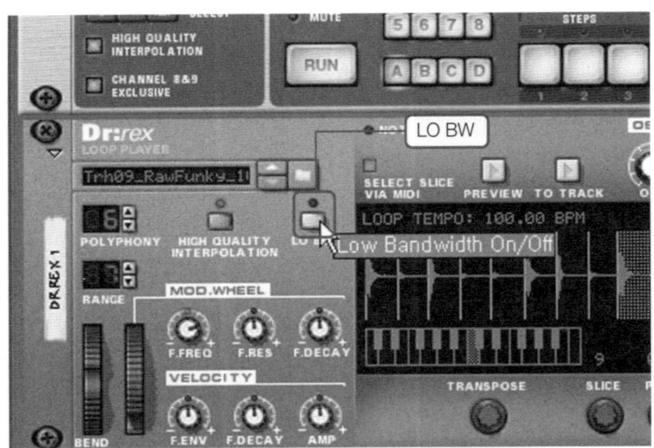

02 [High Quality Interpolation] 버튼 우측의 LO BW는 저주파수 대역의 범위를 넓혀주는 역할을 하는 것으로 시스템의 부담을 줄이면서 사운드의 질을 유지할 수 있게 하는 역할을 합니다. 그러나, 고주파수 대역이 줄어들므로, Hi-Hat과 같은 사운드에서는 사용하지 않는 것이 좋습니다.

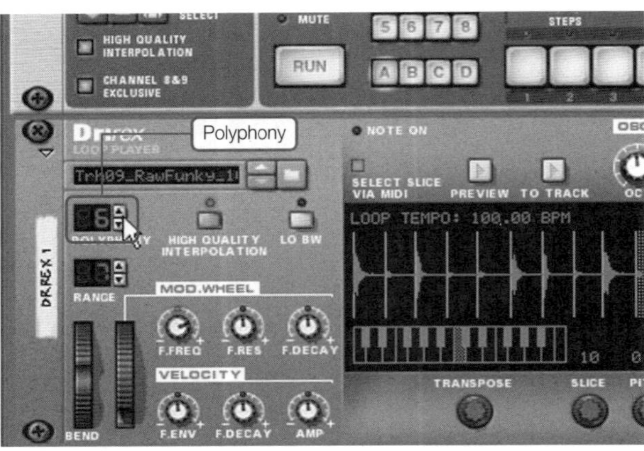

03 동시 발음 수를 설정하는 Polyphony은 우측의 [상/하] 버튼을 클릭하여 최대 99까지 조정할 수 있습니다. Dr.REX는 하나의 노트로 연주하는 것이기 때문에 기본 값을 변경할 이유는 없을 것입니다.

5 장치 추가하기

01 리즌 4는 동일한 장치를 제한 없이 추가할 수 있습니다. 빈 공간에서 마우스 오른쪽 버튼을 클릭하여 단축 메뉴를 열고, Dr.REX Loop Player를 선택합니다. 동일한 장치이므로 Dr.REX2 라는 이름으로 생성됩니다.

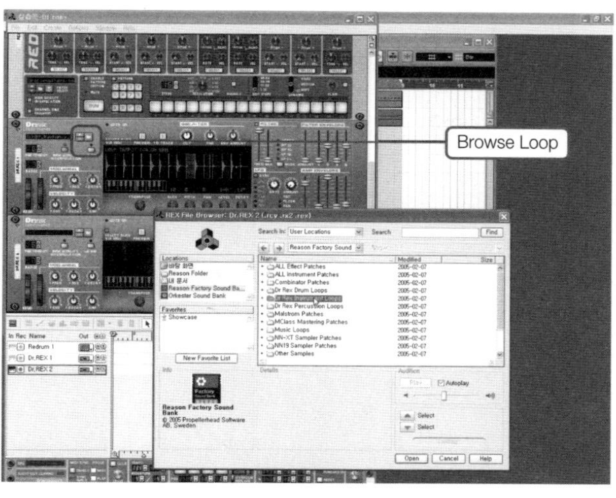

02 [Browse Loop] 버튼을 클릭하여 창을 열고, Reason Factory Sound Bank에서 Dr Rex Instruments Loops 폴더를 더블 클릭합니다.

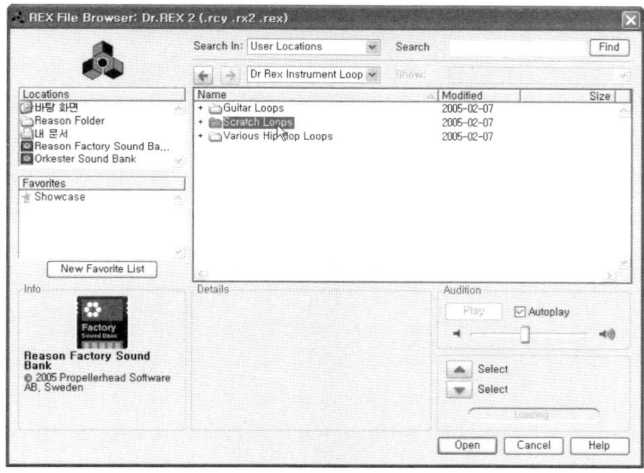

03 Guitar, Scratch, Various Hip Hop의 Loops 폴더가 보입니다. 각각의 사운드는 시간이 날 때마다 들어보기 바라며, 실습에서는 Scratch Loops 폴더를 더블 클릭하여 열겠습니다.

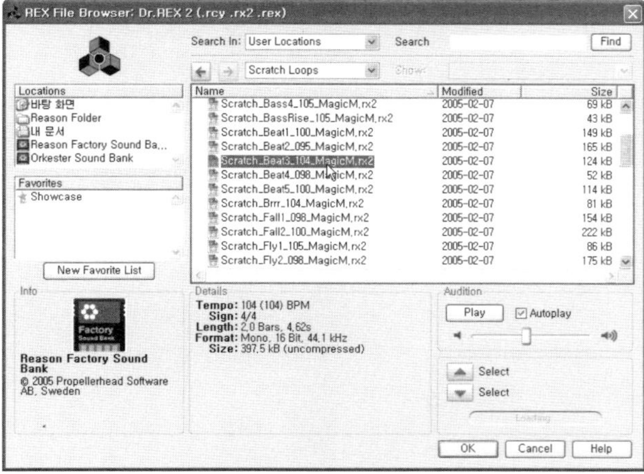

04 50가지의 Scratch 사운드 리스트를 볼 수 있습니다. 작업 중인 음악에 어울릴만한 사운드를 더블 클릭합니다. 실습에서는 Scratch_Beat3_ 104_MagicM..rx2 파일을 불러와 보겠습니다.

05 Dr.REX2 역시 마스터 프로그램에서 연주할 수 있게 File 메뉴의 [Export REX as MIDI File]을 선택하여 미디 파일로 저장합니다.

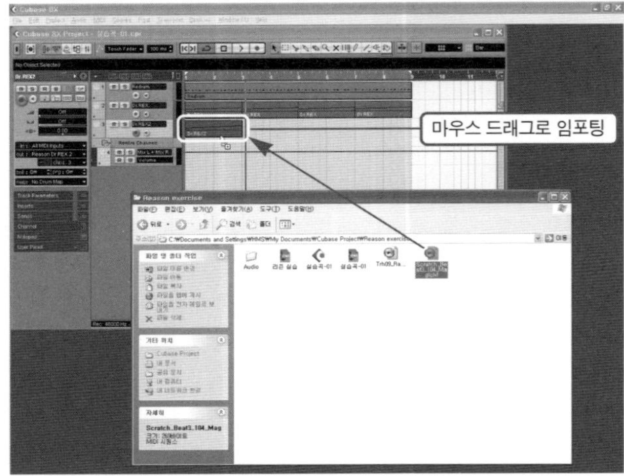

06 마스터 프로그램에서 새로운 미디 트랙을 만들고 MIDI OUT을 Reason Dr.REX2로 선택합니다. 그리고, 저장한 미디 파일을 새로 만든 미디 트랙으로 드래그하여 임포팅합니다.

07 마스터 프로그램으로 임포팅한 미디 파트가 선택된 상태에서 Ctrl + K 키를 눌러 Repeat Events 창을 엽니다. Count 항목은 앞에서 실행했던 값을 기억하고 있으므로 3으로 설정되어 있습니다. [OK] 버튼을 클릭하여 3번 반복 복사합니다.

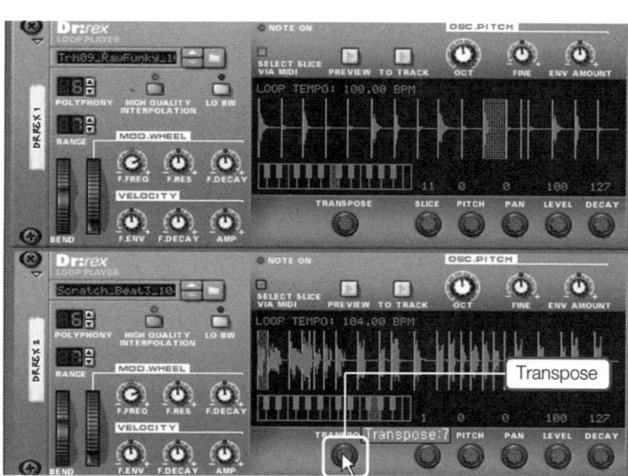

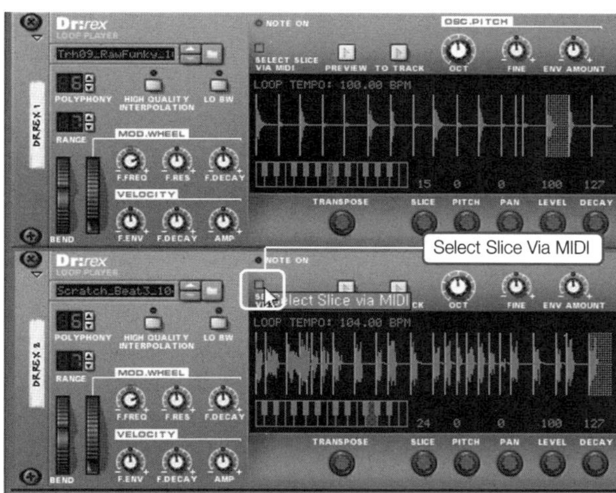

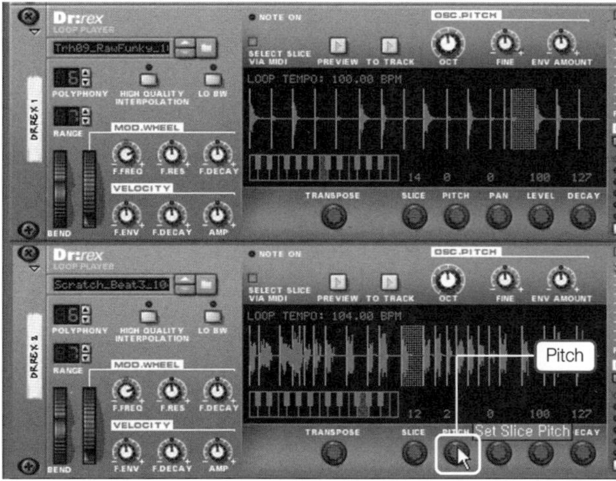

01 RX2 파일의 파형을 나타내는 디스플레이 아래쪽에는 Transpose, Slice 등의 6가지 파라미터가 있습니다. 첫 번째 Transpose 노브는 사운드의 음정을 최대 2옥타브 범위로 조정하는 역할을 합니다. 1의 값이 반음에 해당하며, 실습에서는 7정도로 높여보겠습니다.

02 두 번째 Slice 노브는 Pitch, Pan 등 나머지 노브의 조정 값을 적용할 슬라이스를 선택합니다. 이것은 상단의 Select Slice Via MIDI를 On으로 하고, 미디 건반을 눌러서 사용하는 것이 편리할 것입니다.

03 미디 건반의 C1을 눌러 첫 번째 슬라이스를 선택하고, Pitch를 2 정도로 올립니다. 그리고, B1도 같은 방법으로 선택한 후, Pitch를 올립니다. 선택한 슬라이스만 음정이 올라가는 것을 확인할 수 있습니다.

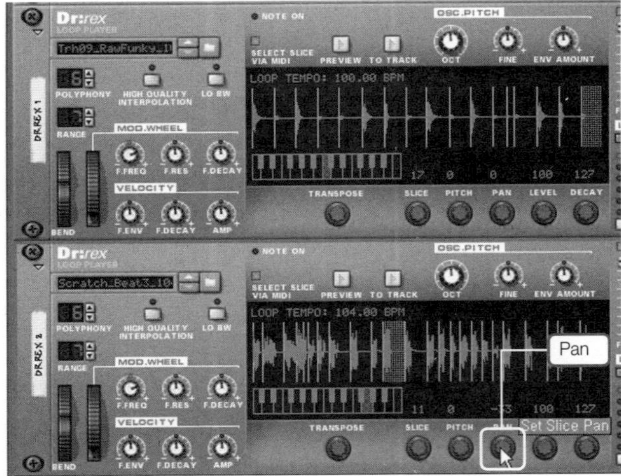

04 Pan 노브는 선택한 슬라이스를 좌/우로 이동시킵니다. E1, Bb1, C#2, E2, Bb2노트 각각의 슬라이스를 선택하고, Pan을 자유롭게 조정하여 사운드가 좌/우로 이동하는 효과를 연출해 봅니다.

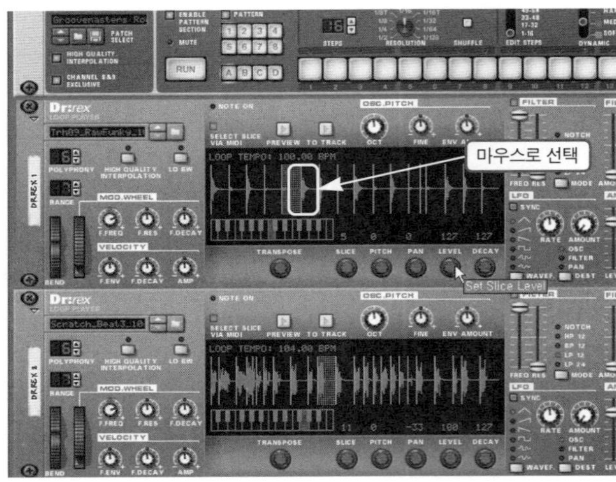

05 슬라이스는 마우스로 직접 선택할 수 있습니다. Dr.REX1 디스플레이에서 파형이 작은 슬라이스를 마우스로 선택하고, Level을 조정하여 볼륨을 높여봅니다.

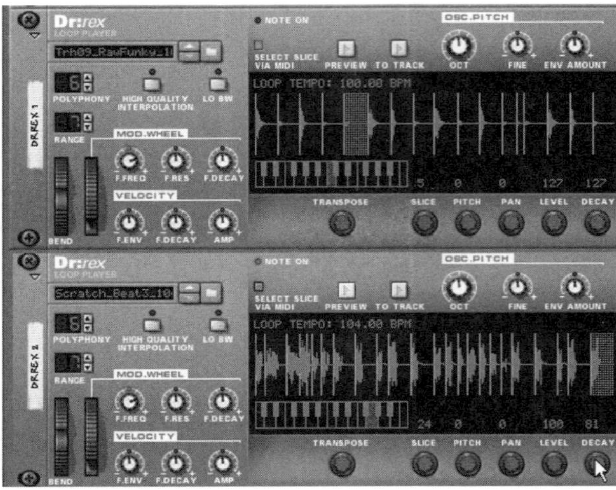

06 마지막의 Decay는 선택한 슬라이스의 재생 길이를 조정합니다. Re.REX2의 끝 부분에 있는 슬라이스를 마우스 클릭으로 선택하고, Decay 값을 줄여 반복 될 때의 여운을 감소시켜 봅니다.

Filter는 특정 주파수 대역만을 재생하게 하는 역할을 합니다. Dr.REX에서 제공하는 필터의 종류는 Notch, HP12, BP12, LP12, LP24의 5가지가 있습니다. 각각의 의미는 다음과 같습니다.

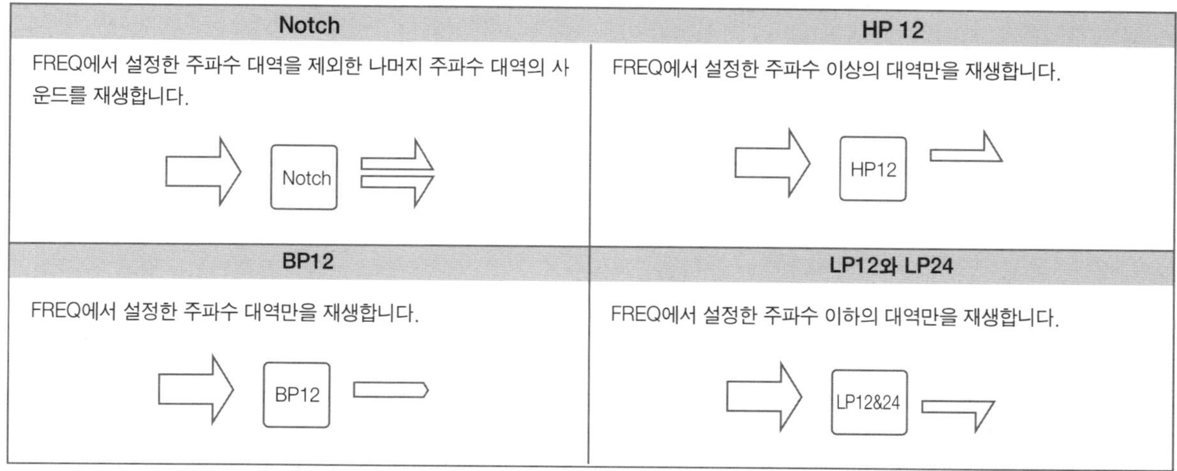

LP12와 LP24 는 필터의 변화 폭을 나타내는 것으로 12는 1옥타브, 24는 2옥타브입니다. 즉, FREQ를 1KHz라고 가정하고, LP12를 선택하면 주파수의 변화 폭은 1옥타브인 500Hz이고, LP24를 선택하면 2옥타브인 250Hz가 됩니다.

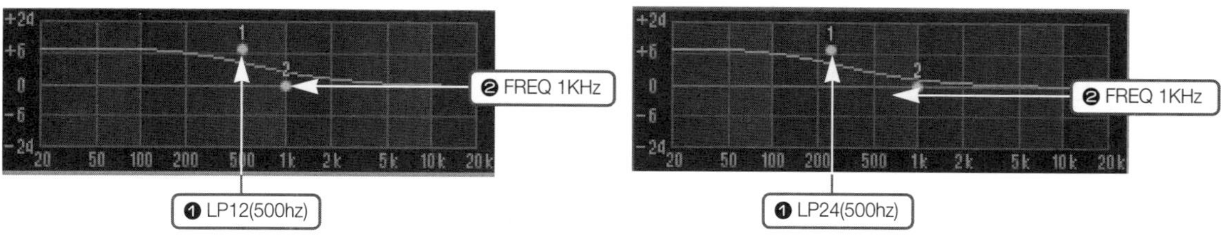

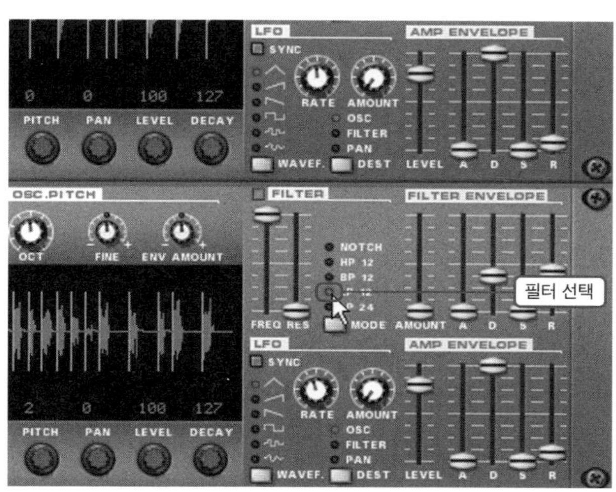

01 Filter의 종류는 [Mode] 버튼을 클릭하여 순서대로 선택할 수 있지만, 원하는 필터를 직접 선택하는 것이 편리합니다. [Filter On/Off] 버튼이 빨간색(ON)으로 표시되어 있는지 확인하고, LP 12를 선택합니다.

02 FREQ는 필터가 적용되는 기준 주파수를 설정합니다. 슬라이드를 아래쪽으로 드래 그하여 값을 25 정도로 조정합니다. LP12를 선택 했으므로 25정도 이하의 주파수만 재생하겠다는 의미입니다.

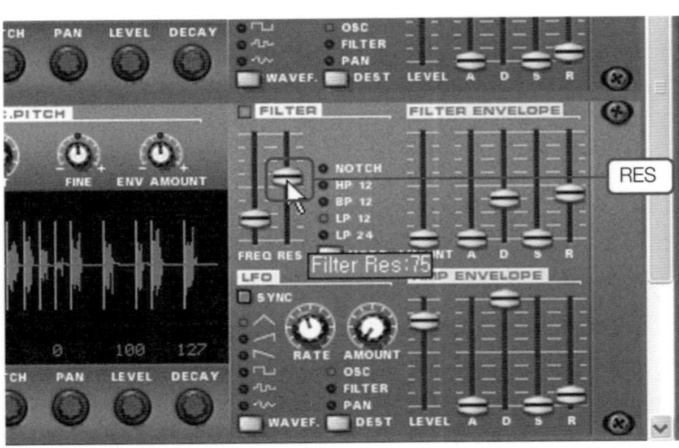

03 RES는 필터의 적용 비율을 설정합니다. 값 을 증가시켜 보면, 저주파수 대역의 울림이 커지는 것을 확인할 수 있습니다. 실습에서는 75정 도로 조정해보겠습니다. [Shift] 키를 누른 상태에서 슬라이드를 조정하면 단위를 미세하게 조정할 수 있 습니다.

8 FILTER ENVELOPS의 역할

사운드가 발생하는 시점에서 소멸되기까지 시간에 따른 레벨의 변화를 나타내는 것이 엔벨로프입니다. 엔벨로프 는 어택(A), 디케이(D), 서스테인(S), 릴리즈(R)의 4가지 구간으로 분류합니다. 어택은 소리가 발생하는 시점에서 최고 레벨로 상승하기까지의 시간, 디케이는 최고 레벨에서 중간 레벨로 감소하는 시간, 서스테인은 중간 레벨이 유지되는 시간, 그리고 릴리즈는 중간 레벨에서 사운드가 소멸되기까지의 시간을 의미합니다.

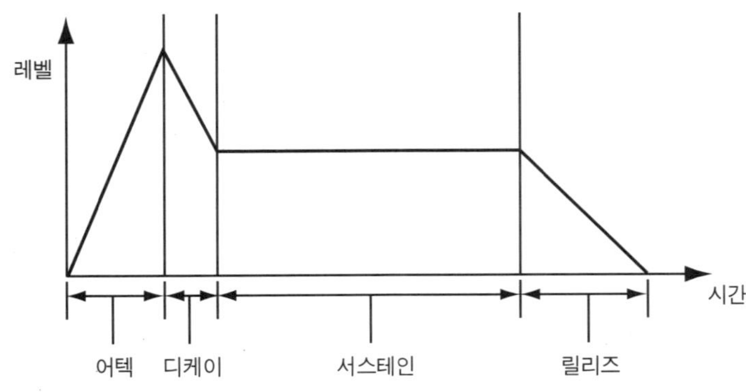

Dr.REX의 Filter Envelops 역시 사운드의 엔벨로프와 같은 의미입니다. 다만, 적용대상이 필터라는 점만 다릅니다. 즉, 필터의 A, D, S, L을 조정하는 것입니다. Amount를 100으로 하고 A, D, S, L 모두 0으로 설정합니다.

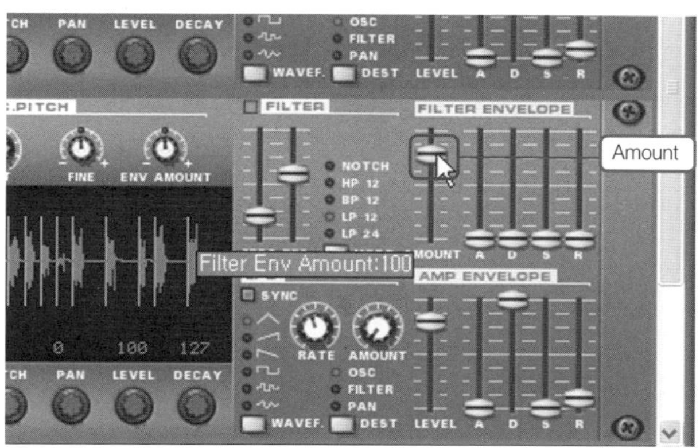

9 모듈레이션과 피치 휠의 역할

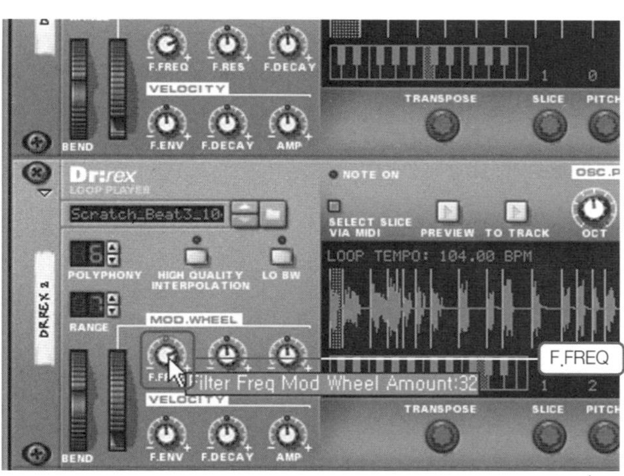

01 모듈레이션 휠은 필터 패널에서 설정한 값을 컨트롤 합니다. 필터의 차단 주파수 값을 설정하는 F.FREQ를 32정도로 조정합니다. 즉, 모듈레이션을 올렸을 때, 필터 설정이 32정도 차단됩니다.

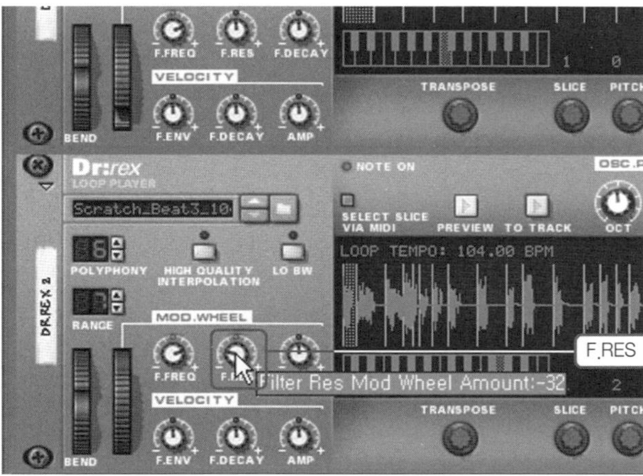

02 모듈레이션을 올렸을 때, 필터의 적용 범위을 설정하는 F.RES를 -31정도로 조정합니다. 즉, 모듈레이션을 올렸을 때, 필터 패널의 RES 값 대부분이 적용됩니다.

03 모듈레이션을 올렸을 때, 필터의 디케이 값을 설정하는 F.Decay를 -64로 조정합니다. 즉, 모듈레이션을 올렸을 때, 필터의 디케이를 그대로 유지하는 것입니다. Dr.REX 또는 마스터 건반의 모듈레이션 휠을 움직여 사운드의 변화를 모니터 해보기 바랍니다.

04 모듈레이션 휠 왼쪽의 피치 휠은 음정을 조정합니다. 최대 값인 8191은 상단의 RANGE에서 설정한 값이며, 1은 반음 입니다. 즉, RANGE를 12로 설정하고 피치 휠을 최대로 올리면, 한 옥타브 높아지는 것입니다.

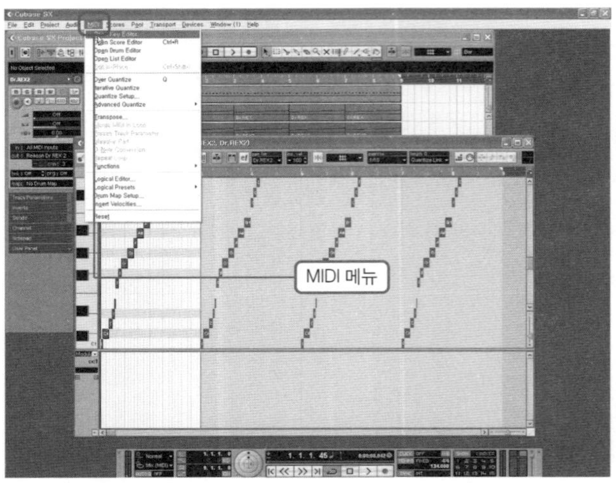

05 큐베이스 SX에서 빈 공간을 클릭하여 하나의 파트도 선택되지 않게 하고, MIDI 메뉴의 [Open Key Editor]를 선택합니다. 선택한 Dr.REX2 트랙의 모든 파트가 열립니다.

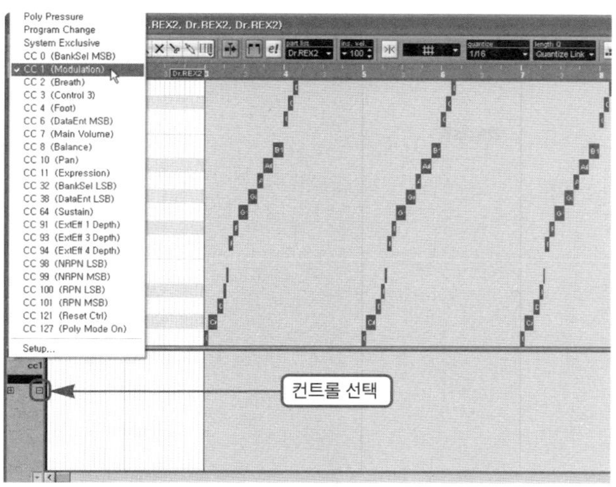

06 키 에디터 왼쪽 하단에 보이는 컨트롤 선택 메뉴를 클릭하여 메뉴를 열고, 모듈레이션을 컨트롤 할 수 있는 CC1 (Modulation)을 선택합니다.

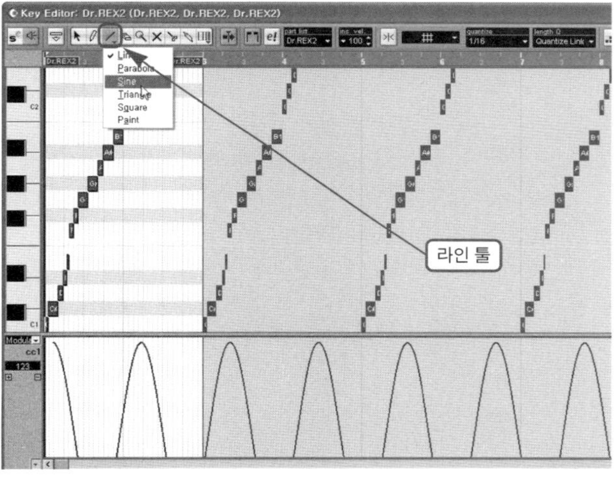

07 도구 모음 줄에서 라인 툴을 클릭하여 메뉴를 열고, Sine을 선택합니다. 그리고 컨트롤 패널에서 드래그하여 적당한 곡선을 그립니다. 숫자열의 별표 키를 누르고, 마스터 건반의 모듈레이션 휠을 움직여 리얼로 입력하는 것도 좋습니다.

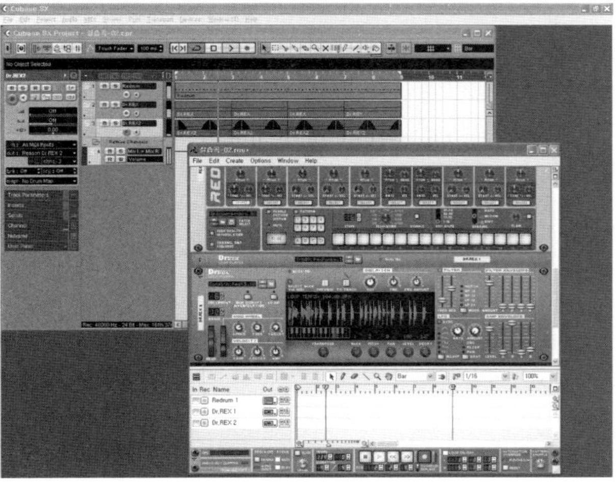

08 지금까지의 작업을 실습-02 파일로 저장하고, 숫자열의 Enter 키를 눌러 곡을 재생해 봅니다. 리즌 4의 Dr.REX2 패널을 보면 큐베이스에서 입력한 모듈레이션 값에 따라 Dr.REX2의 모듈레이션 휠이 조정되는 것을 확인할 수 있습니다. 피치 휠도 같은 방법으로 사용합니다.

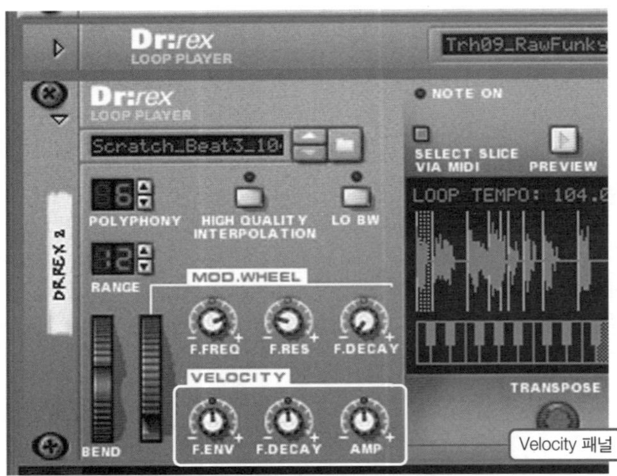

01 Velocity 패널의 F.ENV, F.DECAY, AMP는 Filter Envelope 또는 AMP Envelop 패널에서 설정한 효과를 벨로시티로 컨트롤 할 수 있게 합니다. 벨로시티는 건반을 연주하는 세기를 말합니다.

02 F.ENV는 벨로시티로 Filter Envelope의 Amount 값을 컨트롤 합니다. 마이너스 값을 벨로시티가 반대로 적용되어 약하게 연주될 때, Amount가 적용되는 것입니다.

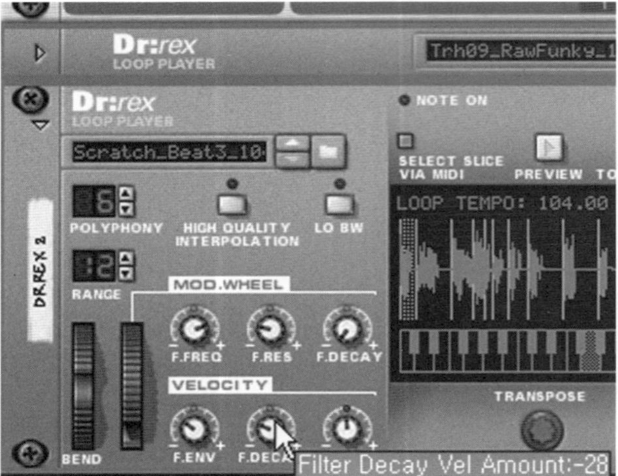

03 F.Decay는 벨로시티로 Filter Envelope의 Decay 값을 컨트롤 합니다. 디케이(D)를 최대로 올리고 F.Decay 값을 마이너 값으로 조정합니다. 그리고 건반을 연주해보면서 벨로시티에 따라 디케이가 적용되는 것을 모니터 해보기 바랍니다.

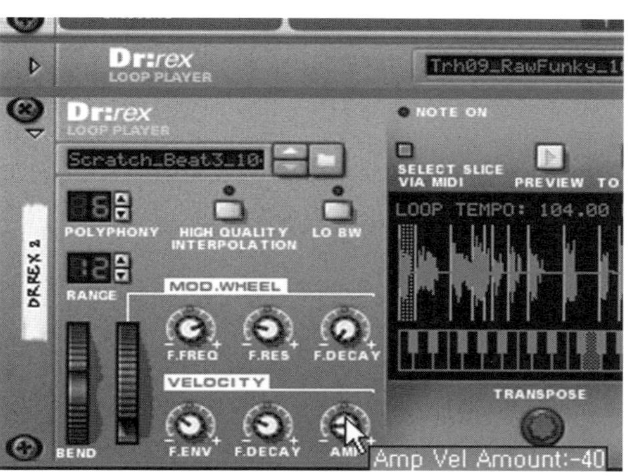

04 AMP는 벨로시티로 AMP Envelope의 Level 값을 컨트롤 합니다. Level을 최대로 올리고, AMP 값을 마이너로 조정합니다. 그리고 건반을 연주해보면서 벨로시티에 따라 레벨이 변하는 것을 모니터 해보기 바랍니다. 마이너스 값이므로 벨로시티가 약할 때, 최대 레벨이 적용됩니다.

11 LFO와 AMP ENVELOPE의 역할

01 AMP Envelope는 Dr.REX의 전체 사운드에 대한 엔벨로프 값을 설정합니다. A, D, S, R 의 의미는 Filter Envelope에서 살펴본 내용과 같습니다. 결국 Level은 Dr.REX의 마스터 볼륨입니다.

02 LFO 패널은 Low frequency Oscillator의 약자로 저주파수 생성을 담당합니다. 웨이브 폼 항목을 보면 삼각파, 톱니파 등 6가지의 파형을 선택할 수 있는 부분이 있고, Rate로 파형의 비율을 조정합니다.

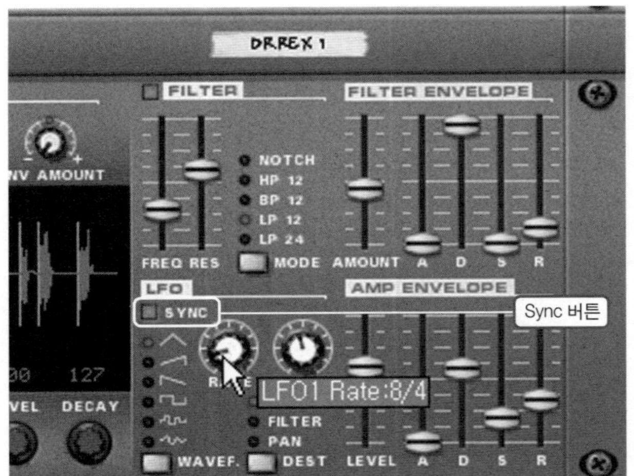

03 파형 선택 상단에 보이는 [Sync] 버튼을 On 으로 하면 작업 중인 곡의 템포에 맞게 주파 수가 생성되며, Rate 값을 비트 단위로 조정할 수 있습니다.

04 우측의 Amount는 OSC, Filter, Pan의 3가 지 중에서 LFO에 적용할 범위를 조정합니다. 즉, OSC와 Filter는 LFO 또는 Filter의 레벨을 얼마나 적용할 것인지를 결정하고, Pan은 속도를 조정합니다.

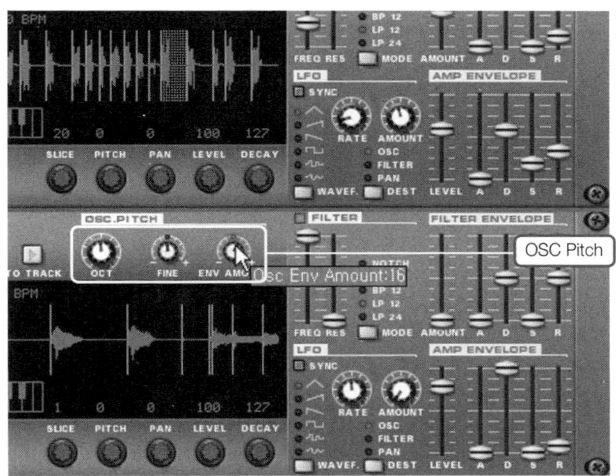

01 디스플레이 상단의 OSC Pitch는 LFO 사운드의 음정을 조정합니다. OCT는 옥타브 단위이며, Fine은 한 음정을 100등분한 값으로 최대 50이면 반음을 높이는 것입니다. 그리고 ENV Amount는 Filter Envelope의 음정을 조정합니다.

02 To Track은 Dr.REX의 연주 노트를 시퀀스에 기록하는 역할을 합니다. Ctrl 키를 누른 상태에서 시퀀스의 룰러 라인을 클릭하여 로케이터 시작 위치인 L 포인트를 설정합니다. 끝 위치인 R 포인트는 Alt 키를 누른 상태로 클릭합니다.

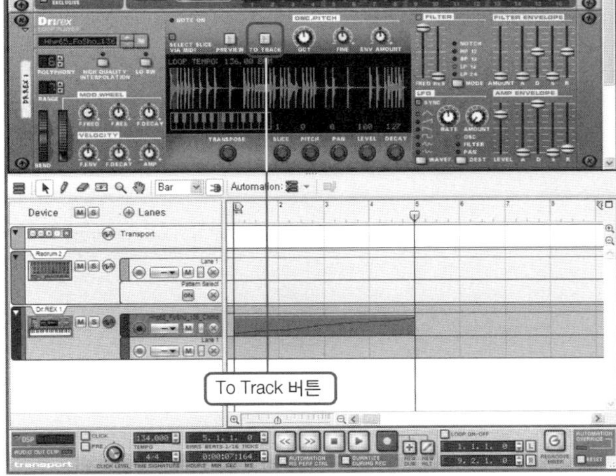

03 Dr.REX 디스플레이 상단의 [To Track] 버튼을 클릭합니다. 로케이터 구간에 사운드를 연주할 미디 데이터가 입력되는 것을 확인할 수 있습니다.

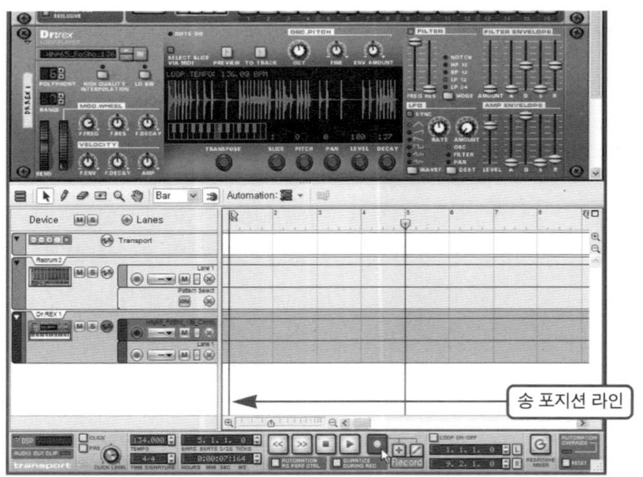

04 시퀀스에 미디 데이터를 입력하는 방법에는 To Track 외에도 녹음 방법이 있습니다. 녹음 방법을 이용하면 연주 도중에 사용자가 조정하는 컨트롤 값을 함께 기록할 수 있습니다.

Ctrl + Z 키를 눌러 입력한 데이터를 취소하고, 숫자열의 Delete 키를 눌러 송 포지션 라인을 처음으로 이동시킵니다.

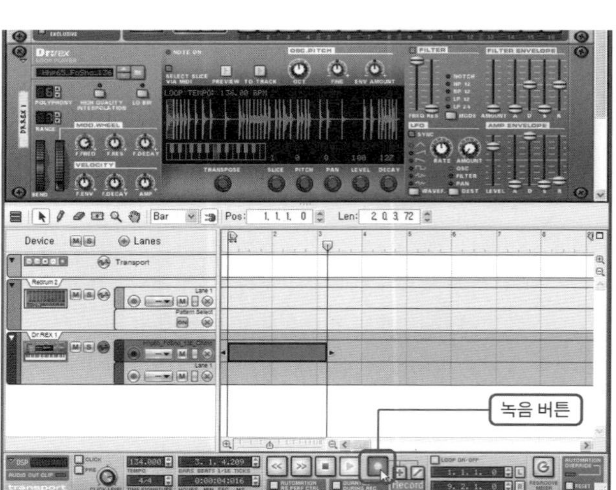

05 계속해서 숫자열의 · 키 또는 트랜스포트 패널의 녹음 버튼을 눌러 녹음을 시작합니다. 이때 Dr.REX의 컨트롤 노브와 슬라이드를 조정해봅니다. 사용자가 조정한 컨트롤들은 녹색 사각형의 테두리 표시로 확인할 수 있습니다. 이것으로 Dr.REX의 학습을 마칩니다.

4 SUB TRACTOR ANALOG SYNTHESIZER

Sub Tractor Analog Synthesizer은 주파수 가감 방식의 전통적인 아날로그 신디사이저입니다. Bass, Fx, Synths, Pads 등 기본 음색은 많지 않지만, 두 개의 오실레이터와 필터, 그리고, Amp Envelope의 가감 과정을 통해서 사용자가 원하는 음색을 무한대로 창조할 수 있습니다.

1 장치 장착과 음색 로딩하기

01 마스터 프로그램과 리즌 4에서 Dr.REX까지의 학습으로 저장했던 실습-02 파일을 불러옵니다. 그리고, 랙의 빈 공간에서 마우스 오른쪽 버튼을 클릭하여 단축 메뉴를 열고, [sub Tractor Analog Synthesizer]를 선택합니다.

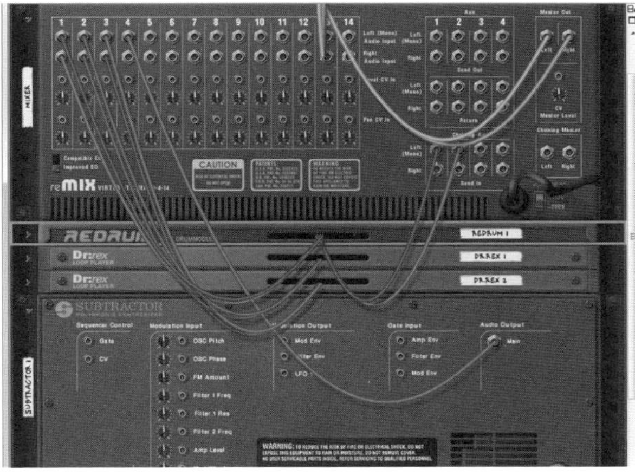

02 Tab 키를 눌러 랙 뒷면을 보면, Sub Tractor가 모노 악기라는 것을 알 수 있으며, 믹서의 4번 채널 Left 단자에 연결된 것을 확인할 수 있습니다. 이처럼 모노 악기는 각 채널의 Left 단자에 연결합니다.

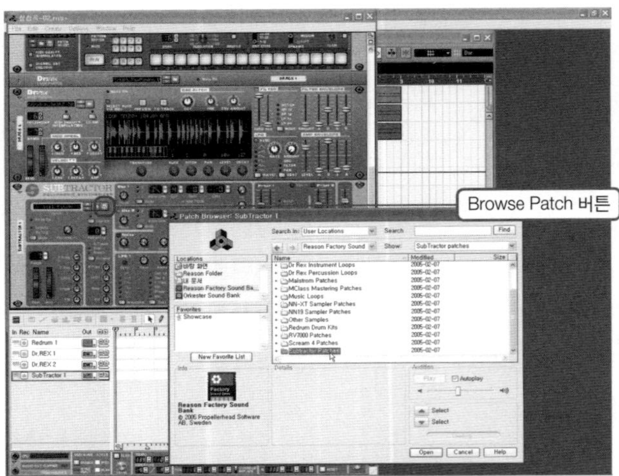

03 리즈 4에서 제공하는 음색을 불러와 음악에 어떻게 만들어졌는지 확인해 보겠습니다. [Browse Patch] 버튼을 클릭하여 창을 열고, Reason Factory Sound Bank에서 Subtrator Patches 폴더를 더블 클릭합니다.

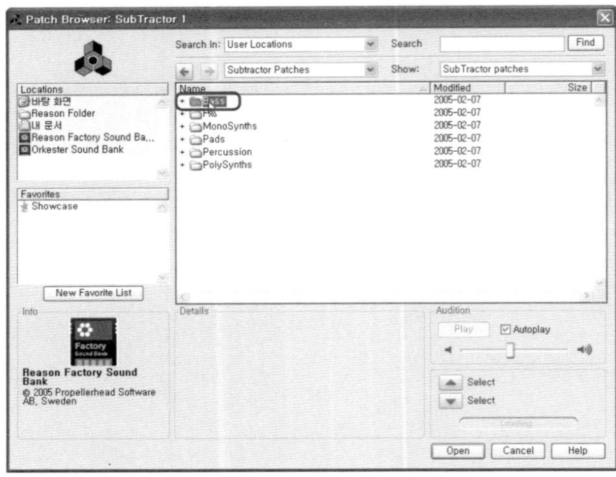

04 Bass, Fx 등의 음색 폴더가 열립니다. 베이스 파트를 입력해 볼 것이므로, Bass 폴더를 더블 클릭합니다.

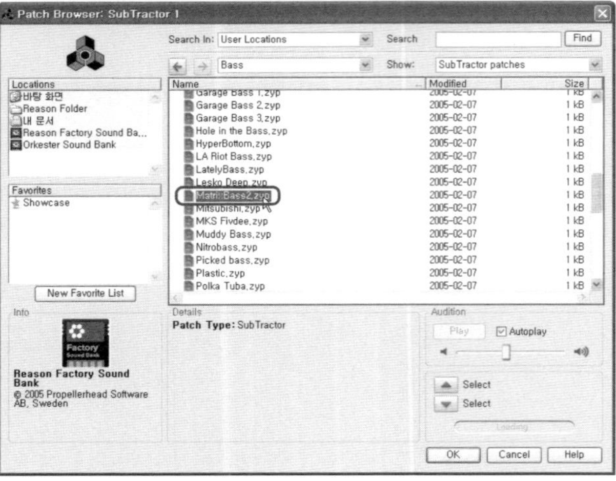

05 다양한 베이스 음색 리스트가 열립니다. 리스트를 선택하고, 마스터 건반을 연주해 보면서 음악에 어울리는 음색을 찾습니다. 실습에서는 MatrixBass2.zyp를 더블 클릭하겠습니다.

06 MatrixBass2.zyp 음색이 어떻게 만들어졌는지 메모나 캡처를 해두고, 각각의 컨트롤을 조정하여 음색 변화를 느껴봅니다. 이렇게 기본 프리셋을 연구하는 습관이 아날로그 신디사이저에 익숙해질 수 있는 지름길입니다.

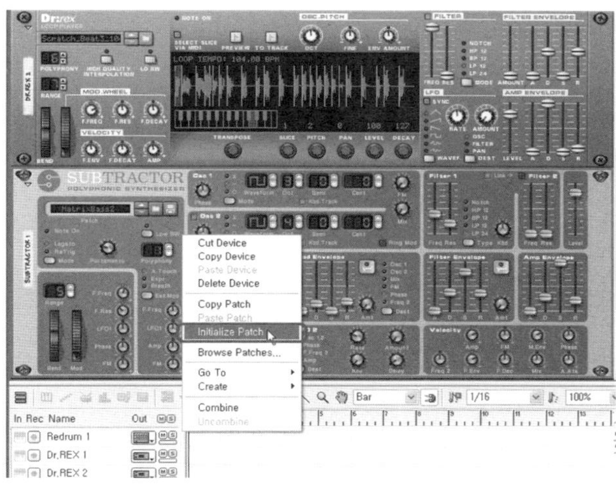

07 Sub Tractor 패널에서 마우스 오른쪽 버튼을 클릭하여 단축 메뉴를 열고, Initialize Patch를 선택합니다. 악기의 설정 값들을 초기 상태로 복구하는 것입니다.

08 각 컨트롤의 역할과 기능을 살펴보면서 앞에서 불러왔던 MatrixBass2.zyp 음색과 비슷한 사운드를 만들어 보겠습니다. 건반을 연주하여 기본 사운드를 들어봅니다.

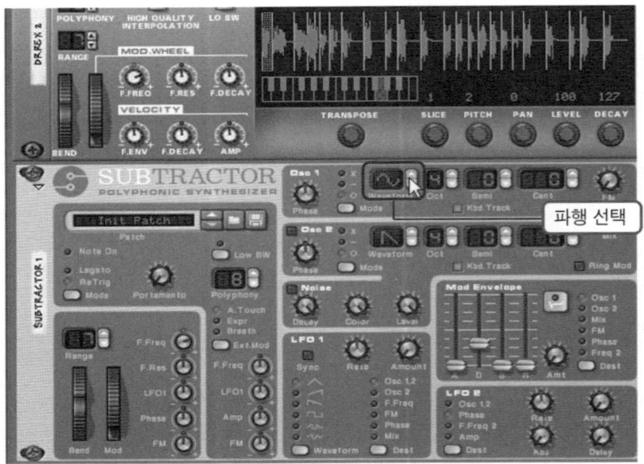

01 사운드 제작은 오실레이터에서 기본 파형을 선택하는 일에서부터 시작합니다. Sub Tractor는 두 개의 오실레이터와 32가지 파형을 제공합니다. OSC 1 패널의 Waveform에서 마우스를 위쪽 버튼을 클릭하여 톱니, 사각, 삼각, 정현파 등 32개의 파형을 선택해보고, 각각의 기본 사운드를 모니터 해봅니다.

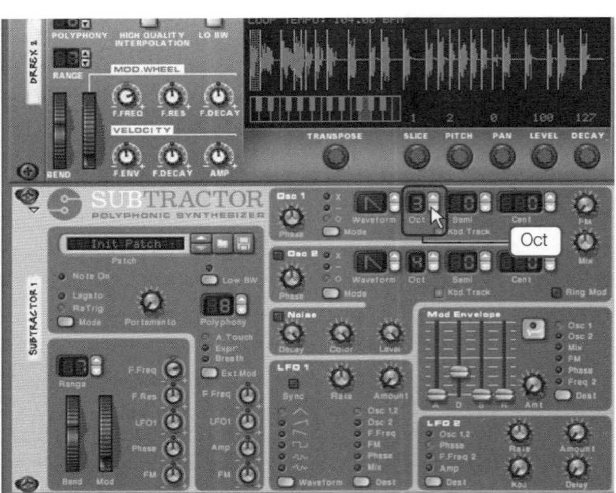

02 모두 들어보았다면, 파형을 표시하는 화면에서 마우스를 아래쪽으로 드래그하여 초기 파형인 톱니파를 선택합니다. 오른쪽에 음정을 옥타브 단위(Oct), 반음 단위(Semi), 1/100 단위(Cent)로 조정하는 항목이 있습니다. Oct를 3으로 조정하여 초기값 보다 한 옥타브 낮게 조정합니다.

03 오실레이터 패널에 있는 Kbd. Track 버튼은 선택한 파형을 건반 음정에 자동으로 배치하는 역할을 하는 것으로 반드시 On으로 해야 합니다. Off로 하고, 마스터 건반을 연주하여 차이점을 확인하기 바랍니다.

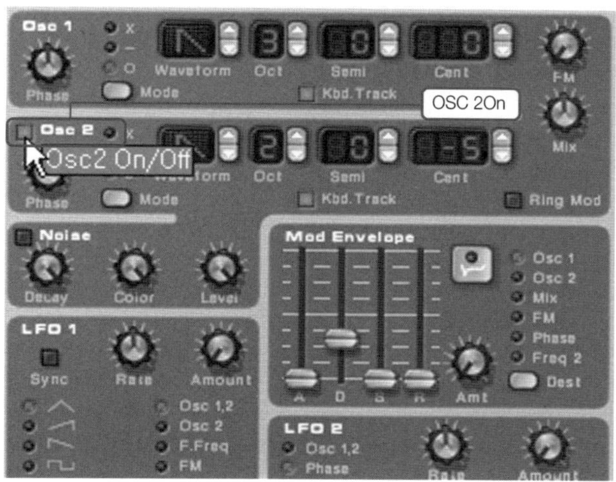

04 [OSC 2] 버튼을 On으로 하여 OSC1 사운드와 믹스합니다. 파형은 톱니파를 그대로 사용하고, Oct는 OSC1보다 한 옥타브 낮게 2, Cent는 -5로 조정합니다.

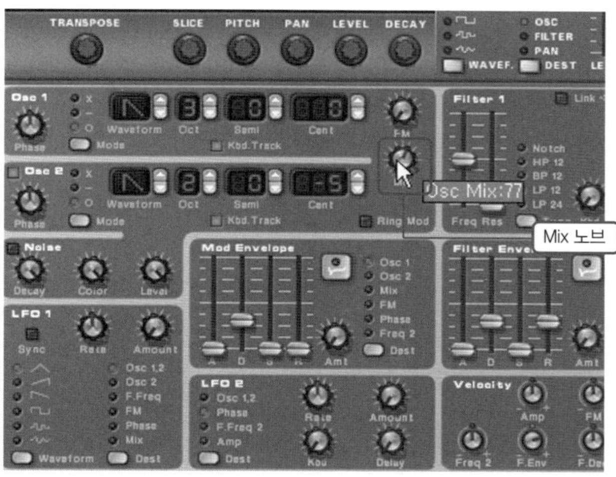

05 Mix 노브를 이용해서 OSC1과 OSC2의 비율을 조정합니다. 왼쪽으로 돌리면 OSC1이 크고, 오른쪽으로 돌리면 OSC2가 커집니다. 실습에서는 77정도로 조정하여 OSC2 사운드를 조금 크게 믹스합니다.

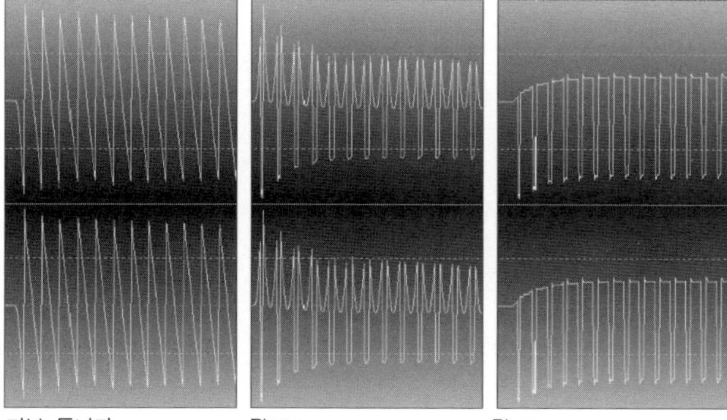

기본: 톱니파　　　　　Phase +　　　　　Phase -

06 각 오실레이터 패널의 Phase 노브는 위상 차이가 나는 파형을 추가하거나 제거해서 새로운 형태의 파형을 만듭니다. 그림은 기본 톱니파에 Phase를 추가한 경우와 제거한 경우의 파형을 나타냅니다.

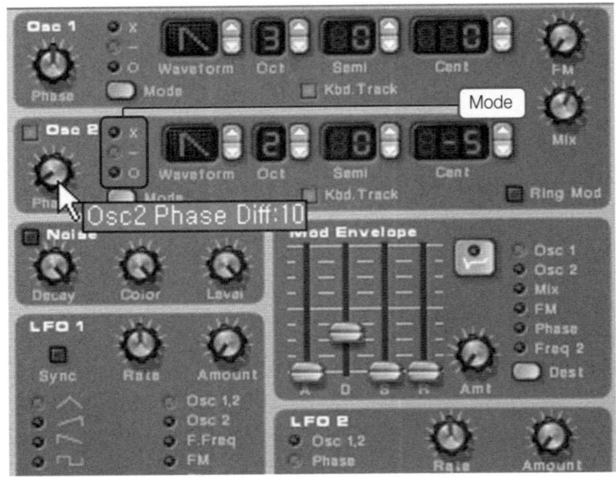

07 Mode에서 x는 파형 추가, -는 파형 제거를 의미하며 o은 Phase를 사용하지 않는 것입니다. OSC1과 OSC2 모두 - 를 선택하여 파형을 제거합니다. 그리고 비율은 OSC1를 66정도, OSC2를 10정도로 조정합니다.

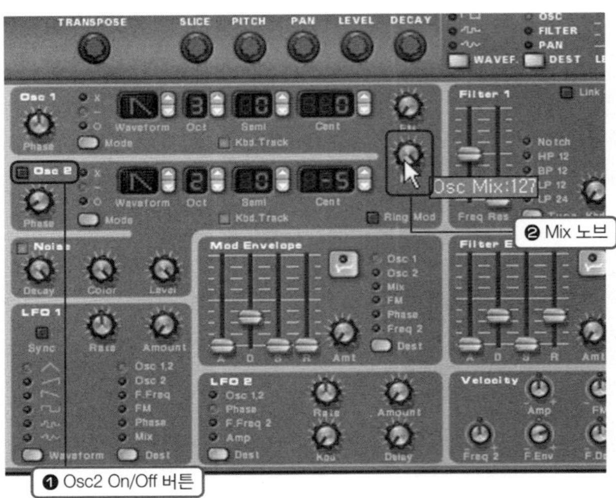

08 Osc2와 함께 바람소리와 같은 잡음을 믹스할 수 있습니다. 확인을 해보기 위해서 OSC2를 Off로 하고, Noise를 On으로 합니다. 그리고, Mix 노브를 오른쪽으로 완전히 돌린 127로 해보면 바람소리만 들리는 것을 확인할 수 있습니다.

09 Mix 노브를 완전히 왼쪽으로 돌려 0으로 해보면 OSC1 사운드만 들립니다. Noise를 이해했다면 Mix를 77으로 조정하고, OSC2를 On으로 합니다. 이제 Osc1과 OSC2+Noise 사운드가 들리는 것입니다.

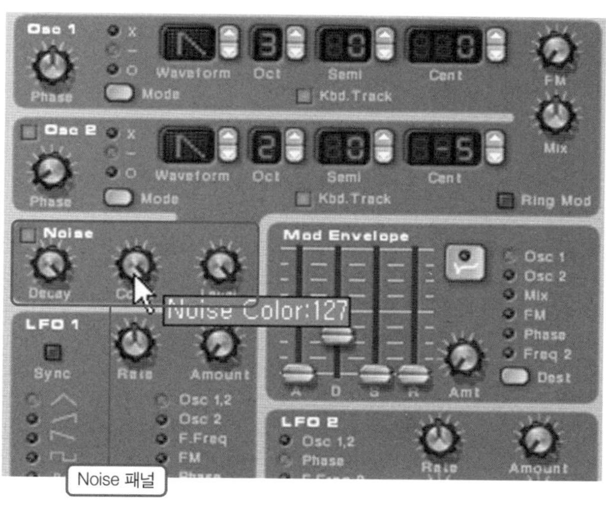

10 Noise 패널에는 Decay, Color, Level의 3가지 노브가 있습니다. Decay는 잡음의 길이를 조정하고 Color는 주파수를 조정합니다. 즉, EQ와 같은 역할입니다. Color 노브를 왼쪽으로 돌릴수록 잡음의 저음이 강조되는 것을 확인할 수 있습니다.

11 Level은 잡음의 볼륨을 조정합니다. 실습에서는 Decay와 Color은 기본 값이 127을 그대로 사용하고, Level만 89정도로 줄이겠습니다.

12 오실레이터 패널의 FM 노브는 Frequency Modulation을 말하는 것으로 주파수를 변조하는 역할을 합니다. 값을 올려보면 OSC2+Noise가 변조되어 OSC1과 믹스되는 사운드를 들을 수 있습니다. 실습에서는 FM을 0으로 두어 변조하지 않겠습니다.

13 오실레이터 패널의 마지막 컨트롤인 [Ring Mod] 버튼은 OSC1과 OSC2를 합성한 주파수를 추가한 멀티 사운드를 만듭니다. 조금 비는 듯한 사운드를 채울 때 효과적이지만, 실습에서는 사용하지 않겠습니다.

3 필터의 역할

01 필터는 Dr.REX에서 살펴보았듯이 특정 주파수 대역을 차단하는 역할을 합니다. Filter 1에서 Type은 LP24, Freq는 56, Res는 35로 조정하여 고주파수 대역을 차단하겠습니다.

02 Filter 1 섹션의 kbd 노브는 음정에 따라 Freq를 증가시킵니다. 값을 올리면 높은 음정을 연주할수록 Freq 값이 커지는 것을 알 수 있습니다. 실습은 베이스 음색을 만드는 것이므로 26정도로 조정하겠습니다.

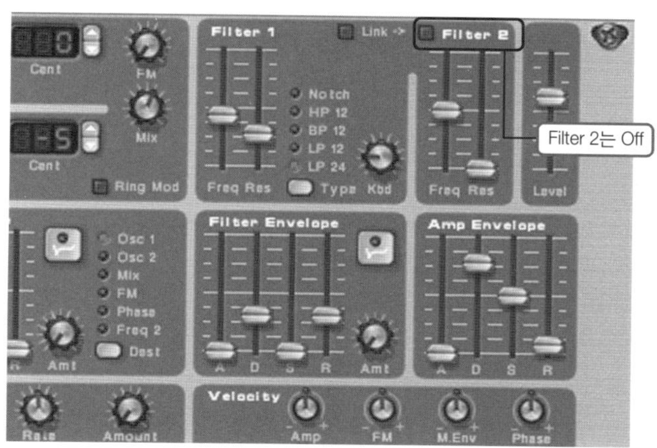

03 Sub Tractor의 Filter 2는 LP12 타입입니다. 필터를 추가하고 싶다면 [Filter 2] 버튼을 On으로 하고, Freq와 Res 슬라이드를 조정합니다. 실습에서는 Filter 2를 사용하지 않겠습니다.

04 Filter 2는 Filter 1과 무관하게 독립적으로 사용할 수 있고, Link 버튼을 On으로 하여 Filter 1의 Freq 기준으로 동작할 수 있습니다. 즉, [Link] 버튼은 Filter 1의 Freq를 세분화 하고 싶을 때 사용합니다.

4 엔벨로프의 역할

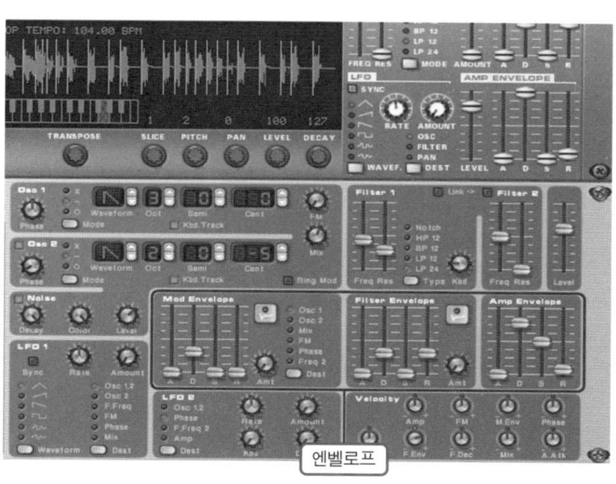

01 엔벨로프는 Dr.REX에서 살펴보았듯이 사운드의 시작에서 소멸까지의 시간을 어택, 디케이, 서스테인, 릴리즈의 4구간으로 구분한 것을 말하며, Sub Tractor에는 Mod, Filter, Amp의 3가지 엔벨로프 섹션이 있습니다.

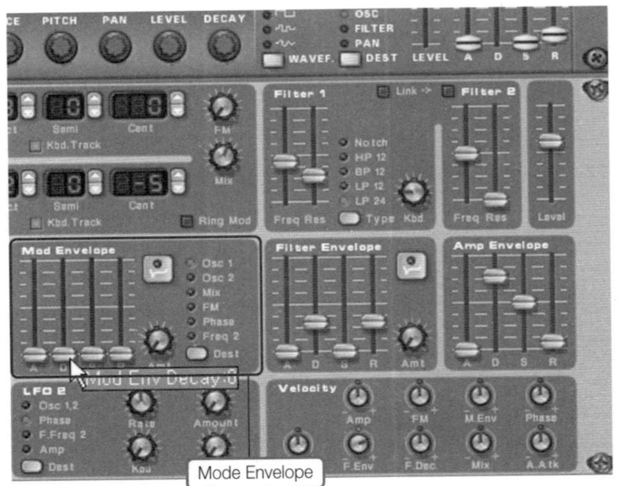

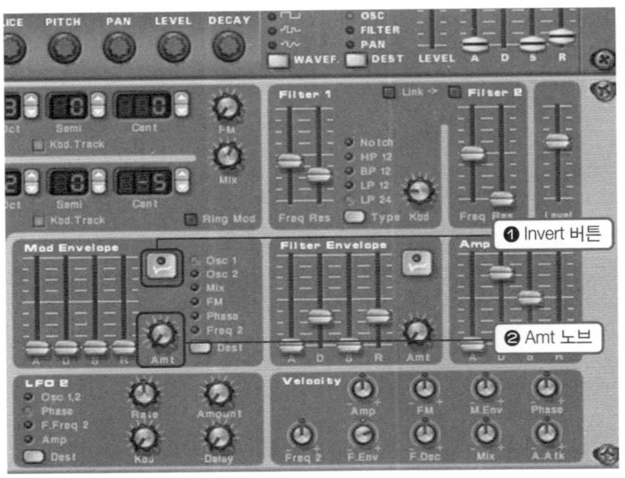

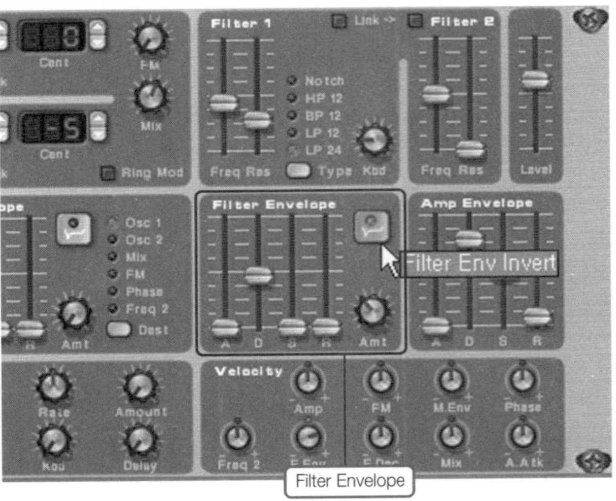

02 Mod Envelope는 Dest에서 선택한 섹션의 엔벨로프를 조정합니다. 기본적으로 OSC1의 디게이(D) 값이 40으로 설정되어 있는 것으로 0으로 조정하겠습니다.

03 엔벨로프의 레벨은 Amt 노브로 조정합니다. [Invert] 버튼은 엔벨로프 값을 반대로 적용하게 하는 역할을 하는 것으로 느리게 조정한 어택 타임은 빠른 어택 타임으로 간단하게 바꿀 수 있습니다.

04 Filter Envelope는 필터 섹션의 엔벨로프를 조정합니다. 기본 값에서 디케이를 59로 조정하고, 릴리즈를 0으로 합니다. 그리고, Amt를 48로 조정합니다. 여기서 [Invert] 버튼을 클릭하여 조정한 엔벨로프 값을 반대로 하겠습니다. 즉, 디케이 타임이 짧아집니다.

05 전체 사운드의 엔벨로프를 조정하는 Amp Envelope는 디케이와 서스테인을 127로 설정하겠습니다. 그리고, 마스터 레벨을 98정도로 하여 전체 레벨을 조금 높입니다.

5 LFO의 역할

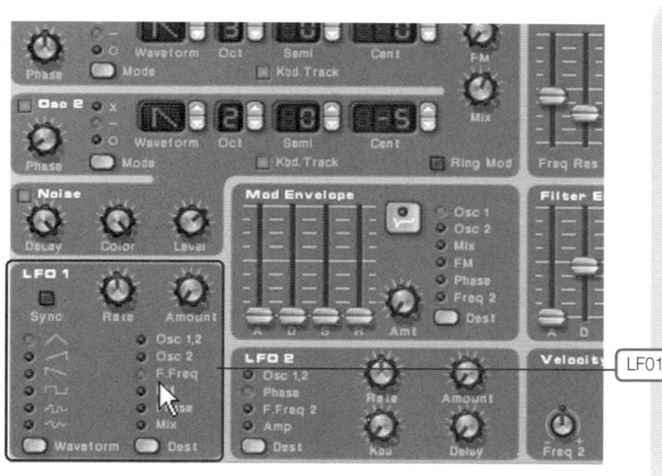

01 Sub Tractor는 저주파 파형을 만드는 LFO가 2개 있습니다. LFO1에는 삼각, 역톱니, 톱니, 사각, 랜덤, 소프트 랜덤의 6가지 웨이브 폼이 있고, 선택한 파형을 OSC1&2, OSC2 등, 어디로 보낼 것인지를 선택할 수 있는 Dest 목록이 있습니다. F.Freq를 선택하여 삼각파를 필터로 보내겠습니다.

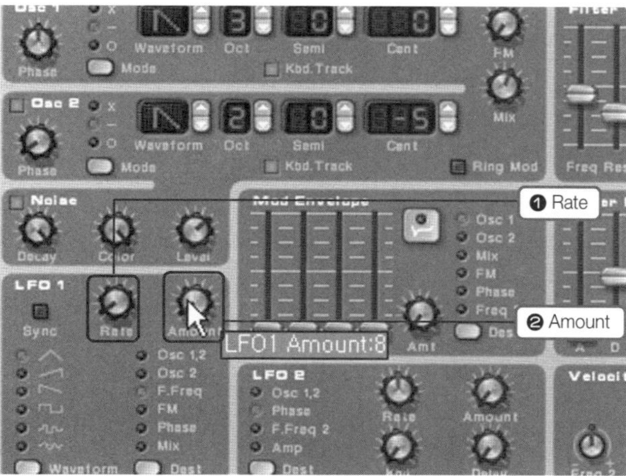

02 LFO의 속도인 Rate는 10으로 하고, 적용 값인 Amount는 8로 조정합니다. LFO를 템포에 맞출 수 있는 Sync는 사용하지 않겠습니다.

 LFO2는 웨이브 폼이나 Sync 없이 건반 연주에 반응하는 저주파를 만듭니다. 음정에 따라 레벨을 조정할 수 있는 kbd와 길이를 조정할 수 있는 Decay 노브가 있습니다. 나머지는 그대로 두고, 속도를 조정하는 Rate를 61, 적용 값을 조정하는 Amount를 71로 합니다.

6 벨로시티의 역할

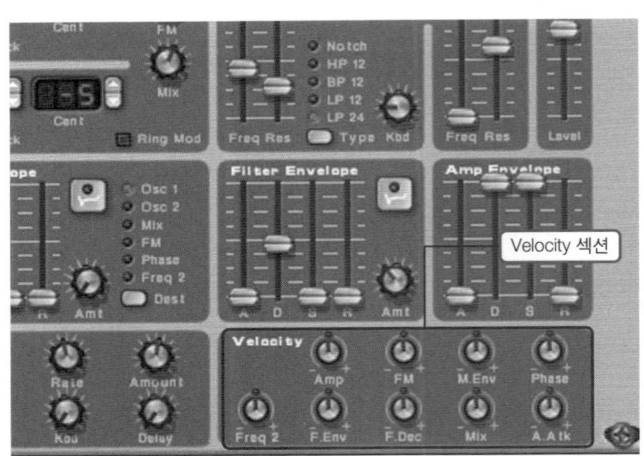

01 Velocity 섹션은 미디 노트의 벨로시티 값으로 컨트롤할 수 있는 9 노브가 있습니다. 값이 커질수록 벨로시티의 범위는 넓어지고, 마이너스 값은 반대로 적용됩니다. 구분하기 쉬운 Amp를 조정해 보면서 미디 건반을 약하게 또는 세게 연주하여 Velocity 섹션을 이해하기 바랍니다.

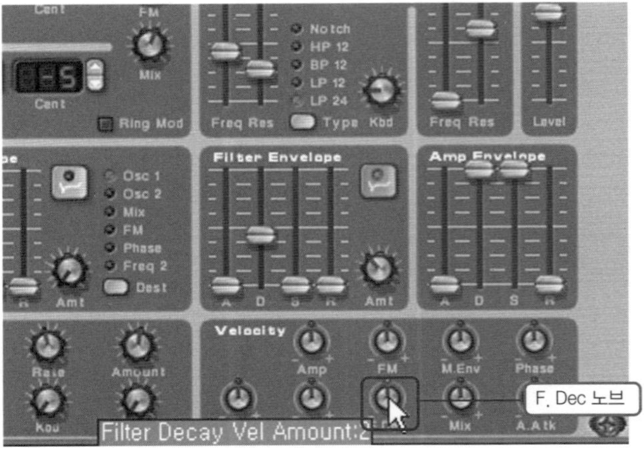

02 Velocity 섹션을 잘 활용하면, 아날로그 신디사이저의 대명사인 Moog 건반 사운드도 Sub Tractor에서 쉽게 연출할 수 있습니다. 실습에서는 F.Dec 노브를 2로 조정하여 건반을 연주할 때 Filter Decay가 적용되게 하겠습니다.

01 Bend 휠은 마스터 건반의 피치 휠을 돌려 음정을 컨트롤 할 수 있는 피치 밴드 휠입니다. 미디 음악에서 밴드 휠의 범위는 한 옥타브를 많이 사용하므로, Range 값을 12로 설정하겠습니다.

02 Mod는 마스터 건반의 모듈레이션 휠을 돌려 F.Freq, F.Res 등 오른쪽에서 설정한 노브를 컨트롤 할 수 있습니다. 기본적으로 F.Freq를 32범위로 컨트롤 할 수 있게 되어 있는데, 값을 0으로 하여 모듈레이션 휠은 사용하지 않겠습니다.

8 기본 연주 설정하기

01 기본 모드인 Retring 각 노트가 연주될 때 마다 엔벨로프 값이 시작 위치에서부터 적용되게 하는 것으로 화음 악기에 적합하고, Legato는 첫 번째 노트 연주에 엔벨로프가 시작되게 하는 것으로 단음 악기에 적합합니다. 베이스 음색을 만들었으므로 Legato를 선택하겠습니다.

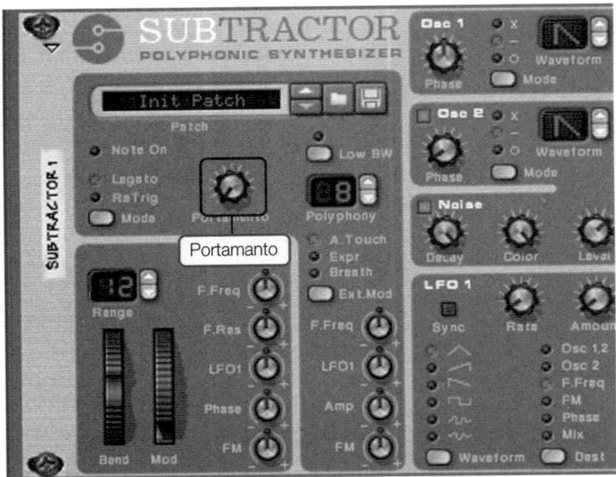

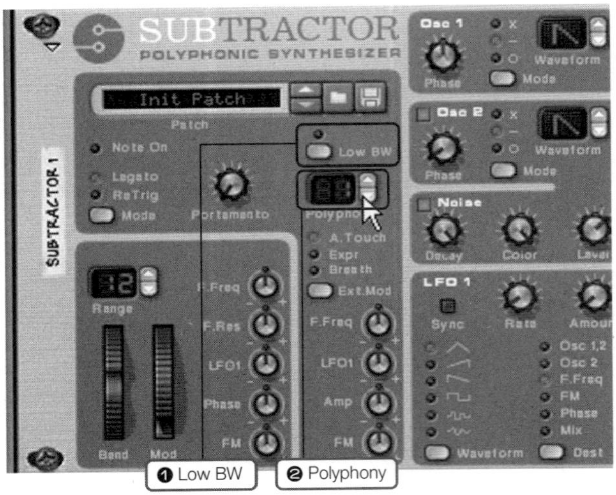

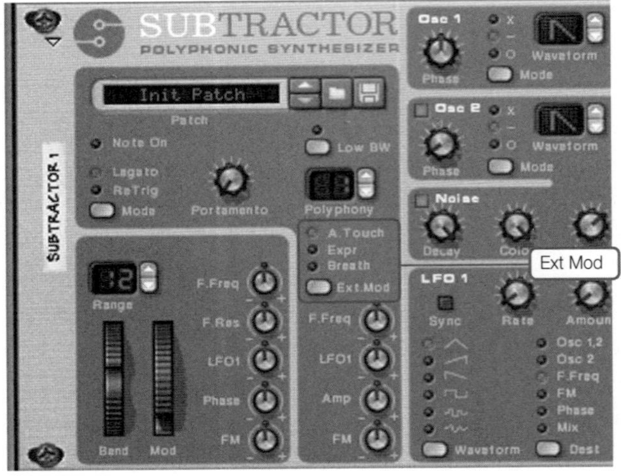

02 Portamanto는 Retring 모드에서 사용할 수 있는 노브로 각 노트 사이의 음을 미끄러지듯 연주하는 포르타멘토 주법을 연출합니다. Retring 모드에서 실험을 해보고, Legato 모드로 바꿉니다.

03 저음을 보강하는 Low BW 기능은 사용하지 않고, 동시 발음 수를 설정하는 Polyphony은 시스템 절약을 위해서 1로 설정하겠습니다. 화음 연주가 필요하다면, 기본 값을 이용해도 좋습니다.

04 Ext Mod는 건반을 누른 상태에서 한 번 더 누를 때 발생하는 애프터 터치 정보 (A.Touch), 미디 컨트롤 11번의 익스프레션 정보 (Expr), 미디 컨트롤 2번의 Breath 정보로 F.Feq, LFO1, Amp, FM 값을 컨트롤 할 수 있게 하는 역할입니다.

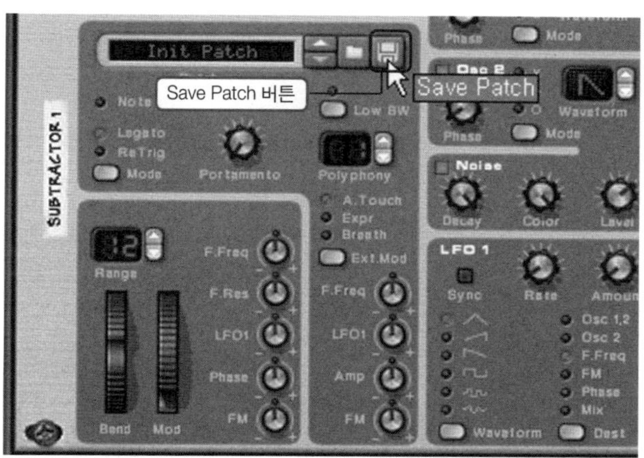

05 지금까지 Sub Tractor의 컨트롤을 살펴보면서 베이스 음색을 만들어 보았습니다. 각 컨트롤을 충분히 이해하고, 리즌 4에서 제공하는 음색을 분석하다 보면, 아날로그 신디사이저의 대가가 될 수 있을 것입니다. 만든 음색을 언제든 사용할 수 있게 [Save Patch] 버튼을 클릭합니다.

06 Sub Tractor 음색 포맷인 Zyp로 저장할 수 있는 창이 열립니다. MatrixBass2를 참조한 것이므로, 나중에 구분하기 쉽게 MatrixBass라고 입력하겠습니다.

9 데이터의 입력

01 사용자가 만든 BatricBass로 연주할 미디 데이터를 입력하겠습니다. 마스터 프로그램에서 미디 트랙을 추가하고, MIDI OUT을 Reason Sub Tractor 1으로 설정합니다. 그리고, 데이터를 입력할 미디 파트를 2마디 길이로 만듭니다.

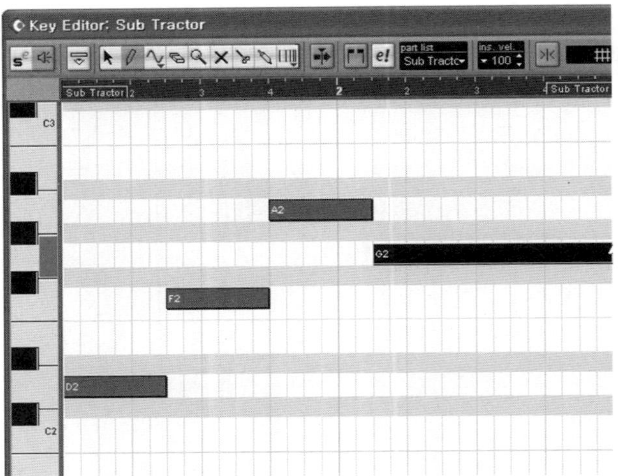

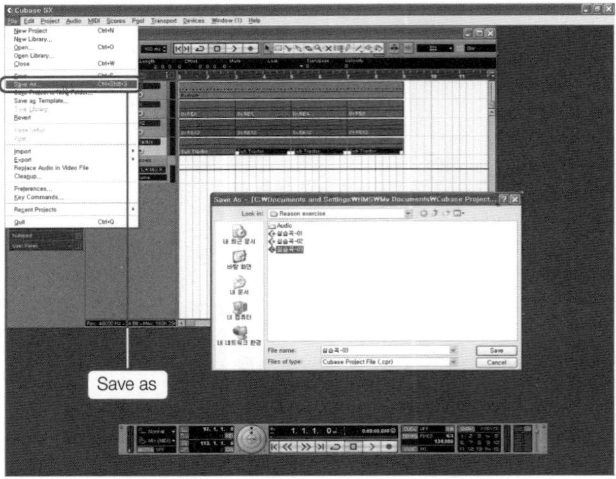

02 미디 파트를 더블 클릭하여 키 에디터 창을 열고, 그림을 참조하여 베이스 라인을 입력합니다. 간단한 패턴이므로 악보는 필요 없을 것입니다.

03 키 에디터 창을 닫고, Ctrl + K 키를 눌러 Repeat Events 창을 엽니다. 지금까지 작업했던 파트 길이와 동일하게 Count를 3으로 하여 3번 반복 복사합니다.

04 숫자열의 Enter 키를 눌러 지금까지 작업한 곡을 들어보고, 0 키를 눌러 정지합니다. 마스터 프로그램과 리즌 4 모드 File 메뉴의 [Save as]를 선택하여 실습-03이라는 이름으로 저장합니다. 이것으로 Sub Tractor의 학습을 마칩니다.

5 MALSTROM GRAINTABLE SYNTHESIZER

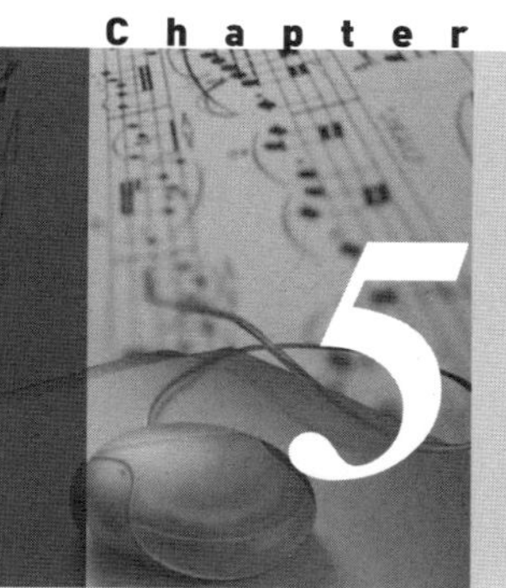

Malstrom은 그레인 테이블이라는 Propellerhead사의 독자적인 기술로 만들어진 아날로그 신디사이저입니다. 사운드의 기본 파형을 만드는 오실레이터에서 제공하는 샘플을 5~100ms(ms=1000분의1초) 단위의 길이로 나누어 처리할 수 있기 때문에 Sub Tractor보다 쉽게 사운드를 디자인 할 수 있다는 장점이 있습니다.

1 기본 음색 사용하기

01 Mastrom을 기본 음색과 음색 변형의 두 가지로 사용해보겠습니다. 마스터 프로그램과 리즌 4 모두 Sub Tractor에서 저장했던 실습-03 파일을 불러옵니다. 그리고 마스터 프로그램에서 Ctrl +A 키를 눌러 지금까지 입력한 파트를 모두 선택합니다.

02 Alt 키를 누른 상태에서 선택한 파트를 드래그하여 복사합니다. 그리고 복사한 파트를 다시 한번 Alt 키를 누른 상태에서 드래그하여 복사합니다. 지금까지 입력한 데이터를 두 번 복사하는 것입니다.

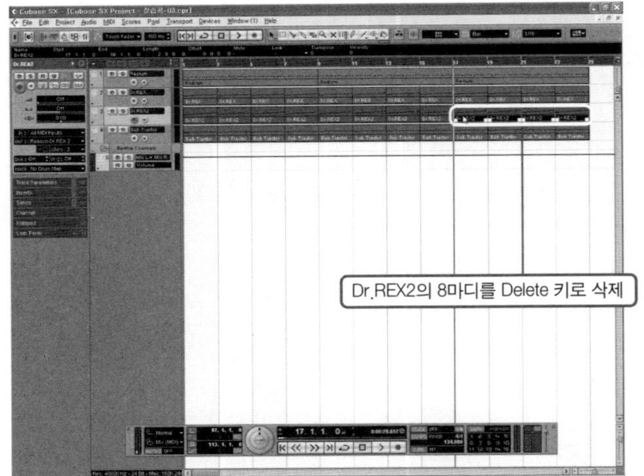

03 두 번째 복사한 파트 중에서 Dr.REX2에 해당하는 8마디를 마우스 드래그로 선택한 후에 Delete 키를 눌러 삭제합니다.

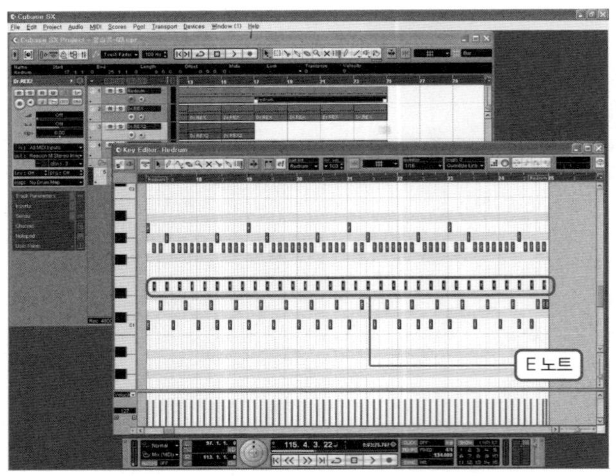

04 두 번째 복사한 파트 중에서 Redrum에 해당하는 파트를 더블 클릭하여 키 에디터 창을 엽니다. 그리고 탬버린 사운드인 E 노트를 마우스 드래그로 선택한 후에 Delete 키를 눌러 삭제합니다.

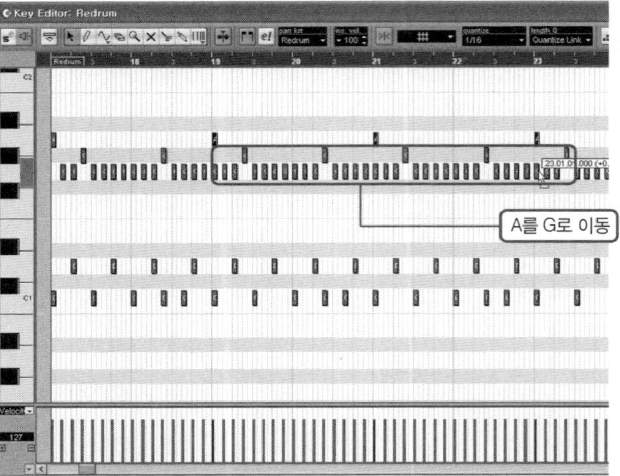

05 계속해서 19, 21, 23마디 위치의 A노트인 심벌을 마우스 드래그로 선택한 후에 G음인 C.HH 노트로 드래그하여 이동시킵니다.

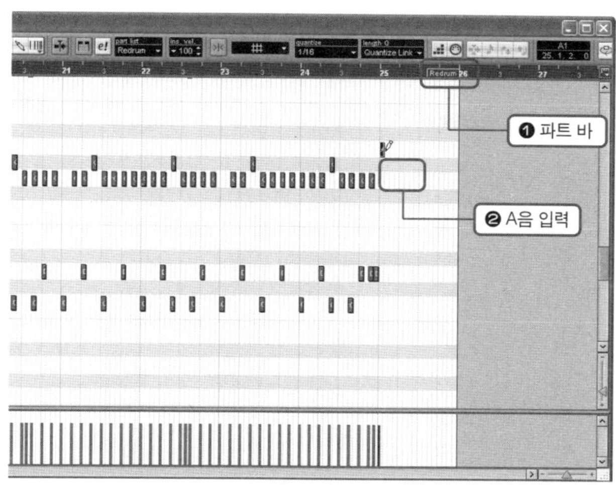

06 룰러 라인의 파트 바를 오른쪽으로 드래그하여 파트의 길이를 한 마디 연장하고, 연필 툴을 이용해서 25마디 첫 박자에 심벌 사운드인 A음을 입력합니다. 그리고 키 에디터 창을 닫습니다.

07 베이스 파트인 Sub Tractor의 8마디를 마우스 드래그로 선택합니다. 그리고 Alt 키를 누른 상태로 드래그하여 한 번 더 복사합니다. Redrum은 3번 복사, 17~24마디는 수정, 26마디 심벌 추가를 한 것이고, Dr.REX는 24마디, Dr.REX2는 16마디, Sub Tractor는 32마디가 된 것입니다.

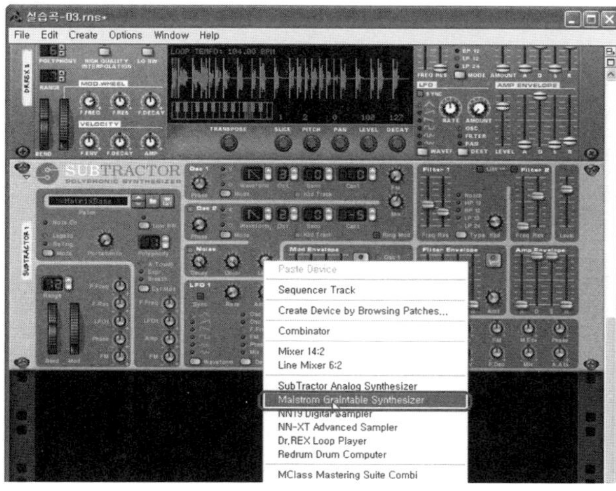

08 리즌 4의 작업 빈 공간에서 마우스 오른쪽 버튼을 클릭하여 단축 메뉴를 열고, Malstrom Graintable Synthesizer를 두 번 선택하여 두 대의 Malstrom을 장착합니다.

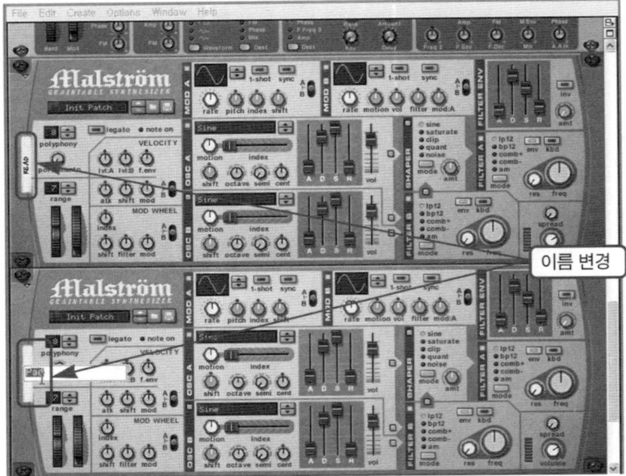

09 첫 번째 장착한 Malstrom은 Read로 이름을 변경하고, 두 번째 장착한 Malstrom은 Pad 로 변경합니다. 같은 장치를 장착했을 경우에는 혼돈 을 피하기 위해서 이름을 변경하는 것이 좋습니다.

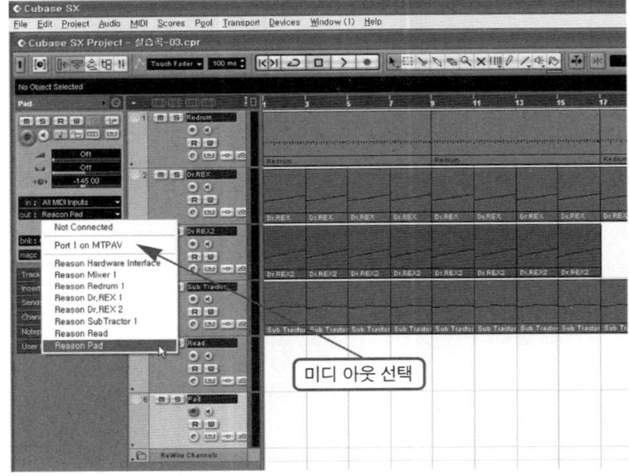

10 마스터 프로그램에서도 두 개의 미디 트랙 을 추가하고, 각 트랙의 이름을 Read와 Pad 로 변경합니다. 그리고 MIDI OUT을 Read 트랙은 Reason Read, Pad 트랙은 Reason Pad로 선택합 니다.

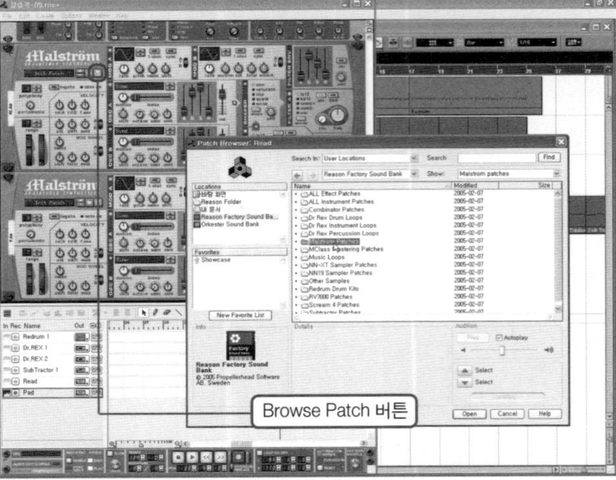

11 Read라는 이름의 Malstrom에서 [Browse Patch] 버튼을 클릭하여 창을 열고, Reason Factory Sound Bank에서 Malstrom Patches 폴더 를 더블 클릭합니다.

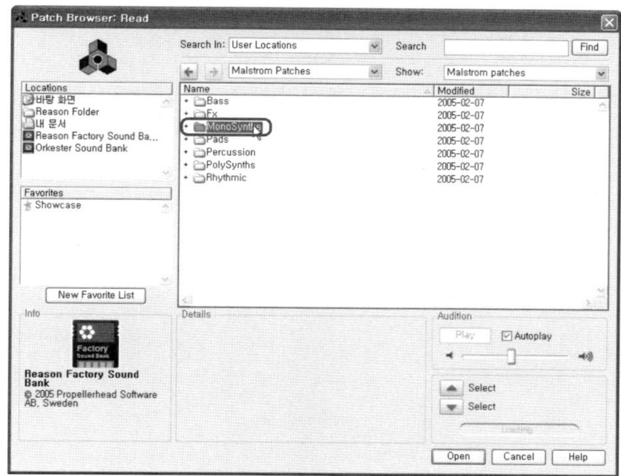

12 Bass, Fx 등의 Malstrom 에서 사용할 수 있는 음색이 있는 폴더가 보입니다.
MonoSynths 폴더를 더블 클릭합니다. 두 번째 장착한 Malstrom은 Pads 폴더를 열 것이므로 기억해두기 바랍니다.

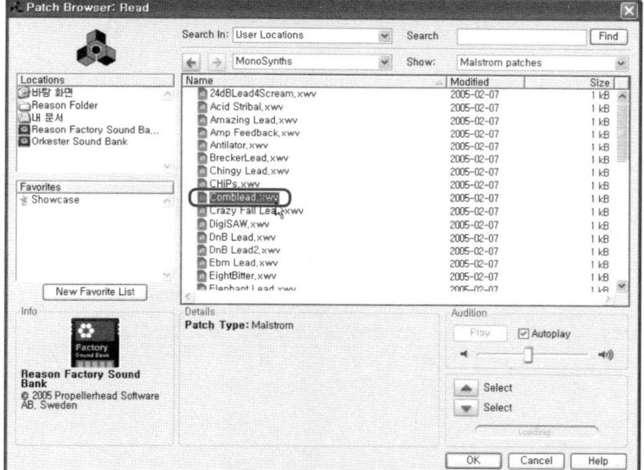

13 다양한 MonoSynth 음색 리스트가 보입니다. 리스트를 선택하고, 마스터 건반을 연주하면 음색을 모니터 할 수 있습니다. 실습에서는 Comblead.wxv를 더블 클릭하겠습니다.

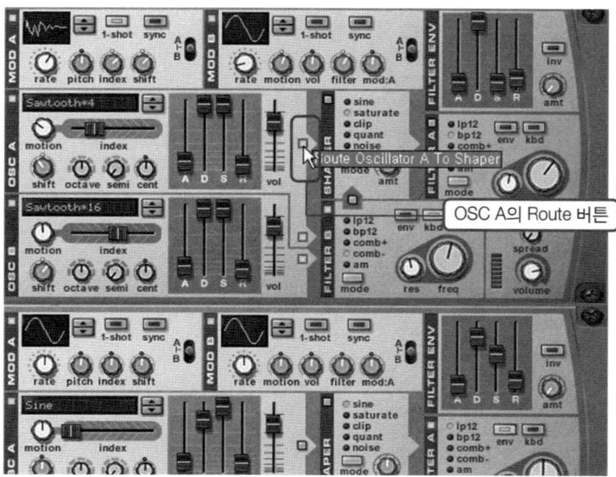

14 Malstrom 패널의 기능은 두 번째 장착한 Pad라는 이름의 Malstrom에서 음색을 변형할 때 자세히 살펴보기로 하고, OSC A의 [Route] 버튼을 클릭하여 On으로 합니다.

15 마스터 프로그램의 Pad 트랙에서 Alt 키를 누른 상태로 드래그하여 8마디 길이의 미디 파트를 만듭니다. 그리고, 파트를 더블 클릭하여 키 에디터 창을 엽니다.

16 악보를 참조하여 미디 데이터를 입력합니다. 물론 4마디를 입력하고, 마우스 드래그로 파트를 복사해도 좋습니다.

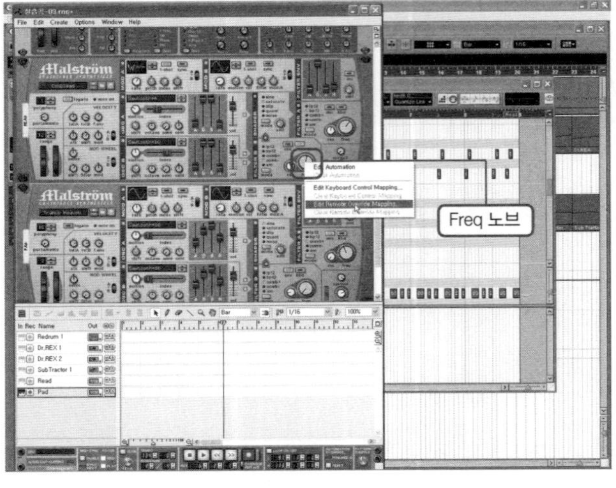

17 마스터 프로그램에서 미디 노트를 모두 입력했다면, Maelstrom의 Filter 2에서 Freq 노브를 마우스 오른쪽 버튼으로 클릭하여 단축 메뉴를 열고, Edit Automation을 선택합니다.

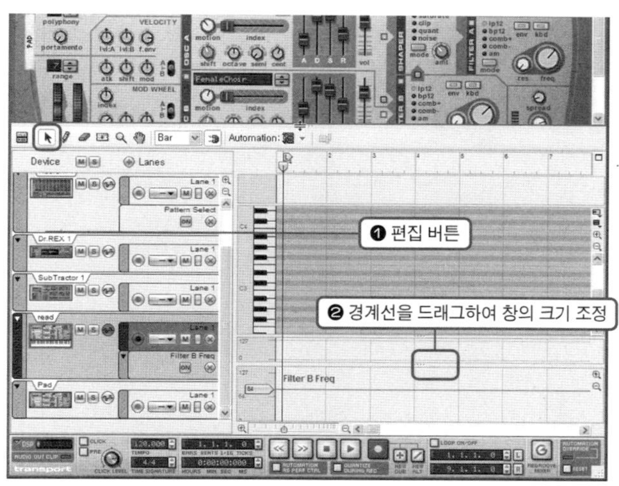

18 Malstrom 트랙에 Filter B Freq 오토메이션 트랙이 추가됩니다. 도구 모음 줄의 편집 버튼을 클릭하여 편집 창을 엽니다. 시퀀스 창의 경계선을 위쪽으로 드래그하면 보다 넓게 확대할 수 있습니다.

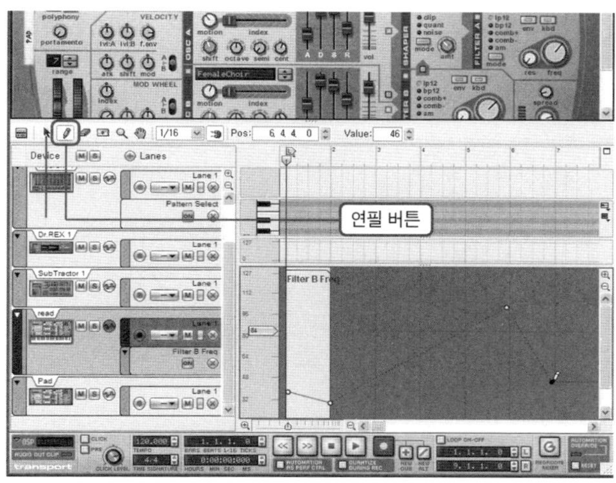

19 연필 툴을 선택한 후에 1마디는 10~20정도로 시작하여 6마디는 110~120정도가 되게 올리고, 8마디가 30~40 정도가 되게 내립니다. 입력한 포인트는 마우스 드래그로 수정 가능하며, Delete 키로 삭제할 수 있습니다.

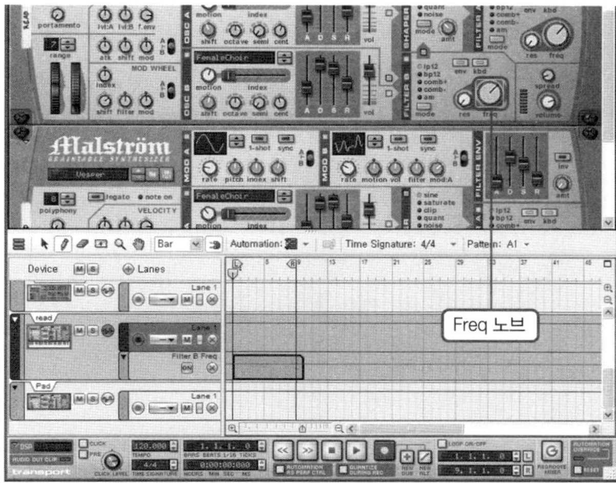

20 도구 모음 줄에서 [편집] 버튼을 클릭하여 편집 창을 닫고, Read라는 이름의 Malstrom 패널에서 Filter2 섹션의 Freq 노브를 보면, 형광 색의 사각형이 표시되는 것을 확인할 수 있습니다. 오토메이션이 기록되었다는 표시이며, 곡을 재생해 보면, 사용자가 입력한 값에 따라 자동으로 조정됩니다.

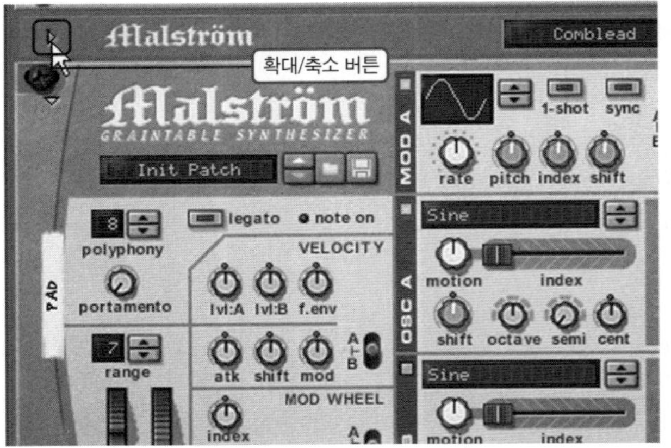

21 아직은 사운드가 조금 거칠지만, 이펙트를 추가하고, 마스터링 작업을 하면서 다듬을 것이므로, 각 장치가 연결된 믹서의 채널을 반드시 기억해두기 바랍니다. Read라는 이름의 Malstrom 패널 왼쪽 상단에 보이는 확대/축소 역할의 작은 삼각형을 클릭하여 패널을 축소합니다.

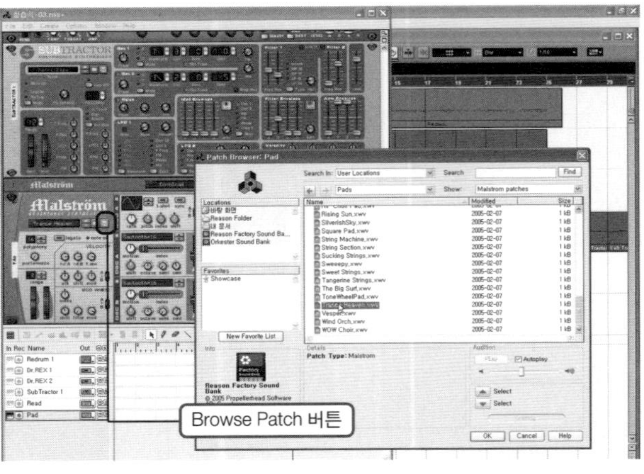

22 Pad라는 이름의 Malstrom에서 [Browse Patch] 버튼을 클릭하여 Pad 폴더의 Trance Heaven.xwv 음색을 불러옵니다. 이것을 기본으로 음색을 변형하면서 Malstrom 각 섹션의 역할을 살펴보겠습니다.

2 OSC A와 B의 역할

01 Sub Tracotr에서와 같이 음색을 디자인하는 첫 번째 과정은 기본 사운드를 만드는 오실레이터 조정입니다. Heaven.xwv는 OSC A와 B 모두 On으로 되어 있습니다. B를 Off로 놓고 A만 모니터 해보고, 반대로 A를 Off로 놓고, B를 On하여 B 사운드만 모니터 해봅니다.

02 OSC A와 B를 모두 On으로 하고, 샘플 선택 메뉴를 클릭합니다. Malstrom에서 제공하는 82가지의 샘플 리스트를 볼 수 있습니다. 샘플을 바꿔 가면서 사운드를 모니터 해보고, A와 B 모두 FX: Drip을 선택합니다.

03 Motion 노브는 선택한 샘플의 재생 속도를 조정합니다. 0을 기본 속도로 + 값은 재생 속도가 빨라지고, - 값은 재생 속도가 느려집니다. 실습에서는 A와 B 모두 - 64로 설정하겠습니다.

04 Index는 선택한 샘플이 재생되는 시작 위치를 설정합니다. 예를 들어 선택한 샘플이 10초 길이인 경우 Index 슬라이드를 조정하여 2초나 5초 위치에서 샘플이 연주되게 할 수 있는 것입니다. A와 B 모두 처음부터 재생되게 0으로 조정합니다.

05 Malstrom의 샘플은 5~100Ms 단위로 나뉘어져 있다고 했습니다. Shift는 이 순서를 바꿔서 전혀 새로운 사운드를 만드는 역할을 합니다. 실습에서는 Shift를 사용하지 않겠습니다.

06 Octave는 옥타브 단위, Semi는 반음 단위, cent는 한 음을 100분의 1로 나눈 단위로 음정을 조정합니다. OSC A의 Octave를 4로 설정하여 기본 값 3보다 한 옥타브 높게 하고, Cent는 0으로 합니다. OSC B의 Semi를 7로 조정하여 완전 5도 높입니다.

Motion과 Index의 관계

Motion 값이 -64 라면 Index에서 설정한 위치에서 샘플 끝까지의 범위만을 반복 연주를 하지만, Motion이 -64 이상일 경우에는 Index에서 설정한 위치에서 끝까지 연주를 한 후에 샘플의 처음부터 Index 위치까지 연주합니다. 실습에서는 Motion을 -64로 하고, Index를 0으로 설정하여 샘플 사운드를 처음부터 끝까지 재생되게 만든 것입니다.

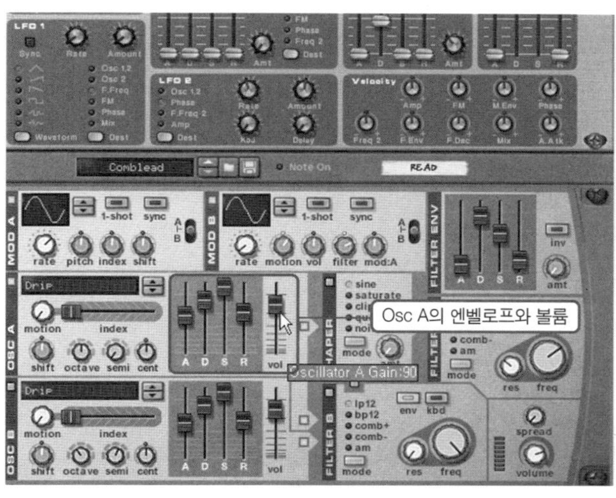

07 Osc A와 B의 A, D, S, L은 각 오실레이터의 엔벨로프를 조정합니다. OSC A의 69, D는 100, S는 127, R은 74 정도로 조정합니다. 그리고 볼륨(Vol)은 90정도로 조정합니다.

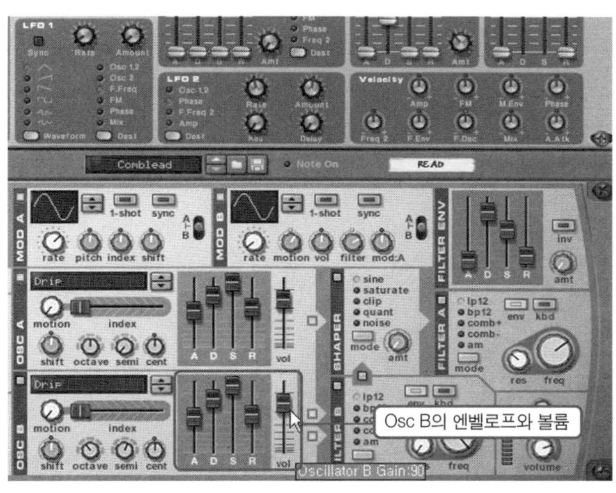

08 OSCB의 A는 63, D는 100, S는 127, R은 69 정도로 조정하고, 볼륨은 90정도로 조정합니다. 두 개의 오실레이터 모두 엔벨로프 타임을 충분히 설정하여 패드 연주에 어울리게 만드는 것입니다.

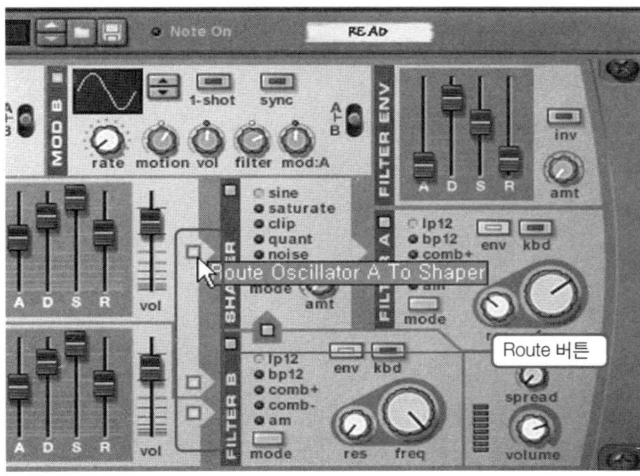

09 OSC A에는 Shaper 섹션과 Filter B 섹션으로 연결하는 [Route] 버튼이 있고, OSC B에는 Filter B로 연결하는 [Route] 버튼이 있습니다. 3개의 버튼을 모두 On으로 하여 오실레이터에서 디지인한 사운드를 보냅니다.

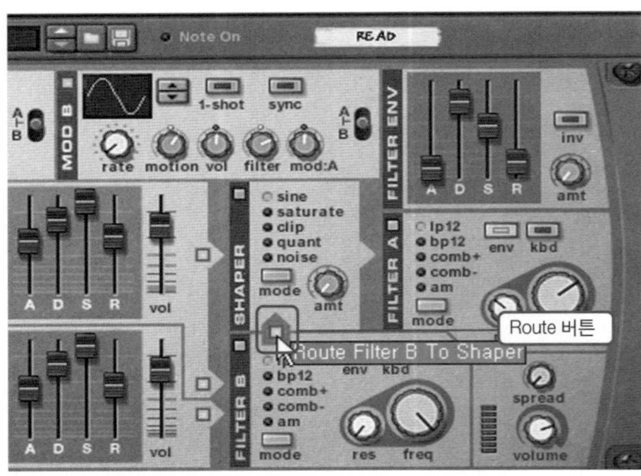

Mode	형식
Sine	사운드를 매끄럽게 합니다.
Saturate	사운드를 풍부하게 합니다.
Clip	디스토션을 추가합니다.
Quant	8Bit 음색을 연출합니다.
Noise	노이즈를 추가합니다.

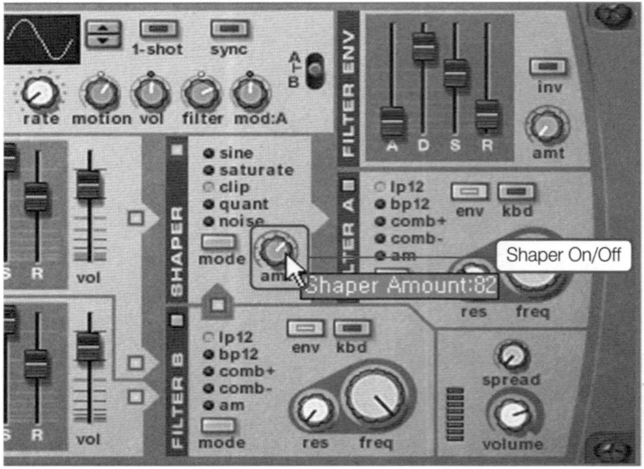

01 OSC A 파형은 Filter A로 전송되기 전에 Shaper 섹션에서 파형의 형태를 다듬을 수 있고, Filter B로 나누어 보냈다가 Shaper 섹션에서 결합한 후에 Filter A로 보낼 수 있습니다. Filter B에서 Shaper로의 진행하게 하는 [Route] 버튼을 On으로 합니다.

02 Shaper는 OSC A 또는 Filter B에서 들어오는 파형을 결합하여 새로운 사운드를 만드는 역할을 합니다. 각 모드는 표에서와 같은 사운드를 만듭니다. 단, 사용자의 이해를 돕기 위한 것일 뿐이므로, 반드시 각 모드를 모니터 해보기 바랍니다.

03 [Shaper On/Off] 버튼을 클릭하여 On으로 하고, 사운드에 디스토션 이펙트를 사용한 듯한 효과를 만들기 위해 Clip을 선택합니다. 선택한 모드의 양을 조정하는 Amt는 82정도로 하겠습니다.

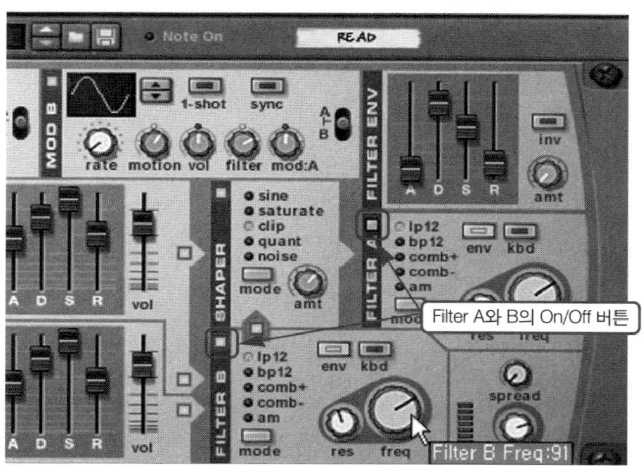

comb +

comb -

정현파

오실레이터

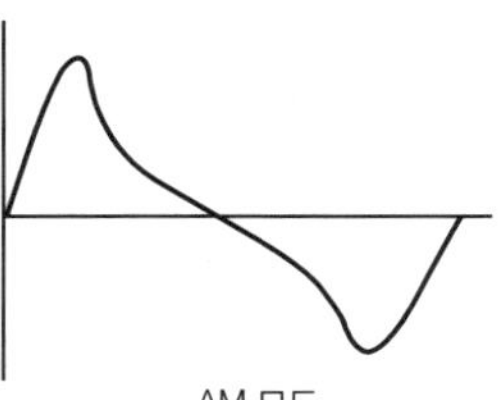

AM 모드

01 Malstrom은 두 개의 필터를 제공합니다. Filter A와 B의 [On/off] 버튼을 클릭하여 On 으로 합니다. Filter A의 모드는 LP12를 선택하고, Res와 Freq는 0으로 조정합니다.

02 Malstrom의 필터 항목에는 지금까지 보지 못한 comb+, comb-, am의 3가지 모드가 있습니다. Comb는 필터에 짧은 딜레이 타임을 걸어 모든 주파수 대역을 골고루 차단하는 역할을 합니 다. Comb +와 Comb -는 딜레이의 피크 지점 위치 로 구분합니다.

03 AM 모드는 OSC A 또는 B 파형에 정현파 (Sine)를 결합하여 위상 차를 만듭니다. 위상 은 파형의 각도를 말하는 것으로 파형의 각도가 같 으면 레벨이 증가하고, 다르면 레벨이 감소하는 현 상을 이용한 것입니다. Comb+/-의 지연 값이나 AM 의 위상 값은 Res 노브로 결정합니다.

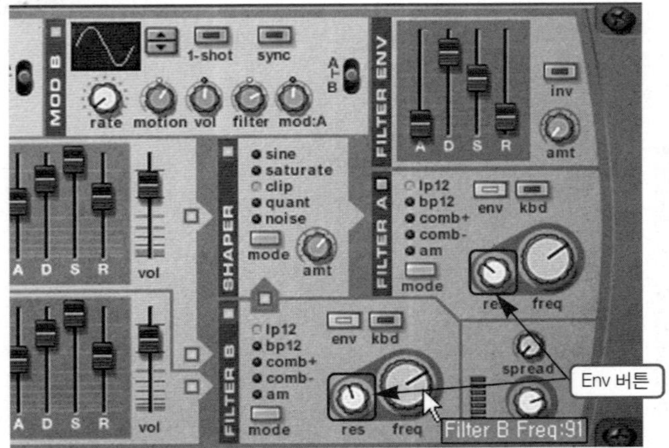

04 Filter B의 모드는 comb +를 선택하고, res 는 56, freq는 91정도로 조정합니다. Filter Env 섹션의 사용 여부를 결정하는 env는 A/B 모두 On으로 하고, 음정에 따라 필터의 양을 부여하는 kdb는 A/B 모두 off 합니다.

05 필터의 엔벨로프는 어택(A)은 102, 디케이 (D)는 100, 서스테인(S)은 127, 릴리즈(R)는 85 정도로 조정하고, 적용 값인 amt는 127로 합니다. [Inv] 버튼은 설정한 엔벨로프를 반대로 적용하는 기능입니다. 실습에서는 Off로 둡니다.

5 MOD A와 B의 역할

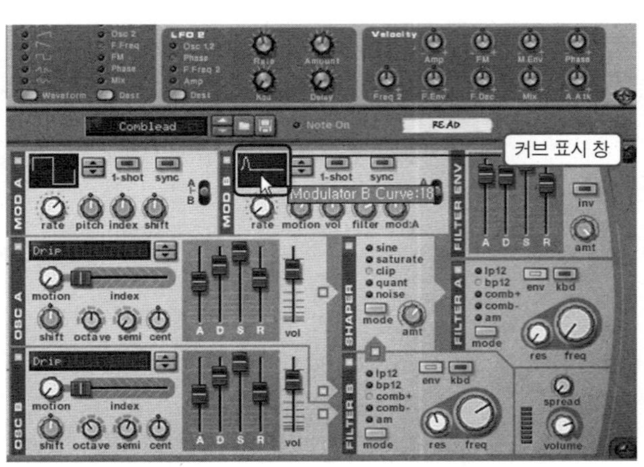

01 사운드를 변형할 수 있는 Modulator 섹션 역시 두 개가 있습니다. Mod A/B 각각의 [On/Off] 버튼을 클릭하여 On으로 합니다. 그리고 커브 표시 창에서 마우스를 위쪽으로 드래그하여 Mod A는 3번 커브, Mod B는 18번 커브를 선택합니다.

02 [Sync] 버튼을 On으로 하면 속도를 조정할 수 있는 Rate를 템포에 맞추어 비트 단위로 설정할 수 있습니다. Mod A를 3/16, Mod B를 3/8 로 조정합니다.

03 [1-shot] 버튼은 파형을 한 번만 연주하게 하 는 역할을 합니다. 특별한 효과를 연출할 경 우 외에는 사용 빈도가 적습니다. 실습에서도 Mod A/B 모두 Off 인 기본 값을 그대로 이용하겠습니다.

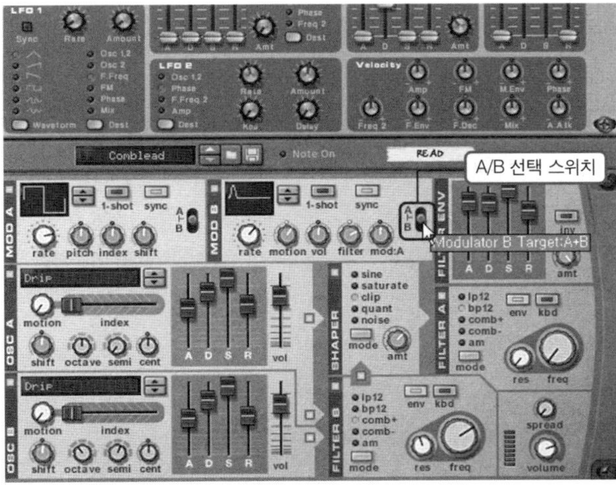

04 A/B 선택 스위치는 Modulator를 어떤 OSC 에 영향을 줄 것인지를 선택합니다. Mod A 와 B 모두 스위치를 중간에 위치시켜 OCS A와 B 양측에 적용합니다.

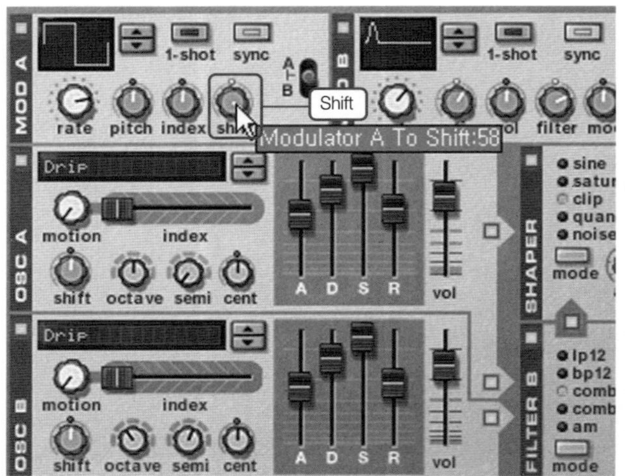

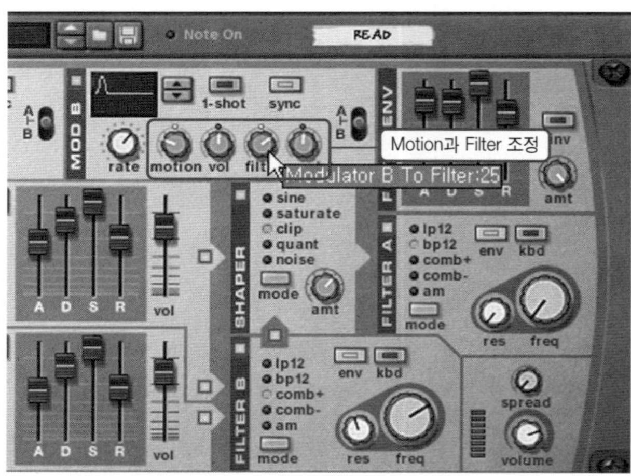

05 MOD A에는 음정을 조정하는 Pitch와 연주 위치를 조정하는 index가 있고, 하모니를 만드는 Shift 의 3가지 노브가 있습니다. Shift 를 58정도로 조정하고, 나머지는 사용하지 않겠습니다.

06 MOD B에는 속도를 조정하는 Motion, 볼륨을 조정하는 Level, 주파수를 차단하는 Filter, MOD A 값을 바꾸는 mod:A의 4가지 노브가 있습니다. Motion을 -29, Filter를 25정도로 조정하고, 나머지는 사용하지 않겠습니다.

6 기본 연주 설정하기

01 사운드 연주에 관련된 파라미터를 살펴보겠습니다. Polyphony은 동시 발음 수를 설정하며, Portamento는 legato가 off일 때, 연주하는 노트 사이의 음들을 연결하는 포르타멘토 주법을 연출합니다. 그리고 legato는 각각의 노트를 레가토로 연주합니다. 실습에서는 모두 기본 값으로 두겠습니다.

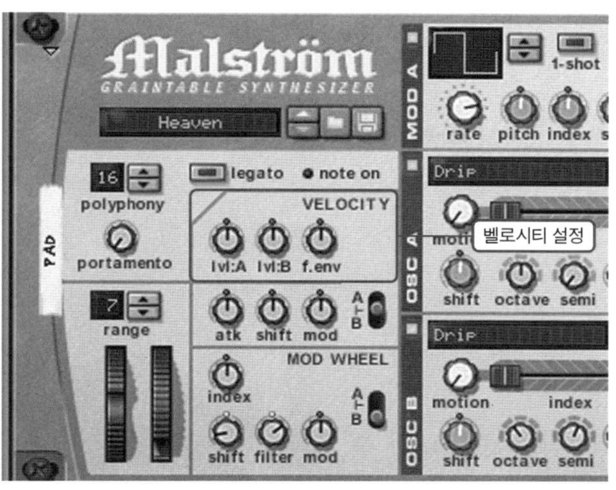

02 벨로시티에 반응하는 값을 설정하는 Velocity 섹션에는 lvl:A, lbl:B, f,env, atk, shift, mod의 6가지 노브와 A/B 선택 스위치가 있습니다. 벨로시티에 의해서 반응하게 할 OSC A의 lvl:A, Osc B의 lvl:B, Filter Envelope의 f.env는 사용하지 않겠습니다.

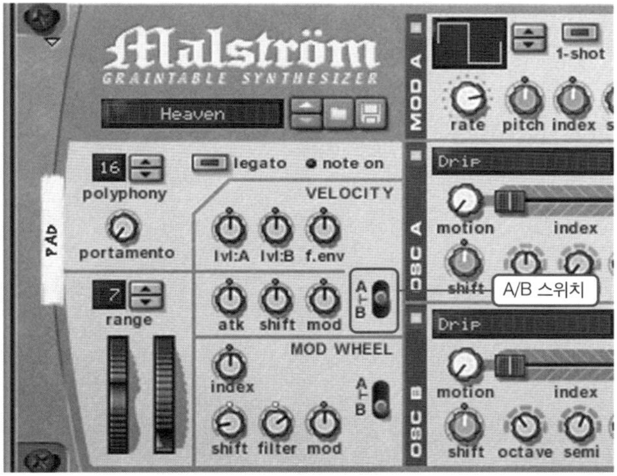

03 벨로시티에 반응할 OSC A 또는 B의 어택 타임(atk), OSC A 또는 B의 (Shift), Mod A 또는 B 의 레벨(mod)은 역시 모두 사용하지 않겠습니다. A/B 스위치 역시 기본 값인 중간에 그대로 둡니다.

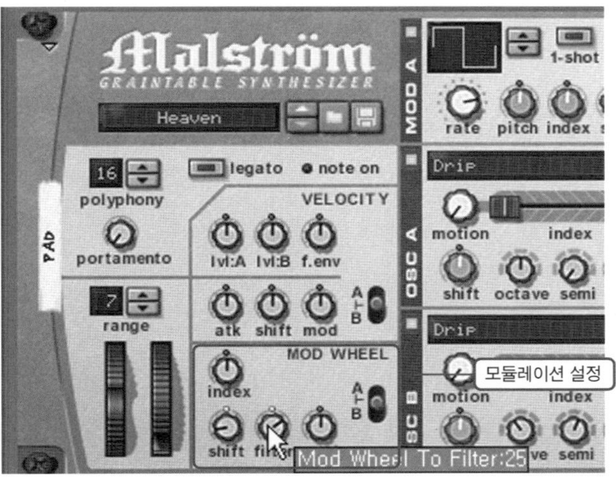

04 MOD Wheel 섹션은 모듈레이션 휠에 반응할 값을 선택합니다. OSC A/B의 Index는 그대로 두고, OSC A/B의 Shift를 -44, Filter A/B의 freq를 표현할 filter 노브는 25 정도로 조정합니다. 그리고, MOD A/B의 mod와 A/B 스위치는 기본 값으로 둡니다.

05 패드 연주에서 피치 휠을 사용할 필요는 없으므로 피치 휠의 범위를 조정하는 range도 그대로 두겠습니다. Malstrom에서 만든 음색을 언제든 사용할 수 있게 [저장] 버튼을 클릭하여 저장합니다.

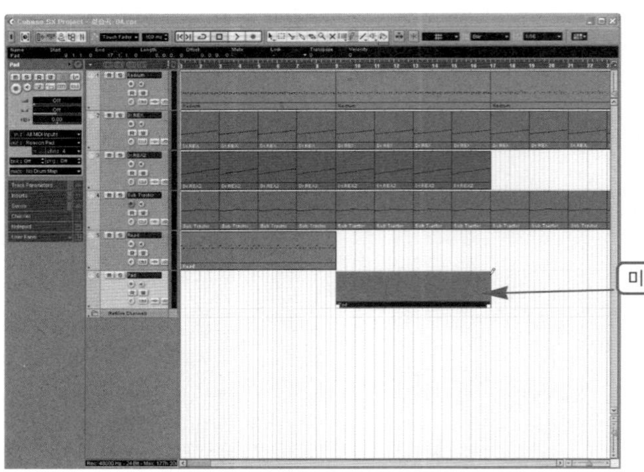

06 큐베이스Reason Pad 트랙의 9마디에서부터 Alt 키를 누른 상태로 드래그하여 8마디 길이의 미디 파트를 만듭니다. 그리고, 파트를 더블 클릭하여 키 에디터 창을 엽니다.

07 그림을 참조하여 4마디 길이의 D3와 C3 노트를 입력합니다. 키 에디터 창을 닫고, Alt 키를 누른 상태로 패드 연주를 입력한 미디 파트를 드래그하여 17마디 위치에 복사합니다. 완성한 곡은 File 메뉴의 Save AS를 선택하여 '실습-04' 라는 이름으로 저장합니다. Malstrom의 학습을 마칩니다.

6
NN-19
DIGITAL SAMPLER

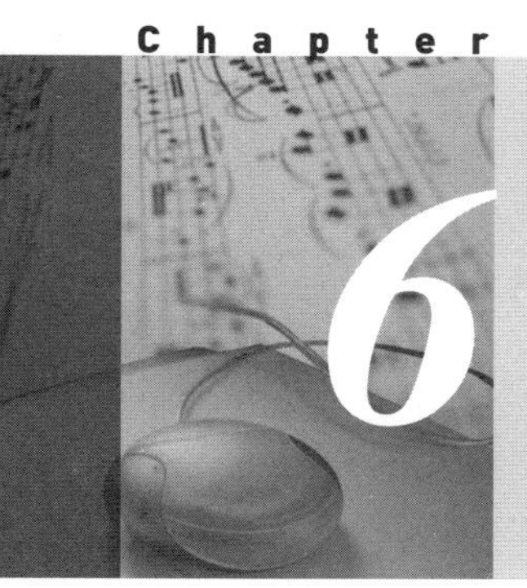

NN-19는 Akai 하드웨어 샘플러의 인터페이스를 모방하고 있어 매우 익숙한 느낌의 디지털 샘플러입니다. NN-19는 자체 음색 포맷인 Smp 외에도 Wav, Aif, Rx2 등의 샘플 파일을 로딩하여 사용할 수 있습니다. NN-XT와 같이 멀티 레이어를 지원하지는 않지만, 샘플러를 처음 공부하는 사용자에게 적합한 장치입니다.

1 디스플레이 파라미터 설정하기

01 Maelstrom 실습에서 저장했던 '실습-04' 파일을 불러옵니다. 그리고 리즌 4의 빈 공간에서 마우스 오른쪽 버튼을 클릭하여 단축 메뉴를 열고, 이번에 학습할 NN19 Digital Sample를 선택하여 장착합니다.

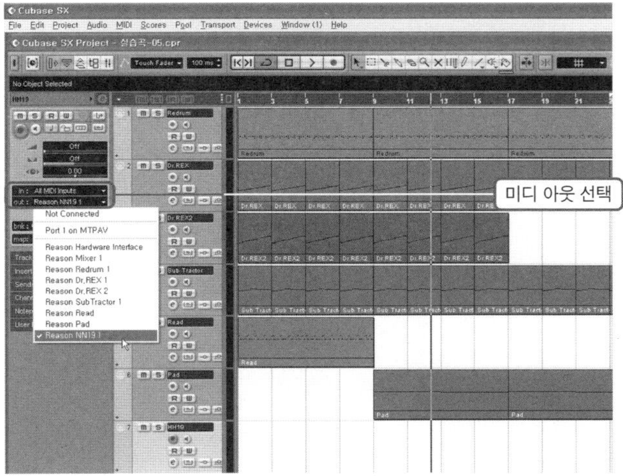

02 마스터 프로그램에서는 새로운 미디 트랙을 만들고, 미디 아웃을 Reason NN19 1을 선택합니다. 처음 장착한 NN19이므로 이름 끝에 1이라는 숫자가 표시되는 것은 더 이상 어색하지 않을 것입니다. 필요하다면 이름을 변경합니다.

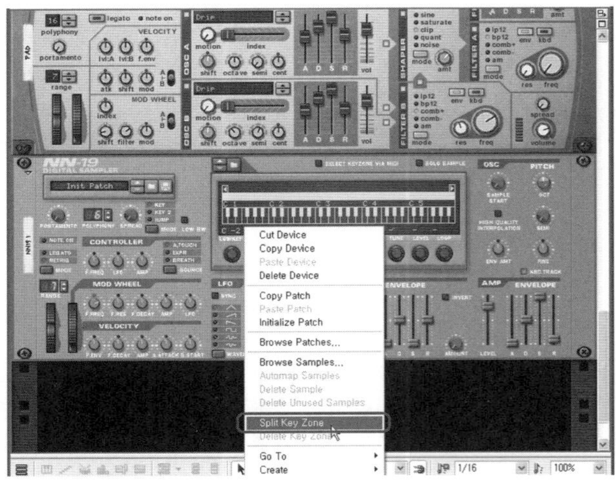

03 [Browse Patch] 버튼을 클릭하여 NN 19용 음색을 불러올 수 있지만, 샘플러의 역할을 익히는 것이 목적이므로 Wav, Aif, Rx2 등의 샘플 파일을 로딩하겠습니다. 마우스 오른쪽 버튼을 클릭하여 단축 메뉴를 열고, Split Key Zone을 선택합니다.

04 건반이 표시되어 있는 디스플레이 창을 보면, E3를 기준으로 Zone 영역이 나뉘어져 있는 것을 확인할 수 있습니다. 왼쪽 영역의 Zone을 클릭하여 선택합니다.

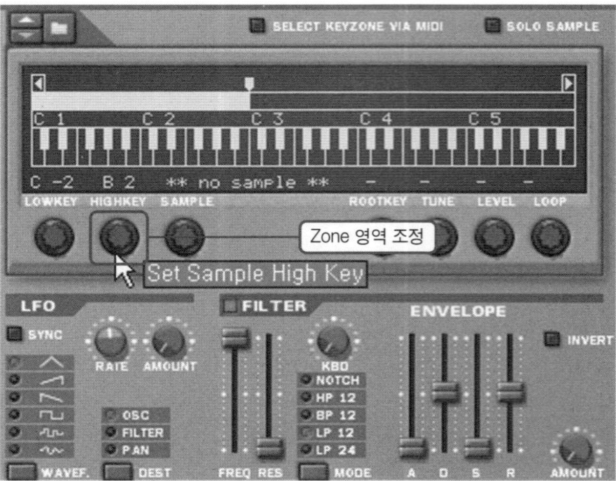

05 디스플레이 창 하단의 Low key와 High Key 파라미터를 보면, C -2와 D#3가 표시되어 있습니다. 즉, 선택한 Zone의 영역은 C -2에서 D#3 까지라는 의미입니다. High key 노브를 왼쪽으로 돌려 B2로 변경합니다.

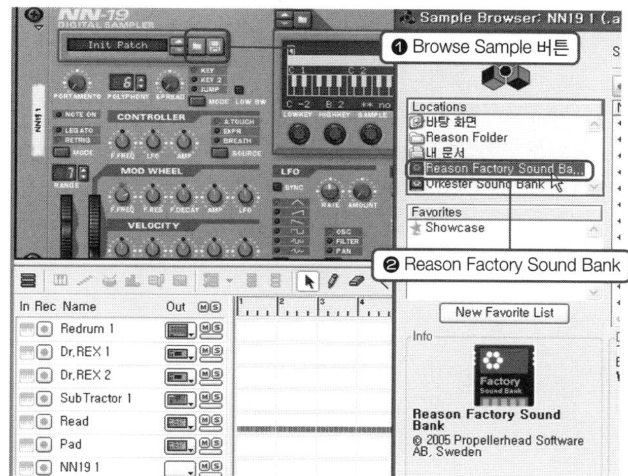

06 선택한 Zone 영역에 샘플을 로딩하기 위해서 [Browse Sample] 버튼을 클릭하여 창을 열고, Locations에서 Reason Factory Sound Bank를 선택합니다. 물론 사용자가 만든 wav 또는 Rx2 파일이 있다면 해당 폴더를 선택합니다.

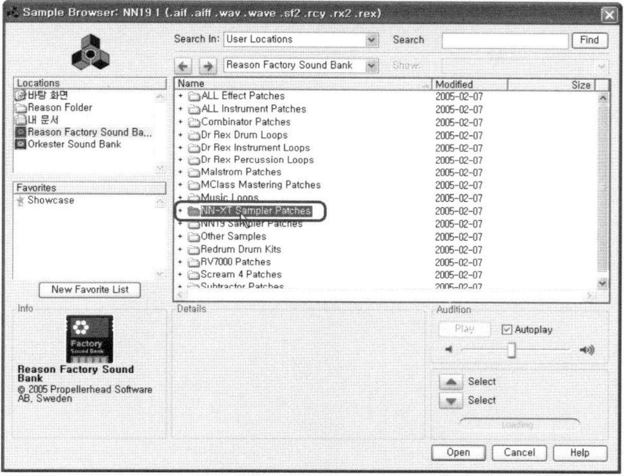

07 리즌 4에서 제공하는 장치들의 음색 대부분은 Wav, Aif, Rx2 샘플로 만들어져 있는 것입니다. 즉, NN-19에서 다른 악기 폴더의 샘플을 자유롭게 사용할 수 있다는 의미입니다.
NN-XT Sampler Patches를 더블 클릭해봅니다.

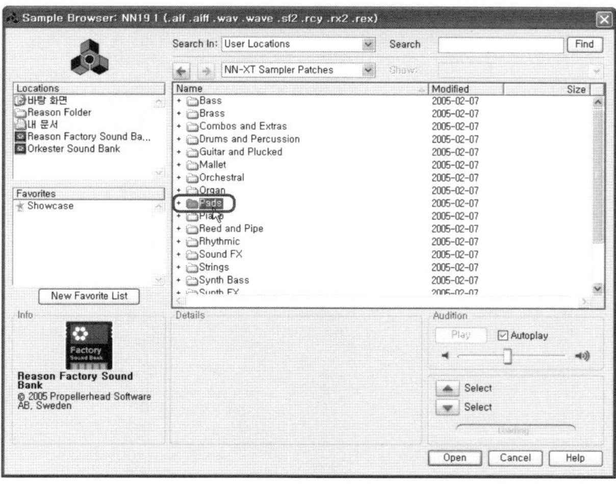

08 NN-XT에서 사용할 수 있는 음색이 담겨있는 폴더 목록이 보입니다. 패드 계열의 음색을 사용할 것이므로 Pads 폴더를 더블 클릭합니다.

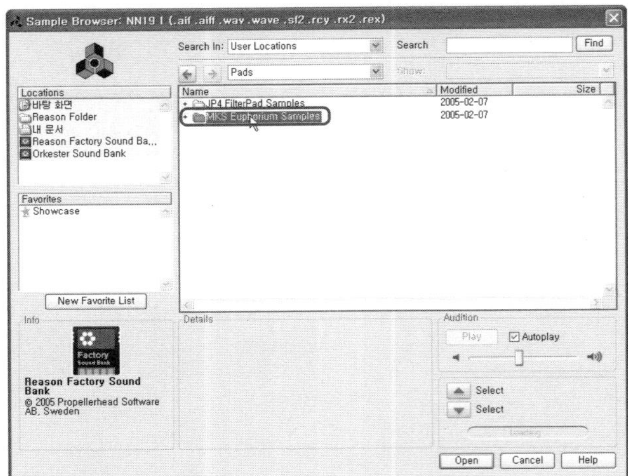

09 JP4 FilterPad Samples과 MKS Euphorium Sample라는 두 개의 폴더가 있습니다. 실습에서는 MKS Euphoium Samples 폴더를 더블 클릭하겠습니다.

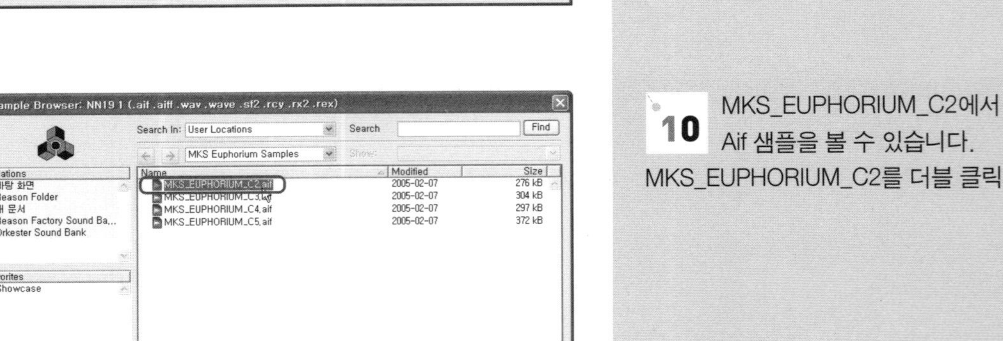

10 MKS_EUPHORIUM_C2에서 C5까지 4개의 Aif 샘플을 볼 수 있습니다. MKS_EUPHORIUM_C2를 더블 클릭합니다.

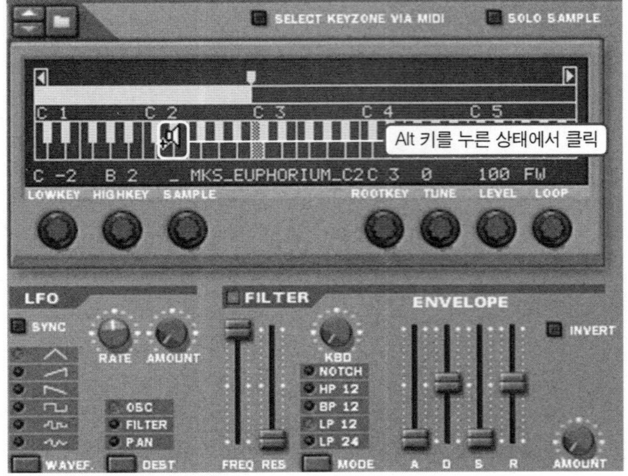

11 C-2에서 B2까지의 음역에 MKS_EUPHO-RIUM_C2.aif라는 하나의 샘플을 로딩하여 사용하는 것입니다. 마스터 건반을 눌러보면, B2 이상의 음역에서는 아무런 소리도 들리지 않는 것을 확인할 수 있습니다.

Alt 키를 누른 상태에서 디스플레이 창의 건반을 클릭해도 모니터 할 수 있습니다.

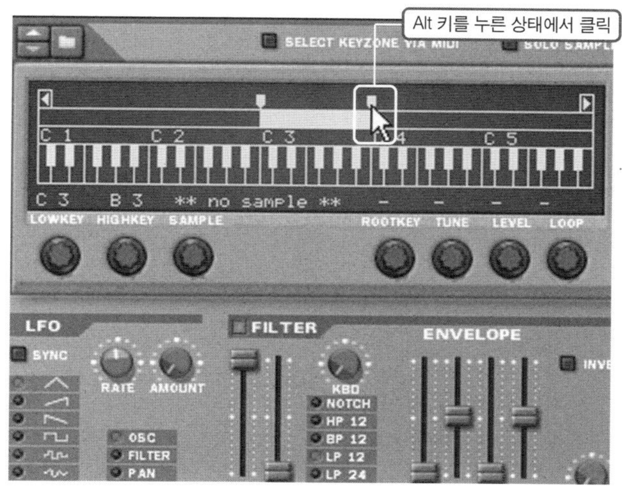

12 앞에서는 메뉴를 이용해서 Zone을 나누어 보았지만, 많이 사용하는 방식은 아닙니다. 실제로는 Alt 키를 누른 상태에서 Zone 영역 상단을 클릭하는 방법을 많이 사용합니다.

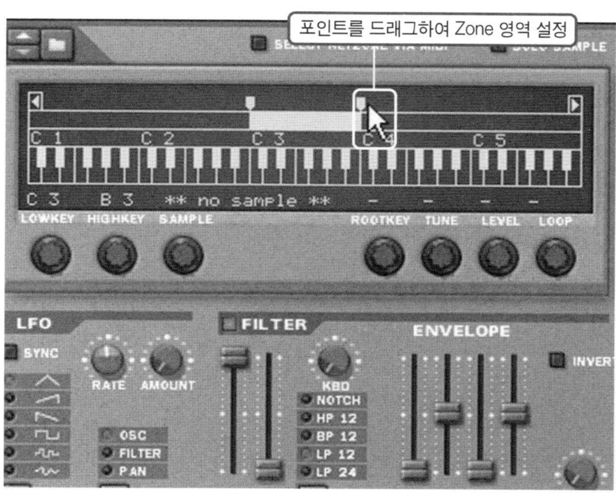

13 Zone의 범위 설정 역시 Low/High Key 노브를 이용하는 것 보다는 Zone 영역 상단에 표시되어 있는 포인트를 좌/우로 드래그하여 조정합니다. 새로 추가한 Zone의 High를 B3로 설정합니다. 즉, 두 번째 Zone은 C3~B3 범위입니다.

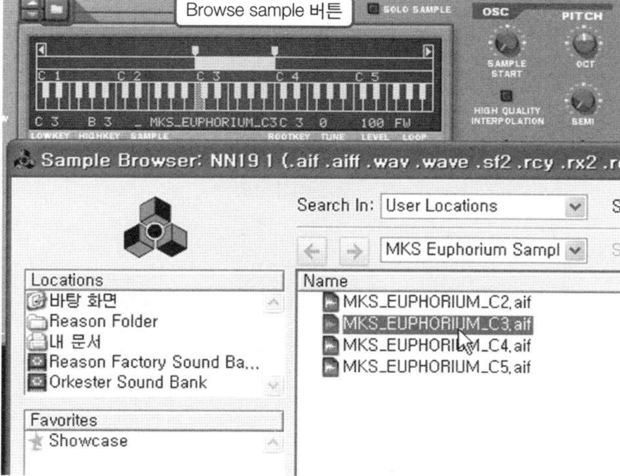

14 [Browse sample] 버튼을 클릭하여 창을 엽니다. 앞에서 열었던 폴더가 바로 열리는 것을 확인할 수 있습니다. MKS_EUPHORIUM_C3.aif 파일을 더블 클릭하여 C3~B3 Zone에 로딩합니다.

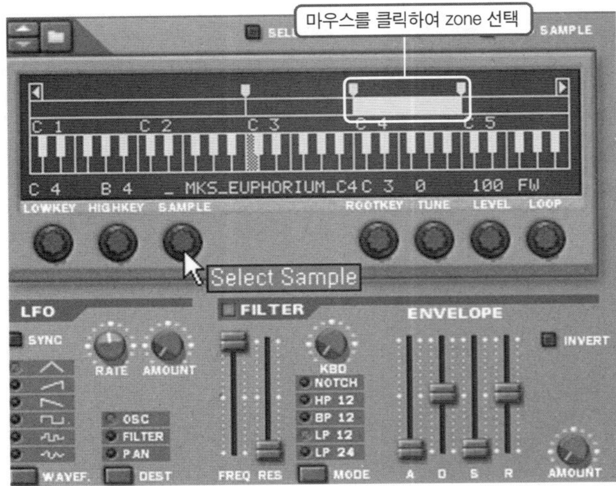

15 같은 과정을 반복하여 C4~B4 Zone에는 MKS_EUPHORIUM_C4.aif 샘플, C5 이상은 MKS_EUPHORIUM_C6.aif 샘플을 로딩합니다. 디스플레이 하단의 Sample 노브는 각 Zone에 로딩되어 있는 샘플을 선택하는 역할로 각 Zone의 샘플을 재배치할 수 있습니다. 편집할 Zone은 마우스 클릭으로 선택합니다.

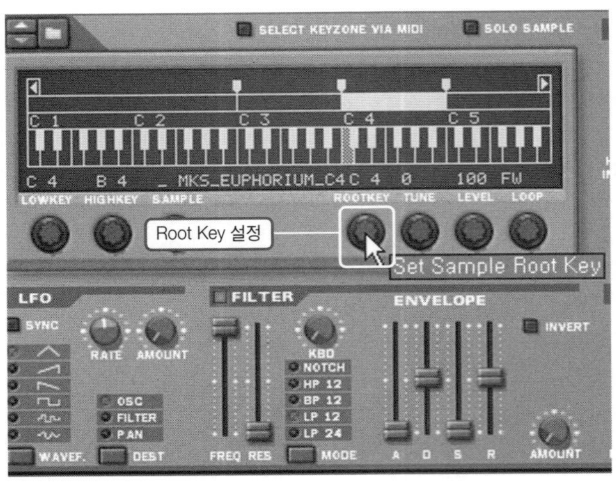

16 Root key 노브는 샘플이 만들어진 원래의 음정을 설정합니다. 샘플을 불러올 때 이름 끝에 C2, C3 등의 이름은 샘플을 만든 제작자가 표시해 놓은 것입니다. 하나의 샘플로 여러 노트에서 사용하고 있지만, Root 키는 지켜주는 것이 좋습니다. 각 Zone에 로딩한 샘플의 루트 음에 맞게 Root Key를 설정합니다.

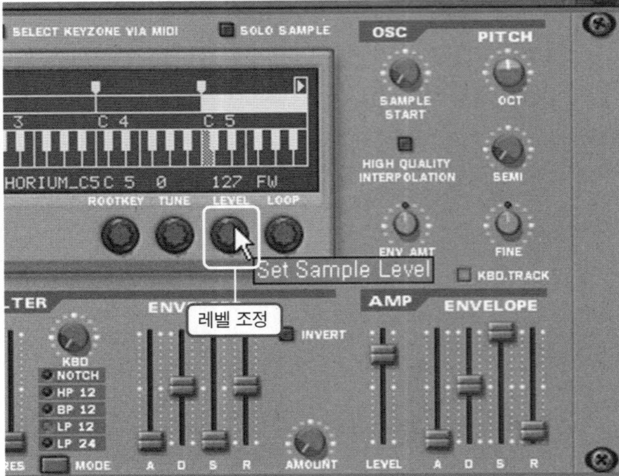

17 선택한 Zone에 로딩한 샘플의 음정과 레벨은 Turn과 Level 노브를 이용해서 조정할 수 있습니다. Level 노브를 위쪽으로 드래그하여 최대값이 127로 조정해봅니다. 디스플레이 파라미터는 선택한 Zone에 대해서만 편집을 하는 것이므로 실습으로 만든 4개의 Zone 모두를 조정해야 합니다.

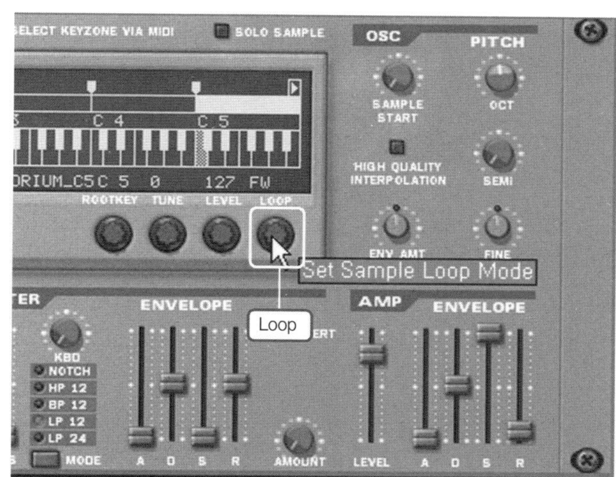

18 디스플레이 파라미터의 마지막 노브인 Loop를 돌려보면, Off, FW, FW-BW의 3가지 모드가 있는 것을 알 수 있습니다. 이것은 건반을 누르고 있는 동안 샘플이 반복 연주되게 할 것인지의 여부를 결정합니다.

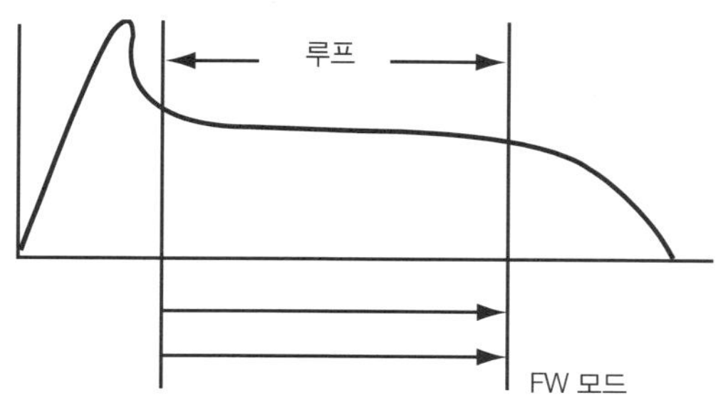

19 대부분의 샘플은 루프 구간이 설정되어 있습니다. 기본 값 FW는 건반을 누르고 있는 동안 이 루프 구간을 반복 연주하게 하는 것이고, FW-BW는 루프의 끝에서 시작 위치로 이동하여 반복하게 합니다. 그리고 Off는 반복하지 않게 합니다.

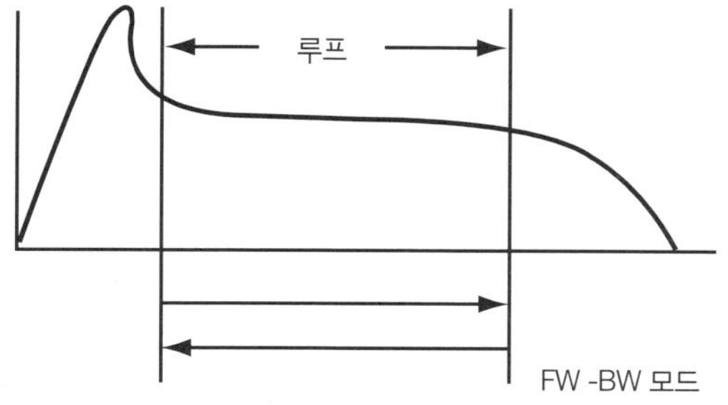

루프 구간

리즌 4에서 사용할 수 있는 샘플을 제작할 때, Wav, Aif 포맷은 Sony사의 사운드 포지를 이용하고, Rx2는 Propellerhead사의 ReCycle를 이용합니다. 두 프로그램 모두 사운드의 일정 영역을 루프 구간으로 설정할 수 있는 기능이 있으며, 리즌 4에서는 샘플에 설정되어 있는 루프 구간 정보를 사용할 수 있는 것입니다. 샘플 소스는 인터넷만 뒤져도 쉽게 구할 수 있지만, 자신의 구미에 맞게 편집해서 사용하려면 최소한 사운드 포지를 다룰 수 있는 지식은 갖출 필요가 있습니다.

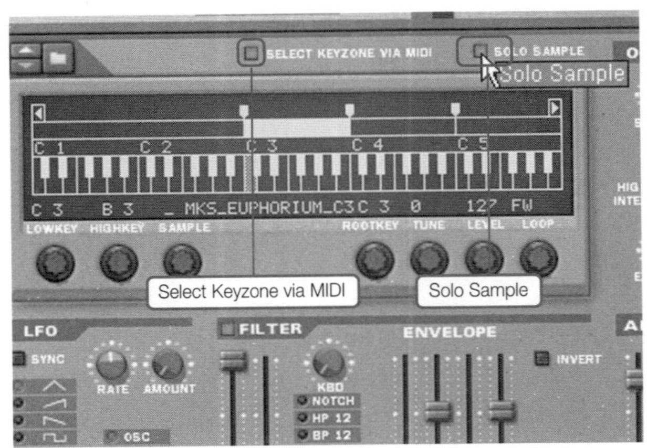

20 디스플레이 상단의 Select Keyzone via MIDI는 마스터 건반을 누를 때 해당 Zone을 자동으로 선택하는 역할을 합니다. 그리고 Solo Sample은 어떤 건반을 연주하든 선택한 Zone의 샘플을 모니터 할 수 있는 것으로 Root key를 찾을 때 효과적입니다.

2 OSC 파라미터 설정하기

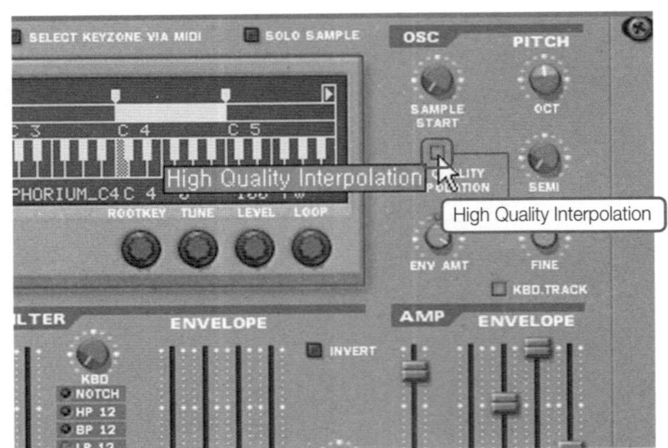

01 NN-19의 오실레이터 섹션에는 샘플의 시작 위치와 음정을 설정할 수 있는 간단한 구성으로 이루어져 있습니다. 시스템이 여유롭다면 High Quality Interpolation을 On으로 하여 사운드의 퀄리티를 높게 유지합니다.

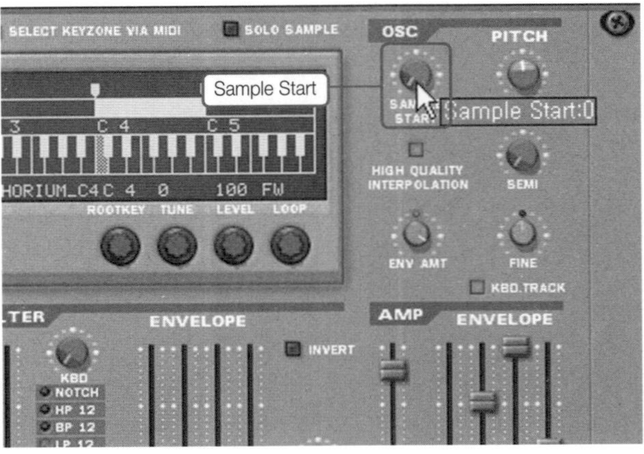

02 Sample Start는 샘플이 연주되는 위치를 조정합니다. 극단적인 예지만 1초에 심벌, 2초에 스네어 드럼, 3초에 탬버린으로 만든 샘플이 있을 때 Sample Start 노브를 조정하여 스네어 드럼과 탬버린 또는 탬버린만 연주되게 할 수 있습니다.

03 OSC 섹션의 Pitch 라인에는 사운드의 음정을 옥타브 단위(OCT), 반음 단위(SEMI), 1/100단위(FINE)로 조정할 수 있는 노브가 있습니다. 샘플을 자동으로 건반에 할당하는 [KBD. TRACK] 버튼은 ON으로 합니다. 드럼과 같이 음정이 필요 없는 샘플에서는 Off로 사용합니다.

04 오실레이터 섹션의 마지막 구성 노브인 Env AMT는 Filter 섹션의 Envelope 설정에 따른 음정의 변화를 만듭니다. Filter 섹션의 모든 엔벨로프 슬라이드를 0으로 놓고 값을 조정해보면 아무런 변화가 없다는 것을 알 수 있습니다.

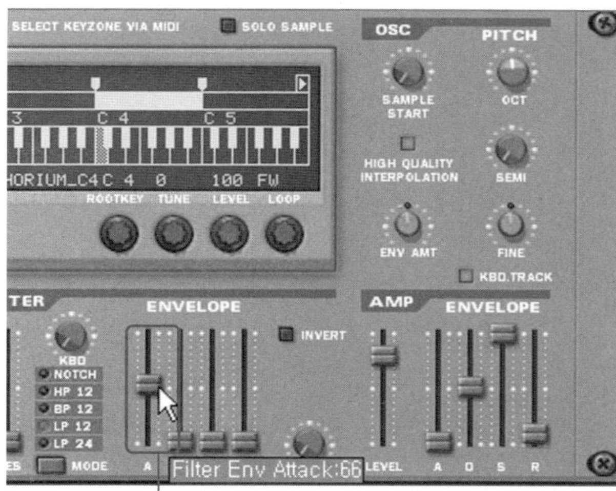

05 Filter Envelope에서 어택 값을 조정해본 후 Env.AMT 노브를 조정하면, 어택 타임에서 피치 변화가 있는 것을 알 수 있습니다. + 값은 음정이 올라가고, - 값은 내려갑니다. 실습에서는 Ctrl 키를 누른 상태에서 Env. AMT를 클릭하여 0으로 초기화 합니다.

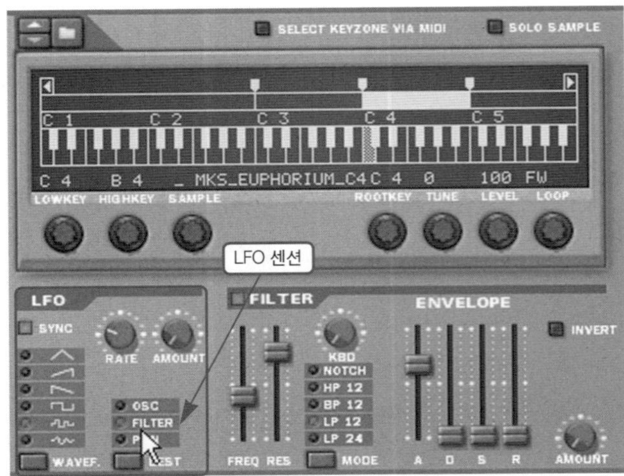

01 LFO 섹션에는 삼각, 톱니 등의 6가지 웨이브 폼과 LFO를 어떤 파라미터에 영향을 줄 것인지를 결정하는 Dist 등으로 구성되어 있습니다. 웨이브 폼은 랜덤을 선택하고, Dist는 Filter를 선택하겠습니다.

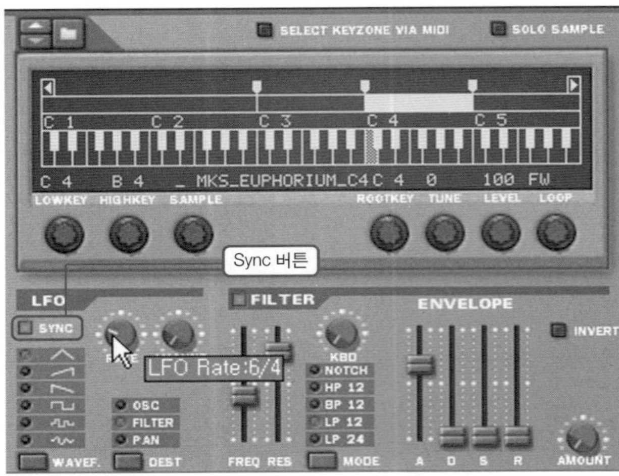

02 [Sync] 버튼을 클릭하여 템포와 동기 될 수 있게 하고, 속도를 조정하는 Rate는 6/4 정도로 조정합니다. [Sync] 버튼을 Off로 하면 Rate 단위는 0~127의 범위로 조정됩니다.

03 LFO의 적용 값을 설정하는 Amount를 24정도로 조정하고, 건반을 누른 상태에서 Filter의 FREQ를 조정해봅니다. LFO의 Dest를 Filter로 선택했으므로, Freq 값에 따라 LFO의 변화를 모니터 할 수 있습니다.

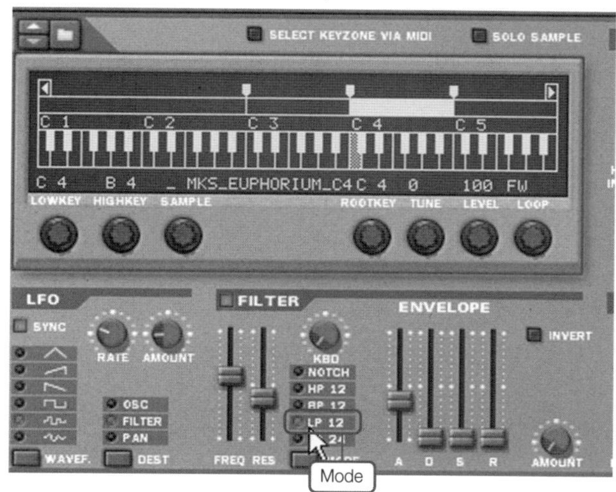

01 사운드의 차단 주파수를 설정하는 Filter 섹션에는 Notch, HP12 등 5가지 모드를 제공하고 있습니다. [Filter On/Off] 버튼을 클릭하여 On으로 하고, LP 12 모드를 선택하여 고 주파수 대역을 차단하겠습니다.

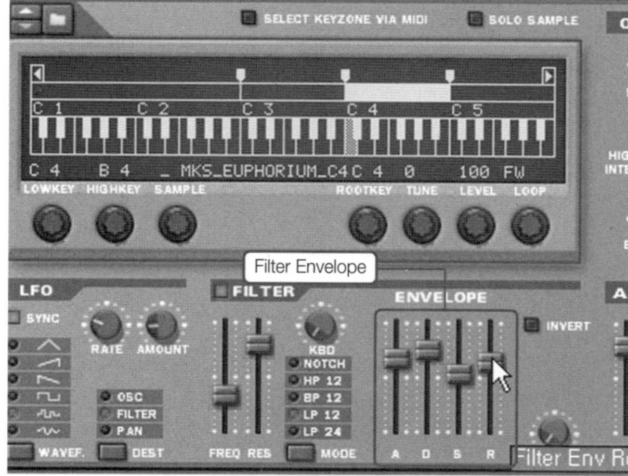

02 차단 주파수 대역을 설정하는 FREQ는 48정도로 설정하고, 범위를 설정하는 RES는 100정도로 설정하여 사운드의 저주파수 대역만을 사용하도록 설정합니다. 음정에 따라 필터의 적용 범위를 조정하는 KBD 노브는 0인 상태로 둡니다.

03 Filter Envelope의 어택(A)은 84, 디케이(D)는 95, 서스테인(S)은 66, 릴리즈(R)는 81정도로 설정하여 모든 구간에 충분한 필터 효과가 적용되게 설정합니다.

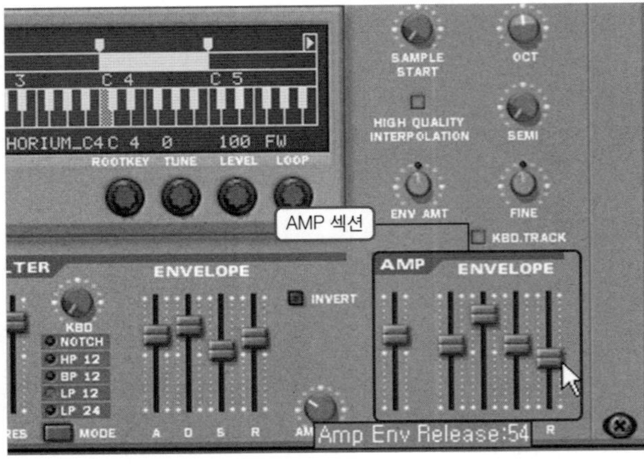

04 필터의 적용 값을 조정하는 Amount는 42정도로 설정하겠습니다. [Invert] 버튼은 Filter의 엔벨로프 설정을 반대로 적용되게 하는 역할입니다.

05 사운드의 전체 레벨을 결정하는 AMP 섹션의 Level은 82정도로 조정하고, A는 70, D는 105, S는 70, R는 54 정도로 설정하여 패드 효과를 충분히 느낄 수 있게 합니다.

5 연주 파라미터 설정하기

01 실제 연주에 영향을 미치는 기본 파라미터의 역할을 살펴보겠습니다. 고주파수 대역을 감소시켜 시스템 자원을 확보하는 목적으로 사용하는 LOW BW는 버튼을 실습에서는 사용하지 않겠지만 아날로그 잡음을 연출하는데 응용할 수 있다는 것을 기억해두기 바랍니다.

02 Spread는 사운드를 좌/우로 벌려 스테레오 효과를 증가시키는 역할을 합니다. 노브를 이용해서 범위를 조정하고, MODE에서 원하는 방식을 선택합니다. Key는 저음은 왼쪽, 고음 오른쪽으로 벌리고, Key2는 음역에 따라 패닝, Jump는 연주에 따라 패닝합니다.

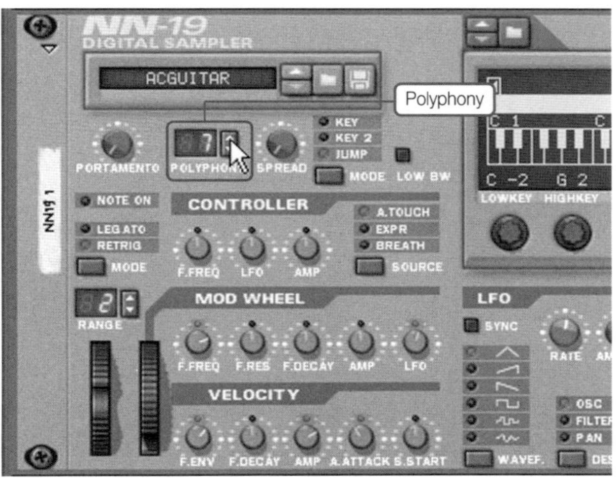

03 Polyphony은 동시 발음 수를 설정하는 것으로 실습에서는 단음을 사용하겠지만 나중에 이펙트로 인한 잔향 음이 잘리는 것을 방지하기 위해서 7정도로 여유롭게 합니다. 음과 음을 미끄러지듯 연주하는 포르타멘토 효과를 연출 Portamento는 0으로 하겠습니다.

04 Key Mode의 Legato는 노트를 레가토로 처리하여 Polyphony 이상의 노트가 연주되지 못하게 하고, Retrig는 노트가 연주될 때마다 사운드를 다시 재생하는 모드로 Polyphony 이상의 노트가 연주될 때 이전의 노트가 잘립니다. 실습에서는 Retrig 모드를 이용하겠습니다.

05 Controller 섹션에서는 F.FREQ, LFO, AMP 등을 어떤 정보에 의해서 컨트롤 할 것인지를 설정합니다. Source는 애프터 터치(A.Touch), 컨트롤 정보 11번인 익스프레션(Expr), 컨트롤 정보 2번인 (Breatch)의 3가지 중에서 선택할 수 있습니다.

06 Source에서 원하는 정보를 선택하고, Filter 섹션의 FREQ인 F.FREQ, LFO의 Amount인 LFO, 그리고 AMP 등의 변화 값을 조정합니다. 터치나 익스프레션 정보에 LOF가 적용되는 Moog 건반과 같은 효과를 연출할 때 유용합니다. 실습에서는 모든 값을 0으로 하여 사용하지 않겠습니다.

07 MOD Wheel 섹션은 모듈레이션 휠로 컨트롤할 파라미터를 설정합니다. 필터의 FREQ, RES, Decay 값을 조정할 수 있는 노브와 AMP, LFO의 Amount 값을 조정할 수 있는 5가지 노브로 구성되어 있습니다. 마스터 건반의 모듈레이션 휠을 움직여 보면서 MOD Wheel의 변화를 모니터 해봅니다.

08 마지막으로 살펴볼 섹션은 벨로서티 값에 의해서 컨트롤할 파라미터를 설정할 수 있는 Velocity 섹션입니다. 필터의 엔벨로프(F.ENV), 필터의 Decay, AMP, AMP의 어택(A.Attack), OCS의 Sample Start(S.Start)의 5가지 노브로 구성되어 있습니다.

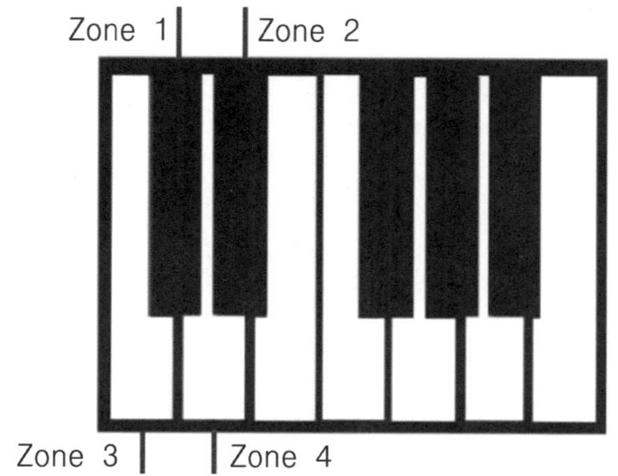

09 NN-19에서 가장 중요한 개념은 노트를 Zone의 범위로 설정할 수 있고, 각 Zone마다 Wav, Aif, Rx2 등의 샘플을 로딩하여 악기로 사용할 수 있다는 것입니다. 물론 Zone의 범위는 하나의 노트에서 전체 음역까지 자유롭게 설정할 수 있습니다.

10 NN-19의 각 파라미터를 살펴보면서 제작한 음색을 [Save Patch] 버튼을 클릭하여 저장합니다. 그러면 다른 장치에서 [Browse Patch] 버튼을 클릭하여 음색을 불러와 사용하듯 언제든지 사용자가 제작한 음색을 사용할 수 있습니다.

01 마스터 프로그램의 HH 19 트랙의 7번째 마디 위치에서 [Alt] 키를 누른 상태에서 드래그하여 두 마디 길이의 미디 파트를 만들고, 파트를 더블 클릭하여 노트를 마우스로 입력할 수 있는 키 에디터 창을 엽니다.

02 키 에디터의 노트 그림과 악보를 참조하여 앞에서 만든 Nn-19 음색을 연주할 노트를 입력합니다. 각 노트의 길이를 끝까지 연장하여 패드 효과를 충분히 연출합니다.

03 키 에디터 창을 닫고, [Alt] 키를 누른 상태에서 파트를 드래그하여 15마디, 23마디, 31마디 위치에 각각 복사합니다. 완성한 곡은 File메뉴의 Save As를 선택하여 '실습-05' 파일로 저장합니다. 리즌 4역시 같은 이름으로 저장합니다. NN-19의 학습을 마칩니다.

7 NN-XT
ADVANCED SAMPLER

버전 2.0에 추가되었기 때문에 서열로는 NN-19의 동생이지만, 멀티 레이어, 샘플 그룹 등 막강한 기능들로 무장한 NN-XT는 몇 백만 원짜리 하드웨어 샘플러를 능가하는 기능을 갖추고 있습니다. 매우 복잡한 화면으로 구성되어 있지만, 기본 개념은 앞에서 살펴본 장치들과 동일하므로 쉽게 사용할 수 있을 것입니다.

1 메인 패널 살펴보기

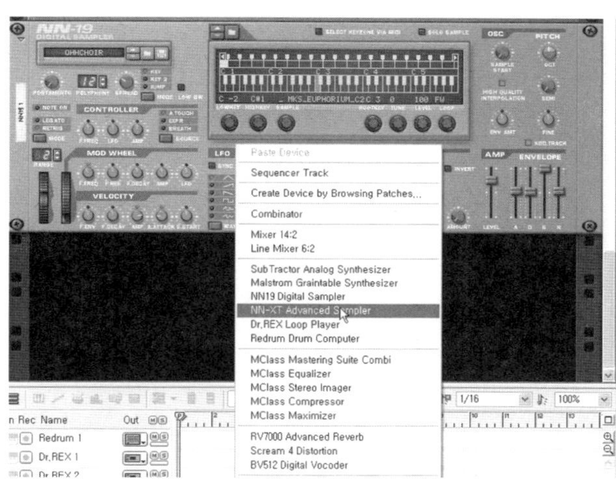

01 NN-19에서 완성한 '실습-05' 파일을 불러 옵니다. 그리고 리즌 4의 작업 공간에서 마우스 오른쪽 버튼을 클릭하여 단축 메뉴를 열고, NN-XT Advanced Sampler를 선택합니다.

02 이번 레슨에서 학습할 NN-XT가 장착되었습니다. [Browse Patch] 버튼을 클릭하여 창을 열고, Locations에서 Reason Factory Sound Bank를 선택합니다.

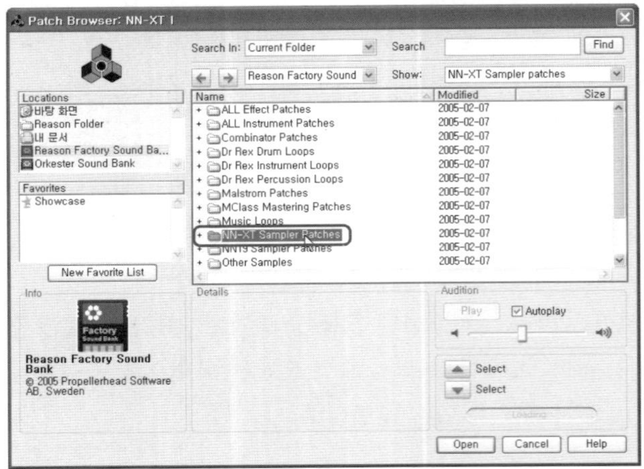

03 목록에서 NN-XT Sampler Patches 폴더를 더블 클릭하여 엽니다. 참고로 NN-XT는 자체 포맷인 sxt 외에도 NN-19용으로 만들어진 NN19 sampler Patches 폴더의smp 포맷도 불러올 수 있기 때문에 리즌 4에서 NN-19를 사용할 일은 없을 것입니다.

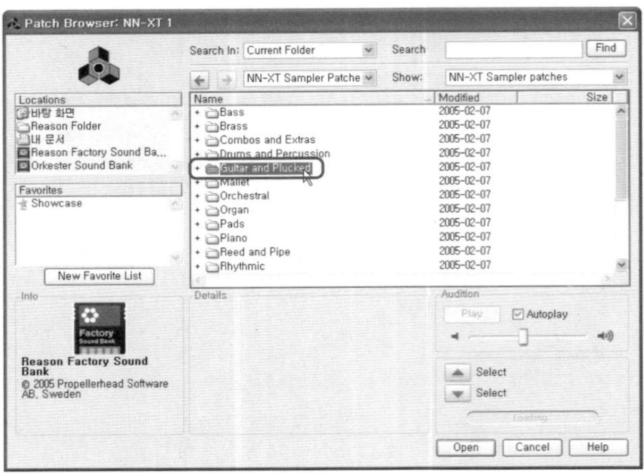

04 다른 악기에서와 마찬가지로 음색 별로 구분해놓은 폴더 목록이 보입니다. 이번에는 Guitar 라인을 입력해볼 것이므로, Guitar and Plucked 폴더를 더블 클릭합니다.

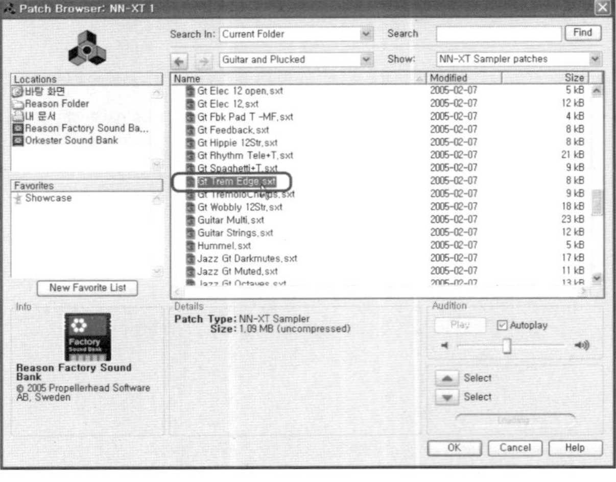

05 다양한 Guitar 음색이 있습니다. Gt Trem Edge.sxt을 더블 클릭하여 불러옵니다. 이 음색을 기본으로 샘플을 추가하고, 파라미터 값을 바꿔보겠습니다.

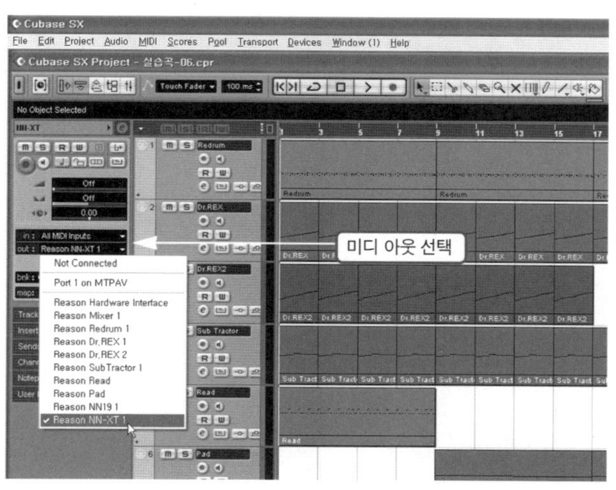

06 마스터 프로그램에서 미디 트랙을 추가하고, 미디 아웃을 새로 추가한 Reason NN-XT1을 선택합니다. 데이터를 먼저 입력하고, 곡을 연주해보면서 Gt Trem Edige.sxt 음색을 곡에 어울리게 변경해보기 위해서입니다.

07 NN-XT 트랙의 27번째 마디위치에서 Alt 키를 누른 상태로 33마디인 곡의 끝 위치까지 마우스를 드래그하여 8마디 길이의 미디 파트를 만듭니다.

08 악보를 참조하여 미디 데이터를 입력합니다. 미디 파트를 더블 클릭하여 키 에디터 창을 열고, 마우스를 이용해서 입력하거나 숫자 열의 ⊡ 키를 눌러 리얼로 입력해도 좋습니다.

09 키 에디터 창을 닫고, NN-XT 트랙의 미디 파트를 선택합니다. 그리고 키보드의 P 키를 눌러 로케이터 구간으로 설정하고, 숫자열의 / 키를 눌러 [반복] 버튼을 On으로 합니다. 새로 입력한 구간을 반복 연주해 보면서 음색을 변경해보기 위해서입니다.

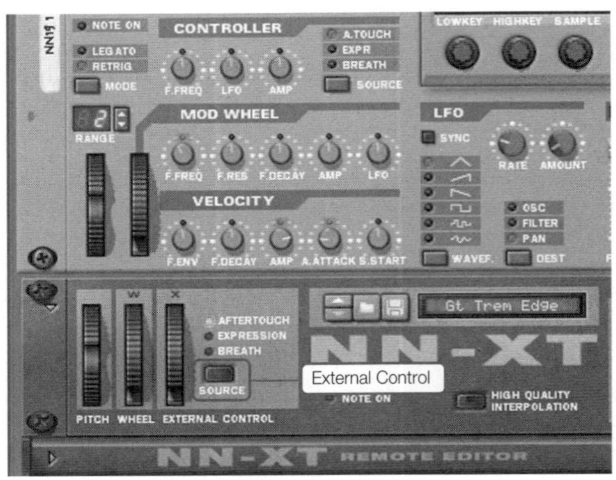

10 NN-XT 메인 패널 왼쪽에는 피치 휠로 조정되는 Pitch, 모듈레이션 휠로 조정되는 Wheel, 애프터 터치, 익스프레션(#11), 브라스(#2)의 미디 컨트롤 정보로 조정되는 External Control의 3가지 휠이 있습니다. External control를 어떤 정보로 조정할 것인지는 Source에서 선택합니다.

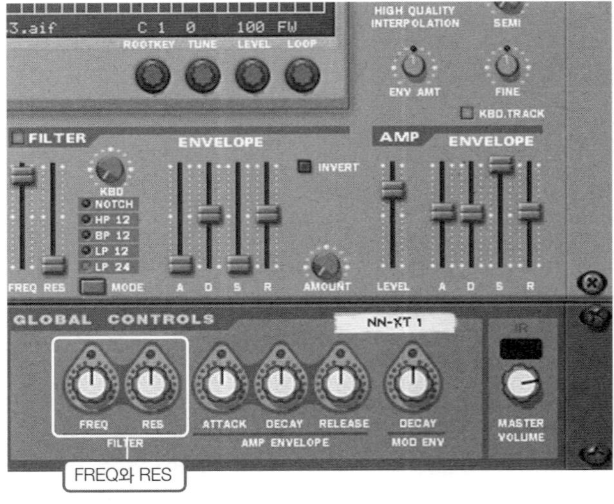

11 Global Controls의 FREQ와 RES는 필터의 Frequency와 Resonance를 조정합니다. 실습에서 불러온 Gt Trem Edge.sxt 음색은 Freq가 1.1KHz로 설정되어 있는 LP12 모드 필터가 걸려있습니다. 그래서 이 노브들의 값을 올리면 고주파수가 차단된 사운드가 만들어집니다.

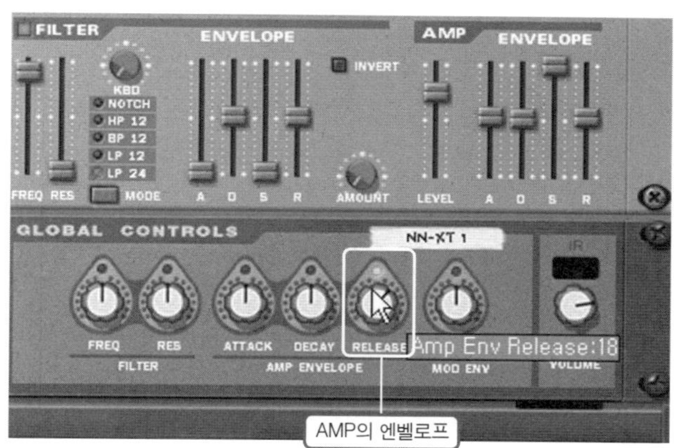

12 계속해서 Attack, Decay, Release 노브는 AMP의 엔벨로프를 조정합니다. 실습에서는 Release값을 18정도로 조정하여 사운드의 여운이 남게 하겠습니다.

13 그 밖에 MOD Envelope의 디케이 값을 조정할 수 있는 Decay 노브가 있고, NN-XT의 마스터 볼륨을 조정하는 Master Volume 노브가 있습니다. 지금 살펴본 메인 패널의 노브들의 속성은 편집 창에서 설정합니다. 왼쪽에 삼각형 모양의 [편집 창 열기] 버튼을 클릭합니다.

2 키 맵 창 살펴보기

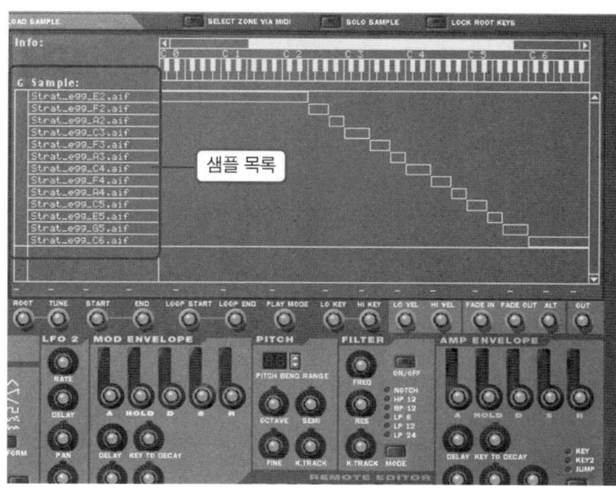

01 편집 창에서 가장 큰 범위를 차지하고 있는 키 맵 창은 음색 소스가 되는 샘플이 배치된 Zone을 표시하거나 편집할 수 있는 역할을 합니다. 실습중인 Gt Trem Edige.sxt 음색은 strat_egg_E2.aif에서부터 Strat_e99_C6까지 13개의 샘플로 만들어졌다는 것을 알 수 있습니다.

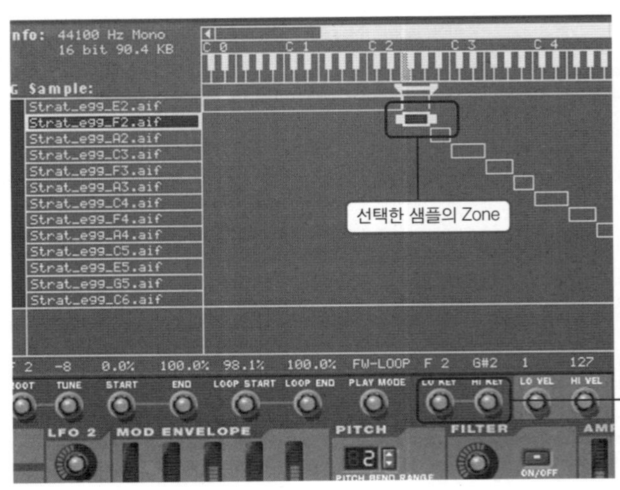

각 샘플을 마우스로 클릭해보면 키 맵 창의 **02** Zone이 자동으로 선택되어 어떤 노트에 얼만큼의 범위로 할당되어 있는지 확인할 수 있습니다. 노트의 범위는 상단의 건반 그림 보다는 하단의 Lo Key와 Hi key로 확인하는 것이 정확합니다.

03 NN-19에서는 Zone이 가로로 나열되어 있는데, NN-XT는 세로로 나열되어 있다는 차이점을 발견할 수 있습니다. NN-19는 하나의 건반에 하나의 샘플만 할당할 수 있지만, NN-XT는 하나의 건반에 사용자가 필요한 만큼의 샘플을 겹쳐놓을 수 있는 멀티 레이어 기능을 지원합니다. 즉, 피아노와 바이올린 샘플을 겹쳐놓아 합성된 사운드를 만들거나 벨로서티 64 이하에서는 Close. HH이 연주되고, 65 이상에서는 Open. HH이 연주되게 하는 등의 음원을 만들 수 있습니다.

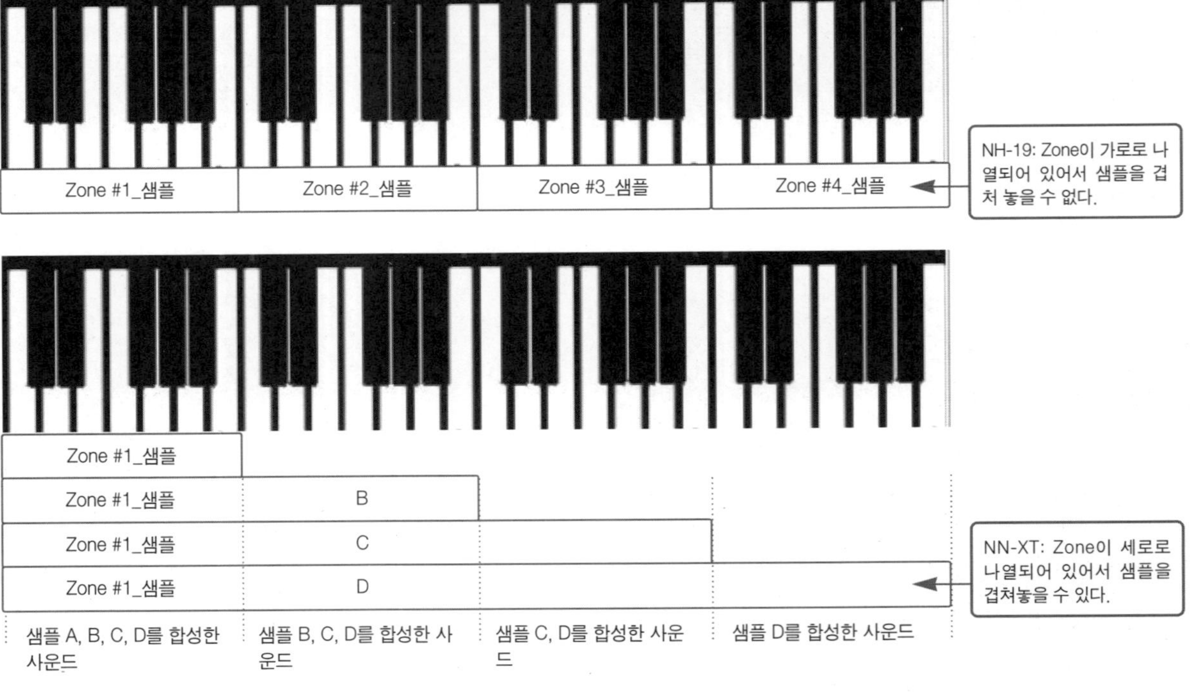

04 레이어 기능을 이용해서 샘플을 합성해보겠습니다. 키 맵 창 빈 공간을 클릭하여 선택된 샘플이 없게 합니다. 선택한 샘플이 있을 경우에는 해당 샘플이 불러오는 샘플로 변경됩니다. [Browse Sample] 버튼을 클릭합니다.

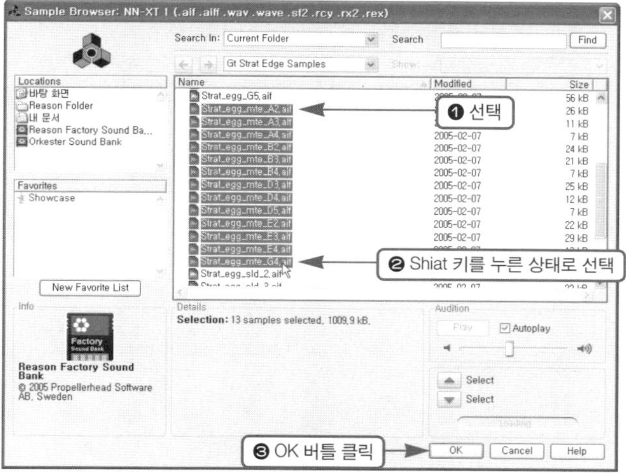

05 Gt Trem Edige.sxt 음색을 불러왔던 샘플 폴더가 열립니다. Start_egg_mte _A2.aif를 선택하고, Shift 키를 누른 상태에서 Start_egg_mte_G4.aif를 클릭하여 13개의 샘플을 모두 선택합니다. 그리고, [OK] 버튼을 클릭하여 불러옵니다.

06 C1에서 C6 범위까지 Zone을 만들고 있습니다. 즉, 어떤 건반을 연주해도 13의 샘플이 동시에 연주된다는 의미입니다. Edit 메뉴의 [Group Selected Zones]을 선택하여 불러온 13개의 샘플을 하나의 그룹으로 만듭니다.

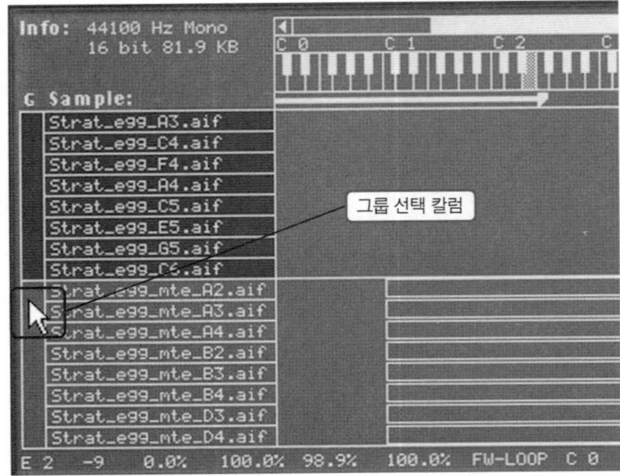

07 불러온 샘플과 그 전에 있던 샘플이 그룹으로 구분됩니다. 이것 역시 NN-XT의 장점입니다. 사용자가 원하는 샘플들을 하나의 그룹으로 만들어두면 키 맵 창의 G 라인을 클릭하여 그룹에 속해있는 샘플을 한번에 선택할 수 있습니다.

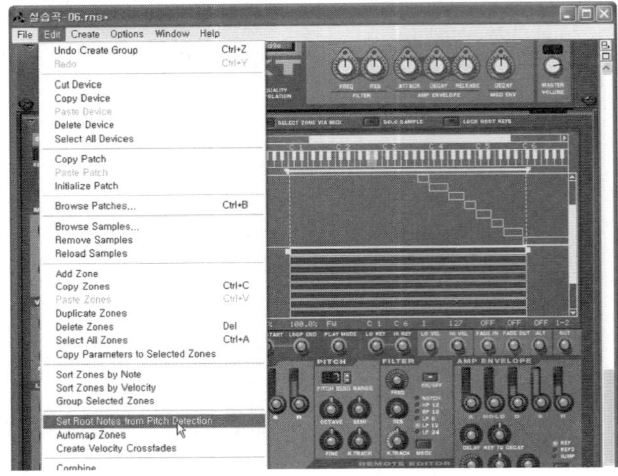

08 새로 만든 그룹을 선택하여 불러온 모든 샘플을 모두 선택하고, Edit 메뉴의 [Set Root Notes from Pitch Detection]을 선택합니다. 불러온 샘플의 루트 음을 자동으로 검색하는 명령입니다.

09 샘플의 루트 음을 검색한 후에는 Edit 메뉴의 [Automap Zone]을 선택합니다. Zone을 샘플의 루트 음을 기준으로 각 건반에 자동으로 배치하는 명령입니다.

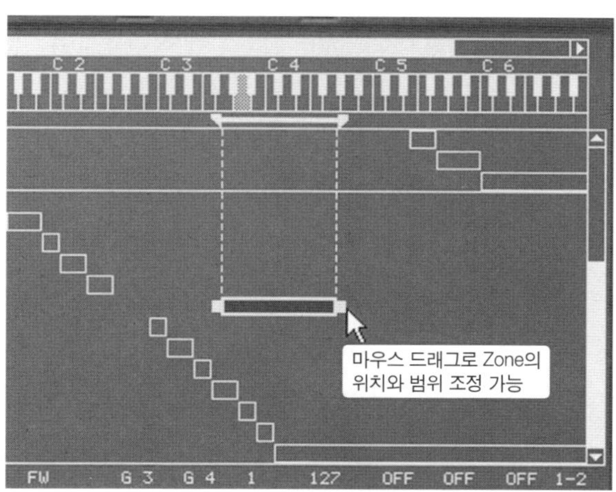

10 실습에서는 샘플 Zone의 위치와 길이를 자동을 배치했지만, 수동으로 배치해야 할 경우도 많습니다. Zone을 선택하여 좌/우로 드래그하면 위치를 변경할 수 있고, 양 끝 부분을 드래그하면 노트의 범위를 조정할 수 있습니다.

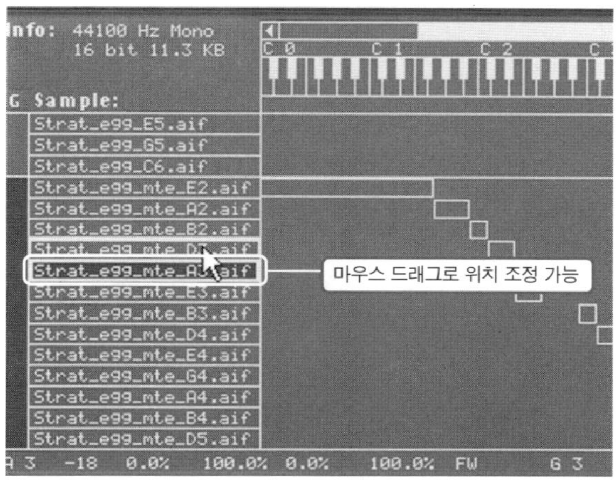

11 샘플 목록은 위/아래로 드래그하여 위치를 변경할 수 있고, 이름을 더블 클릭하면 해당 샘플을 변경할 수 있는 Sample Browser 창을 열 수 있다는 것도 기억하고 있어야 할 것입니다.

3 샘플 파라미터 살펴보기

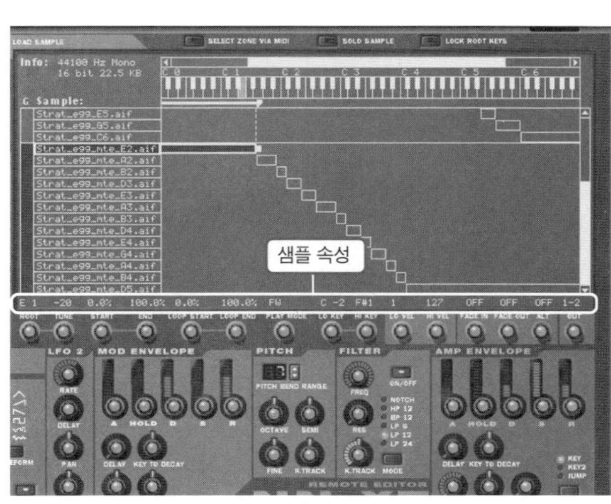

01 수동으로 Zone을 편집하는 방법을 실습해 보았다면, Ctrl 키를 누른 상태에서 실험한 수만큼 Z 키를 눌러 실험 전의 상태로 되돌립니다. 그리고 적당한 Zone을 선택해보면, 키 맵 창 하단에 있는 샘플 파라미터에서 속성을 확인할 수 있습니다.

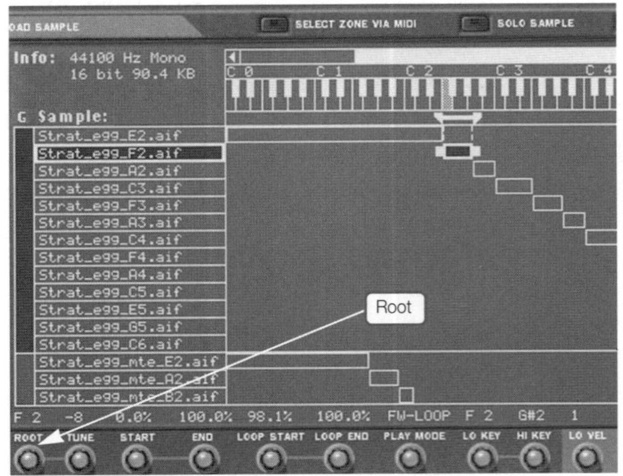

02 첫 번째 Root 파라미터는 선택한 샘플에 설정되어 있는 루트 키를 표시합니다. NN-XT에서 샘플을 사용할 때는 언제나 샘플이 만들어진 루트 키를 지켜주는 것이 좋습니다. 즉, C2로 녹음한 샘플을 사용한다면 노브를 조정하여 C2로 설정합니다.

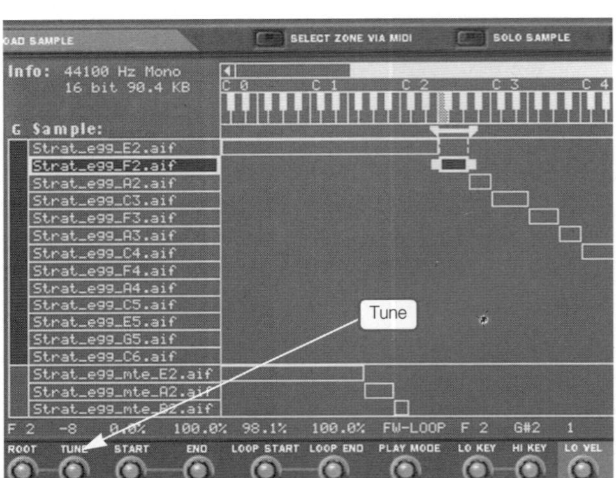

03 Tune은 선택한 샘플의 음정을 1/100 등분 단위로 조정합니다. 샘플을 제작할 때는 Sound Forge나 ReCycle에서 음정을 미리 조정하기 때문에 NN-XT에서 사용할 경우는 없겠지만, Turn 노브의 역할은 알아두기 바랍니다.

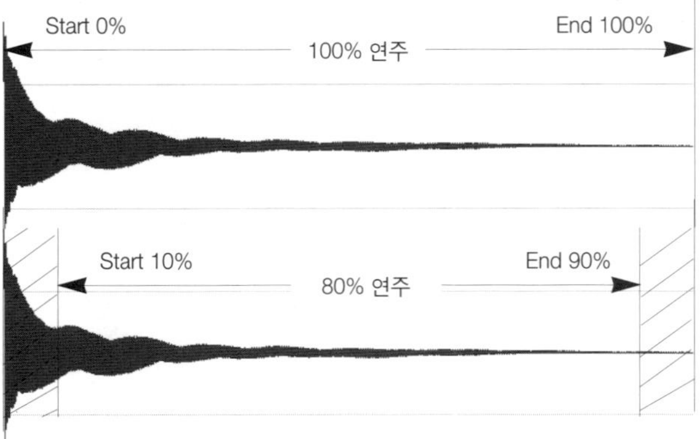

04 Start와 End 노브는 샘플이 연주되는 시작 지점과 끝 지점을 퍼센트 단위로 설정합니다. 즉, 샘플의 총 길이를 100%로 봤을 때, Start를 10%, End를 90%로 설정하면 샘플의 시작 지점 10%와 끝 지점 10%는 사용하지 않는 것입니다.

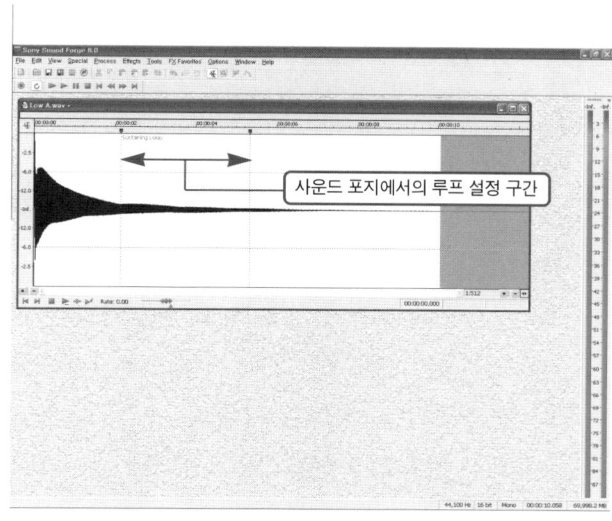

05 Sound Forge나 ReCycle에서 샘플을 제작할 때는 루프 구간을 설정하여 1초 길이의 샘플만으로도 연주자가 원하는 길이로 연주할 수 있게 하는 것이 기본입니다. Loop Star와 Loop End는 샘플에 설정되어 있는 루프 구간을 100%로 하여 사운드가 반복될 때의 시작 위치와 끝 위치를 설정하는 것입니다.

06 Play Mode 노브는 루프 구간을 어떻게 연주하게 할 것인지를 선택합니다. 처음부터 끝까지 연주하는 FW, 루프 구간을 반복하는 FW-Loop, 처음에서 끝으로 연주했다가 끝에서 처음으로 연주하는 FW-BW, 루프 구간을 반복하다가 건반에서 손을 떼는 릴리즈 타임에서 루프 구간 끝 지점으로 이동하여 연주하는 FW-SUS, 그리고 끝에서 처음으로 연주하는 BW의 5가지 모드가 있습니다. 가장 많이 사용하는 모드는 FW-Loop로 샘플을 불러올 때 기본 값으로 설정됩니다.

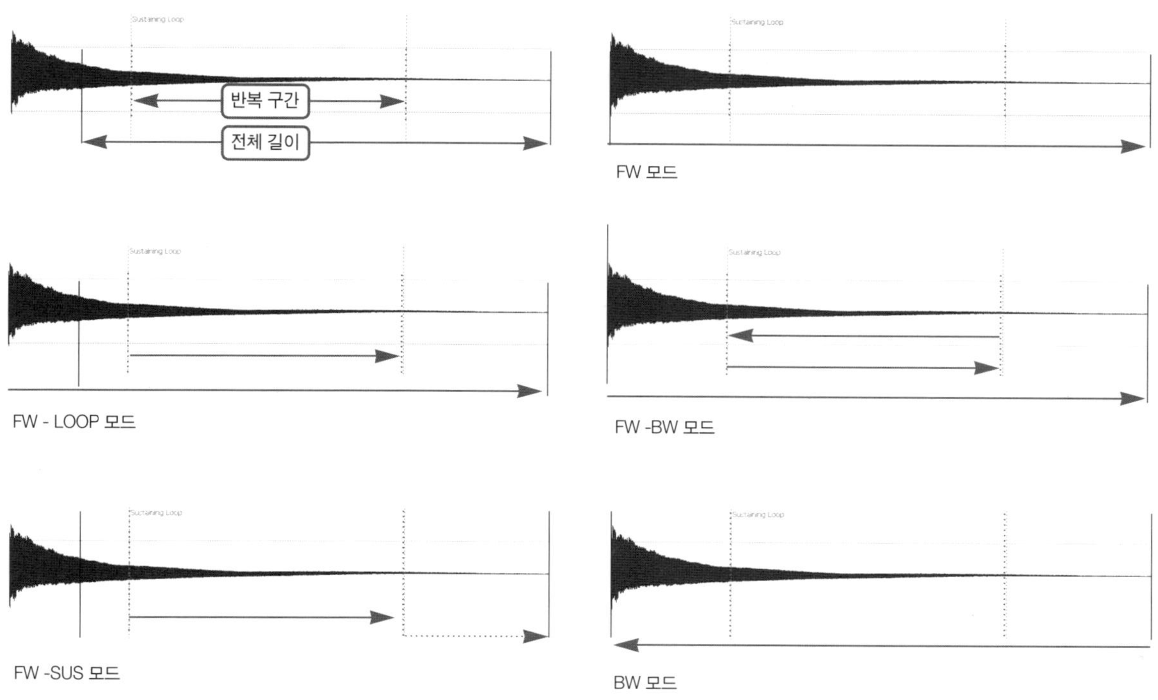

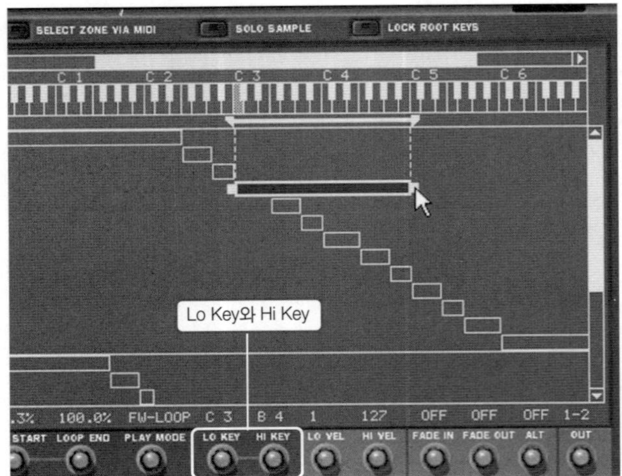

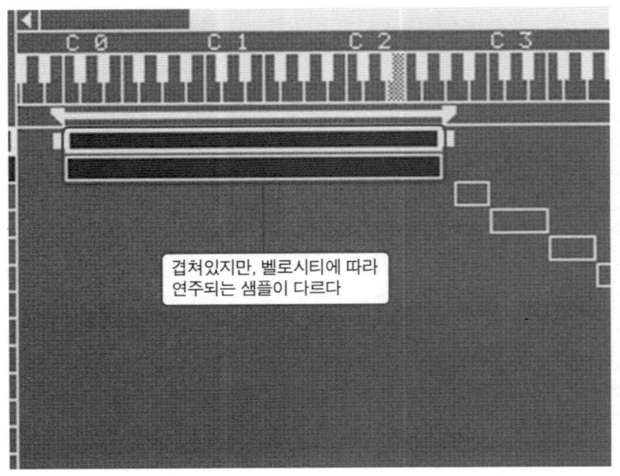

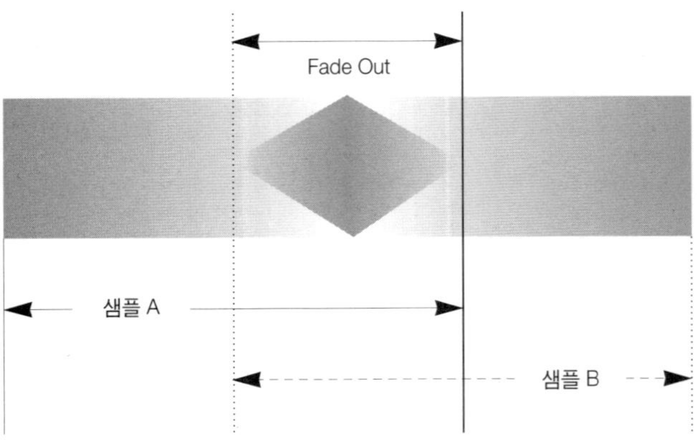

07 Lo Key와 Hi key는 선택한 샘플 Zone의 범위를 나타냅니다. 노브를 움직여 값을 조정해 보거나 Zone의 양끝을 드래그하여 범위를 조정해보면, 각 노브의 역할을 확인할 수 있습니다.

08 Lo Vel과 Hi Vel은 선택한 샘플이 연주되는 벨로서티의 범위를 설정합니다. 같은 노트에 C. HH과 O.HH의 샘플을 겹쳐놓고, C.HH의 Lo Vel은 1, Hi Vel은 80으로 설정하고, O.HH의 Lo Vel은 81, Hi Vel은 127로 설정하면, 1~80의 세기로 건반을 연주하면 C.HH 소리가 연주되고, 81~127의 세기로 연주하면 O.HH이 연주되는 음색을 만들 수 있는 것입니다.

09 A와 B의 샘플을 겹쳐놓고, A샘플은 벨로서티를 1~80, B샘플은 81~127로 설정해놓았다고 가정합니다. 타악기의 경우에는 큰 문제가 되지 않지만, 터치에 따라 미묘하게 변하는 사운드를 표현하기 위해서 샘플을 겹쳐놓았다면, 80과 81의 음색차이가 두드러지게 표현되는 것이 부자연스럽습니다. 그러나 샘플 A의 벨로서티를 1~85, B 샘플을 75~127로 설정하고, 두 샘플의 벨로서티가 겹치는 75~85 범위를 페이드 인/아웃으로 처리하면 샘플을 보다 자연스럽게 연주할 수 있습니다. 이것을 처리할 수 있는 파라미터가 Fade In과 Fade Out 노브입니다. 즉 A 샘플의 Fade Out을 85, B 샘플의 Fade In을 75로 설정하여 75~85의 세기로 연주하는 노트에서 두 샘플이 자연스럽게 겹치게 하는 것입니다.

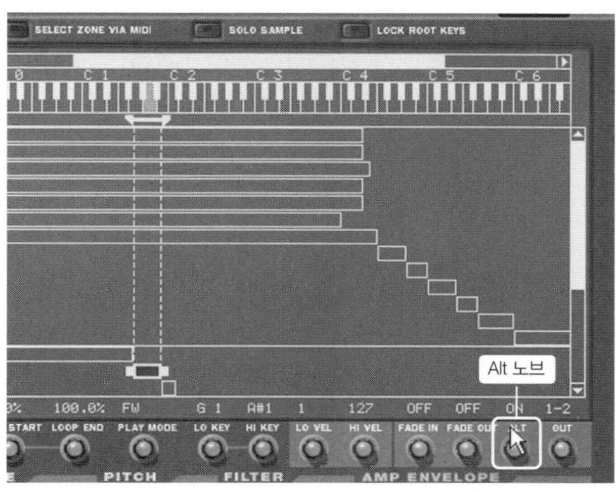

10 Alt 노브는 On/Off 역할만 합니다. Alt를 On 으로 하면 건반을 연주할 때 마다 겹쳐있는 샘플을 각각 연주합니다. 타악기나 민속 악기 등 터치에 따라 미묘하게 변하는 사운드를 만들고 싶을 때 유용합니다.

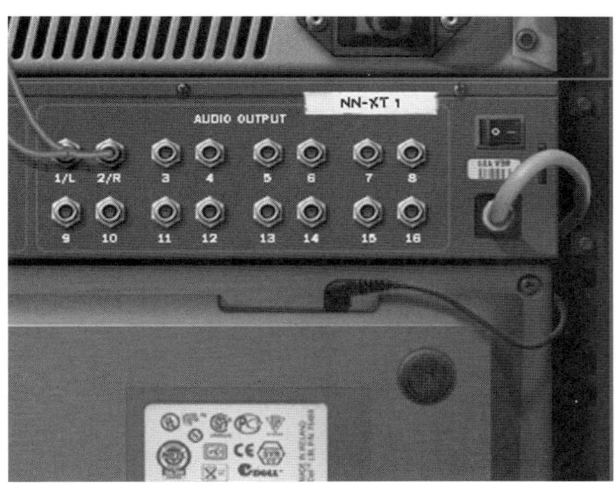

11 Tab 키를 눌러 뒷면을 보면 알 수 있듯이 NN-XT는 16채널의 아웃 라인을 제공하고 있습니다. 그리고 OUT 노브에서 선택한 샘플을 어떤 라인으로 재생되게 할 것인지를 선택할 수 있습니다. 그룹 마다 서로 다른 음색을 사용하거나 드럼 악기를 라인으로 분리하고 싶을 때 등 다양한 용도로 사용할 수 있습니다.

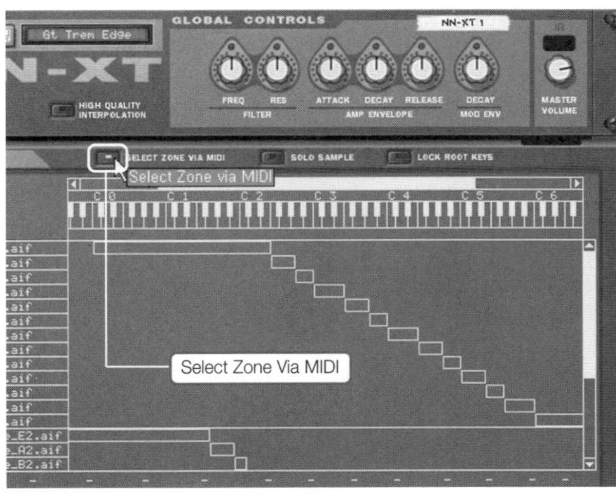

12 키 맵 창 상단의 [Select Zone Via MIDI] 버튼을 On으로 하면 마스터 건반을 누를 때, 해당 노트에 배치되어 있는 Zone을 자동으로 선택합니다. 편집할 Zone을 마스터 건반으로 찾을 수 있어 편리합니다.

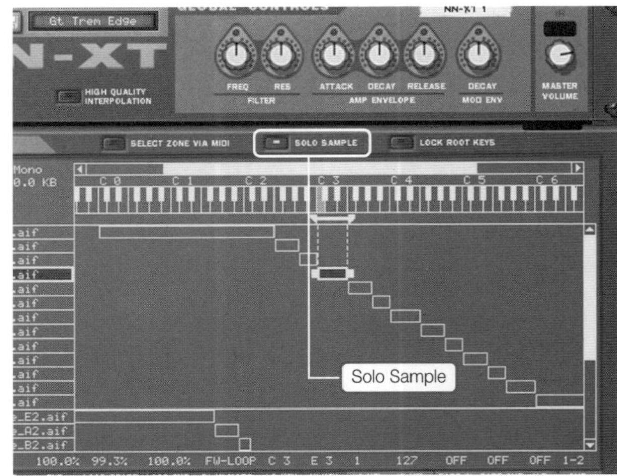
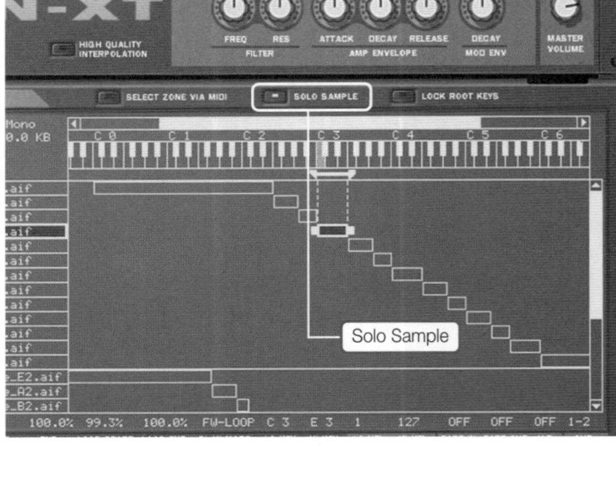

13 [Solo Sample] 버튼을 On으로 하면, 어떤 건반을 연주하든지 선택한 Zone의 사운드를 모니터 할 수 있습니다. 선택한 Zone을 노트에 배치하기 전에 사운드를 모니터 해볼 수 있어 편리합니다. 단, 이 버튼을 On으로 하면 Select Zone Via MIDI의 기능이 일시적으로 정지됩니다.

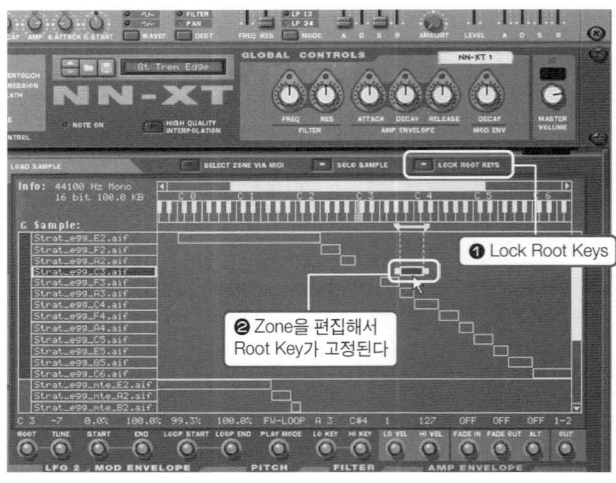

14 [Lock Root Keys] 버튼은 선택한 Zone의 루트 Key를 고정합니다. Zone을 좌/우로 이동시켜 보면 해당 Zone의 루트 음이 함께 변경되는 것을 알 수 있는데, Lock Root Keys를 On으로 한 다음에 Zone을 편집하면 Root Key를 재설정 할 필요가 없어 편리합니다.

01 선택한 샘플의 사운드를 변형할 수 있는 신디 파라미터는 Modulation, Velocity, LFO1 & 2, MOD Envelope, Pitch, Filter, AMP Envelope 의 8가지 섹션으로 구성되어 있습니다. 각 파라미터를 설정하기 전에 Alt + A 키를 눌러 샘플을 선택해야 모든 샘플에 원하는 설정 값을 동일하게 적용할 수 있습니다.

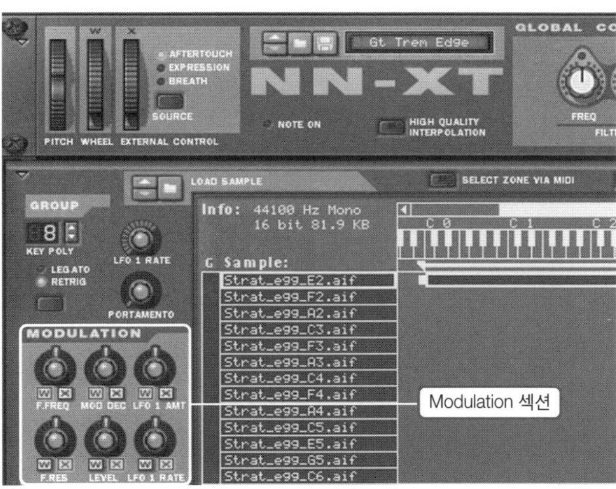

02 Modulation 섹션의 각 노브 아래쪽을 보면 W와 X 표시가 되어 있는 버튼이 있고, 모듈레이션 휠과 External Control 휠 상단에도 W와 X 표시가 있습니다. 즉, Modulation 섹션의 어떤 노브를 어떤 휠로 조정하게 할 것인지를 W와 X 버튼으로 선택하는 것입니다.

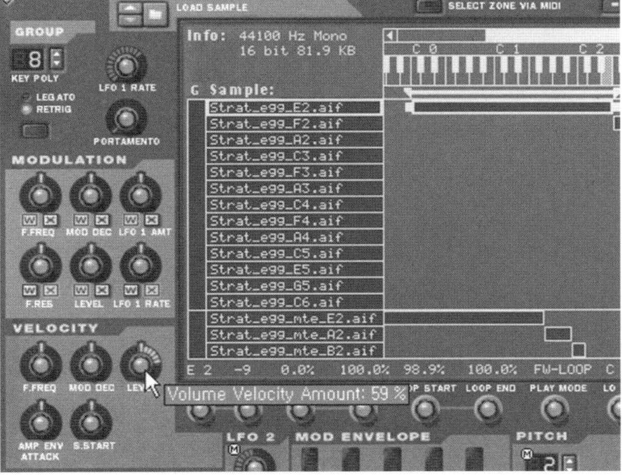

03 Modulation 섹션에는 Filter 섹션의 FREQ를 조정하는 F.FREQ, MOD Envelope 섹션의 Decay 를 조정하는 MOD DEC을 비롯해서 총6가지 노브로 구성되어 있습니다. 여기서 값을 설정하면, 해당 파라미터를 모듈레이션 휠이나 External Control로 컨트롤 할 수 있는 것입니다.

노브	역할
F.FREQ	Filter 섹션의 FREQ를 Wheel이나 External Control로 컨트롤 한다.
MOD. DEC	MOD Envelope 섹션의 디케이(D)를 Wheel이나 External Control로 컨트롤 한다.
LFO1 AMT	LFO 1 섹션의 양을 Wheel이나 External Control로 컨트롤 한다.
F.RES	Filter 섹션의 RES를 Wheel이나 External Control로 컨트롤 한다.
LEVEL	AMP Envelope 섹션의 Level를 Wheel이나 External Control로 컨트롤 한다.
LFO 1 RATE	LFO 1 섹션의 Rate를 Wheel이나 External Control로 컨트롤 한다.

노브	역할
F.FREQ	Filter 섹션의 FREQ를 벨로서티로 컨트롤 한다
MOD. DEC	MOD Envelope 섹션의 디케이(D)를 벨로서티로 컨트롤 한다.
LEVEL	AMP Envelope 섹션의 Level를 벨로서티로 컨트롤 한다
AMP ENV ATTACK	AMP Envelope 섹션의 어택(A)을 벨로서티로 컨트롤 한다.
S.START	샘플 파라미터의 START를 벨로서티로 컨트롤 한다

04 예를 들어, F.FREQ를 100%로 설정하면 모듈레이션 휠을 올릴 때, Filter 섹션의 FREQ 값을 최대로 설정한 것과 동일한 사운드가 들리는 것입니다. Modulation 섹션의 각 노브 역할은 다음과 같습니다.

05 Velocity 섹션에는 F.FREQ, MOD DEC LEVEL 등을 벨로서티로 컨트롤 할 것인지의 여부를 결정할 수 있는 5가지 노브로 구성되어 있습니다. 여기서 어떤 값을 주면 해당 파라미터를 노트의 세기인 벨로서티로 컨트롤 할 수 있는 것입니다.

06 예를 들어, AMP Envelope의 Level값이 0dB일 때, Velocity의 Level를 59%로 설정하면 노트를 가장 세계 연주할 때의 0dB과 무음일 때의 차이를 59%로 제한하는 것입니다. Velocity 섹션의 각 노브 역할은 다음과 같습니다.

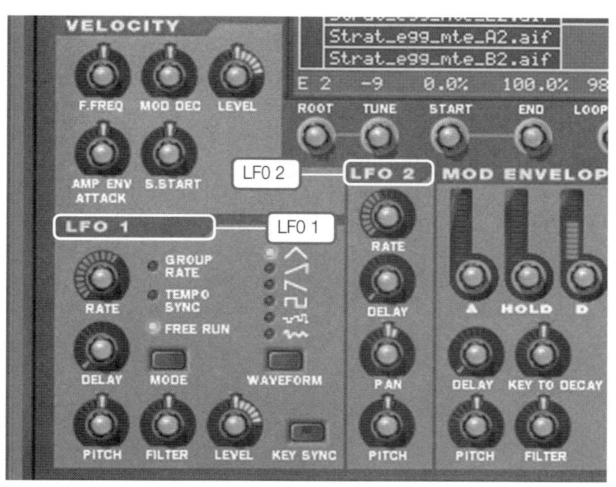

07 NN-XT의 LFO는 실제 저주파수를 만드는 것이 아니라 샘플의 오실레이터를 조절하는 역할을 하는 것으로 사운드를 변형하기 보다는 비브라토 효과를 만듭니다. 그래서 LFO1과 LFO2는 서로 연동하여 동작합니다.

08 LFO1은 삼각파, 톱니파 등의 6가지 웨이브 폼을 선택할 수 있지만, LFO 2는 항상 삼각파로만 작동합니다. 실습에서는 LFO2와 동일한 파형을 만들 수 있게 LFO1을 삼각파로 선택하겠습니다.

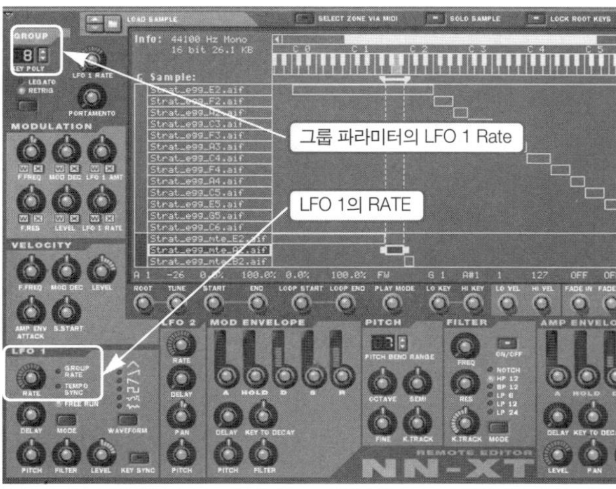

09 LFO1의 RATE는 선택한 모드에 따라 작동 방법이 달라지는데, 다른 장치에서와 같이 템포에 속도를 맞추는 Tempo Sync와 자유롭게 발생하게 하는 Free Run 모드 외에도 그룹 파라미터의 LFO 1 RATE로 권한을 넘기는 Group Rate 모드가 있습니다.

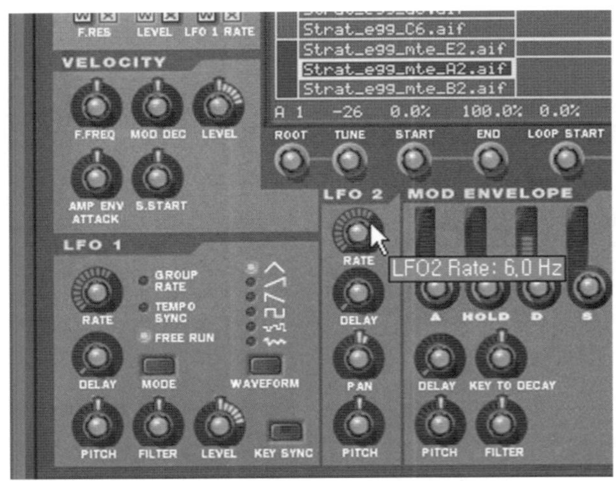

10 LFO2의 Rate는 Free Run 모드로 동작합니다. 실습에서는 LFO1과 LFO2의 Rate를 6.0Hz로 설정하고, LFO1의 MODE를 Free Run으로 하겠습니다. LFO1과 LFO2의 Rate와 모드를 일치시킨 것입니다.

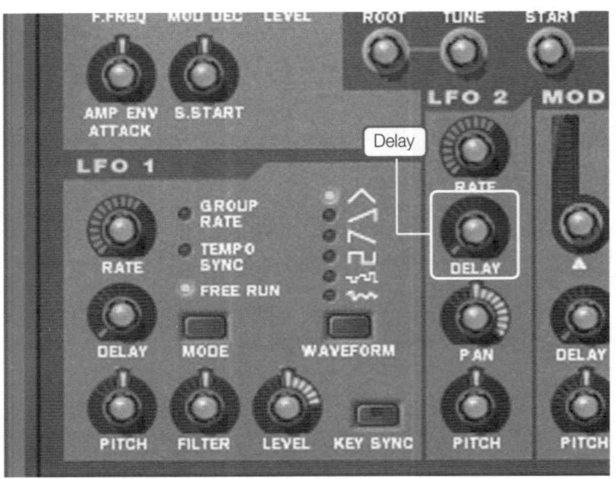

11 Delay는 건반을 연주할 때, LFO가 동작하는 시점을 최대 10초까지 지연시킬 수 있는 역할을 하는 것으로 LFO1과 LFO2 모두 갖추고 있습니다. 실습에서는 Delay값을 사용하지 않겠습니다.

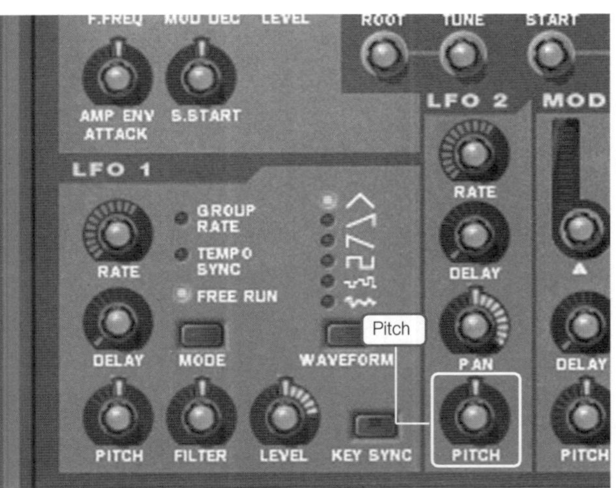

12 Pitch는 LFO의 음정을 조절하는 것으로 주기적의 음정의 변화로 인해서 비브라토의 크기를 조절할 수 있습니다. LFO1과 LFO2 모두 최대 2400Cent 범위로 조절할 수 있습니다. 50Cent가 반음이므로 최대 4옥타브 범위입니다.

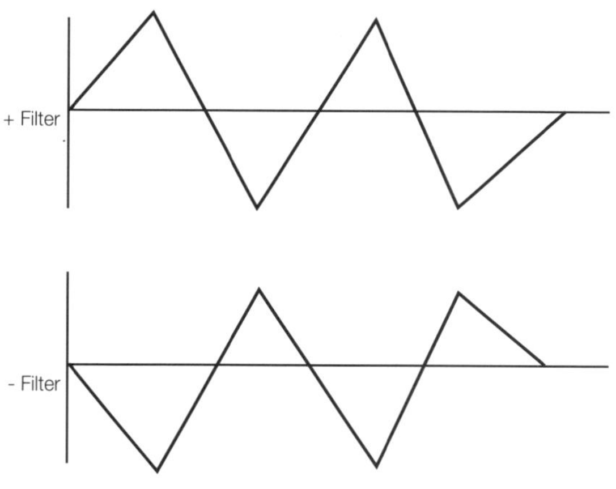

13 LFO1 섹션에만 있는 Filter 노브는 Filter Frequency를 LFO에 얼마만큼 적용할 것인지를 퍼센트 단위로 조절합니다. 단, - 값은 Filter를 차단하는 것이 아니라 주기를 반대로 적용한다는 점에 주의하기 바랍니다.

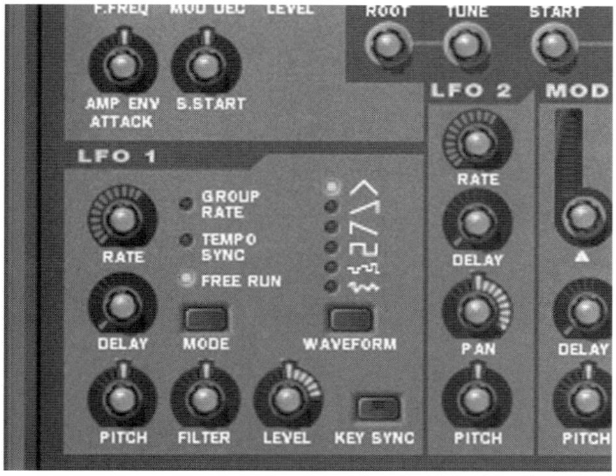

14 그 밖에 LFO1에는 볼륨을 조절할 수 있는 Level과 LFO를 노트 시작 점에 맞추는 [Key Sync] 버튼이 있습니다. LFO2에는 팬을 조정할 수 있는 Pan 노브가 있습니다. Pan을 조정해보면서 실습을 해보고, Ctrl 키를 누른 상태로 클릭하여 초기화합니다.

15 MOD Envelope 섹션에는 Pitch나 Filter를 엔벨로프 단위로 변형할 수 있는 역할을 합니다. 이해를 위해 간단한 실습을 하겠습니다. 어택(A)를 1초 정도 (1.00s)로 하고, Hold를 모두 올립니다. 그리고, Pitch를 600 Cent 정도로 조정을 합니다.

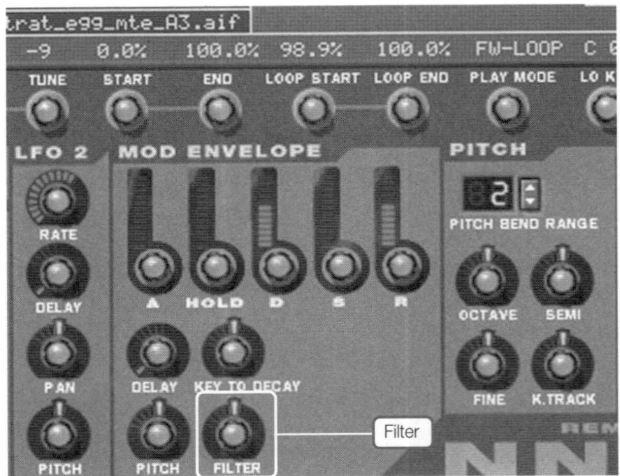

16 이제 건반을 연주해보면 어택 타임인 1초 동안 피치가 한 옥타브 올라가고, Hold 타임 동안 머무는 것을 들을 수 있습니다. 즉, 다른 장치에서 보지 못했던 Hold는 어택 타임 후 최고 지점을 잡아 놓는 역할을 한다는 것과 Pitch나 Filter를 엔벨로프로 형태로 변형할 수 있다는 것을 알 수 있습니다.

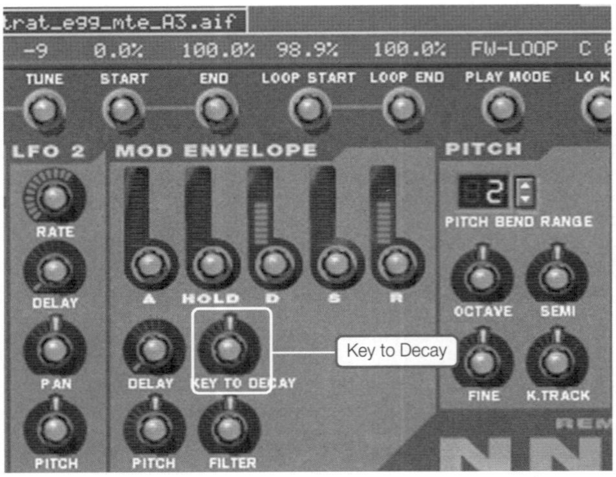

17 그 외 피치와 필터의 변화 시간을 지연하는 Delay와 키보드 위치에 따라 Decay 값을 할당하는 Key to Decay 노브가 있습니다. 실습에서는 사용하지 않을 것이므로, Pitch와 Filter를 모두 0으로 초기화 합니다.

18 Pitch 섹션에는 피치 휠의 범위를 설정할 수 있는 Pitch Bend Range와 샘플의 음정을 Octave, Semi, Fine 단위로 조정할 수 있는 노브가 있습니다. 다른 장치에서 보지 못했던 KTrack 노브는 C3를 기준으로 건반의 음정 간격 Cent 단위로 조정합니다.

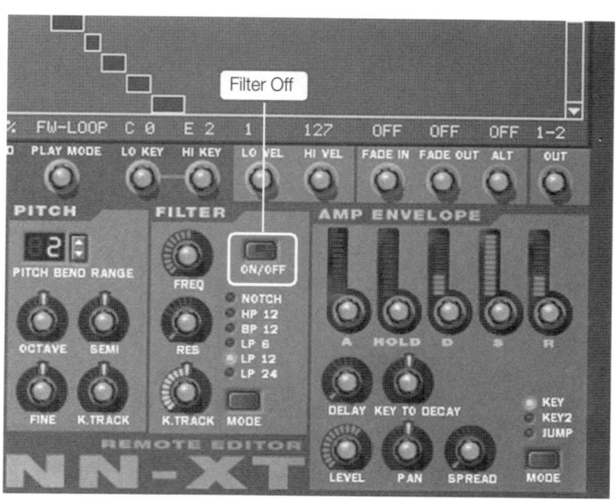

19 여러 장치를 살펴보면서 이제는 Filter가 어떤 역할을 하는지 충분히 알 수 있을 것입니다. 다른 장치에서와 마찬가지로 FREQ, RES, K.TRACK, MODE 선택 버튼으로 구성되어 있습니다. 실습에서는 필터를 Off하여 사용하지 않겠습니다.

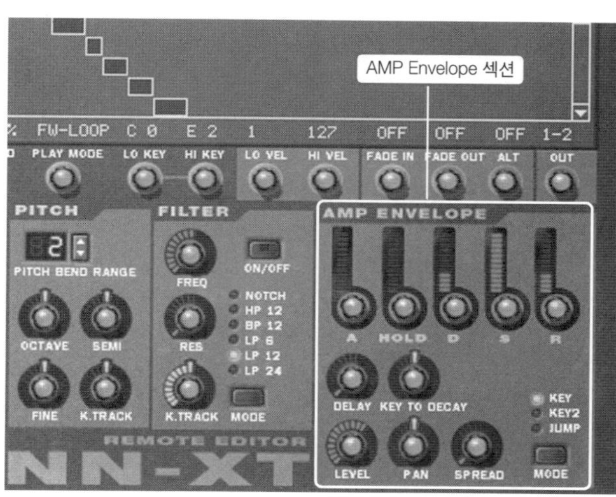

20 신디 파라미터의 마지막인 AMP Envelope 섹션은 볼륨의 엔벨로프를 설정합니다. MOD Envelope에서와 같이 최고 지점에서 원하는 시간만큼 잡아줄 수 있는 Hold 타임이 있습니다. 실습에서는 A는 0.5ms, Hold는 Off, D는 60ms, S는 0dB, R은 60ms로 설정하겠습니다.

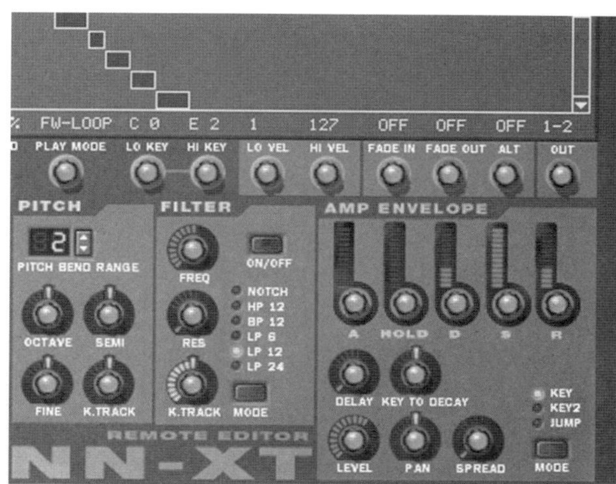

21 그 외 엔벨로프를 지연하는 Delay, 키보드 위치에 따라 디케이 값을 할당하는 Key to Deacy, 전체 볼륨인 Level, 좌/우 재생 위치를 설정하는 Pan, 스테레오 효과를 만드는 Spread 노브가 있습니다.

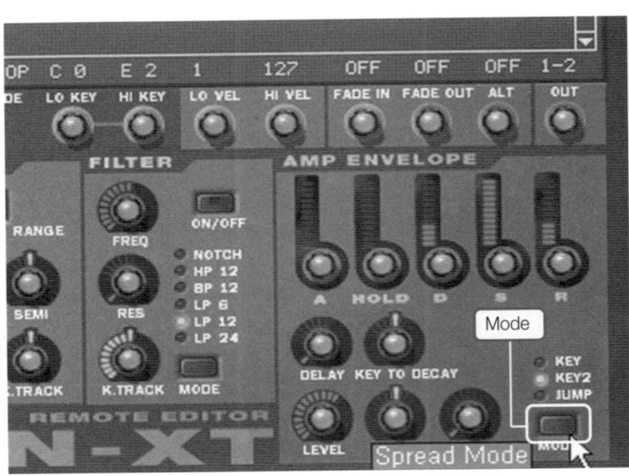

22 Spread 효과는 우측의 선택 Mode에 따라 달라집니다. Key는 저음과 고음을 좌/우로 나누고, Key2는 건반 위치의 반대쪽에서 패닝을 시작합니다. 그리고 Jump 모드는 건반을 연주할 때마다 좌/우로 패닝을 합니다.

5 그룹 파라미터 살펴보기

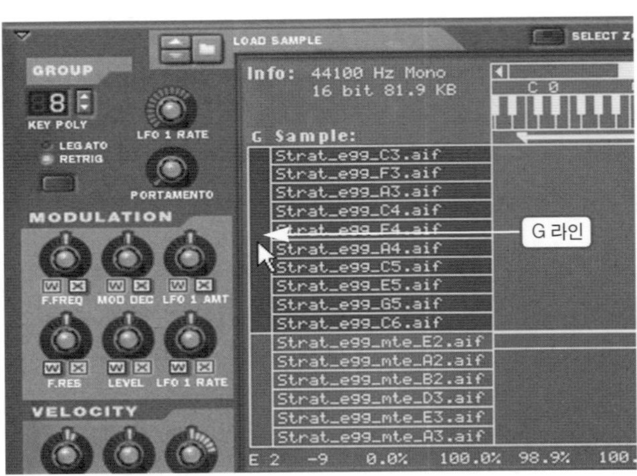

01 NN-XT의 마지막 패널인 그룹 파라미터는 선택한 그룹에 영향을 줍니다. Ctrl + A 키를 눌러 모든 샘플을 선택했다면, 모든 그룹에 같이 적용되지만, 키 맵 창의 G 라인을 클릭하여 특정 그룹을 선택한 경우에는 선택한 그룹에만 적용됩니다.

02 그룹 파라미터 역시 다른 장치에서와 마찬가지로 동시 발음 수를 설정하는 Key Poly, 연주 방식을 선택하는 legato/Retrig, LFO1의 Rate를 조절하는 LFO1 RATE, 포르타멘토 연주 효과를 만드는 Portamento로 구성되어 있습니다.

03 NN-XT의 음색은 이펙트를 이용해서 변형할 예정이기 때문에 기본 음색에 새로운 그룹을 만들고 샘플을 추가한 것 외에는 큰 변화를 주지 않았습니다. 샘플 편집 창을 닫고, [Save Patch] 버튼을 클릭하여 음색을 저장합니다.

04 사용자 시스템에 따라 다르겠지만, 마스터 프로그램에서 곡을 연주할 때, 리즌 4의 음색을 메모리로 불러오는 시간 때문에 잠시 멈칫하는 경우가 있을 수 있습니다. 그렇다면 Ctrl + A 키를 눌러 모든 파트를 선택하고, 한 마디 정도 여유가 있게 우측으로 이동시킵니다.

05 지금까지 간단한 실습 곡을 만들어보면서 리즌 4에서 제공하는 6가지 악기를 모두 살펴보았습니다. File 메뉴의 [Save As]를 선택하여 마스터 프로그램과 리즌을 '실습-06' 이라는 이름으로 저장합니다. NN-XT의 학습을 마치겠습니다.

M 마크

NN-XT의 신디 파라미터의 노브에 M이라는 마커가 표시되는 경우가 있습니다. 이것은 선택한 샘플이 서로 다른 값을 가지고 있다는 의미입니다. M 마커가 있는 파라미터의 값을 조정하면, M마커가 사라지면서 두 샘플은 같은 값으로 설정됩니다.

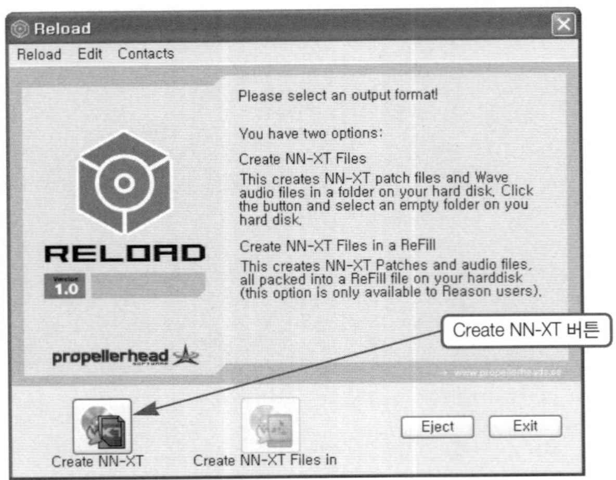

01 샘플러에 관심이 있는 사용자라면 누구나 한 장쯤 가지고 있을법한 Akai 샘플을 NN-XT에서 사용하기 위해서는 Propellerhead사의 Reload 라는 프로그램이 설치되어 있어야 합니다. Akai CD를 CD-ROM 드라이브에 넣고, Reload를 실행합니다. 그리고 [Create NN-XT] 버튼을 클릭합니다.

02 파일을 저장할 폴더를 선택할 수 있는 창이 열립니다. 내 문서 폴더를 선택하고, [새 폴더 만들기] 버튼을 클릭합니다. 새 폴더의 이름을 구분하기 쉬운 이름으로 변경합니다. 그리고 [확인] 버튼을 클릭합니다.

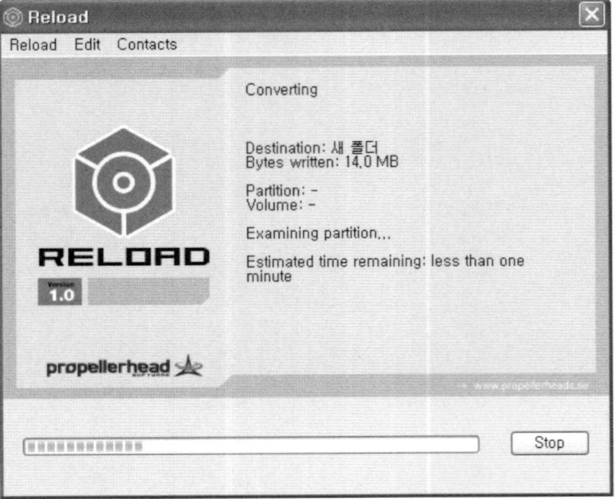

03 포맷을 변환하는 과정이 보입니다. CD 용량에 따라 다소 시간이 걸릴 수 있지만, 타사의 프로그램에 비해서 매우 빠른 속도를 보이고 있습니다.

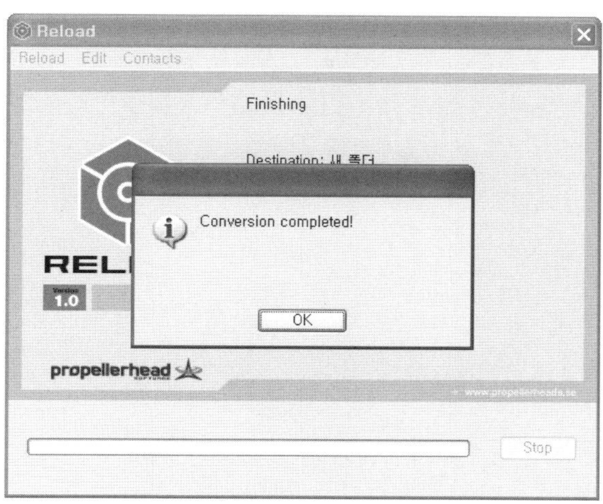

04 포맷 변경이 완료된 후에는 CD-ROM 드라이브가 자동으로 열립니다. Conversion completed 창은 [OK] 버튼을 클릭하여 닫습니다.

05 리즌 4파일로 바꿀 Akai CD가 더 있다면, CD-ROM에 삽입한 후 앞의 과정을 반복합니다. 작업을 완료하겠다면 [Exit] 버튼을 클릭하여 Reload를 종료합니다.

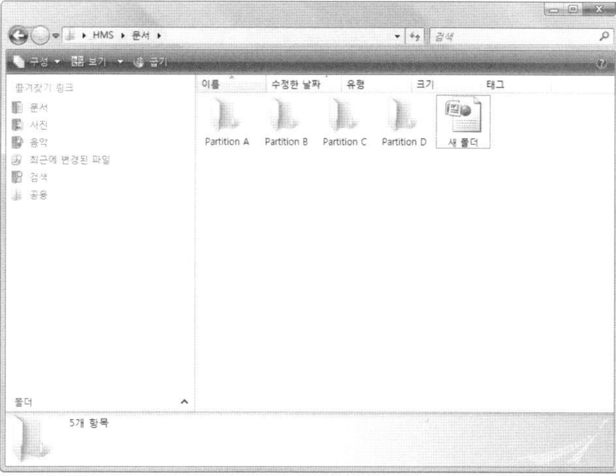

06 내 문서 폴더에 만들었던 새 폴더를 더블 클릭하여 열어보면, 음색과 샘플이 담겨있는 Partition 폴더와 HTML 파일이 만들어진 것을 확인할 수 있습니다.

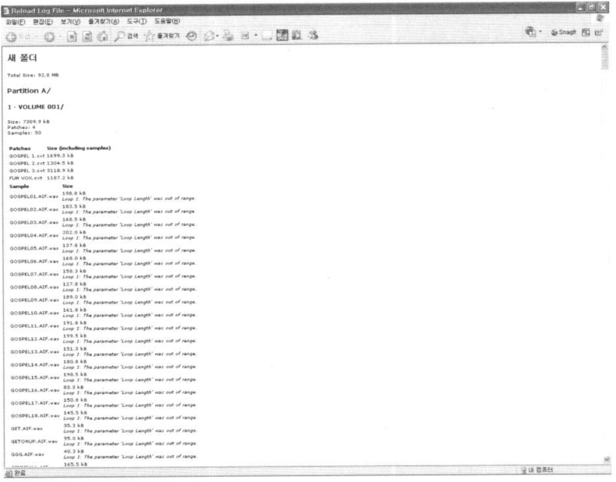

07 HTML 파일을 더블 클릭하여 웹 브라우저를 실행하면 NN-XT용 sxt 파일 목록과 샘플의 정보를 확인할 수 있습니다. Akai CD 정보를 가지고 있지 않은 경우에 매우 유용한 자료가 될 것입니다.

08 리즌 4의 NN-XT에서 [Browser Patch] 버튼을 클릭하여 창을 엽니다. 그리고 Locations 에서 내 문서를 선택하고, 목록에서 새 폴더를 더블 클릭하여 열면, Partition 폴더 목록을 확인할 수 있습니다.

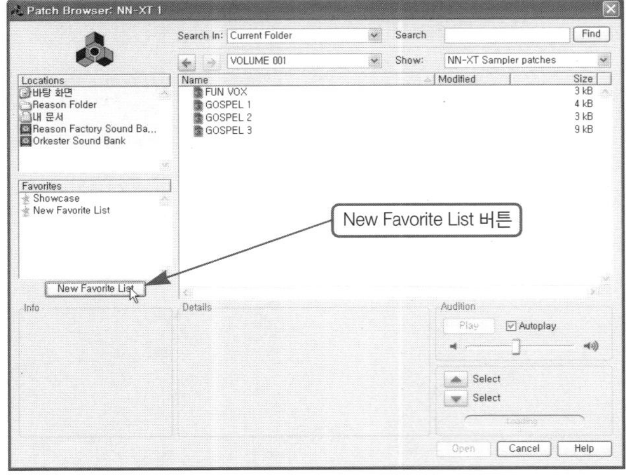

09 Partition 폴더를 더블 클릭하여 열어보면, 음색 별로 구분되어 있는 폴더나 NN-XT용 음색 파일 목록을 볼 수 있습니다. 자주 사용하는 음색은 사용자 폴더에 모아두는 것이 편리합니다. [New Favorite List] 버튼을 클릭합니다.

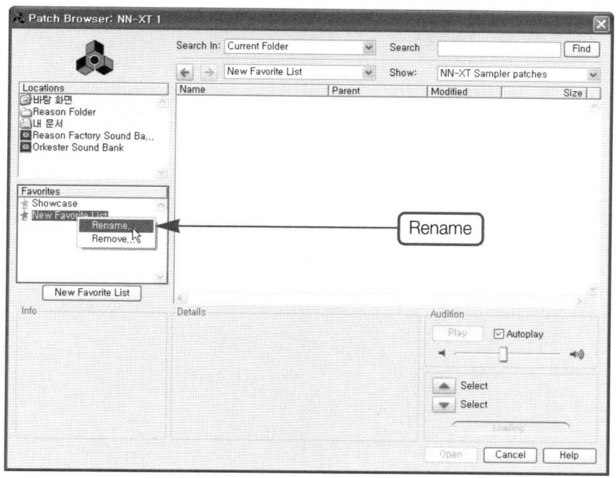

10 만들어진 New Favorite List 폴더를 마우스 오른쪽 버튼을 클릭하여 단축 메뉴를 열고, Rename을 선택하여 구분하기 쉬운 이름으로 변경합니다. Remove는 선택한 New Favorite List 폴더를 삭제하는 역할입니다.

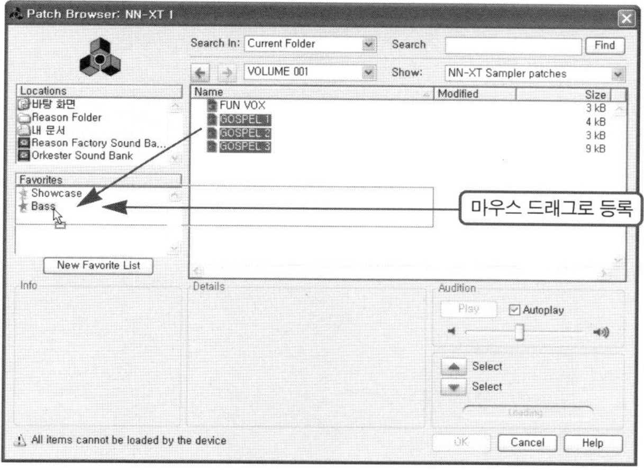

11 사용자가 자주 사용하는 음색을 새로 만든 New Favorite List 폴더에 드래그하여 등록합니다. 그러면 자주 사용하는 음색을 New Favorite List 폴더에서 빠르게 선택할 수 있습니다.

12 Reload의 [Create NN-XT Files In] 버튼은 Akai 샘플 CD를 NN-XT용 ReFill 파일로 만드는 역할을 합니다. Reload를 실행하고 [Create NN-XT Files In] 버튼을 클릭합니다.

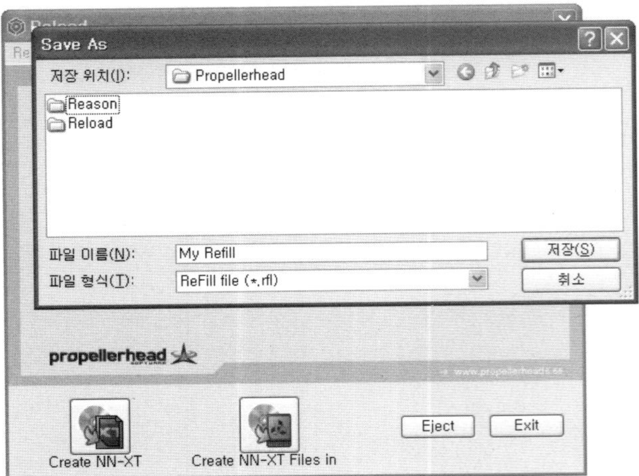

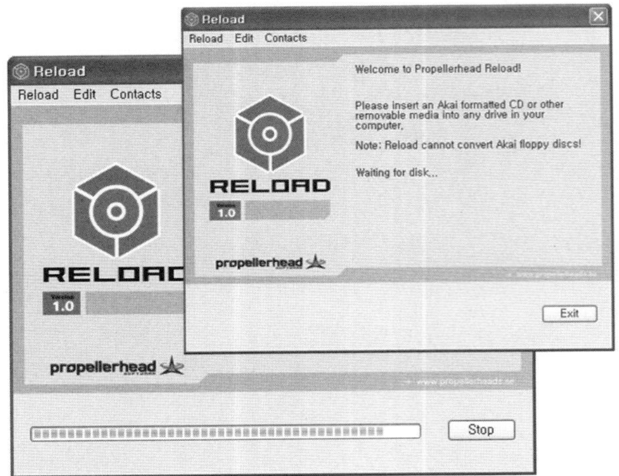

13 파일을 저장할 수 있는 Save As 창이 열립니다. 편리한 관리를 위해서 리즌이 설치되어 있는 C:\Program Files\Propellerhead 폴더에 저장하는 것이 좋습니다.

14 변환 과정이 잠시 진행되고 완료 창이 열립니다. 완료 창은 [OK] 버튼을 클릭하여 닫고, [Exit] 버튼을 클릭하여 Reload를 종료합니다.

15 NN-XT의 [Patch Browser] 버튼을 클릭하여 창을 열고, Locations에서 Reason Folder를 선택하면, Factory Sound Bank와 Orkester Sound Bank 같은 ReFill 파일이 만들어진 것을 확인할 수 있습니다.

가 정 교 사

Propellerhaed.kr을 방문하면, Pianos, Drum Kits 등의 다양한 Re Fill 파일을 구매할 수 있습니다.

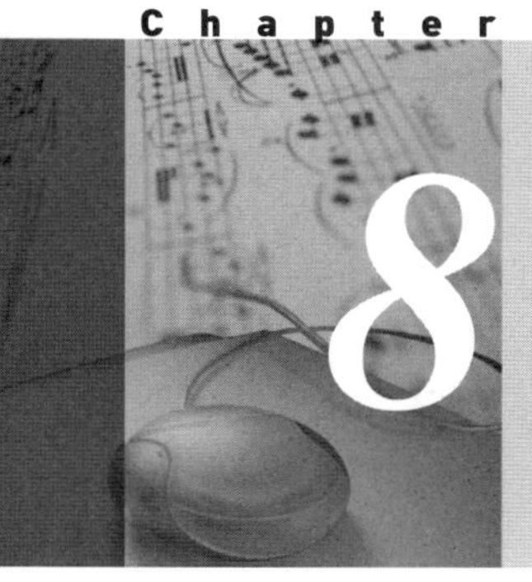

8 THOR POLYSONIC SYNTHESIZER

리즌 4에서 새롭게 추가된 아날로그 신디사이저입니다. 6가지 타입의 오실레이터와 4가지 타입의 필터를 제공하고 있으며, 3개의 오실레이터 패널과 3개의 필터 패널에서 사용자가 원하는 타입을 자유롭게 배치하거나 연결할 수 있습니다. 리즌 4에서 제공하는 7가지 악기 중에서 마지막 학습에 해당하는 Thor Polysonic Synthsizer를 살펴보겠습니다.

1 컨트롤러 패널 살펴보기

01 NN-XT 학습에서 저장했던 실습-06 파일을 불러옵니다. 랙의 빈 공간에서 마우스 오른쪽 버튼을 클릭하여 단축 메뉴를 열고, Thor Polysonic Synthesizer를 선택하여 장치를 추가합니다.

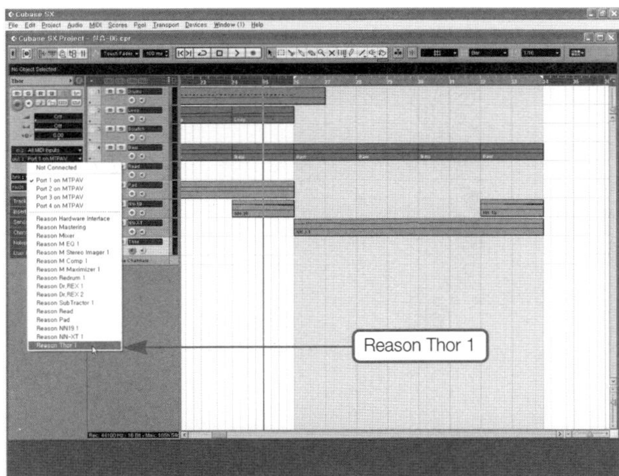

02 마스터 프로그램에서도 미디 트랙을 추가하고, 이름을 Thor로 변경합니다. 그리고 아웃 항목에서 Reason Thor 1을 선택합니다.

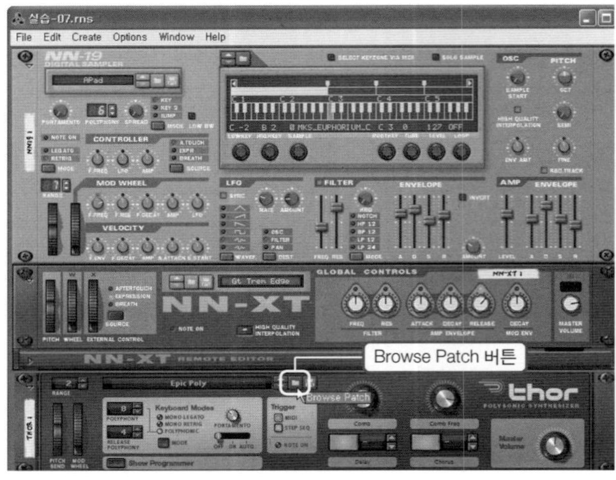

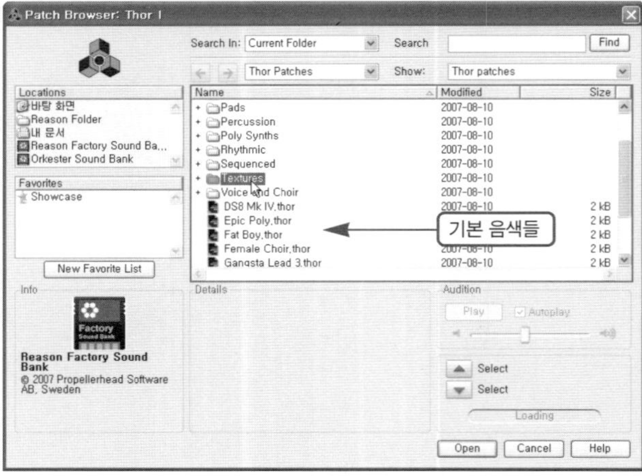

03 리즌 4는 악기를 장착할 때, 기본 음색이 자동으로 로딩됩니다. [음색 선택] 버튼을 클릭하여 기본적으로 로딩되어 있는 음색들을 모니터 해 봅니다. Thor 악기의 특징을 짐작할 수 있습니다.

04 다른 장치에서와 마찬가지고 리즌4에서 제공하는 악기를 사용할 때는 작업하는 음악에 어울리는 음색을 불러오는 과정을 거칩니다. [Browse Patch] 버튼을 클릭하여 창을 엽니다.

05 Patch Browser 창이 열립니다. Thor Patches 폴더의 목록이 보입니다. 폴더 목록 아래쪽의 음색들이 악기를 장착했을 때, 기본적으로 로딩되는 음색입니다. 적당한 폴더를 더블 클릭하여 엽니다.

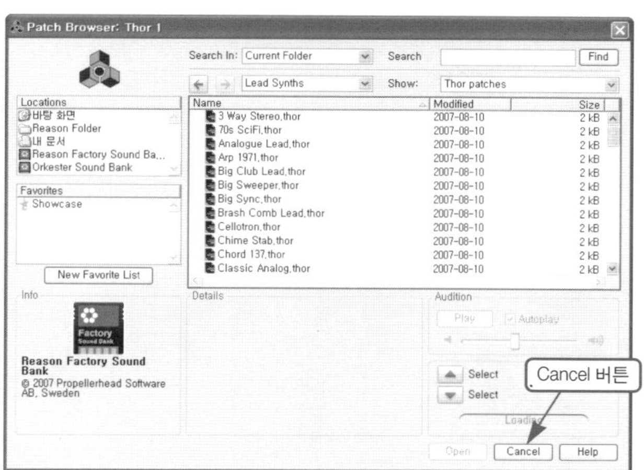

06 폴더 안에는 다양한 음색들이 있습니다. 음색을 선택하고, 마스터 건반을 연주해보면서 사운드를 모니터 합니다. 마음에 드는 사운드는 마우스 더블 클릭으로 불러와 음악 작업을 진행하면 됩니다. 실습에서는 [Cancel] 버튼을 클릭하여 그냥 닫겠습니다.

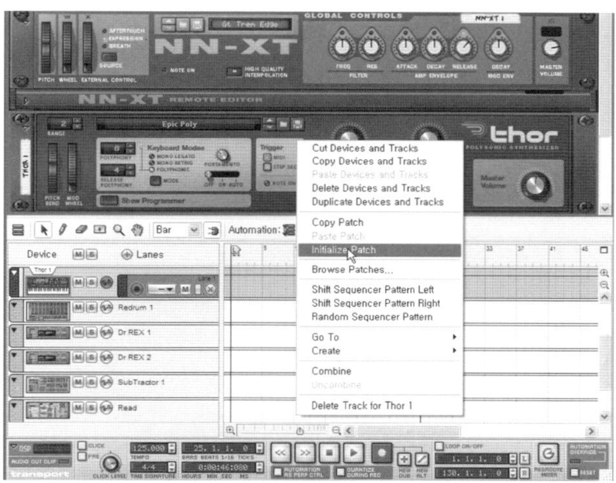

07 리즌 4에서 제공하는 음색을 불러와서 음악에 어울리게 편집하는 방법은 충분히 익혔으므로 이번에는 음색을 만들어가는 과정을 학습하겠습니다. 장치에서 마우스 오른쪽 버튼을 클릭하여 단축 메뉴를 열고, [Initialize patch]를 선택하여 초기화 합니다.

08 패널 왼쪽에는 피치 휠의 조정 범위를 설정할 수 있는 Range와 피치 및 모듈레이션의 정보를 컨트롤하는 휠이 있습니다. 음색을 초기화 시켰으므로, 마스터 건반을 연주해보면 단순한 톱니파 사운드가 연주되며 모듈레이션 휠은 반응하지 않습니다.

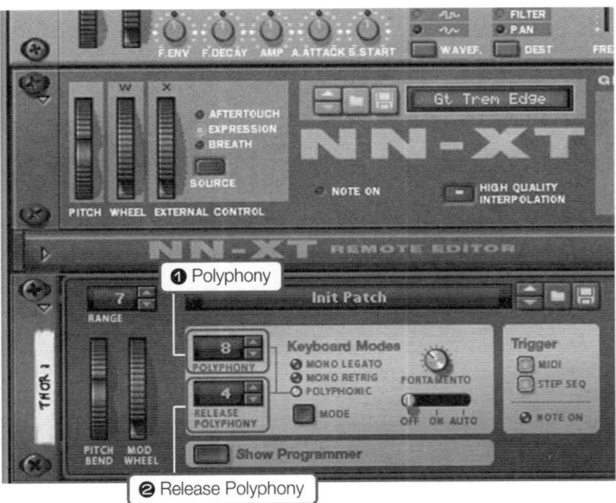

09 Keyboard Modes에는 동시 발음 수 (Polyphony)와 노트가 겹쳤을 때, 연주 가능한 노트 수를 설정하는 Release Polyphony가 있습니다. Release Polyphony의 값이 0이면 같은 음이 연주될 때, 이전 음의 연주가 정지됩니다.

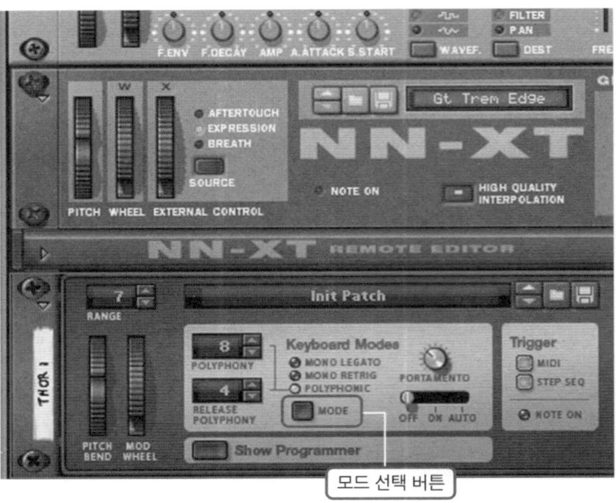

10 연주 모드는 Mono Legato, Mono Retrig, Polyphonic의 3가지를 제공하고 있는데, Polyphony와 Release Polyphony가 적용될 수 있게 기본 값인 Polyphonic를 그대로 사용합니다.

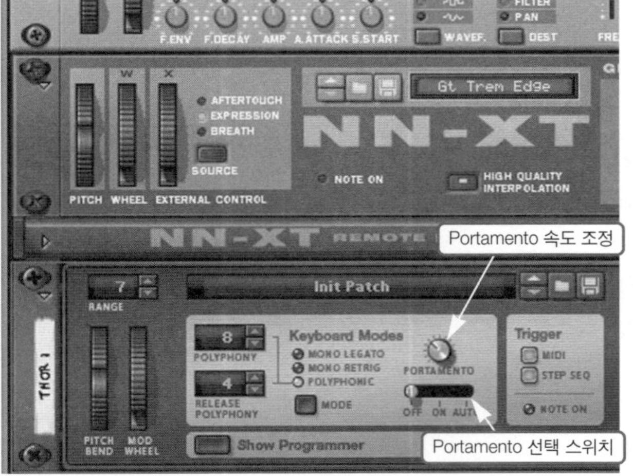

11 연주되는 노트의 음 사이를 연결하는 Portamento에는 다른 장치에서 보지 못했던 Auto 선택 스위치가 있습니다. On인 경우에는 노트가 연주될 때, 무조건 포르타멘토를 적용하지만 Auto인 경우에는 레가토로 연주되는 노트에만 적용됩니다.

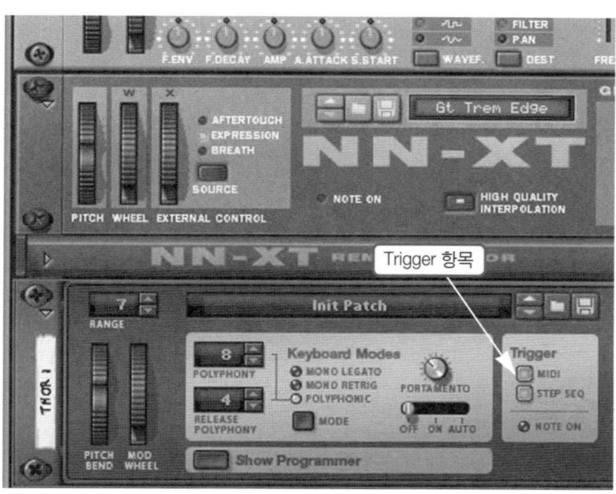

12 Trigger 항목은 미디 연주의 입력을 받는 [MIDI On/Off] 버튼과 스텝 시퀀스의 신호를 받는 [Step Seq] 버튼으로 구성되어 있습니다. 스텝 시퀀스는 Thor의 음색을 패턴으로 연주할 수 있는 기능입니다. 자세한 것은 해당 패널에서 살펴보겠습니다.

13 Rotaty1과 2, Button 1과 2는 프로그램 창의 모듈레이션 패널에서 설정한 파라미터를 조정하는 역할을 합니다. Maser Volume는 Thor 사운드의 전체 볼륨을 조정합니다. [Show Programmer] 버튼을 클릭하여 프로그램 창을 엽니다.

01 프로그램 창은 불러온 음색을 음악에 어울리게 편집하거나 새로운 음색을 제작하는 Thor의 핵심 패널입니다. 창 왼쪽을 보면, 3개의 오실레이터 패널이 있는데, OSC1에는 Analog OSC가 적용되어 있으며, OSC2와 3은 사용하지 않고 있습니다.

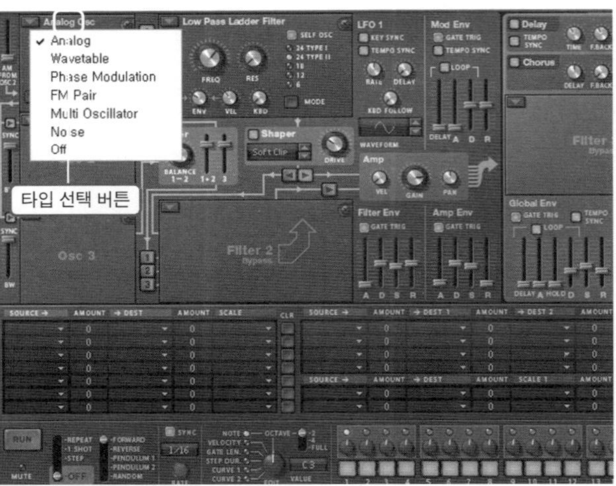

02 Thor은 사운드 제작의 출발점인 오실레이터 타입을 자유롭게 선택할 수 있습니다.
[오실레이터 타입 선택] 버튼을 클릭하면, Analog외에Wavetable, Phase Modulation, FM Pair, Multi Oscillator, Noise의 6가지 타입이 제공된다는 것을 확인할 수 있습니다.

OSC 타입의 역할

Thor에서 제공하는 6가지의 오실레이터는 다음과 같은 역할을 합니다. 모든 오실레이터 패널에는 건반 사이의 음정을 조정하는 KBD와 옥타브(OCT), 반음(SEMI), 100분의 1(TUNE) 단위로 음정을 조정하는 노브가 있습니다. 그리고 Off는 오실레이터를 사용하지 않는 것입니다.

1. Analog

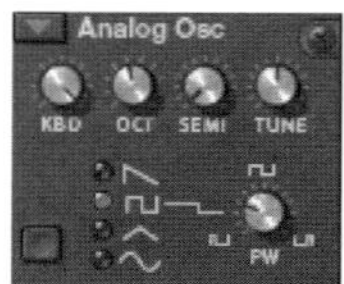

톱니파, 사각파, 삼각파, 사인파의 고전적인 아날로그 파형을 만듭니다. 각 파형의 폭은 오른쪽의 PW 노브를 이용해서 조정합니다.

2. Wavetable

80년대 유행하던 Waldorf PPG와 KORG Wavestaion을 기초로 32가지의 신디 음색을 제공합니다. Position으로 재생위치를 조정하여 사운드의 변화를 만들 수 있고, X-Pade 버튼은 Position의 변화로 사운드가 툭툭 끊어지는 현상을 방지합니다.

3. Phase Mod

First 와 Second 의 두 가지 아날로그 파형을 배합하여 위상 변조에 의한 사운드를 만드는 방식입니다. PM 노브를 이용해서 비율을 조정합니다.

4. FM Pair

Frequency Modulation(FM) 방식의 오실레이터로 Carrier에서 선택한 주파수와 Mod에서 선택한 주파수를 배합하여 사운드를 발생시킵니다. FM 노브를 이용해서 변조 주파수 값을 설정합니다.

5. Multi

톱니, 사각, 부드러운 톱니, 부드러운 사각, 펄스의 5가지 아날로그 파형을 제공하고 있으며, Detune Mode에서 선택한 음정으로 배음을 만듭니다. AMT 노브를 이용해서 배수를 조정합니다.

6. Noise

Band, S/N, Static, Color, White 등의 잡음을 발생시키며, 오른쪽의 노브는 Band 모드일 때는 범위(BW), S/N일 때는 비율(Rate), Static일 때는 밀도(Dens), Color일 때는 주파수(Col), White일 때는 레벨을 조정합니다.

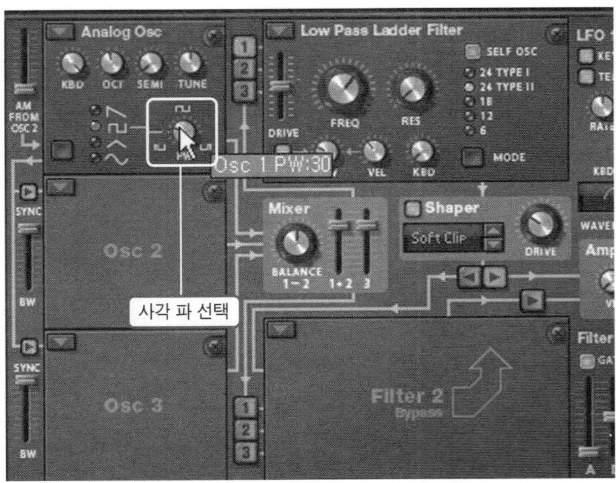

03 OSC1은 기본적으로 선택되어 있는 Analog 타입을 그대로 사용합니다. 파형은 사각 파를 선택하고, PW는 약 30 정도로 조정하여 초기 폭이 작은 형태로 조정합니다.

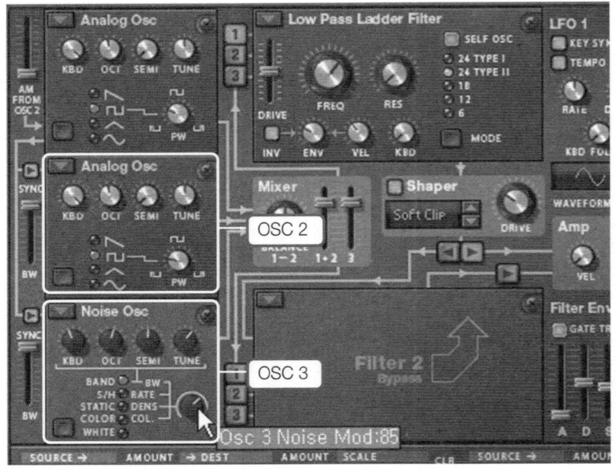

04 OSC2는 Analog 타입을 적용하고, 파형은 사각 파를 선택합니다. OSC3는 Noise 타입을 적용하고, Band 모드를 선택합니다. 그리고 KBD는 52, OCT는 5, SEMI는 6, TUNE는 13 정도로 하고, BW는 85정도로 하여 고음역에 바람소리가 섞이게 합니다.

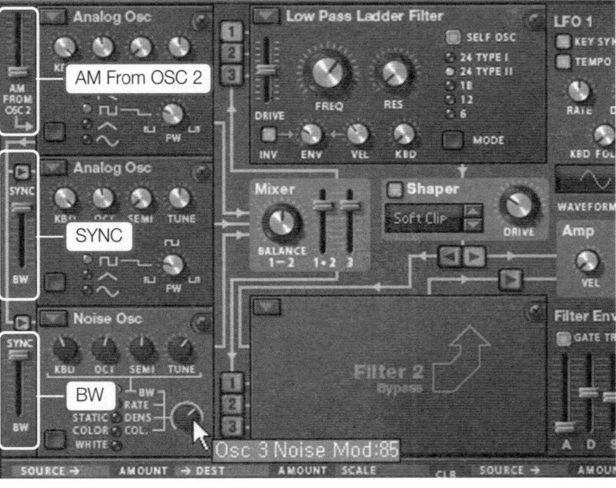

05 오실레이터 패널 왼쪽의 BW 슬라이드는 파형의 출발점을 템포에 맞추는 대역폭을 조정하며, [SYNC] 버튼을 On으로 하면, OSC1에 동조됩니다. AM 슬라이드는 OSC2의 Amplitude Modulates를 OSC1에 연결하는 비율을 조정합니다.

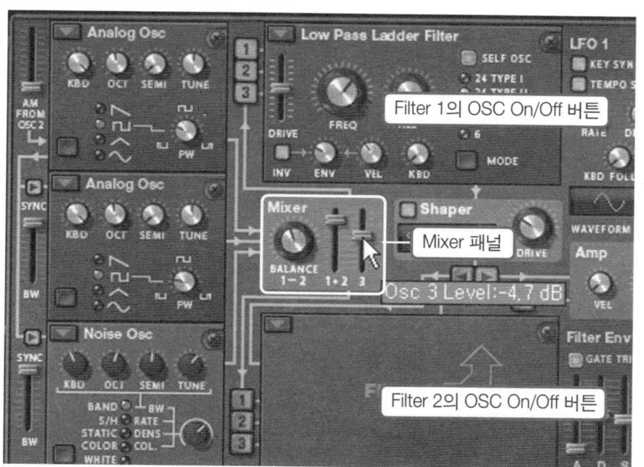

06 화살표 라인을 보면 알 수 있듯이 3개의 OSC는 Mixer 패널로 전송하고, Mixer 패널에서 Filter 1 또는 2로 전송합니다. Mixer 패널의 Balance 1-2는 54, 1-2 레벨은 -1.3dB, 3은 -4.7dB 정도로 OSC를 섞고, Filter 1의 [OSC] 버튼을 On으로 하여 전송 경로를 결정합니다.

3 필터 살펴보기

01 Mixer 패널에서 혼합한 사운드는 Filter 1 또는 2로 전송 경로를 결정할 수 있으며, 각 필터의 타입은 선택 메뉴를 이용해서 적용합니다. Bypass는 필터를 적용하지 않는 메뉴입니다.

02 Filter 1 패널에서는 고음역대를 차단하는 Low Pass Ladder 를 적용하고, FREQ는 3.80 KHz, Res는 52, Drive는 77정도로 설정합니다. 나머지 항목들은 기본 값을 그대로 둡니다.

Filter 타입의 종류

Thor는 Low Pass Ladder, State Variable, comb, Formant의 4가지 필터 타입을 제공하고 있으며, 엔벨로프를 반대로 적용하는 INV, 엔벨로프를 조정하는 ENV, 벨로시티 반응도를 조정하는 VEL, 음정의 반응도를 조정하는 KBD, 필터 패널의 입력 값을 조정하는 DRIVE 슬라이드가 공통으로 구성되어 있습니다.

1. Low Pass Ladder Filter

FREQ에서 설정한 주파수 이상의 고음역대를 RES에서 설정한 값만큼 차단하는 역할을 합니다. 차단 레벨은 MODE에서 옥타브 범위로 선택하며, [SELF OSC] 버튼이 On 이면, KBD 범위가 확대됩니다.

2. State Variable Filter

LP12, BP12, HP12, NOTCH, PEAK의 5가지 모드를 제공하는 멀티 필터 타입니다. NOTCH와 PEAK 모드일 경우에는 LP/HP노브를 이용해서 필터의 범위를 조정합니다.

3. Comb Filter

Bend 필터를 일정한 간격으로 적용하는 빗 살 형태의 필터입니다. COMB +는 상행하는 주기이고, COMB-는 하행하는 주기 입니다.

4. Formant Filter

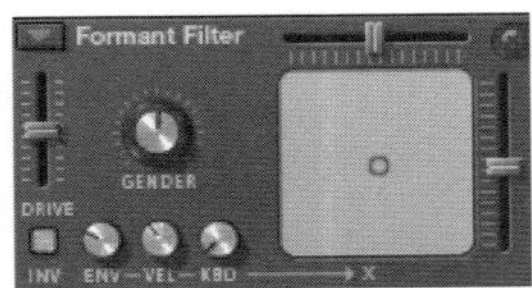

전통적인 필터는 아니지만, 동그란 점이 있는 패드를 드래그하여 여성과 남성 사운드를 자유롭게 변환시킬 수 있습니다. Gender 노브를 이용해서 변환 값을 컨트롤 할 수 있으며 ENV, VEL, KBD 노브의 값들은 X 축의 슬라이드 값으로 제어됩니다.

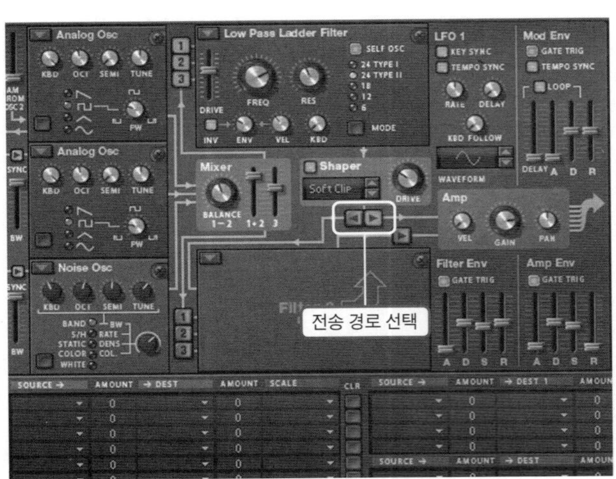

03 Filter 1을 통과한 사운드는 Shaper 패널을 거쳐서 Amp 또는 Filter 2를 거쳐서 Amp로 전송시킬 수 있습니다. 각각의 경로는 경로를 표시하는 라인의 [화살표] 버튼을 On/Off하여 결정합니다.

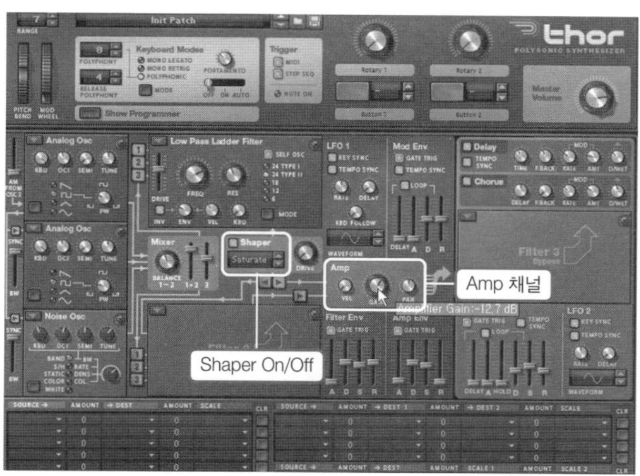

04 Shaper는 필터를 통과한 파형을 Soft / Hard clip, saturate, Sine, Bipulse, Unipulse, Peak, Rectify, Warp 형태로 변형시키는 역할을 합니다. Shaper는 Off 상태로 사용하지 않고, 그대로 Amp 패널로 보냅니다. 그리고 입력 레벨인 Gain만 -12dB 정도를 줄입니다.

4 ## 엔벨로프 살펴보기

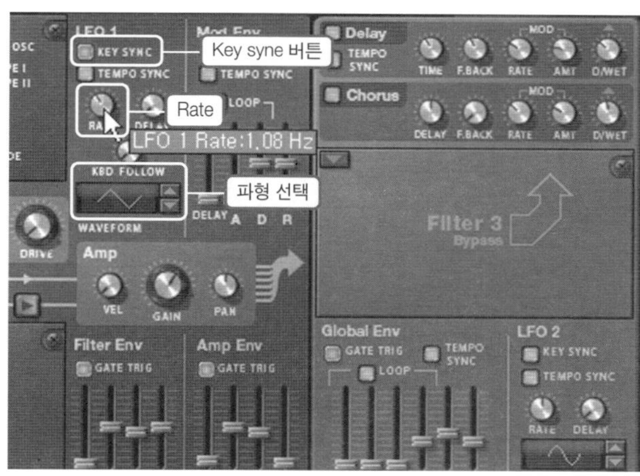

01 OSC → Mixer → Filter → (Shaper) → Amp 과정을 거쳐서 만들어진 사운드는 LFO와 ENV를 첨가하여 변화를 주고, Global 패널로 완성합니다. LFO1 패널의 [Key sync] 버튼을 On으로 하고 Rate는 1.08Hz로 조정합니다. 그리고 파형은 삼각파를 선택합니다.

02 필터의 엔벨로프를 조정하는 Filter Env 패널에서 디케이(D)만 6.01S 정도로 조정하고, 나머지 A, S, R은 0.0 ms로 합니다. 그리고 모듈레이션 패널에서 설정한 소스로 컨트롤 할 수 있게 Gate Trig는 On으로 합니다.

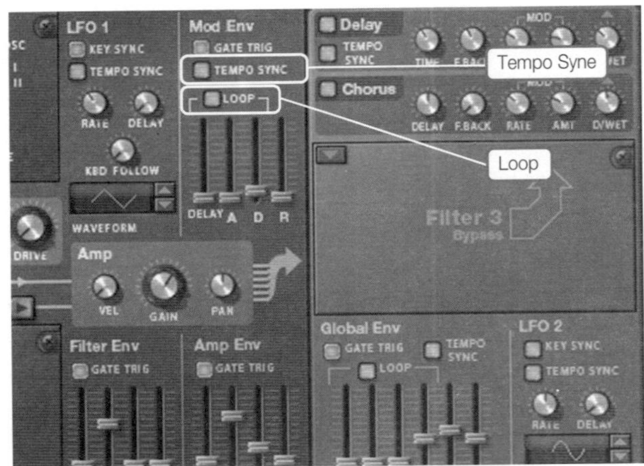

03 모듈레이션 엔벨로프를 조정하는 Mod Env 패널은 서스테인이 없는 ADR로 구성되어 있습니다. D값만 77.2ms로 설정하고, 지연 타임을 조정하는 Delay를 포함하여 모든 슬라이드를 0.0ms로 합니다. 그리고, 템포에 맞추는 Tempo Sync와 엔벨로프를 반복하는 [Loop] 버튼은 Off로 합니다.

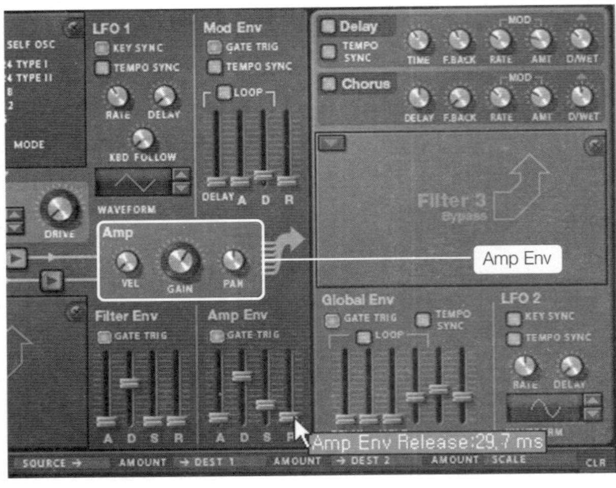

04 볼륨 엔벨로프를 조정하는 Amp Env에서 [Gate trig] 버튼이 On으로 되어 있는 것을 확인하고, A는 0.0ms, D는 9.22 S, S는 -39.4dB, R은 29.7ms로 조정하여 Global 패널까지의 사운드를 완성합니다.

5 글로벌 패널 살펴보기

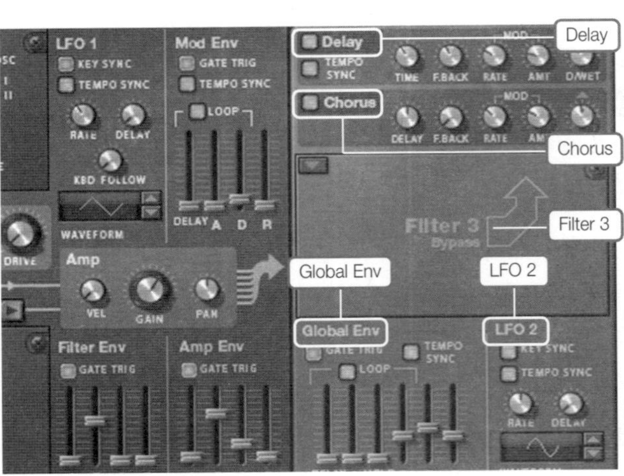

01 AMP와 ENV까지의 조합으로 만들어진 사운드는 최종적으로 글로벌 패널에서 완성합니다. 글로벌 패널은 Delay, Chorus, Filter 3, Global Env, LFO2의 5가지로 구성되어 있습니다.

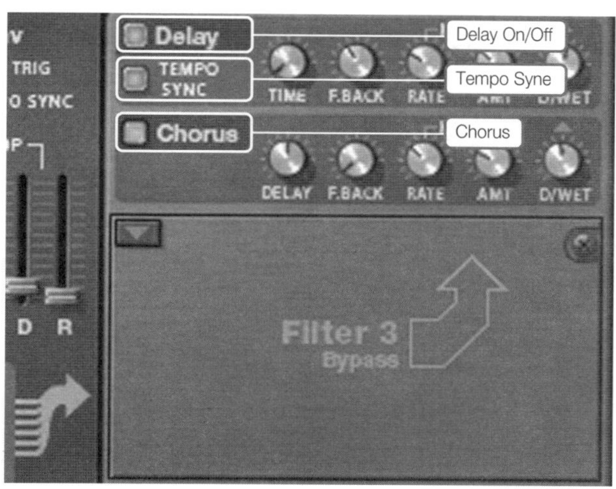

02 글로벌 패널의 Delay와 Chorus는 사운드에 딜레이와 코러스 효과를 만듭니다. 각각 [On/Off] 버튼으로 적용 여부를 선택할 수 있으며, Delay는 [Tempo Sync] 버튼을 On으로 하여 딜레이 타임과 템포를 일치시킬 수 있습니다.

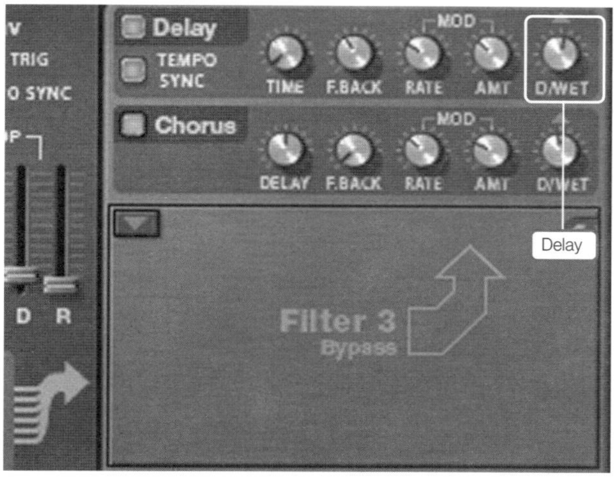

03 Delay 항목의 Time은 [Tempi sync] 버튼이 On일 때는 비트 단위로 조정되며, Tempo Sync 버튼이 Off일 때는 시간 단위로 조정됩니다. 그리고 F.Back은 반복되는 사운드, MOD의 Rate는 속도, AMT는 양, D/Wet는 딜레이의 비율을 조정합니다.

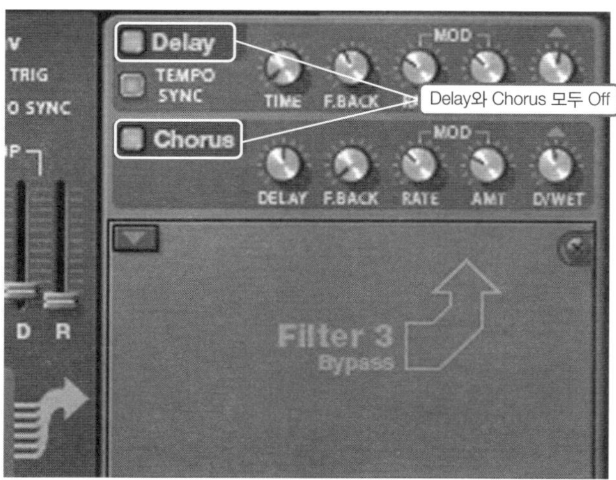

04 Chorus 패널에는 지연 타임을 조정하는 Delay, 반복되는 사운드를 조정하는 F.Back, 속도와 양을 조정하는 Rate, AMT, 그리고 코러스의 비율을 조정하는 D/WET 노브가 있습니다. 각각의 노브를 실험해보고 모두 Off로 설정합니다.

05 Filter 3은 앞에서 살펴본 Filter 1, 2와 동일하게 Low Pass Ladder, State Variable, Comb, Formant 타입을 제공하고 있습니다. Filter 1과 2는 Amp 패널 전에 적용되며, Filter 3은 Amp 패널 이후에 적용된다는 차이만 있습니다.

06 Global Env 패널 역시, Mod Env, Filter Env, Amp Env가 적용된 Amp 이후에 적용된다는 차이만 있습니다. 그 외 어택 타임을 유지시키는 Hold 슬라이드도 있습니다. 실습에서는 디케이(D)를 4.19 S, 릴리즈(R)를 36.9ms 정도로 하고, 나머지는 0으로 합니다.

07 LFO2도 전체 사운드에 적용된다는 차이만 있습니다. Waveform은 삼각파를 선택하고, Rate는 0.41Hz 정도로 조정하겠습니다.
Key Sync는 LFO 파형의 시작 타임을 Note On에 맞추고, Tempo Sync는 템포에 맞추게 하는 역할입니다.

모듈레이션 버스 설정하기

01 Thor는 다른 장치에서 보지 못했던 모듈레이션 버스 패널이 있습니다. 하지만 사용자가 원하는 파라미터를 어떤 정보로 컨트롤 할 것인지를 설정하는 역할을 하는 것으로 그렇게 생소한 기능은 아닙니다.

02 모듈레이션 버스 패널은 Source, Dest, Scale, 의 칼럼으로 구성되어 있는 7개의 슬롯과 Dest 2 또는 Scale 2의 칼럼이 추가되어 있는 슬롯으로 구성되어 있습니다. 그리고 [CLR] 버튼은 각 슬롯에 적용한 값을 제거합니다.

03 Source 칼럼의 슬롯을 클릭하면 Dest 칼럼에서 선택한 파라미터를 컨트롤하게 될 소스를 선택할 수 있는 목록이 열립니다. 그림에서는 LFO 1을 선택하고 있습니다. 즉, LFO에서 설정한 값으로 무언가를 컨트롤하겠다는 의미입니다.

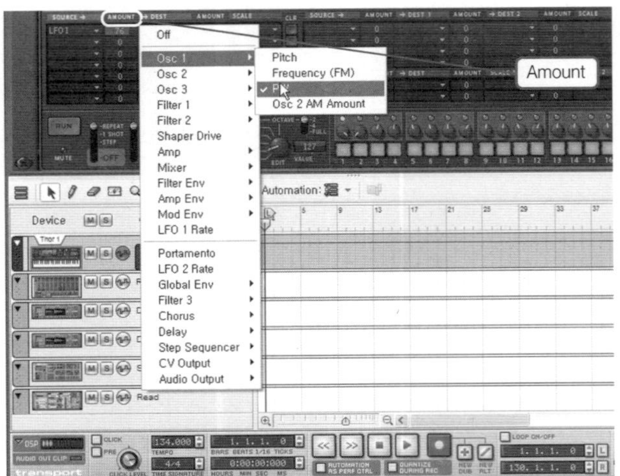

04 Dest에서 컨트롤될 파라미터를 선택합니다. 그리고 왼쪽의 Amount 슬라이드를 위/아래로 드래그하여 적용 범위를 조정합니다. 그림에서는 OSC1의 PW를 선택하고, Amount는 76정도로 조정하고 있습니다.

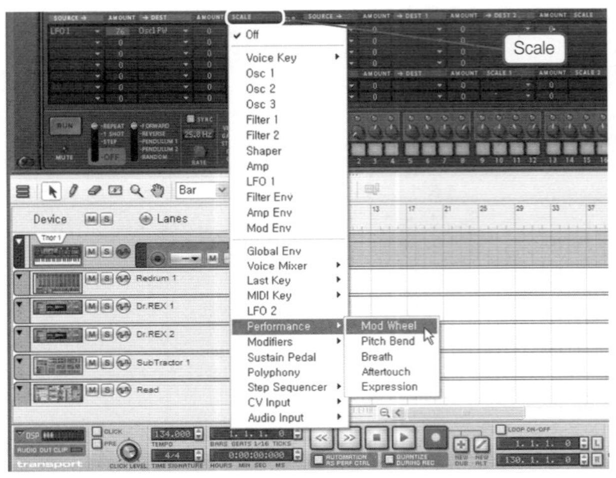

05 Scale은 Dest에 연결한 Source의 컨트롤 범위를 선택합니다. 즉, Performance의 Mod Wheel을 선택하고, 왼쪽의 Amount를 100으로 설정했다면 Dest의 파라미터를 모듈레이션 휠로 컨트롤 할 수 있다는 의미입니다. 물론, Amount가 100이므로 모듈레이션 값이 127일 때, Source에서 선택한 파라미터가 최대값으로 적용됩니다.

06 그 밖에 모듈레이션 버스 패널에는 Dest를 두 개 연결할 수 있는 4개의 슬롯과 Scale를 2개 연결할 수 있는 두 개의 슬롯이 있기 때문에 사용자가 원하는 파라미터를 자유롭게 컨트롤 할 수 있습니다.

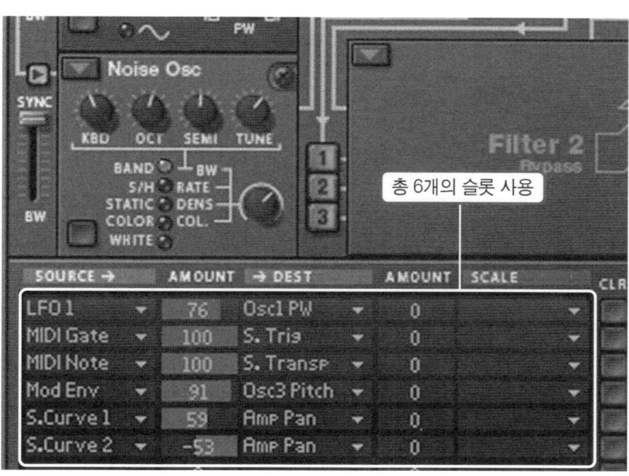

07 실습에서는 MIDI Key의 Gate를 Step Sequence의 Trig로 연결하고, Amount를 100, MDI Key의 Note를 Step Sequencer의 Transpose로 연결하며, Amount를 100, Mode Env를 OSC3의 Pitch로 연결하고, Amount를 91, Step Sequencer의 Curve 1과 2를 Amp의 Pan으로 연결하고, Amount를 각각 59와 -53으로 설정한 5개의 슬롯을 추가합니다.

7 스텝 시퀀서 설정하기

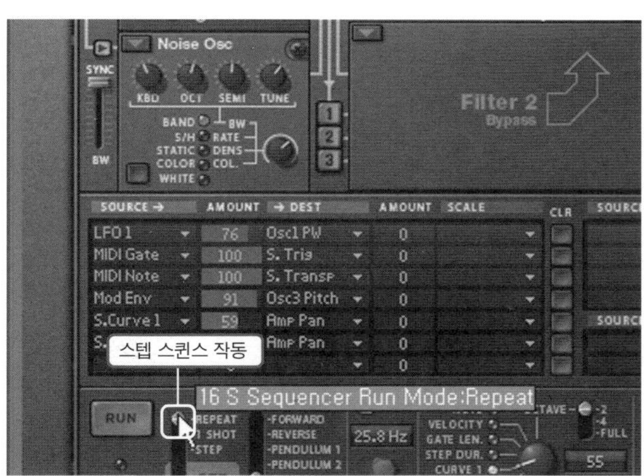

01 Thor에는 사운드를 최대 16스텝 단위로 편집할 수 있는 스텝 시퀀서를 제공합니다. [Run] 버튼은 스텝 시퀀서의 기능이 작동되고 있는지의 여부를 표시하며, 스텝 기능의 On/Off는 오른쪽의 반복(Repeat), 한 번(1-Shot), 스텝 단위(Step), 정지(Off) 슬라이드로 설정합니다.

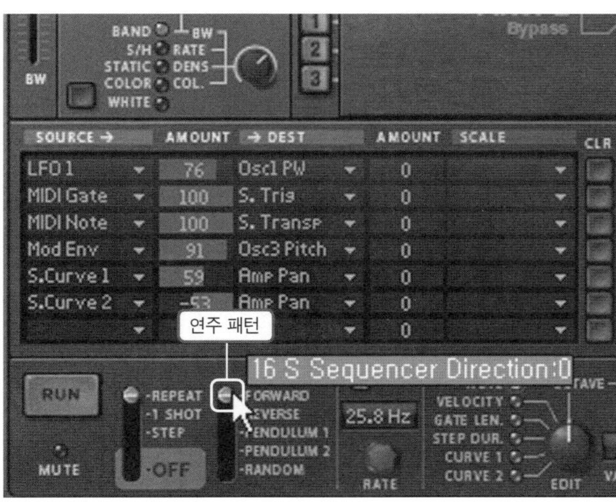

02 자유롭게(Random), 앞/뒤로(Pendulum1과 2), 거꾸로(Reverse), 앞으로(Forward)의 5가지 연주 패턴 슬라이드는 스텝의 연주 방향을 결정 합니다. Pendulum 1과 2는 마지막 지점에서 출발되게 할 것인지의 차이만 있습니다.

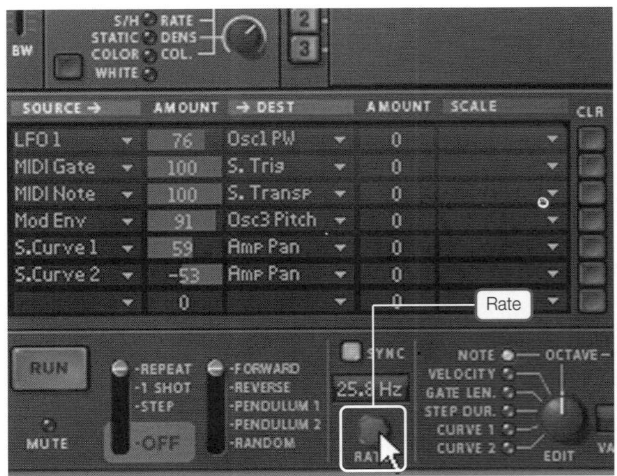

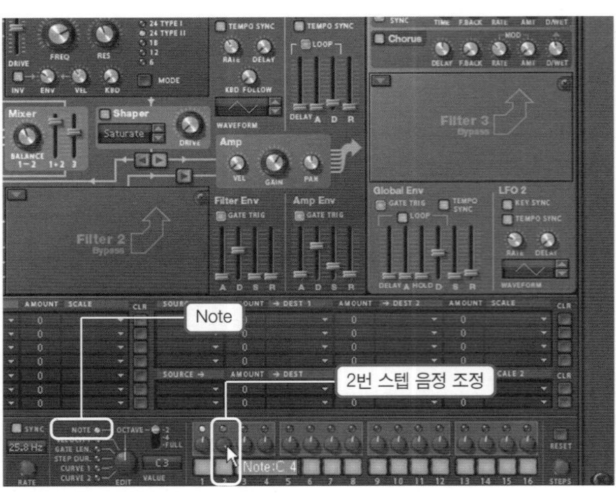

03 Rate 노브는 스텝 연주의 속도를 조정합니다. 실습에서는 약 25.8Hz로 설정하겠습니다. [Sync] 버튼을 클릭하여 On으로 하면, 스텝 속도를 템포에 맞출 수 있으며, Rate의 단위는 비트로 표시됩니다.

04 Edit 항목은 각 스텝 노트의 연주 음정 및 길이 등을 편집합니다. 먼저, 음정을 편집해 보겠습니다. 노브를 Note로 돌리고 Octave는 2로 설정합니다. 그리고 2번 스텝 노브를 돌려서 C4로 설정합니다. 1번 스텝 보다 한 옥타브 높게 연주시키는 것입니다.

05 Velocity는 기본 값 100을 그대로 사용하고, Gate와 Duration 역시 기본값을 그대로 사용합니다. 연주 방향을 결정하는 Curve 1을 선택하고, 1번 스텝은 127, 2번 스텝은 0으로 조정합니다.

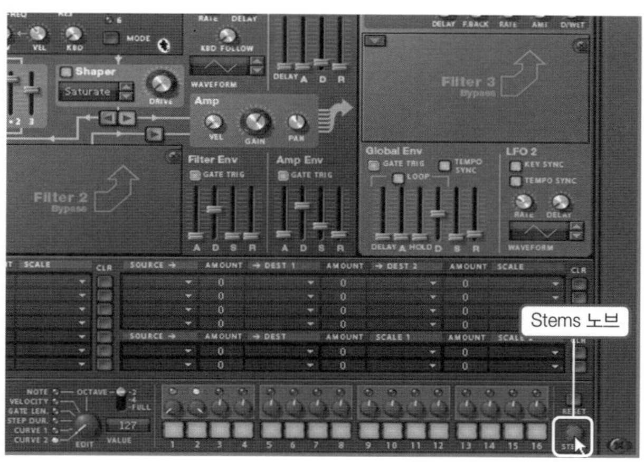

06 Curve 2를 선택하고, 1번 스텝은 0, 2번 스텝은 127로 설정합니다. 사운드의 스테레오 범위를 넓히는 것입니다. 그리고 Stems 노브를 돌려 2개의 스텝만 사용하도록 설정합니다.
[Reset] 버튼은 스텝의 설정 값을 초기화합니다.

8 데이터 복사하기

01 지금까지 각 패널의 역할을 살펴보면서 만들어본 음색을 다른 음악 작업을 할 때도 사용하고 싶다면 [Save Patch] 버튼을 클릭하여 저장합니다.

02 Save Thor Patch 창이 열립니다. 앞으로 사용자가 만든 음색들을 모아놓을 폴더를 선택하고, 구분하기 쉬운 파일 이름을 입력합니다. 그리고 [저장] 버튼을 클릭합니다.

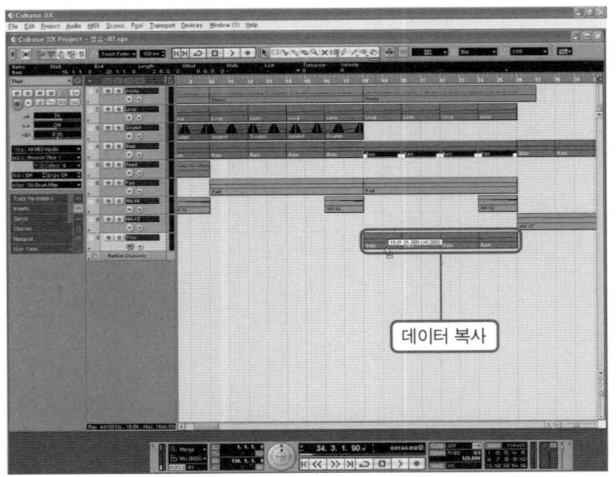

03 마스터 프로그램을 선택합니다. Bass 트랙의 18마디에서 26마디까지의 이벤트를 Alt 키를 누른 상태로 드래그하여 Thor 트랙으로 복사합니다. 이것으로 리즌 4에서 제공하는 악기를 모두 살펴보았습니다. 약간 거친 사운드의 곡은 이펙트를 학습하면서 다듬어 보겠습니다.

04 트랙의 이름 항목을 더블 클릭하여 선택하고, Ctrl 키를 누른 상태에서 Enter 키를 누릅니다. 그러면 복사한 파트의 이름이 트랙 이름으로 변경됩니다. 마스터 프로그램과 리즌 4에서 작업한 곡을 '샘플-07' 파일로 저장합니다.

9 MATRIX PATTERN SEQUENCER

Matrix는 노트의 음정을 제어하는 Note CV 정보, 노트 On/Off와 벨로서티 정보를 제어하는 Gate CV 정보, 파라미터를 제어하는 Curve CV 정보를 패턴으로 만들어 리즌 4에서 제공하는 악기를 연주하거나 각종 장치의 파라미터를 컨트롤하는 역할을 합니다. 장치 이름에서도 짐작할 수 있는 패턴 시퀀서의 역할을 살펴보겠습니다.

1 NOTE CV와 GATE CV의 이해

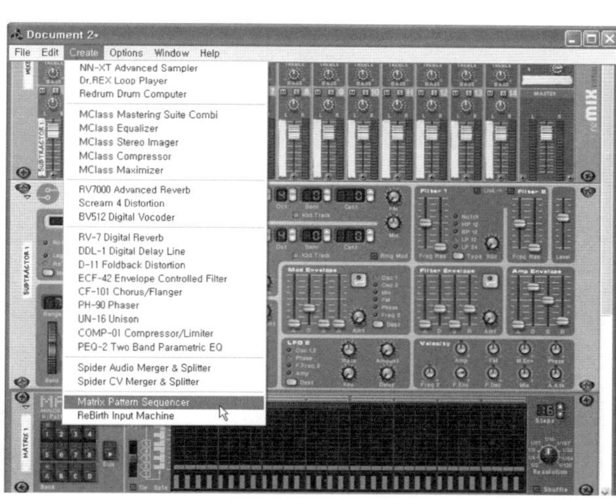

01 리즌 4의 File 메뉴에서 [New]를 선택하여 새로운 프로젝트를 만들고, Mixer 14:2 Sub Tracker Analog Synthesizer, Matrix Pattern Sequencer를 차례로 장착합니다.

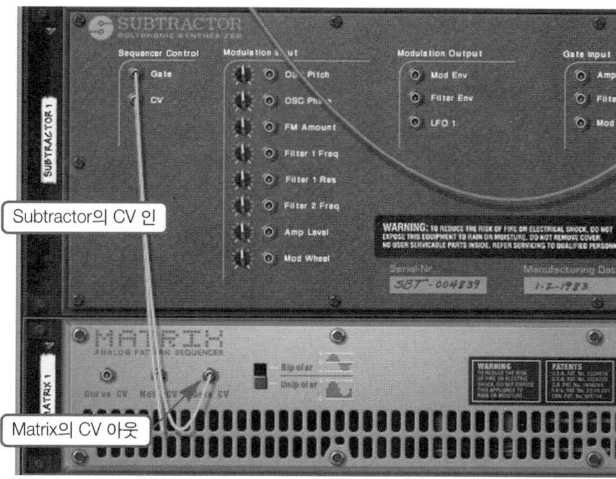

02 Tab 키를 눌러 랙 뒷면을 보면, Matrix의 Note CV와 Gate CV 아웃이 Subtractor의 CV와 Gate 인에 연결되어 있는 것을 확인할 수 있습니다. 즉, Matrix에서 노트의 음정과 길이 정보를 입력하여 Subtractor를 연주할 준비가 된 것입니다.

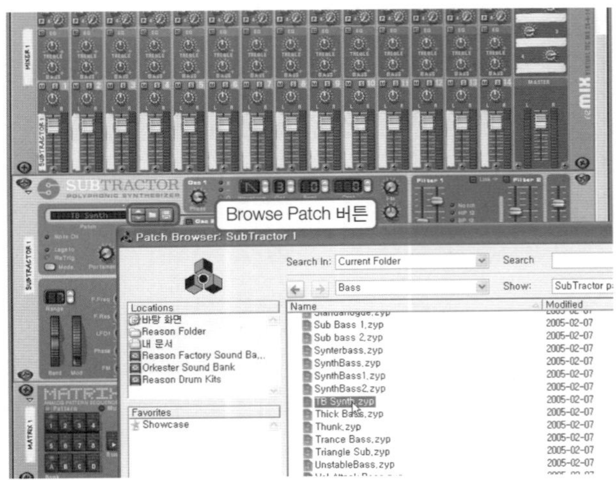

03 Tab 키를 눌러 전면이 보이게 하고, Sub Tractor의 [Browse Patch] 버튼을 클릭하여 음색을 로딩합니다. 실습에서는 Bass 폴더의 TB Synth.zyp를 이용하겠습니다.

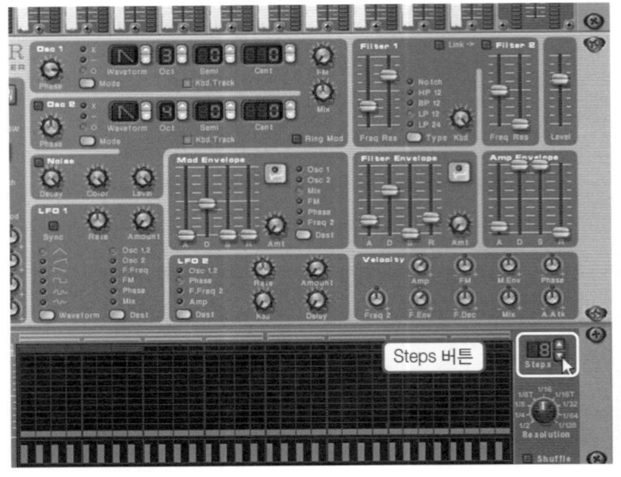

04 Matrix는 32 Steps 길이의 패턴을 32개까지 만들 수 있습니다. A뱅크의 1번 패턴이 선택되어 있는 상태에서 [Steps] 버튼을 클릭하여 8로 변경합니다. 기본 값16비트 단위를 이용해서 8개의 Steps을 만들겠다는 의미입니다.

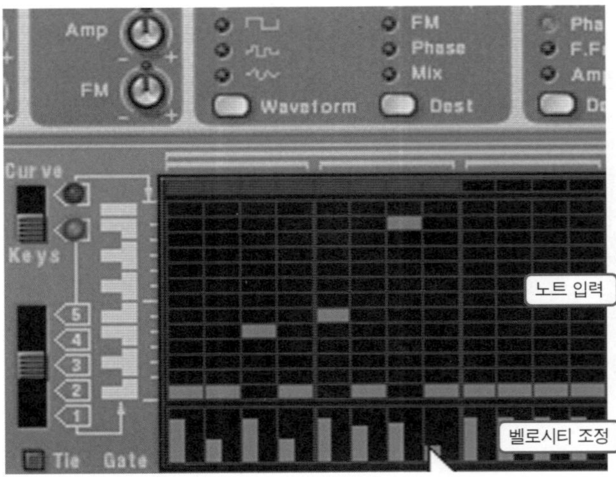

05 기본 값이 16비트이므로 1 Step은 16비트 길이이며 음역은 한 옥타브 입니다. 옥타브는 Octave 스위치를 이용해서 선택할 수 있으며 최대 5옥타브 음정을 입력할 수 있습니다. 3옥타브 음역에 음정을 입력하고 벨로서티를 조정합니다.

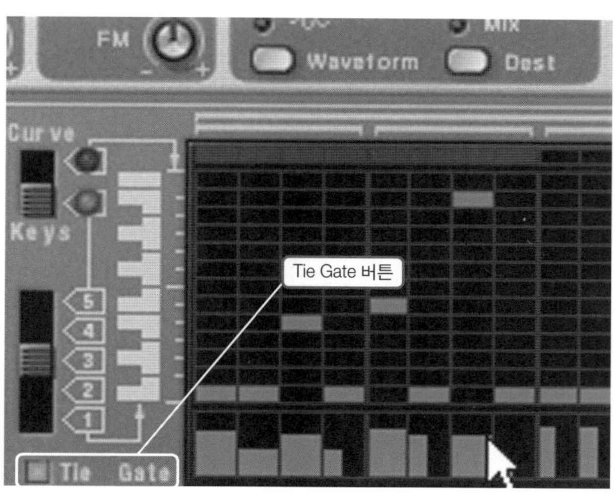

06 [Tie Gate] 버튼을 On으로 하면 벨로서티 바를 드래그하여 노트의 길이를 조정할 수 있습니다. [Tie Gate] 버튼이 Off일 때도 Shift 키를 누른 상태에서 조정하면 길이를 조정할 수 있다는 것도 기억해두면 좋습니다.

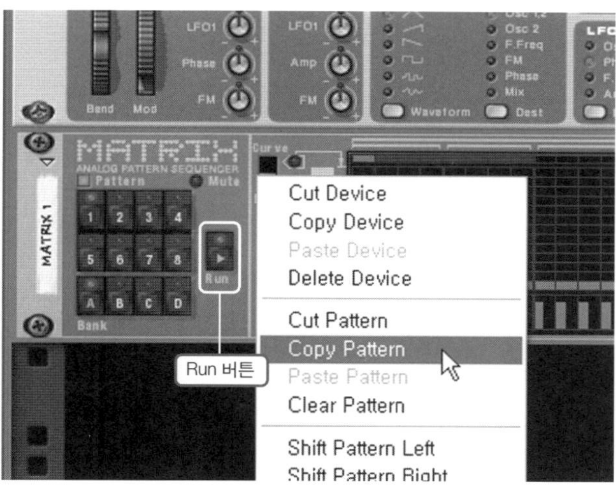

07 [Run] 버튼을 클릭하여 Matrix에 입력한 노트 정보에 의해서 Sub Tractor가 연주되는 것을 확인합니다. Matrix 패널에서 마우스 오른쪽 버튼을 클릭하여 단축 메뉴를 열고 [Copy Pattern]을 선택합니다.

08 2번 패턴 버튼을 클릭하여 선택하고, 마우스 오른쪽 버튼을 클릭하여 단축 메뉴를 엽니다. 그리고 Copy Pattern을 선택하여 앞에서 복사한 1번 패널을 2번 패턴에 붙입니다.

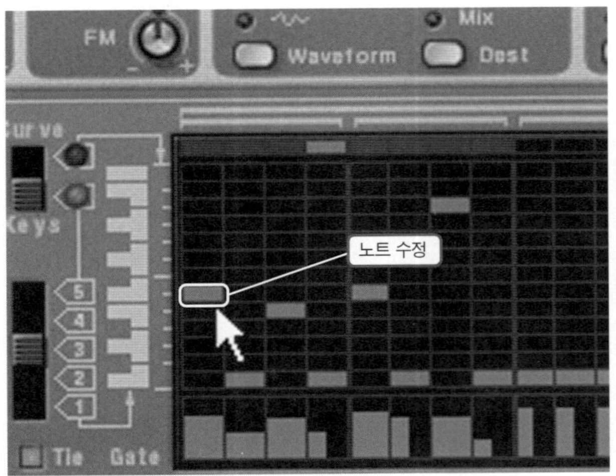

09 2번 패턴의 노트를 간단하게 수정합니다. 이처럼 비슷한 패턴을 입력할 때는 새로 입력하는 것 보다 패턴을 복사해서 수정하는 것이 편리할 것입니다. 단축 메뉴를 이용해서 2번 패턴을 복사합니다.

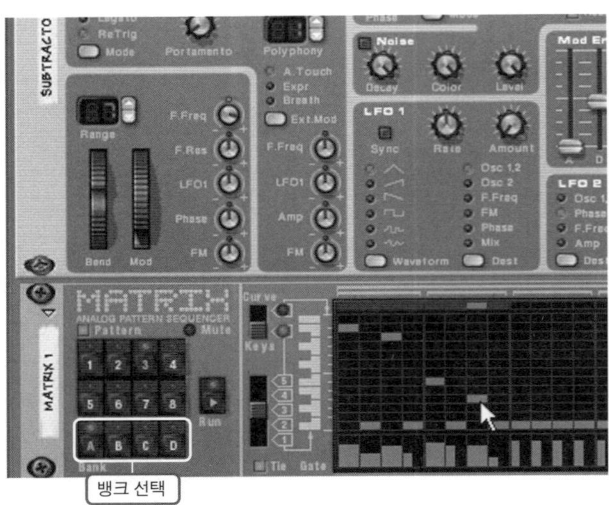

10 3번 패턴을 선택하여 붙여놓고, 노트를 수정합니다. 지금까지 A 뱅크 1, 2, 3의 3가지 패턴을 만든 것입니다. 매트릭스는 A~D뱅크 마다 8개 패턴씩 총 32개의 패턴을 만들어 저장할 수 있습니다.

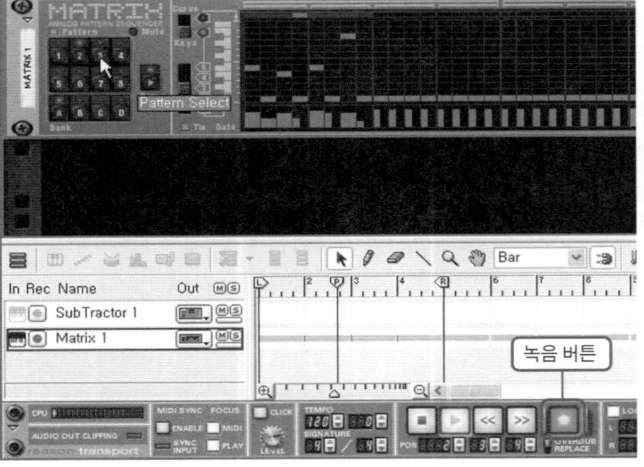

11 1번 패턴을 선택하고, 트랜스포트 패널의 [녹음] 버튼을 클릭합니다. 그리고, 재생 버튼을 클릭하여 패턴 1, 패턴 2, 패턴 3, 그리고 패턴 4의 버튼을 선택합니다. 모두 4마디 길이의 패턴을 녹음하는 것입니다.

12 스텝의 단위는 Resolution 노브를 이용해서 변경할 수 있습니다. 숫자 오른쪽의 T는 잇 단음표를 말하는 것으로 간단하게 셔플 리듬을 만들 수 있습니다. 리즌 4를 단독으로 사용한다면 [Shuffle] 버튼을 On으로 하고, 트랜스포트 패널의 Regroove Mixer를 이용해서 글루브 감을 연출할 수 있습니다.

2 CURVE CV의 이해

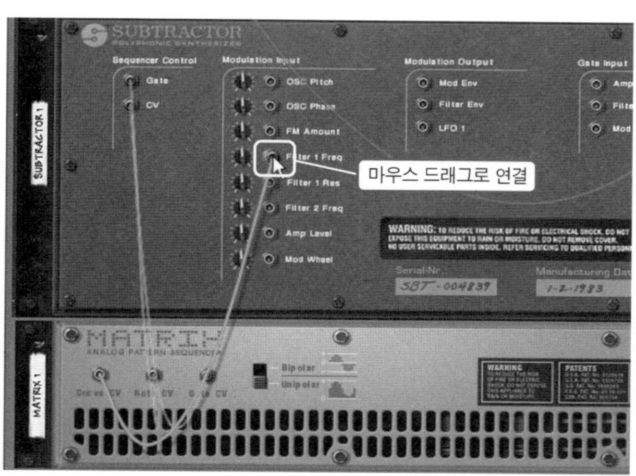

01 Tab 키를 눌러 랙 뒷면을 봅니다. Matrix에 는 Note CV와 Gate CV 외에도 파라미터를 컨트롤 할 수 있는 Curve CV 단자가 있습니다. 마우스를 Curve CV 단자에서 Sub Tractor의 Filter 1 Freq 단자로 드래그하여 연결합니다. Matrix를 이용해서 Sub Trctor의 Filter 1 Freq를 조정할 준비를 한 것입니다.

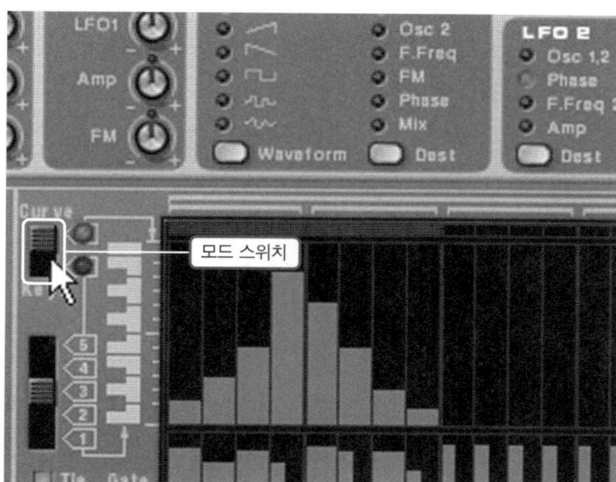

02 Tab 키를 눌러 전면이 보이게 하고, 모드 스위치를 위로 올려 Curve 정보를 입력할 수 있는 편집 창으로 변경합니다. 그림을 참조하여 커브 정보를 입력하면 Sub Tractor의 Filter 1 Freq 값이 조정되는 사운드를 들을 수 있습니다.

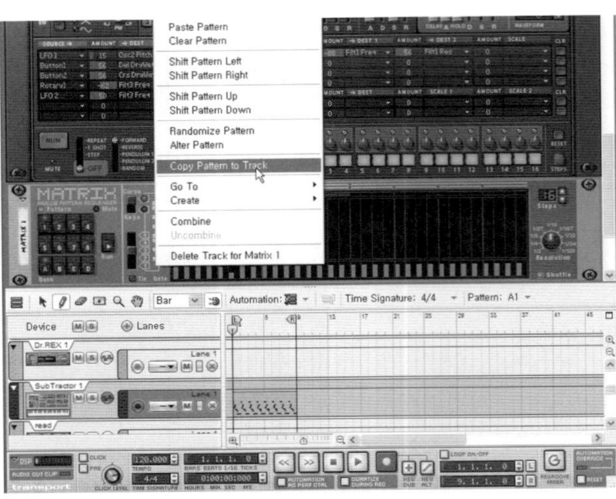

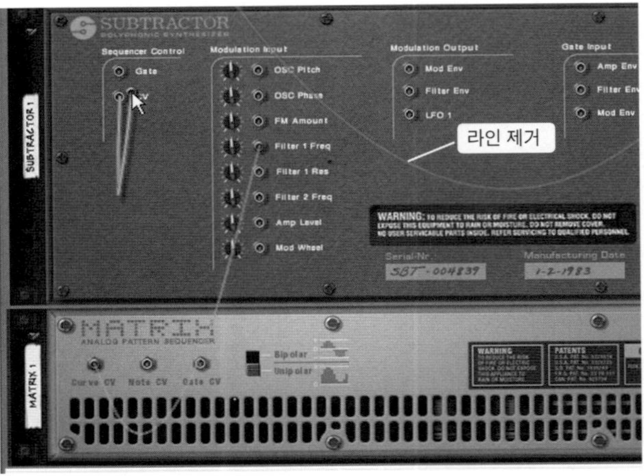

03 2번 패턴과 3번 패턴의 Curve 정보도 자유롭게 입력을 해보고, 시퀀서에서 [Sub Tracker]를 선택합니다. 그리고 L과 R 포인트를 드래그하여 로케이터 구간을 설정합니다.

04 Matrix 패널에서 마우스 오른쪽 버튼을 클릭하여 단축 메뉴를 열고, [Copy Pattern to Track]을 선택합니다. 선택한 패턴의 노트 정보가 로케이터 구간만큼 Sub Tractor에 기록되는 것을 확인할 수 있습니다.

05 Matrix의 노트 정보를 Sub Tractor 트랙에 입력했으므로 Matrix의 노트 정보는 필요 없습니다. Tab 키를 눌러 랙 뒷면이 보이게 하고, Sub Tractor의 Gate와 CV 단자에 연결했던 라인을 랙 바깥쪽으로 드래그하여 제거합니다. Matrix의 노트 정보가 아닌 Sub Tractor의 노트 정보로 연주되는 것입니다.

01 Sub Tractor의 Filter Freq 정보를 조정하기 위해 입력했던 Curve는 Unipolar 방식입니다. Matrix는 팬이나 - 값이 있는 노브를 컨트롤할 때 편리한 Bipolar 방식도 제공하고 있습니다. 이것을 실험해보기 위해서 Matrix Pattern Sequencer를 하나 더 추가합니다.

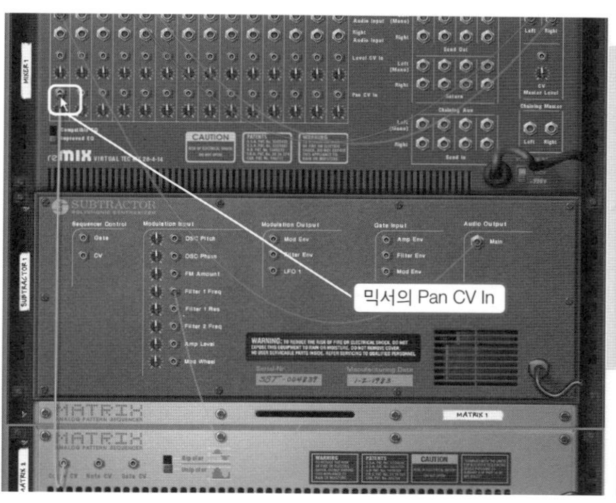

02 Sub Tractor의 Gate와 CV 단자가 비어있기 때문에 추가한 Matrix의 Note CV와 Gate CV 단자가 자동 연결됩니다. 단자를 랙 바깥쪽으로 드래그하여 제거하고, Curve CV 단자를 믹서 1번 채널의 Pan CV in 단자에 연결합니다. 볼륨을 조정하고 싶다면 Level CV in 단자에 연결하면 됩니다.

03 Curve 입력 방식은 Matrix 뒷면의 Unipolar/Bipolar 스위치로 선택합니다. 팬이나 - 값의 파라미터를 조정하기에 적합한 Bipolar를 선택합니다. 그리고 Tab 키를 눌러 전면이 보이게 합니다.

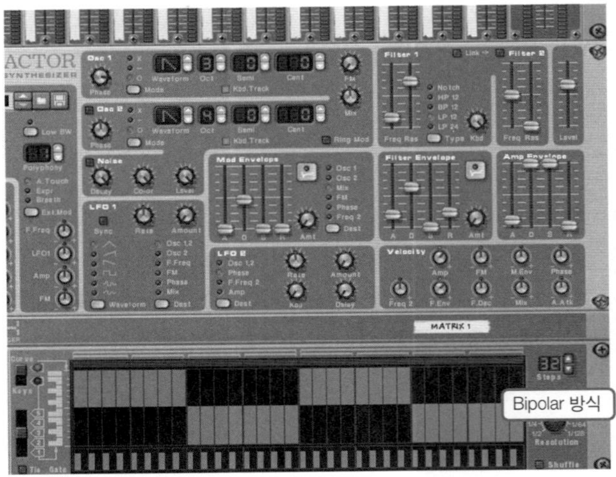

04 모드 선택 스위치를 Curve로 선택하고, 정보를 입력해봅니다. Sub Tractor의 Filter Freq 정보를 컨트롤하던 Unipolar 방식과는 다르게 기준 라인이 중심에 위치하기 때문에 팬 정보를 입력할 수 있습니다. Steps를 32로 변경하고 사운드가 좌/우로 이동되게 해봅니다.

05 Filter Freq를 조정하기 위해 입력했던 파라미도 Steps을 32로 변경하고 정보를 수정합니다. 각 정보를 비교해보면, Unipolar와 Bipolar 차이점을 확실히 알 수 있습니다. 다른 장치의 파라미터들도 Matrix의 CV 정보를 이용해서 컨트롤해보는 실습을 해보기 바랍니다.

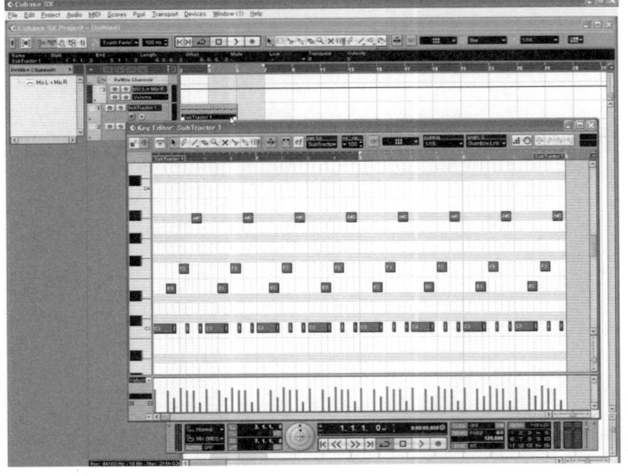

06 Matrix의 기능을 살펴보면서 노트 정보는 마스터 프로그램의 Sub Tractor에서 입력하고, 파라미터는 오토메이션 기능을 이용하는 것이 편리하다는 생각을 할 수 있겠지만 두 가지를 병행할 수 있는 응용력을 키우기 바랍니다. Matrix의 학습을 마칩니다.

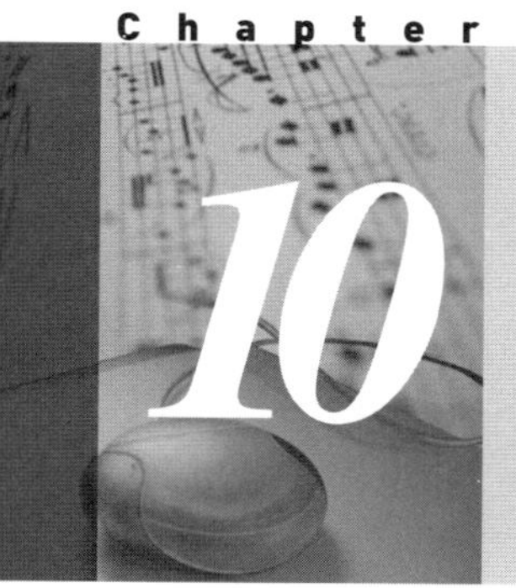

Chapter 10
RPG-8 MONOPHONIC ARPEGGIATOR

리즌 4에 새롭게 추가된 RPF-8 Monophonic Arpeggiator은 아르페지오 패턴을 만들어 연주시킬 수 있는 기능을 갖추고 있습니다. 사용 방법이나 역할은 앞에서 학습한 Matrix Pattern Sequencer와 비슷하기 때문에 쉽게 이용할 수 있을 것입니다. Thor 음색을 아르페지오로 연주하는 패턴을 만들어보면서 RPG-8의 기능을 익혀보겠습니다.

1 RPG-8 사용하기

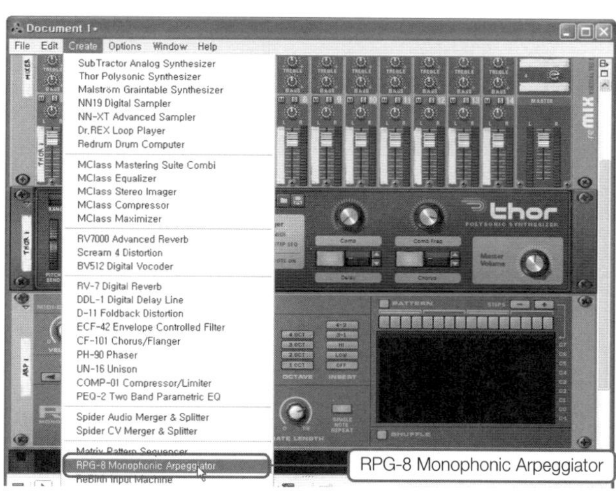

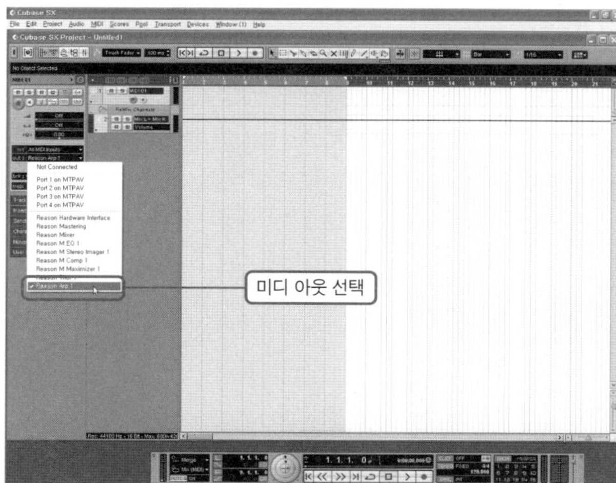

01 File 메뉴의 [New]를 선택하여 새로운 프로젝트를 만들고, Mixer 14:2, Thor Polysonic Synthsizer, RPG-8 Monophonic Arpeggiator를 차례로 장착합니다.

가정교사

RPG-8로 연주할 악기를 먼저 장착한 후에 RPG-8을 장착해야 CV In/Out이 자동으로 연결됩니다.

02 마스터 트랙에서도 새로운 프로젝트를 만들고, 미디 트랙을 추가합니다. 그리고 미디 트랙의 아웃을 Reason Arp 1으로 선택합니다.

가정교사

다른 장치와는 다르게 RPG-8는 Arp로 표시된다는 점에 주의하기 바랍니다.

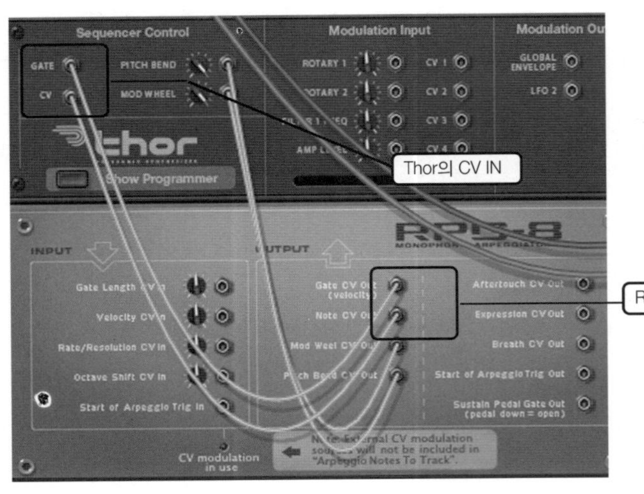

03 마스터 건반에서 코드를 눌러보면, Thor 사운드가 아르페지오로 연주되는 것을 확인할 수 있습니다. 이것은 RPG-8의 Gate CV Out과 Note CV Out이 Thor Gate와 CV 인풋에 연결되어 있기 때문입니다. Tab 키를 눌러 랙의 뒷면을 확인해봅니다.

코드 입력

04 마스터 프로그램에서 간단한 코드를 입력해 보고, 곡을 재생해봅니다. 단순히 코드만 입력했지만, Thor 음색이 아르페지오로 연주되는 것을 확인할 수 있으며 곡 작업을 할 때, 많은 부분에 응용이 가능하다는 것을 느낄 것입니다.

2 패널 살펴보기

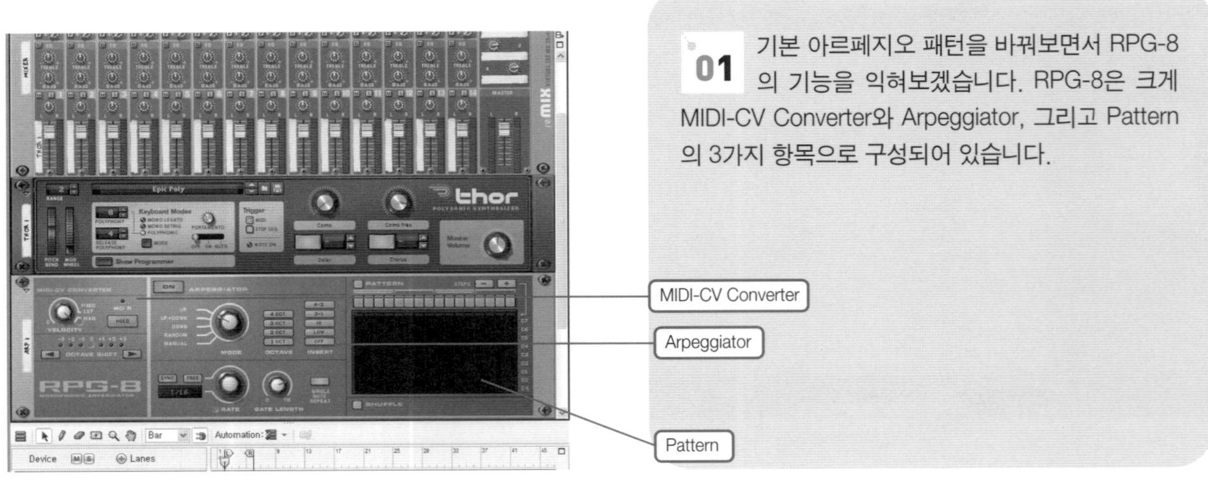

01 기본 아르페지오 패턴을 바꿔보면서 RPG-8의 기능을 익혀보겠습니다. RPG-8은 크게 MIDI-CV Converter와 Arpeggiator, 그리고 Pattern의 3가지 항목으로 구성되어 있습니다.

02 MIDI-CV 항목에는 노트의 벨로시티를 값을 설정하는 Velocity 노브와 음정을 조정하는 Octave Shift가 있습니다. 그리고 [Hole] 버튼은 노트가 연주될 때, 길이에 상관없이 계속 반복되게 하는 역할을 합니다.

가 정 교 사

Velocity가 Man으로 설정된 경우에는 입력되는 벨로시티 값을 따릅니다.

03 Arpeggator 항목에는 아르페지오 연주 기능을 사용할 것인지의 여부를 결정하는 On 버튼과 아르페지오의 연주 방향을 Up, Up+down, Down, random, Manual 중에서 선택할 수 Mode 노브가 있습니다.

04 Octave는 아르페지오가 연주되는 노트의 범위를 선택하고, Insert는 반복 패턴을 선택합니다. 실습에서는 Insert는 Off로 하여 사용자가 연주하는 패턴이 Mode에서 선택한 상행으로 연주되게 합니다.

Rate

Gate Length

05 아르페지오의 속도를 조정하는 Rate는 일반적으로 비트 단위는 Sync로 사용합니다. Gate Length는 노트 정보의 길이를 반응 값을 조정하는 것으로 리듬 악기를 일 때는 짧게, 레가토 연주일 때는 길게 설정하는 것이 일반적입니다.

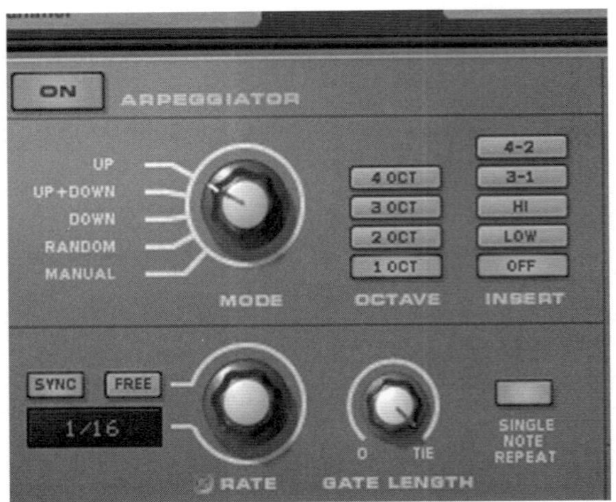

06 Arpeggiator 항목의 마지막 구성인 [ingle Note Repeat] 버튼은 패턴 연주를 사용할 때, 코드가 아닌 단일 노트도 반복 연주하게 할 것인지를 결정합니다.

가 정 교 사

Single Note Repeat는 Pattern 기능을 사용할 때만 영향을 줍니다.

On/Off 버튼

07 PRG-8의 아르페지오 패턴은 사용자가 원하는 리듬으로 만들 수 있습니다. 패턴 기능을 사용하려면 Pattern 항목의 버튼을 클릭하여 On으로 합니다. 그리고 16개의 [스텝] 버튼을 클릭하여 원하는 리듬을 만듭니다.

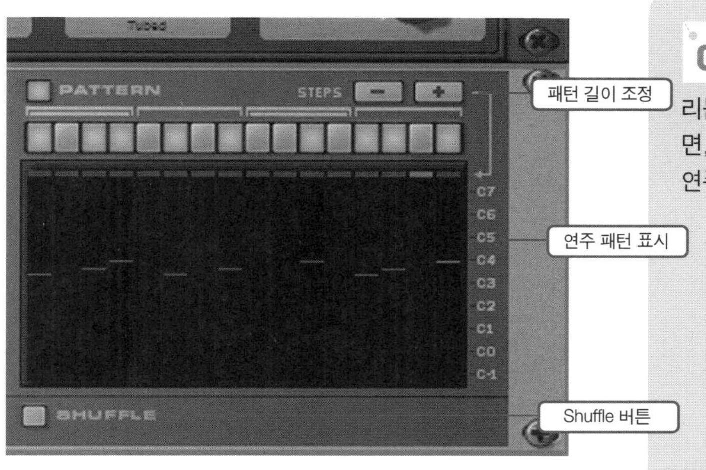

08 스텝의 길이는 [+/-] 버튼을 이용해서 조정할 수 있으며 [Shuffle] 버튼을 이용해서 셔플 리듬을 만들 수 있습니다. 마스터 건반을 연주해보면, 사용자가 만든 패턴의 리듬으로 아르페지오가 연주되는 것을 모니터 할 수 있습니다.

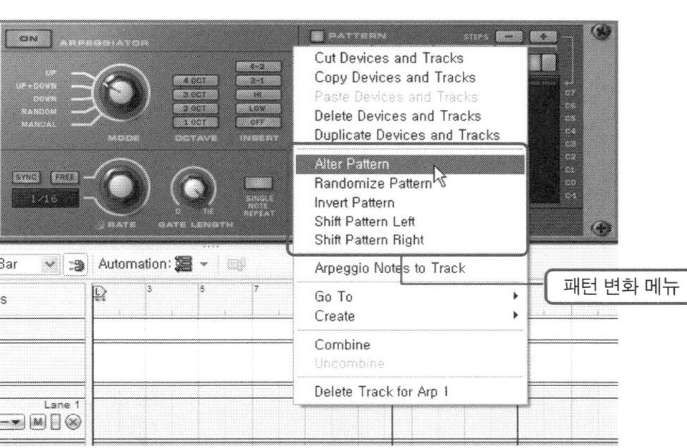

09 RPG-8 패널에서 마우스 오른쪽 버튼을 클릭하면 사용자가 만든 패턴에 변화를 줄 수 있는 단축 메뉴가 열립니다. 패턴 변화는 Alter, Randomize, Invert, Shift Left/Right의 5가지 중에서 선택할 수 있습니다.

3 오토메이션 이용하기

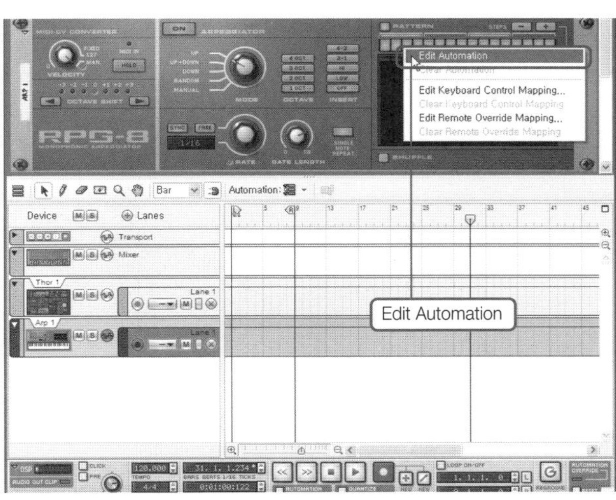

01 PRG-8의 [스텝] 버튼이 16비트이므로 이것을 조합하여 최대 65,535가지의 아르페지오 패턴을 연출할 수 있습니다. [스텝] 버튼에서 마우스 오른쪽 버튼을 클릭하여 단축 메뉴를 열고, Edit Automation을 선택합니다.

02 패턴을 오토메이션으로 기록할 수 있는 트랙이 생성되며, 스텝 버튼은 모두 On으로 활성화 됩니다. 마스터 건반에서 코드를 누르고, [스텝] 버튼을 On/Off 시키면서 원하는 스타일의 아르페지오 패턴을 만듭니다.

03 스텝의 구성을 정확히 기억합니다. 그리고 트랜스포트 패널의 [녹음] 버튼을 클릭합니다. 앞에서 구성했던 패턴대로 [스텝] 버튼을 구성합니다. 사용자가 [스텝] 버튼을 On/Off 하는 것들이 오토메이션 트랙에 모두 기록됩니다.

04 녹음을 정지하고, 오토메이션이 기록된 파트를 더블 클릭하여 편집 창을 엽니다. 사용자가 [스텝] 버튼을 누른 위치마다 포인트가 기록된 것을 확인할 수 있습니다. 마지막 포인트 제외한 나머지 포인트를 마우스 드래그로 선택합니다.

05 선택한 포인트는 중간 과정이 기록된 것이 므로 Delete 키를 눌러 삭제합니다. 그리고 마지막 포인트를 마디가 시작하는 위치로 이동시킵 니다. 도구 모음 줄의 Pos 항목에서 직접 입력하는 것이 정확할 것입니다.

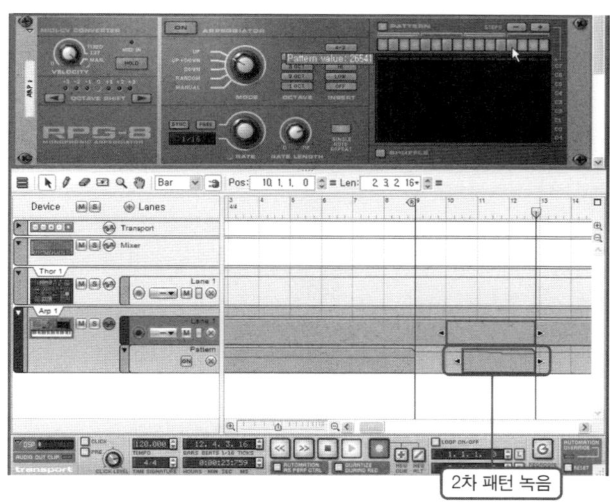

06 [편집] 버튼을 클릭하여 트랙 창으로 복구합 니다. 그리고 패턴을 바꾸고자 하는 위치로 송 포지션 라인을 가져다 놓고, 패턴을 다시 녹음합 니다. 녹음이 끝나면 앞에서와 같이 필요 없는 포인 트를 삭제하고 위치를 수정합니다.

07 앞의 과정을 사용자가 원하는 패턴 수만큼 위치 별로 반복하여 만듭니다. 마스터 건반 에서 코드를 누르고, 곡을 재생해보면 오토메이션이 기록된 포인트 위치에서 아르페지오 패턴이 바뀌는 것을 확인할 수 있습니다. 아르페지오 연주가 서툰 독자에게 유용한 기능이 될 것입니다.

가정교사

일반적으로 한 곡에 2~3개 정도의 아르페지오 패턴을 사용하지만, 최대 65,535개의 패턴을 만들 수 있습니다.

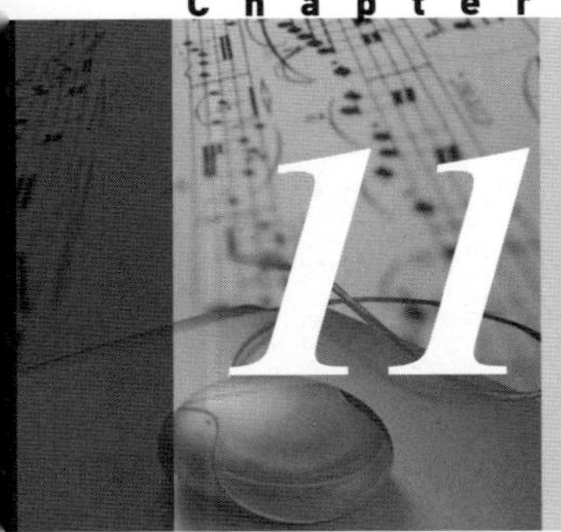

리즌 4의 이펙트 살펴보기

RV7000, Scream 4, BV512 등의 12가지와 마스터링 용으로 사용하는 4가지 MClass의 이펙트는 리즌 4에서 제공하는 악기에 최적화되어 있습니다. 그러므로 마스터 프로그램에서 리즌 4의 악기를 사용하고 있는 트랙은 리즌 4에서 제공하는 이펙트로 처리하는 것이 좋습니다. MClass는 뒤에서 살펴보기로 하고, 여기서는 12가지 이펙트와 2가지 Spider의 역할을 살펴보겠습니다.

1 채널 이름 바꾸기

일상 생활에서 리버브를 느낄 수 있는 공간은 건물 복도와 욕실 등이 있습니다. 건물 복도나 욕실에서 대화를 나누거나 노래를 불러본 경험이 있다면, 자신의 목소리가 울리는 것을 느껴보았을 것입니다. 이것은 입에서 나오는 직접 음과 그 소리가 벽에 반사되어 돌아오는 잔향 음이 함께 들리기 때문입니다.

잔향 음은 벽의 재질과 공간의 크기에 따라 달라지기 때문에 음악이나 연극 공연장은 건축을 할 때부터 벽의 재질과 각도를 계산하여 가장 듣기 좋은 잔향 음이 형성될 수있게 설계를 합니다.

이처럼 사운드에 중요한 영향을 주는 잔향 음을 인위적으로 만들어 가정이나 스튜디오에서 근접 마이크로 녹음한 연주를 콘서트 홀에서 듣는 듯한 효과를 간단하게 만들어 낼 수 있는 장치가 리버브입니다.

리즌 4에서는 RV-7과 RV7000의 두 가지 리버브 장치를 제공하고 있으며, 초보자도 쉽게 사용할 수 있을 만큼 간단한 기능으로 구성되어 있다는 특징이 있습니다.

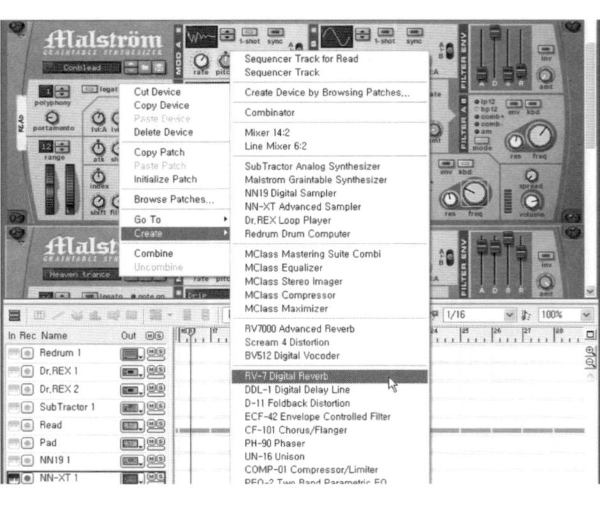

01 악기를 학습하면서 저장했던 '실습-07' 파일을 불러온 후에 Pad를 연주 파트를 담당했던 Malstrom을 마우스 오른쪽 버튼으로 선택하여 단축 메뉴를 열고, Create 메뉴의 [RV-7 Digital Reverb]를 선택합니다.

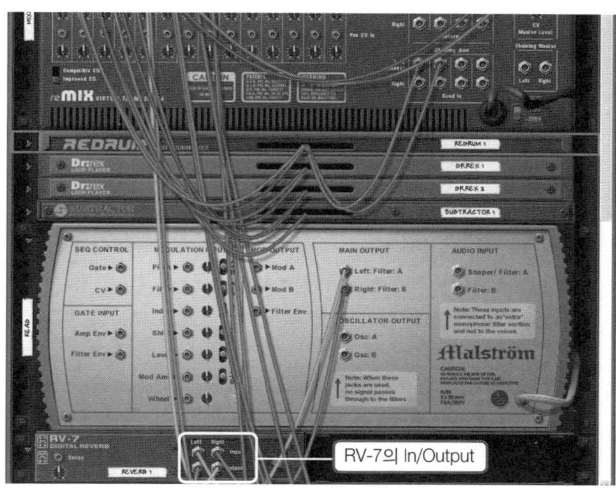

02 Tab 키를 눌러 랙 뒷면을 보면, 믹서 6번 채널에 연결되어 있던 Malstrom의 메인 아웃이 RV-7의 Input으로 연결되고, RV-7의 Output이 믹서의 6번 채널로 연결된 것을 확인할 수 있습니다.

03 RV-7은 Hall, Large Hall, Hall2 등의 공간을 시뮬레이션하고 있는 10가지 알고리즘을 제공하고 있습니다. 곡을 연주해보면서 각 알고리즘의 특성을 모니터 해보기 바랍니다. 실습에서는 large Hall을 선택하겠습니다.

04 그 밖에 공간의 크기를 설정하는 Size, 레벨이 소멸하는 시간을 설정하는 Decay, 고주파를 차단하여 벽면의 재질을 시뮬레이션하는 Damp, 리버브의 양을 조정하는 Dry/Wet 노브가 있습니다. 각 노브를 조정하면서 특성을 모니터 해보고, 각각 45, -13, -28, 80 정도로 조정합니다. RV-7의 학습을 마칩니다.

일상 생활에서 딜레이를 느낄 수 있는 장소는 산이나 노래방입니다. 노래방에서 노래를 부를 때, 자신의 목소리가 반복되면서 불안전한 음정과 박자를 커버하여 조금 괜찮은 노래로 들리게 하는 현상을 경험해본 적이 있을 것입니다. 이것은 인위적으로 소리를 반복하는 역할의 딜레이라는 장치가 마이크에 연결되어 있기 때문인데, 리즌 4에서 제공하는 DDL-1 역시 하드웨어 딜레이와 동일한 역할을 합니다. 실제 음반 작업을 할 때는 가사 전달이나 음색을 명확하게 청취할 수 있도록 보컬에 딜레이라는 장치는 잘 사용하지 않지만, 테크노 음악의 리드 악기나 Guitar 연주 파트에서는 필수적으로 사용하고 있는 장치입니다.

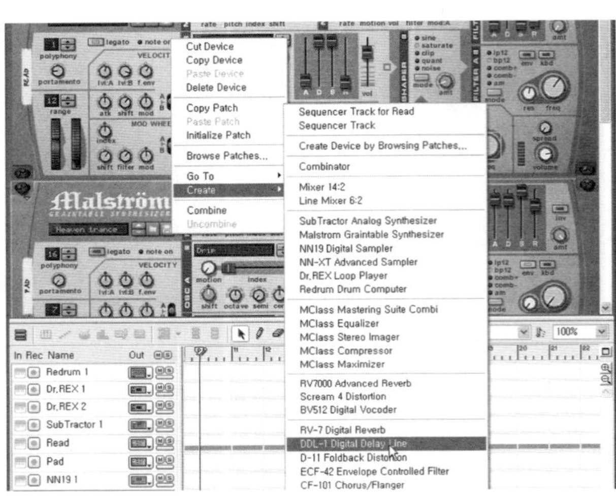

01 Read 파트를 담당하고 있는 Malstrom 패널에서 마우스 오른쪽 버튼을 클릭하여 단축 메뉴를 열고, Create 메뉴의 [DDL-1 Digital Delay Line]을 선택합니다. 그리고 랙 뒷면을 확인해보면 RV-7에서와 같이 Maltrom의 라인 연결이 변경된 것을 확인할 수 있습니다.

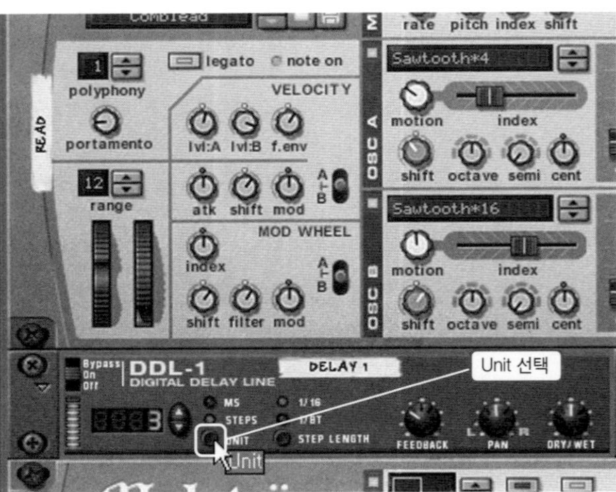

02 DDL-1은 딜레이 타임을 스텝 단위로 설정할 것인지, 시간(ms) 단위로 설정할 것인지를 결정할 수 있는 Unit 선택 버튼이 있습니다. 시간 단위로 설정할 때는 최대 2000ms(2초)까지 설정할 수 있고, 스텝 단위는 최대 16Steps까지 설정할 수 있습니다.

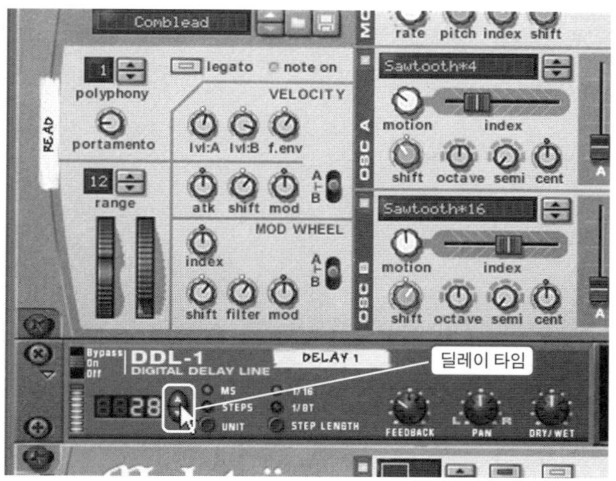

03 Unit를 Ms로 선택한 후에 딜레이 타임을 28 정도로 설정하여 입체 효과만 주겠습니다. 이처럼 특별히 의도한 경우가 아니라면, Unit을 Steps로 설정하여 딜레이 타임을 템포에 맞추는 것이 안전합니다.

04 Step Length는 Unit를 Step 단위로 선택했을 때의 딜레이 간격을 설정하는 것으로 1/16 또는 1/8T를 선택할 수 있습니다. Step Length를 1/16으로 하고, 딜레이 타임을 3으로 설정하면 3/16 단위로 딜레이가 만들어지는 것입니다.

05 Feedbank은 출력 신호를 입력 신호로 보내어 딜레이를 반복하게 하는 역할을 하는 것으로 딜레이라는 장치를 여러 개 연결하는 것과 같은 원리로 이해해도 좋습니다. 실습에서는 기본값을 그대로 두겠습니다.

06 그 밖에 딜레이의 팬을 조정하는 Pan과 양을 조정하는 Dry/Wet 노브가 있습니다. Pan은 약간 오른쪽으로 조정하고, Dry/Wet는 60~70 정도로 설정하는 것으로 DDL-1 학습을 마칩니다.

딜레이 타임

아날로그 타입의 하드웨어 딜레이는 템포와 동기시킬 수 있는 Steps 단위가 없기 때문에 시간 단위를 사용합니다. 딜레이는 곡의 템포와 맞지 않을 경우 사운드가 지저분해지기 때문에 전문 엔지니어들은 템포 별로 딜레이 타임이 기록되어 있는 차트나 복잡한 계산식을 이용합니다. 그러나 60000/템포의 간단한 계산식을 외워두면, 하드웨어 딜레이를 이용할 때 편리할 것입니다. 템포가 120이라면, 60000/120=500이므로, 한 박자는 500, 반 박자는 500의 반인 250이 됩니다.

메탈 음악에서 사운드가 찌그러지는 듯한 기타 연주를 들어 본 적이 있을 것입니다. 스피커가 출력할 수 있는 레벨 이상의 사운드가 입력되면, 소리가 찌그러지는 현상이 발생하며, 이것을 인위적으로 만들어내는 장치가 디스토션입니다. 사운드를 일부러 찌그러트린다는 것이 조금 이상할 수도 있겠지만, 매우 강렬한 느낌을 주기 때문에 메탈 곡에서는 흔하게 사용하는 장치입니다. 리즌 4에서는 일반적인 디스토션 사운드를 만드는 D-11 Foldback Distrtion 외에도 오버 드라이브, 메탈, 크런치 등의 다양한 디스토션 사운드를 만들 수 있는 Scream 4 Dirstortion이라는 장치도 제공하고 있습니다.

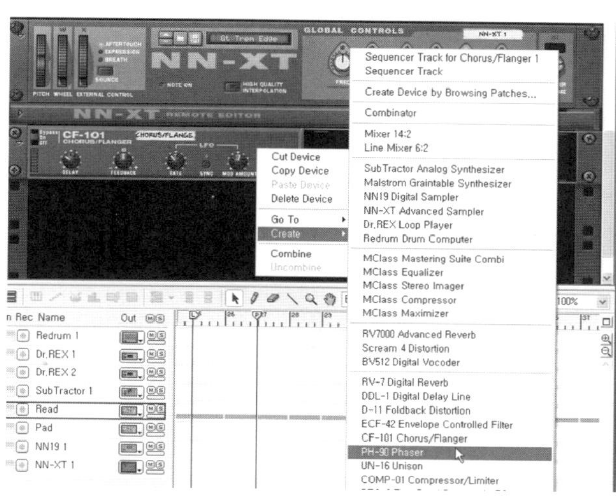

01 Dr. REX2에서 마우스 오른쪽 버튼을 클릭하여 단축 메뉴를 열고, Create 메뉴의 [D-11 Foldback Distortion]을 선택합니다. Tab 키를 눌러 랙 뒷면을 보면 Dr. REX2의 라인 연결이 변경된 것을 확인할 수 있습니다.

02 D-11은 디스토션의 양을 조정할 수 있는 Amount와 디스토션을 적용할 주파수 대역을 설정할 수 있는 Foldback 노브가 있습니다. Amount를 2시 방향 정도로 조정하고, Foldback을 조정하여 디스토션이 어떻게 변하는지 모니터 해보기 바랍니다. D-11의 실습을 마칩니다.

ECF-42 Envelope Controlled Filter는 악기 학습에서 살펴보았던 엔벨로프 필터의 역할을 하는 이펙트입니다. 모드는 BP12, LP12, LP24의 3가지를 지원하고 있으며, 필터의 어택(A), 디케이(D), 서스테인(S), 릴리즈(R)를 조절할 수 있는 노브가 있습니다. 그 밖에 필터의 주파수를 설정하는 FREQ와 범위를 설정하는 RES, 적용 값을 설정하는 ENV.AMT, 그리고, 벨로서티의 반응 정도를 설정하는 Vel 노브가 있습니다.

ECF-42 Envelope Controlled Filter는 리버브나 딜레이와 같은 시간차 이펙트 앞에 사용하여 미묘한 효과를 얻을 수 있습니다. 다른 이펙트도 동일하지만, 여러 개의 이펙트를 사용할 때는 연결 순서에 따라 전혀 다른 사운드를 연출할 수 있으므로, 많은 실험을 해보는 것이 좋습니다. 일반적으로 주파수를 변조하는 이펙트, 시간차를 이용한 이펙트, 다이내믹을 조정하는 이펙트 순서로 연결합니다.

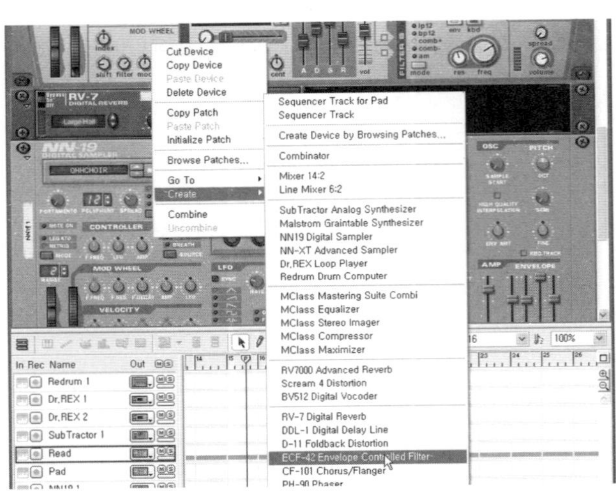

01 Pad를 연주하고 있는 Malstrom 패널에서 마우스 오른쪽 버튼을 클릭하여 단축 메뉴를 열고, Create 메뉴의 [ECF-42 Envelope Controlled Filter]를 선택합니다.

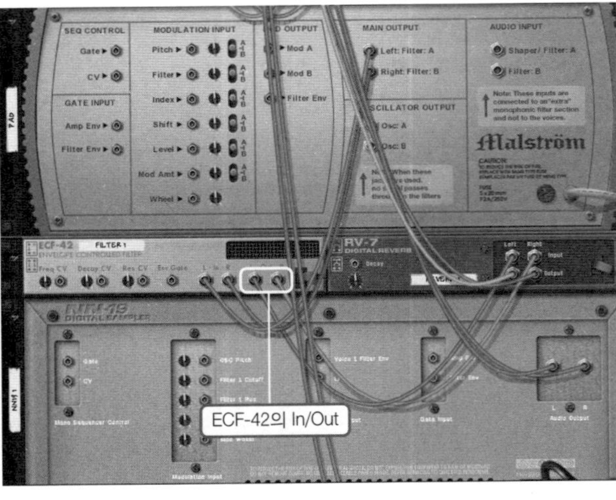

02 Malstrom과 RV-7사이에 ECF-42가 장착됩니다. Tab 키를 눌러 랙 뒷면을 보면, RV-7으로 연결했던 Malstrom의 메인 아웃이 ECF-42의 In으로 입력되고, ECF-42의 Out이 RV-7의 Input에 입력되는 경로로 변경된 것을 확인할 수 있습니다.

03 Tab 키를 눌러 전면이 보이게 하고, 필터의 기준 주파수를 설정하는 FREQ는 64, 범위를 설정하는 RES는 0, 적용 값을 설정하는 Env.AMT는 32 정도로 설정합니다. 그리고 벨로서티에 따라 필터가 적용되는 양을 설정하는 Vel 노브는 0으로 합니다.

04 모드는 기본 값으로 설정되어 있는 LP 12를 그대로 사용하고, Envelope도 서스테인(S)만 조금 올리고 나머지는 기본 값을 그래도 사용하겠습니다.

05 리즌 4에서 제공하는 이펙트 왼쪽 코너에는 이펙트 적용 전과 후를 비교해볼 수 있는 Bypass 스위치가 있습니다. 스위치를 Bypass에 놓으면, 이펙트 적용 전의 사운드를 들을 수 있습니다. 스위치를 Off로 놓으면 라인 연결을 해제하는 것이므로 주의하기 바랍니다. ECF-42의 학습을 마칩니다.

코러스를 쉽게 이해할 수 있는 것은 이름에서도 알 수 있듯이 합창입니다. 수 많은 사람이 동일한 노래를 함께 해도 사람 마다 시간차가 발생하기 마련입니다. 그러나, 듣기에 거북하기보다는 사운드가 풍부하고 따뜻해지는 것을 느낄 것입니다. 이러한 합창 효과를 인위적으로 만들어내는 장치가 코러스입니다.

플랜저는 원본 사운드에 시간차가 있는 LFO 파형을 추가하여 두 사운드의 위상 간섭으로 독특한 사운드를 만들어내는 장치입니다. 리즌 4의 CF-101 Chorus/Flanger는 코러스와 플랜저를 섞어 놓은듯한 효과를 연출하는 장치입니다.

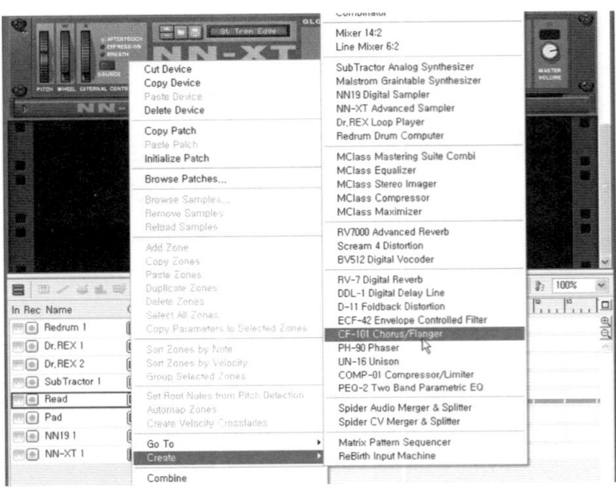

01 NN-XT 패널에서 마우스 오른쪽 버튼을 클릭하여 단축 메뉴를 열고, Create 메뉴의 [CF-101 Chorus/Flanger]를 선택합니다. Tab 키를 눌러 랙 뒷면을 보면 NN-XT의 라인 경로가 CF-101으로 변경된 것을 확인할 수 있습니다.

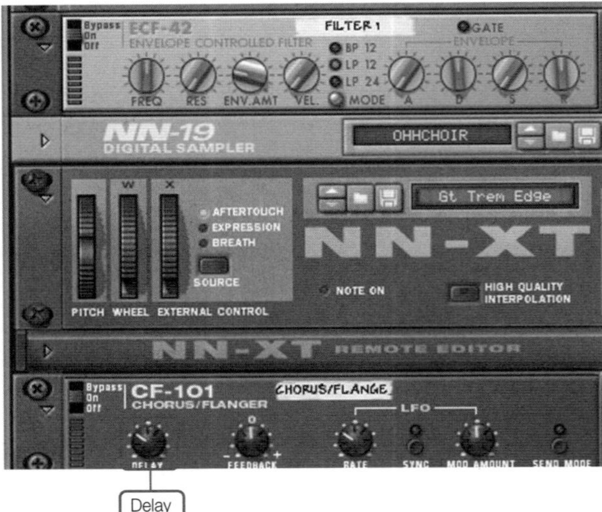

02 코러스나 플랜저 모두 사운드의 지연 시간을 이용한 이펙트입니다. 첫 번째 노브인 Delay는 이러한 지연 시간을 설정하는 것입니다. 실습에서는 기본 값보다 조금 짧은 38 정도로 조정하겠습니다.

03 CF-101 이펙트의 반복 값을 설정하는 Feedback 은 기본 값 0으로 사용하지 않고, 템포와 동기 될 수 있게 [Sync] 버튼을 On으로 합니다. 그러면 LFO 주파수의 속도를 조절하는 Rate를 비트 단위로 설정할 수 있습니다. 실습에서는 4/4로 하겠습니다.

04 LFO 주파수의 폭을 조정하는 Mod Amount 는 72정도로 조정하여 기본 값보다 크게 합니다. 그 외 [Send Mode] 버튼은 CF-101를 센드 방식으로 사용할 때와 같이 변형된 사운드만을 출력하게 하는 것으로 실습에서는 사용하지 않겠습니다. SF-101의 학습을 마칩니다.

페이저는 앞에서 살펴본 플랜저와 비슷한 역할을 하지만, 비교적 짧은 딜레이 타임을 가진 저주파수를 합성하기 때문에 페이저와는 전혀 다른 느낌의 사운드를 만듭니다. 일반적으로 코러스, 플랜저, 패이저 등의 장치를 같은 계열로 분류할 만큼 사운드를 만드는 원리는 비슷하지만, 결과만큼은 전혀 다르기 때문에 많은 실습이 필요한 이펙트입니다. 반드시 실습으로 권장하는 설정 값 외에도 각각의 노브를 조정해 보고, 연결 순서를 바꿔보고, Bypass를 On/Off 해가면서 다양한 실습을 해보기 바랍니다. 스튜디오의 사운드 믹싱 엔지니어의 경우에는 이펙트 연구만 10년을 넘게 하고 있다는 것을 명심하기 바랍니다.

01 NN-XT에 연결했던 CF-101 패널에서 마우스 오른쪽 버튼을 클릭하여 단축 메뉴를 열고, Create 메뉴의 [PH-90 Phaser]를 선택합니다. Tab 키를 눌러 랙 뒷면을 보면 CF-101의 라인이 PH-90으로 변경된 것을 확인할 수 있습니다.

02 FREQ는 위상 간섭을 만들 주파수 대역을 설정합니다. 페이저 효과를 선명하게 하기 위해서는 주파수 대역을 넓게 설정하는 것이 효과적이므로 노브를 위쪽으로 드래그하여 78정도로 설정하겠습니다.

03 Split는 FREQ를 기준으로 만들어지는 주파수의 간격을 설정하고, Width 는 넓이를 설정합니다. Split은 64, Width는 100인 기본 값을 그대로 사용하겠습니다.

04 [Sync] 버튼을 클릭하여 템포와 동기 될 수 있게 하고, Rate는 기본 값인 6/4를 그대로 사용하겠습니다. 그 밖에 파형의 폭을 설정하는 F.Mod는 44로 설정하고, 반복 값을 설정하는 Feedback은 36으로 설정하면서 PH-90의 학습을 마칩니다.

7 UN-16 UNISON

UN-16 Unison은 아날로그 장비 보다는 VST Effects에서 흔하게 볼 수 있는 장치입니다. 일반적으로 합창 효과를 만드는 코러스와 비슷하지만, 사운드를 가로로 두껍게 만드는 코러스와는 달리 피치를 변화시켜 세로로 두껍게 만든다는 특징이 있습니다. 리즌 4에서 제공하는 UN-16은 매우 직관적인 구조로 이루어져 있기 때문에 장치를 처음 접하는 사용자도 쉽게 사용할 수 있다는 장점이 있습니다. 단, 이펙트를 사용할 때의 주의 점은 반드시 목적이 있어야 한다는 것입니다. 단순히 사운드를 두텁고 풍성하게 만들기 위해서 무작정 이펙트를 사용하다 보면, 사운드가 지저분해지는 역효과를 가져온다는 것을 명심하기 바랍니다.

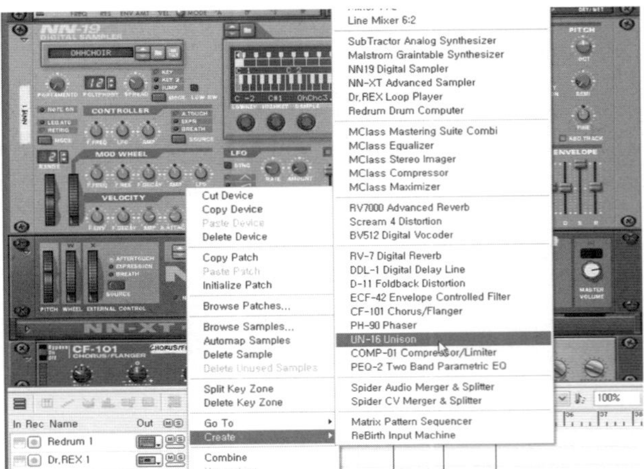

NN-19 패널에서 마우스 오른쪽 버튼을 클릭하여 단축 메뉴를 열고, Create 메뉴의 [Un-16 Unison]을 선택하여 장착합니다. Tab 키를 눌러 라인의 연결을 확인하는 것도 잊지 말기 바랍니다.

02

4, 8, 16의 보이스를 선택할 수 있는 [Voice Count 선택] 버튼이 가장 먼저 눈에 들어옵니다. UN-16의 역할을 이해하고 있다면 Voice Count가 인위적으로 연출하게 될 사운드의 숫자라는 것을 짐작할 수 있습니다.

03

그 밖에 보이스의 음정을 조정하는 Define과 Un-16 의 양을 조정하는 Dry/Wet의 노브가 있습니다. 매우 간단한 구조로 이루어져 있지만 효과는 기대 이상입니다. 모두 기본 값을 그대로 사용하기로 하고 Un-16의 학습을 마칩니다.

컴프레서와 리미터는 다이내믹 레인지를 조정하는 대표적인 이펙트입니다.

컴프레서는 사용자가 설정한 레벨 이상의 큰 사운드를 사용자가 설정한 비율로 압축하고, 작은 사운드를 보강하여 다이내믹 범위를 안정되게 만드는 역할을 하는 것으로 보컬에서는 필수적으로 사용하고 있는 이펙트입니다.

리미터는 사용자가 설정한 레벨 이상의 큰 사운드를 사용자가 설정한 비율로 압축하는 방식은 컴프레서와 같습니다. 다만, 그 비율이 컴프레서의 10배 이상이고, 작은 사운드를 보충하지 않는 다는 차이점이 있습니다. CD 한 장에 담기는 여러 곡의 레벨을 균등하게 유지하는 역할을 하는 리미터는 마스터링 작업에서 필수적으로 사용하고 있는 이펙트입니다.

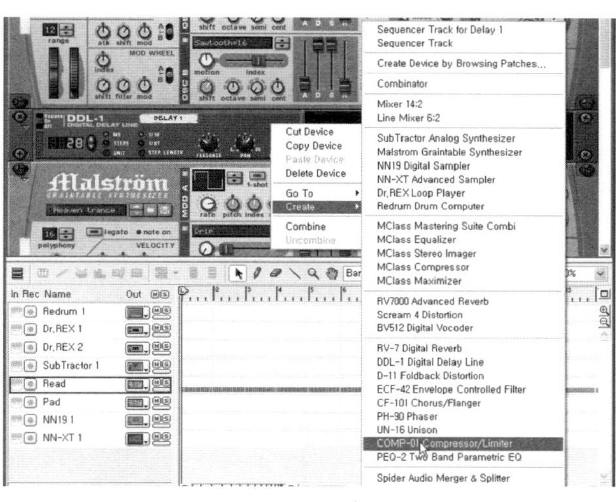

01 Read 파트를 담당하는 Malstrom에 연결했던 DDL-1에서 마우스 오른쪽 버튼을 클릭하여 단축 메뉴를 열고, Create 메뉴의 [COMP-01 Compressor/Limiter]를 선택합니다.

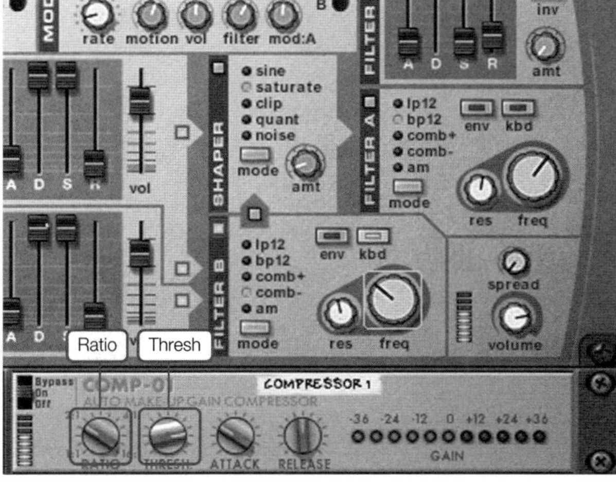

02 사운드를 연주해 보면서 압축 레벨 기준점을 설정하는 Thresh 노브를 위쪽으로 드래그하여 100으로 설정합니다. 그리고 압축 비율인 Ratio는 2:1로 설정합니다. Ratio를 10:1 이상으로 설정하면 리미터 역할을 합니다.

Part **2** 실습으로 익히는 리즌 4의 시스템

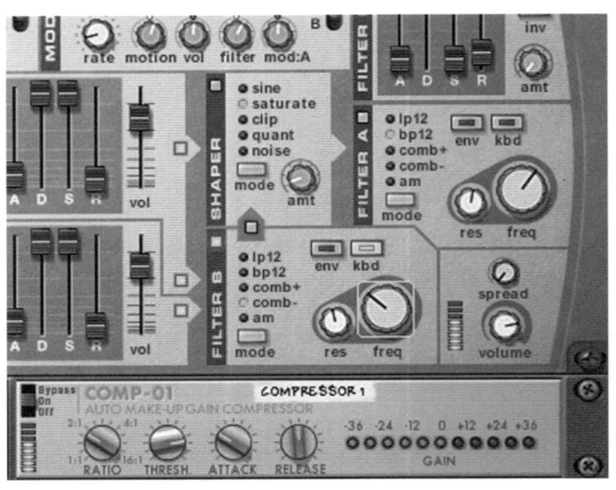

03 Attack은 압축이 시작되는 타임을 설정하며, Release는 압축이 끝나는 타임을 설정합니다. 레벨의 압축이 시작되는 지점과 끝 지점에서 어색하지 않을 정도로 조정하면 됩니다. 오른쪽에 있는 Gain은 출력 레벨 미터입니다. 0dB를 기준으로 조정하는 것이 무리 없는 컴프레서 사용의 요령입니다. COMP-01의 학습을 마칩니다.

9   PEQ-2 TOW BAND PARAMETRIC EQ

가장 흔하게 사용하는 EQ에는 일반 가정에서 사용하는 오디오 장치에서도 쉽게 볼 수 있는 그래픽 타입입니다. 그래픽 타입은 초보자도 쉽게 사용할 수 있다는 장점이 있지만, 주파수 대역이 고정되어 있기 때문에 미세한 조정이 어렵다는 단점이 있습니다. 그래서 전문 엔지니어들은 주파수 대역을 자유롭게 조정할 수 있는 타입을 선호하는데, 이것이 Parametric 타입의 EQ입니다. 리즌 4에서 제공하는 PEQ-2 Tow Band Parametric EQ은 두 개의 주파수 대역을 설정할 수 있는 2Bnad Parametric EQ입니다. 가장 흔하게 사용하는 4Band에 비해서 아쉬운 느낌은 들지만, Mixer 나 마스터링 전용으로 제공되고 있는 MClass Equalizer와 상호 보완 관계로 병행해서 사용하면 사용자가 원하는 EQ 작업을 하기에는 충분하다고 보아도 좋습니다.

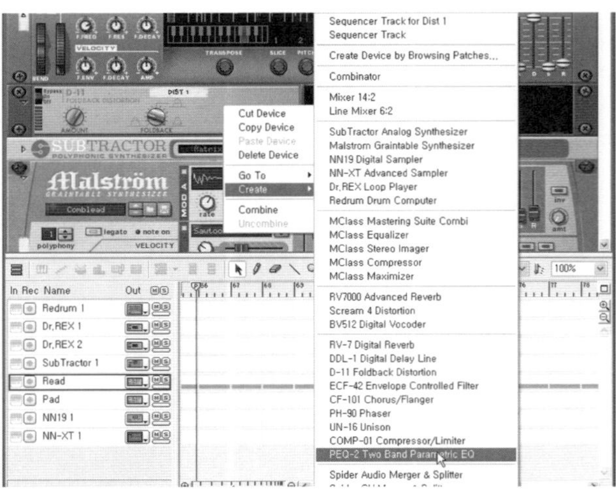

01 DrREX2에 장착했던 D-11에서 마우스 오른쪽 버튼을 클릭하여 단축 메뉴를 열고, Create 메뉴의 [PEQ-2 Tow Band Parametric EQ]를 선택합니다.

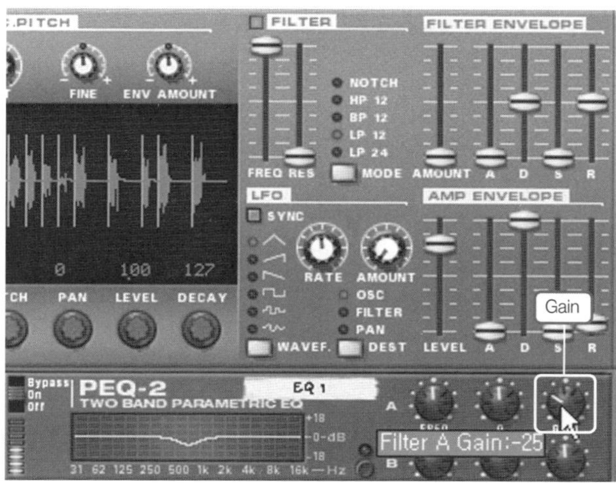

02 PEQ-2는 디스플레이 창에 프리퀀시를 표시하는 포인트 점이 없기 때문에 Gain을 먼저 조정하여 위치를 파악하는 것이 좋습니다. A 항목의 Gain을 아래쪽으로 내려보면, 500Hz에서 1KHz 사이가 FREQ로 설정되어 있다는 것을 알 수 있습니다.

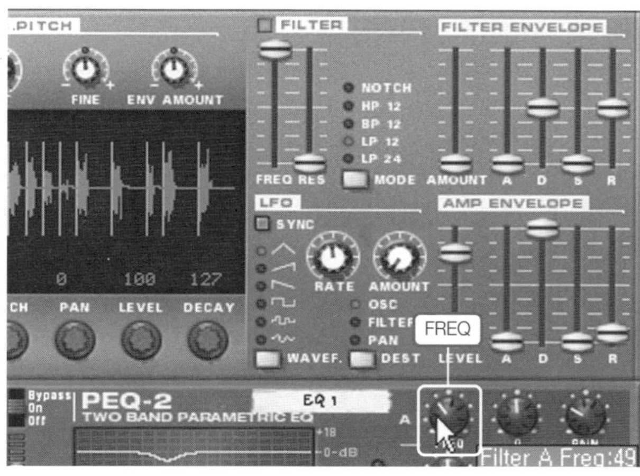

03 FREQ 노브를 아래쪽으로 드래그하여 250Hz에서 500Hz 사이로 포인트를 이동합니다. 즉, FREQ를 250Hz에서 500Hz 사이로 조정하고 해당 주파수 범위를 감소시킨 결과입니다.

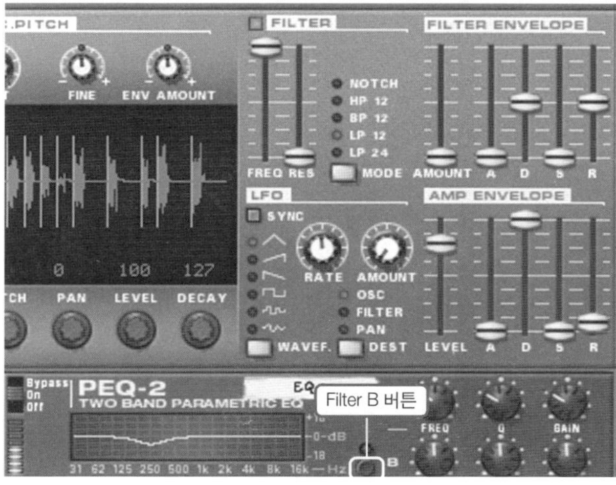

04 Q 노브는 주파수 범위를 설정합니다. 값이 낮아질수록 조정되는 주파수 범위가 넓어집니다. 디스플레이 창을 보면 쉽게 구분할 수 있습니다. FREQ 지점을 하나 더 지정하여 2 Band로 사용하고 싶다면, Filter B 버튼을 On으로 하면 됩니다. PEQ-2의 학습을 마칩니다.

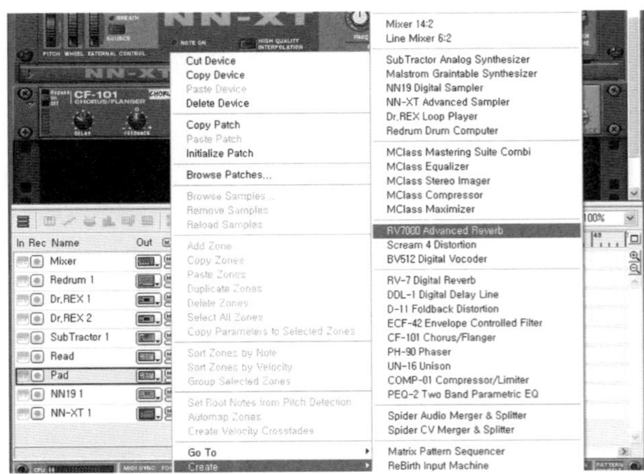

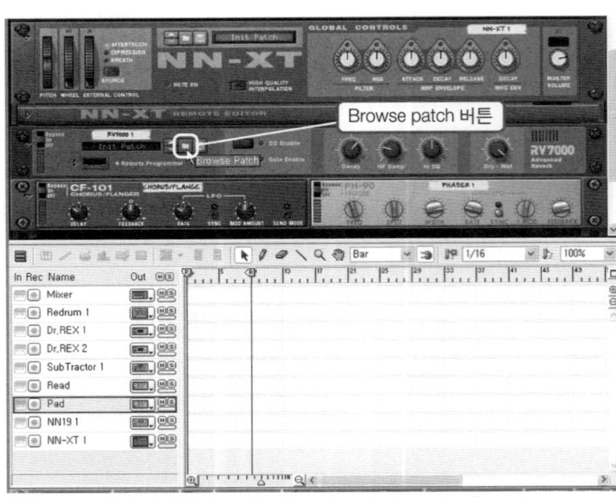

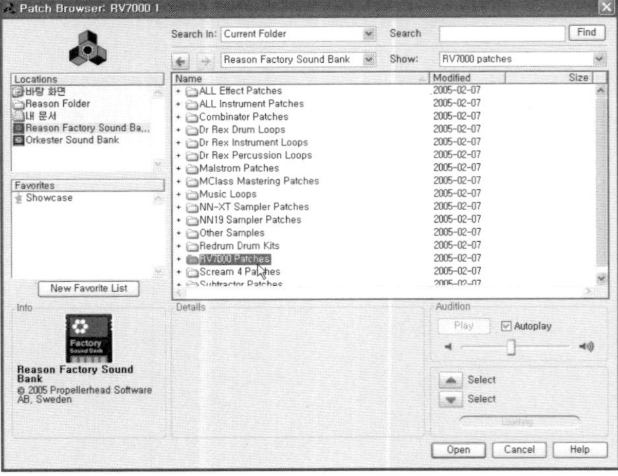

01 리즌 4에서 제공하는 두 번째 리버브입니다. NN-XT에서 마우스 오른쪽 버튼을 클릭하여 단축 메뉴를 열고, Create 메뉴의 [RV 7000 Advanced Reverb]를 선택합니다.

02 RV-7000은 전문가가 설정해놓은 프리셋을 사용할 수 있는 기능을 제공하고 있기 때문에 초보자도 손쉽게 사용할 수 있다는 장점이 있습니다. [Browse patch] 버튼을 클릭합니다.

03 악기 음색을 선택하는 방법과 동일하게 Locations에서 Reason Factory Sound Bank를 선택하고, 목록에서 RV7000 Patches 폴더를 더블 클릭합니다.

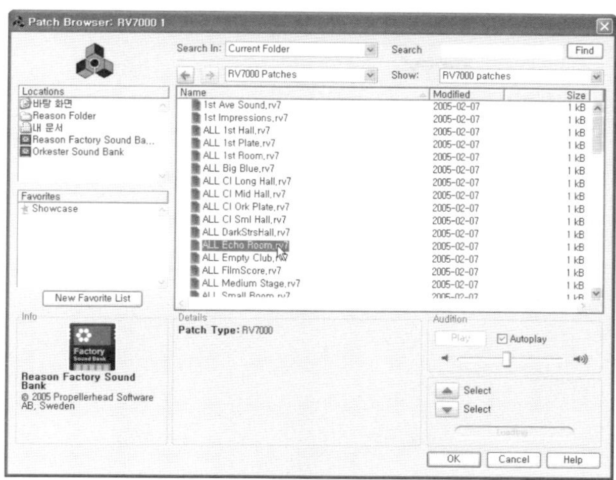

04 전문가들이 제작해놓은 다양한 프리셋 목록을 볼 수 있습니다. ALL Echo Room.rv7를 더블 클릭하여 불러옵니다. 초보자와 전문가 구분 없이 프리셋을 가져다가 곡에 어울리게 수정하는 방법이 가장 좋습니다.

05 RV7000은 EQ와 Gate 기능을 포함하고 있는데, 기본 프리셋에서 EQ를 사용하고 있고, Decay, HF Damp, Hi EQ 등의 노브가 9시, 11시, 1시 방향으로 설정되어 있다는 것을 알 수 있습니다. Remote [열기] 버튼을 클릭하여 리모트 파라미터를 엽니다.

06 리모트 파라미터는 RV7000의 알고리즘과 EQ, Gate 등의 속성을 편집할 수 있는 역할을 합니다. 리버브의 종류를 선택할 수 있는 알고리즘 노브를 돌려보면, Small Space, Room, Hall, Arena, Plate, Spring, Echo, Multi Tap, Reverse의 8가지가 있는 것을 확인할 수 있습니다.

07 먼저 ALL Echo Room.rv7에 설정되어 있던 Echo 프리셋의 설정 값을 곡에 어울리게 바꿔보고 나머지 프리셋을 살펴보겠습니다. Echo 알고리즘은 Echo time, Diffusion, Tempo Sync, LF Damp, Spread, Predelay의 6가지 파라미터로 구성되어 있습니다.

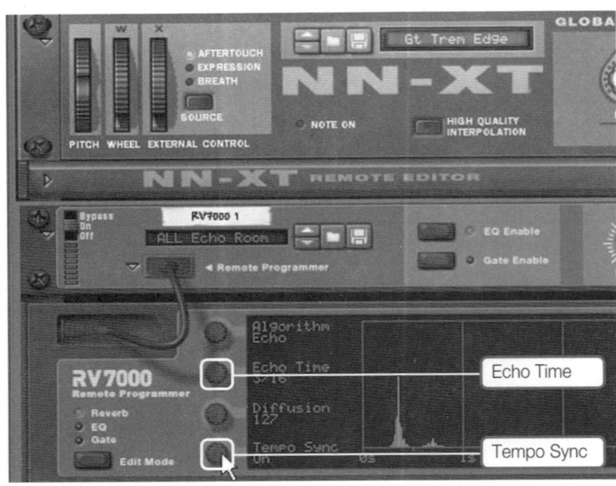

08 최대 2000ms(2초) 길이로 설정할 수 있는 Echo Time을 템포와 동기 될 수 있게 Tempo Sync 노브를 위쪽으로 드래그하여 On으로 설정합니다. Echo Time은 기본 값 3/16을 그대로 사용하겠습니다.

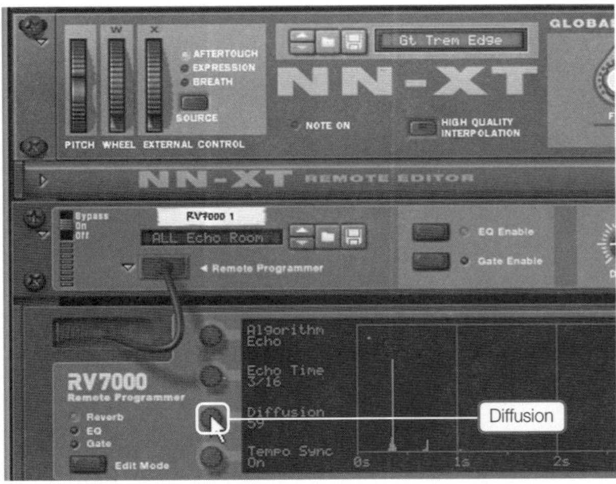

09 Diffusion은 벽면의 각도에 따라 달라지는 잔향의 수를 시뮬레이션하는 역할을 합니다. 실습에서는 59정도로 줄이겠습니다. 각 파라미터를 조정할 때는 반드시 곡을 연주하면서 모니터 해보기 바랍니다.

10 리버브가 적용되지 않게 할 저 주파수 대역을 설정하는 LF Damp의 범위는 20Hz에서 1000hz(1khz)입니다. 기본값 54Hz를 그대로 사용하겠습니다.

11 잔향이 퍼지는 범위를 조절하는 Spread는 64로 조정하고, 초기 잔향 음의 시간을 설정하는 Predelay는 0ms로 설정하면서 알고리즘 Echo의 파라미터를 살펴보았습니다. 나머지 알고리즘의 파라미터는 역할만 살펴보겠습니다.

12 작은 공간을 시뮬레이션하고 있는 Small Space는 다음과 같은 Size, Mod Rate, Room Shape, LF Damp, Wall Irreg, Predelay, Mod Amount의 7가지 파라미터로 구성되어 있으며, 각 파라미터의 역할은 다음과 같습니다.

Algorithm - Small space	
Size	공간의 크기를 최소 0.9m~최대 9.7m 범위로 설정합니다.
Mod Rate	벽면의 재질에 따라 달라지는 잔향의 길이를 조절합니다.
Room Shape	공간의 형태에 따라 달라지는 잔향의 특성을 One~Four의 4가지 중에서 선택합니다.
LF Damp	20Hz~1Khz 범위로 차단할 저 주파수 대역을 설정합니다.
Wall Irreg	벽면의 위치에 따라 달라지는 잔향의 특성을 조절합니다.
Predelay	초기 잔향 음의 시간을 설정합니다.
Mod Amount	잔향 음의 변화 값을 조절합니다.

Algorithm - Room & Hall	
Size	공간의 크기를 설정합니다. Room은 7.0m~14.1m범위이며, Hall은 13.2m~39.6m로 두 알고리즘의 차이가 공간의 크기라는 것을 짐작할 수 있는 부분입니다.
Diffusion	벽면의 각도에 따라 달라지는 잔향의 수를 설정합니다.
Room Shape	공간의 형태에 따라 달라지는 잔향의 특성을 One~Four의 4가지 중에서 선택합니다.
ER-〉 Late	초기 잔향 음과 끝 부분과의 거리를 퍼센트 단위로 설정합니다.
ER Level	초기 잔향 음의 볼륨을 최대 6dB로 조정합니다.
Predelay	초기 잔향 음의 시간을 설정합니다.
Mod Amount	잔향 음의 변화 값을 조절합니다.

Algorithm - Arena	
Size	공간의 크기를 최소 17.6m에서 최대 59.9m 범위로 설정합니다.
Diffustion	벽면의 각도에 따라 달라지는 잔향의 수를 설정합니다.
Left Delay	왼쪽 채널의 딜레이 타임을 설정합니다.
Right Delay	오른쪽 채널의 딜레이 타임을 설정합니다.
Stereo Lv1	양쪽 채널의 레벨을 조정합니다.
Mono Delay	중앙의 초기 잔향 음 타임을 설정합니다.
Mono Level	중앙의 초기 잔향 음 레벨을 설정합니다.

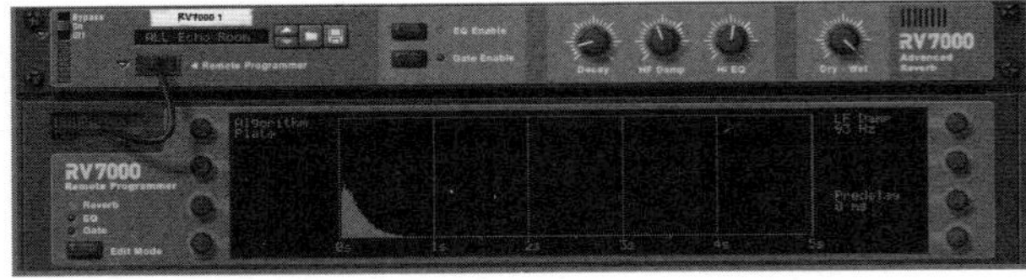

Algorithm - Arena	
Length	잔향 음의 길이를 조정합니다.
Diffustion	벽면의 각도에 따라 달라지는 잔향의 수를 설정합니다.
Disp Freq	잔향 음의 비율을 주파수 단위로 조절합니다.
LF Damp	차단 저 주파수 대역을 설정합니다.
Stereo	스테레오 효과 여부를 On/Off 합니다.
Predelay	초기 잔향 음 타임을 설정합니다.
Disp Amount	잔향 음의 비율 분포도를 설정합니다.

13 두 번째 알고리즘인 Room과 세 번째 알고리즘인 Hall은 Size, Diffusion, Room Shape, ER-〉 Late, ER Level, Predelay, Mod Amount의 7가지 파라미터로 동일한 구성입니다. 각 파라미터의 역할도 같으므로 함께 살펴보겠습니다.

14 경기장을 시뮬레이션하고 있는 Arena 알고리즘은 Size, Diffusion, Left Delay, Right Delay, Stereo LV1, Mono Delay, Mono Level의 7가지 파라미터로 구성되어 있습니다. 좌/우 딜레이 타임을 다르게 설정할 수 있는 Arena 파라미터의 역할은 다음과 같습니다.

15 보컬에서 표준으로 사용하고 있는 Plate 리버브의 알로리즘에는 저주파수 대역의 차단 범위를 설정하는 LF Damp와 초기 잔향 음의 타임을 설정하는 Predelay의 두 가지 파라미터로 구성되어 있습니다.

16 Guitar Amp에 많이 장착되어 있는 Spring 리버브의 알고리즘에는 Length, Diffusion, Disp Freq, LF Damp, Stereo, Predelay, Disp amount의 7가지 파라미터로 구성되어 있으며, 각각의 역할은 좌측과 같습니다.

Algorithm - Arena	
Tempo Sync	템포와 동기 시킬 것인지의 여부를 On/Off 합니다.
Diffusion	벽면의 각도에 따라 달라지는 잔향의 수를 설정합니다.
LF Damp	차단 저 주파수 대역을 설정합니다.
Edit Select	Multi Tap 알고리즘은 모두 4개의 Tab을 제공하고 있으며, Edit Select 파라미터는 편집할 Tab을 선택합니다. 여기서 Repeat Tap을 선택하면, 각 Tap의 타임을 설정할 수 있는 Repeat Time 파라미터만 활성화 됩니다.
Tap Delay	Edit Select에서 선택한 Tap의 타임을 설정합니다.
Tab Level	Edit Select에서 선택한 Tap의 볼륨을 설정합니다.
Tap Pan	Edit Select에서 선택한 Tap의 팬을 조정합니다.

Algorithm - Reverse	
Length	소스 사운드와 리버스가 적용되는 사운드의 시간 간격을 최대 4초 범위로 설정합니다. Tempo Sync 파라미터가 On일 경우에는 1/16에서 12/8T까지의 범위로 선택할 수 있습니다.
Density	리버스가 적용되는 비율을 설정합니다.
Tempo Sync	템포와 동기 시킬 것인지의 여부를 On/Off 합니다.
Rev Dry/Wet	소스 사운드와 리버스가 적용되는 사운드의 레벨 비율을 조정합니다. 즉, Revers의 양을 설정하는 것입니다.

17 RV7000은 이미 살펴본 Echo와 Multi Tap 알고리즘으로 딜레이 효과에 가까운 리버브를 만들 수 있습니다. Multi Tap은 Temmpo Sync, Diffusion, LF Damp, Edit Select, Tap Delay, Tab level, Tap pan의 7가지 파라미터로 구성되어 있으며, 각각의 역할은 좌측과 같습니다.

18 RV7000에서 제공하는 마지막 알고리즘인 Reverse는 리버브를 반대로 적용하는 특수 효과를 만듭니다. Length, Density, Temp Sync, Rev Dry/Wet의 4가지 파라미터로 구성되어 있으며, 각각의 역할은 좌측과 같습니다.

19 RV 7000에서 제공하는 9가지의 알고리즘과 각 알고리즘을 구성하고 있는 파라미터의 역할을 간단하게 살펴보았습니다. 가급적 모든 파라미터를 실험해보고, Echo 알로리즘으로 설정합니다.

20 어떤 알고리즘을 선택하든 메인 패널에서 잔향의 길이를 설정하는 Decay, 고주파수 대역의 차단 범위를 설정하는 HF Damp, 고주파수 대역에 적용할 리버브의 양을 설정하는 Hi EQ 파라미터는 공통입니다. 실습에서는 각 노브를 64, 10, -38로 설정하고, 리버브의 양인 Dry/Wet는 127로 두겠습니다.

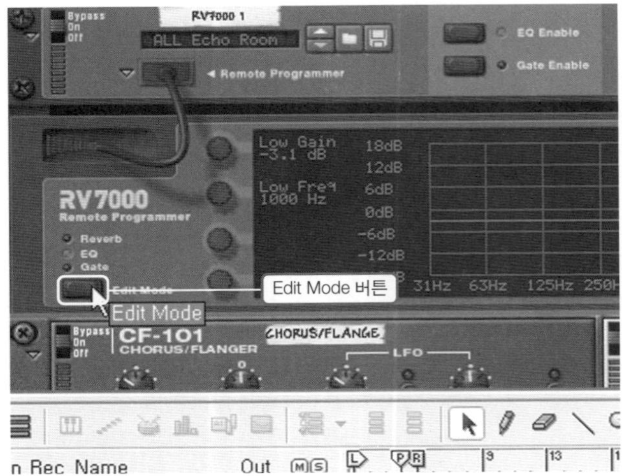

21 패널의 EQ Enable과 Gate Enable은 RV7000의 EQ와 Gate를 사용할 것인지의 여부를 선택합니다. 앞에서 불러온 ALL Echo Room.rv7의 프리셋은 EQ Enable가 On으로 되어 있는데, 값을 변경해보겠습니다. 리모트 파라미터의 [Edit Mode] 버튼을 클릭하여 EQ 패널로 변경합니다.

22 RV7000의 EQ는 Low와 Param으로 구분된 2 Band 타입입니다. Low Freq를 211Hz 정도로 설정하고, Low Gain을 -18.0dB로 설정하여 저주파수 대역을 차단합니다.

23 계속해서 고주파수 대역의 Param Freq는 1346Hz로 설정하고, Param Gain은 4.3dB로 설정하여 미들 음역을 조금 높입니다. 그리고 적용 주파수 범위를 설정하는 Param Q는 0.4로 조금 넓게 설정합니다. Q는 값이 작을수록 넓습니다.

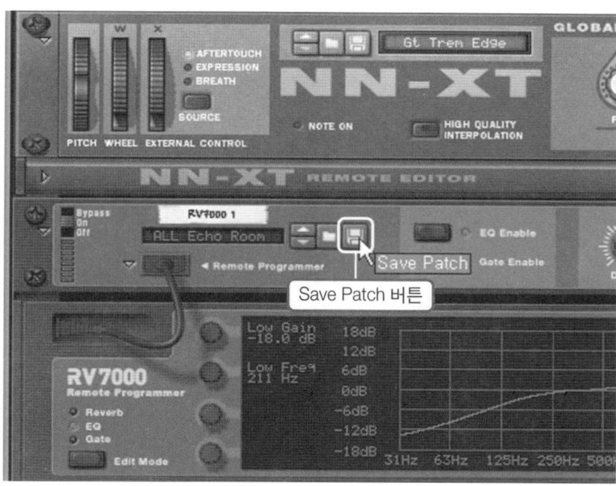

24 지금까지 All Echo Room.rv7의 프리셋을 불러와 Reverb 파라미터와 EQ 파라미터를 변경하여 곡에 어울리는 리버브를 만들었습니다. 이렇게 사용자가 만든 환경을 프리셋으로 저장하여 언제든 동일한 설정 값을 사용할 수 있습니다. [Save Patch] 버튼을 클릭합니다.

25 Save ProVerb patch 창이 열립니다. 저장 위치를 Reason을 설치한 폴더를 선택하고, 파일 이름은 구분하기 쉬운 이름으로 입력합니다. 그리고 [저장] 버튼을 클릭하면 RV7000에서 제공하는 프리셋을 이용하는 것과 동일하게 사용할 수 있습니다.

26 실습에서는 사용하고 있지 않지만, RV7000 은 특정 주파수 이하의 사운드에 리버브를 차단하는 역할의 Gate 기능이 있습니다. Edit Mode 버튼을 클릭하여 Gate 파라미터 창을 열어봅니다.

27 차단할 주파수 대역은 High pass 파라미터 를 이용해서 절정하고, 차단 값은 Threshold 에서 설정합니다. 그리고 Gate의 작동 소스를 Audio로 할 것인지 CV Input으로 입력되는 미디 정 보로 할 것인지를 선택할 수 있는 Trig Source 파라 미터가 있습니다.

28 그밖에 Gate가 걸리는 시작 타임과 끝 타임 을 설정하는 Attack, Release 파라미터가 있 고, Gate 타임을 유지는 Hold, 디케이 변화 값을 설 정하는 Decay Mod 파라미터가 있습니다. RV7000 학습을 마칩니다.

01 리즌 4에서 제공하는 디스토션 계열의 Scream 4 Distortion은 하나의 장비로 여러 가지 디스토션 이펙트 효과를 만들 수 있는 멀티 장비입니다. NN-XT에 장착한 CF-101패널에서 마우스 오른쪽 버튼을 클릭하여 단축 메뉴를 열고, Create 메뉴의 [Scream 4 Distortion]을 선택합니다.

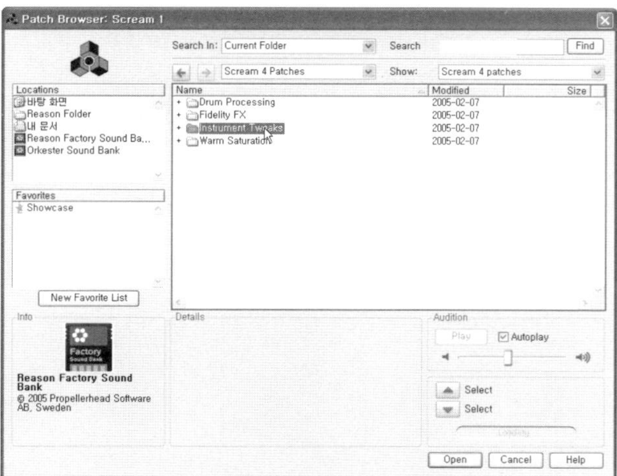

02 Scream 4 Distortion 역시 전문가들이 만들어 놓은 프리셋을 불러올 수 있습니다. [Browse patch] 버튼을 클릭하여 창을 열고, Reason Factory Sound Bank의 Scream 4 patches 폴더를 더블 클릭합니다.

03 Drum Processing, Fidelity FX 등 소스 별로 구분해놓은 4개의 폴더가 보입니다. Instrument Tweaks 폴더를 더블 클릭하겠습니다.

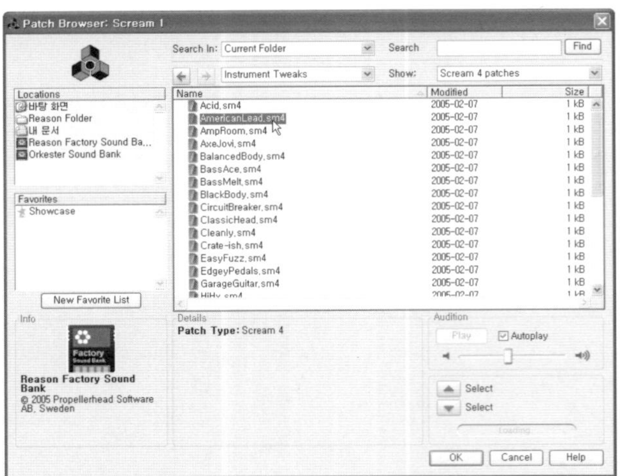

 Scream 4에서 제공하는 프리셋들은 시간이 있을 때마다 연구를 해보기 바랍니다. 실습에서는 AmericanLead.sm4를 불러와서 설정 값을 변경해보겠습니다.

05 Scream 4는 크게 Damage, Cut, Body의 3가지 섹션으로 구성되어 있으며, 각 섹션의 사용 여부는 해당 섹션에 있는 [On/Off] 버튼으로 결정합니다. AmericanLead.sm4은 3가지 섹션을 모두 사용하고 있다는 것을 확인할 수 있습니다.

06 사운드를 얼만큼 왜곡할 것인지를 조정하는 Damage Control은 14정도로 설정하고, P1은 66, P2는 2:96으로 설정합니다. P1과 P2는 선택 타입에 따라 역할이 달라집니다. 기본적으로 Fuzz 타입이므로, P1은 Tone, P2는 Presence를 조정하고 있는 것입니다.

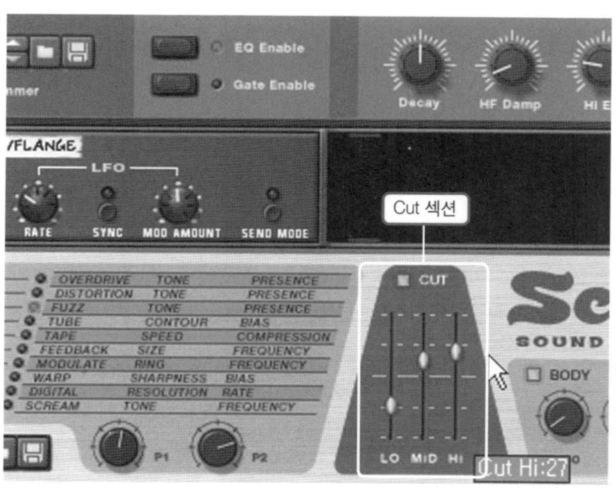

07 차단 주파수를 설정하는 Cut 섹션은 Lo, Mid, Hi의 3 band로 구성되어 있습니다. Lo는 -31, Mid는 17, Hi는 27정도로 조정해보겠습니다. 효과적인 리즌 4학습은 예제로 제시하는 값보다는 음악을 들어보면서 개인적이 취향에 맞추는 것이 중요합니다.

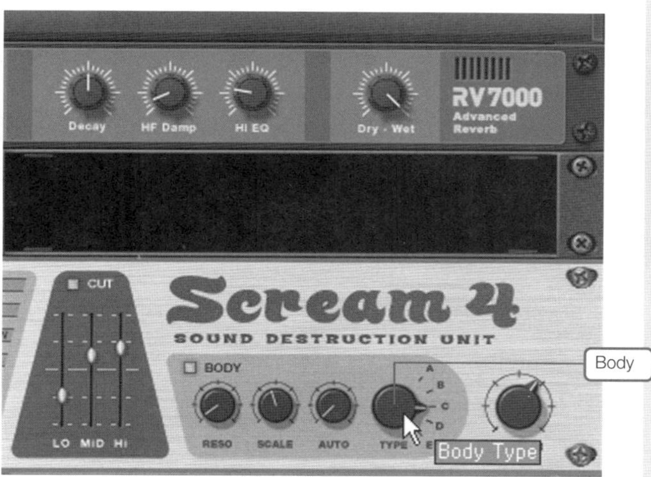

08 Body는 캐비닛 스피커나 와와 효과를 시뮬레이션하는 섹션입니다, Type은 모두 5가지를 제공하고 있으며, 각 타입 별로 어떤 효과가 만들어지는지 모니터 해보기 바랍니다. 실습에서는 C 타입을 사용하겠습니다.

09 그 밖에 선택한 타입의 적용 범위를 설정하는 Reso는 105, 크기를 조정하는 Scale은 40, 소스의 엔벨로프 값에 따라 자동으로 변하게 하는 Auto는 0으로 설정합니다. 그리고 마스터 볼륨인 Master 파라미터를 85로 설정하고, 실습-08 파일로 저장합니다. Scream 4의 학습을 마칩니다.

하드웨어 보코더는 마이크와 건반 또는 기타를 연결하고, 마이크에 노래를 하면서 건반이나 기타를 연주하면, 마이크로 입력되는 단 선율의 보컬을 건반이나 기타로 연주하는 화음으로 변환하여 출력하는 역할을 합니다. 물론 건반이나 기타를 보컬과 같은 단 선율로 연주하여 기계적인 보컬 사운드를 연출할 때도 많이 사용합니다. 김건모의 '잘못된 만남'이나 Bon Jovi의 Living On A Player라는 곡에서는 '토킹 박스'라는 특수 장비를 이용해서 기계적인 사운드를 만들고 있는데, 보코더를 이용해서 동일한 효과를 연출할 수 있으므로, 이 사운드에 관심이 있던 독자라면 보코더를 확실하게 마스터하기 바랍니다. 리즌 4는 자체적으로 오디오 사운드를 녹음할 수 있는 기능이 없기 때문에 마이크로 입력될 사운드를 마스터 프로그램에서 녹음하고, 리즌 4에서는 오디오 샘플을 불러올 수 있는 NN-XT 또는 NN-19를 이용합니다. 그리고 화음을 연주할 악기는 리즌 4에서 제공하는 모든 악기를 이용할 수 있습니다.

01 BV512 Digital Vocoder는 새로운 프로젝트로 실습을 하겠습니다. 마스터 프로그램에서 새로운 프로젝트를 만들고, 두 개의 미디 트랙과 하나의 오디오 트랙을 만듭니다. Reason 패널에서 [MIX L/R] 버튼을 On으로 해두는 것도 잊지 말기 바랍니다.

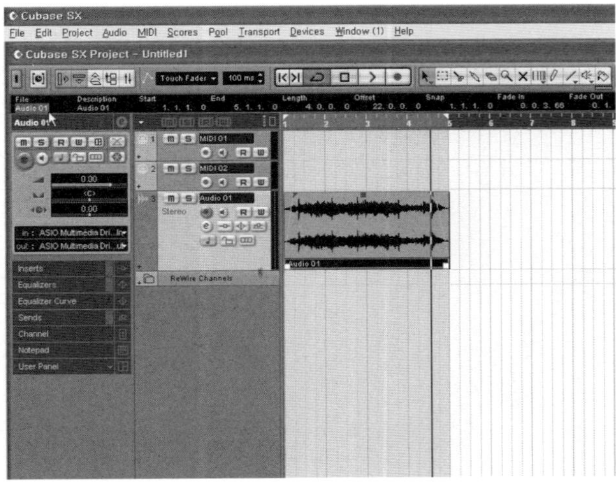

02 오디오 트랙을 선택하고, 키보드 숫자열의 ⦿ 키를 눌러 오디오 카드에 연결한 마이크로 독자의 목소리를 녹음합니다. 간단한 노래도 좋고, 랩도 좋습니다. 녹음한 파트는 오디오 트랙과 동일한 이름으로 생성됩니다. 파일 이름은 인포 라인의 File 항목에서 변경할 수 있습니다.

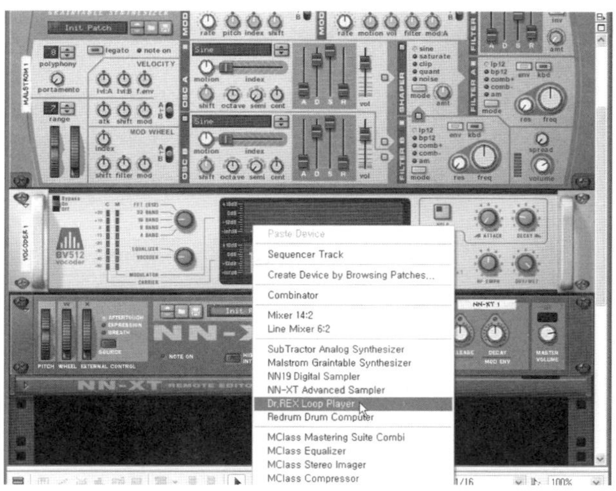

03 리즌 4에서도 새로운 프로젝트를 만들고, 코드 연주를 할 악기로 Malstrom, 학습 장치인 BV512, 사용자가 녹음한 목소리를 연주할 NN-XT를 차례로 장착합니다.

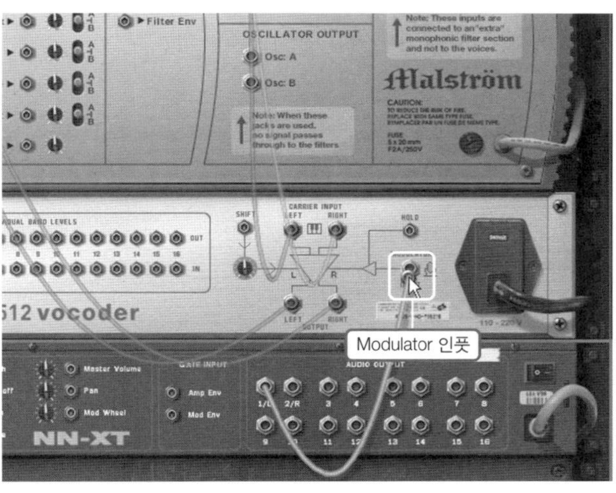

04 Tab 키를 눌러 랙 뒷면을 보면 코드 연주를 할 Malstrom은 BV512의 Carrier Input에 연결이 되어 있고, BV512의 아웃은 오디오 인터페이스 1/2번 Input에 연결되어 있습니다. 나머지 사용자 목소리를 연주할 NN-XT는 1/L 아웃단자를 VB512의 Modulator 인풋에 드래그하여 수동으로 연결합니다.

05 NN-XT의 편집 패널에서 Browse Sample버튼을 클릭하여 창을 열고, 마스터 프로그램에서 녹음했던 독자의 목소리를 불러옵니다. 마스터 프로그램에서 녹음한 사운드는 해당 프로젝트의 하위 폴더인 Audio 폴더에 있습니다.

06 Midi 01 트랙의 아웃을 Reason NN-XT 1으로 설정하고, 오디오 파트와 동일한 길이의 미디 파트를 만듭니다. 그리고 미디 파트를 더블 클릭하여 키 에디터 창을 열고, C3 노트를 파트의 길이만큼 입력합니다.

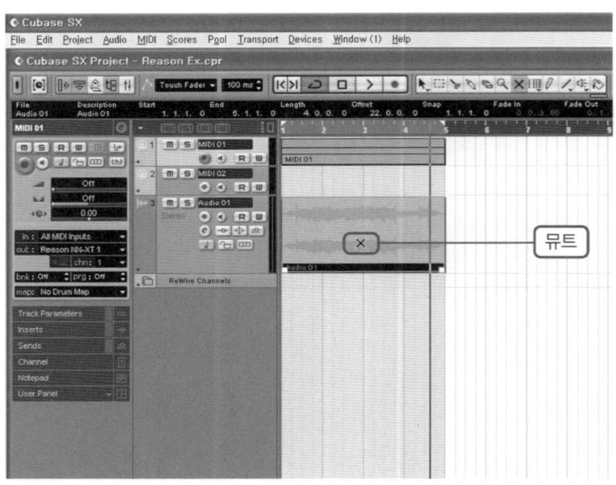

07 NN-XT의 역할을 충분히 이해하고 있다면, 지금까지의 과정이 필요한 이유를 알 수 있을 것입니다. 리즌 4에서는 오디오 사운드를 녹음할 수 없기 때문에 마스터 프로그램에서 녹음한 사운드를 NN-XT에 불러와 C3 노트로 연주하는 것입니다. 마스터 프로그램에 녹음했던 오디오는 필요 없으므로 삭제하거나 뮤트 시킵니다.

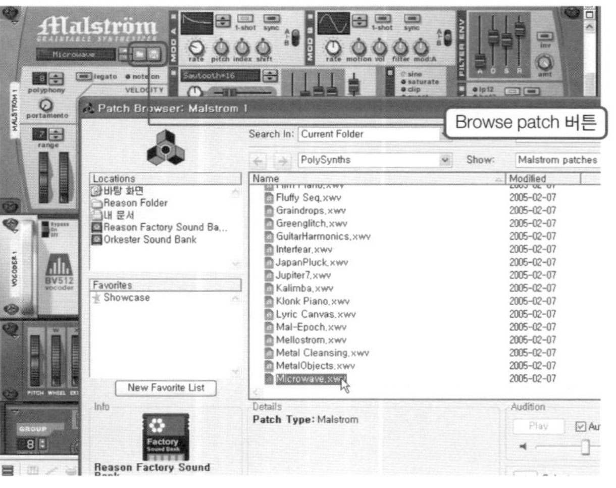

08 리즌 4의 Malstrom 패널에서 [Browse patch] 버튼을 클릭하여 창을 열고, 적당한 음색을 로딩합니다. 보컬에 Guitar 음색이 섞인 사운드를 만들고 싶다면, Guitar 음색을 불러오고, Brass 음색을 섞고 싶다면 Brass 계열의 음색을 불러옵니다.

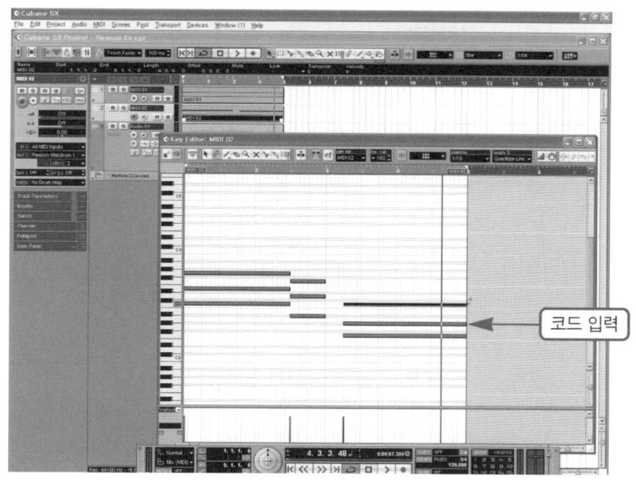

09 MIDI 21 트랙의 아웃을 Reason Malstrom 1으로 선택하고, NN-Xt 트랙과 동일한 길이의 파트를 만듭니다. 그리고 독자가 녹음한 보컬에 어울리는 코드를 입력합니다. Enter 키를 눌러 곡을 재생해보면, 녹음한 보컬이 화음으로 연주되는 것을 확인할 수 있습니다.

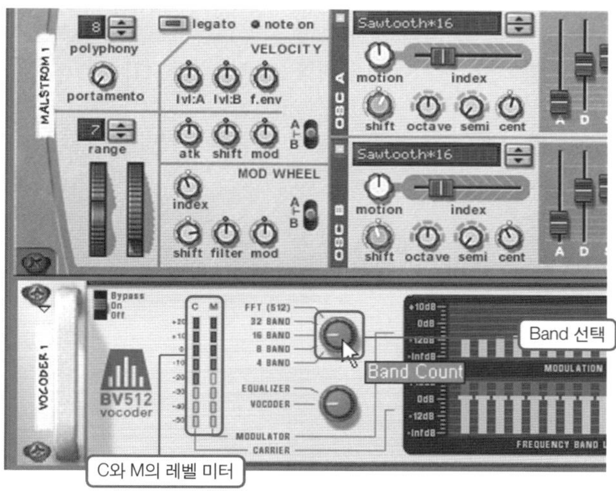

10 VB512 패널의 C는 Carrier에 연결한 Malstrom의 레벨을 표시하고, M은 Modulator에 연결한 NN-XT의 레벨을 표시합니다. 그리고 Band 스위치는 4~512 범위로 필터의 Band 수를 선택하는 역할을 합니다. 실습에서 16 Band를 선택하겠습니다.

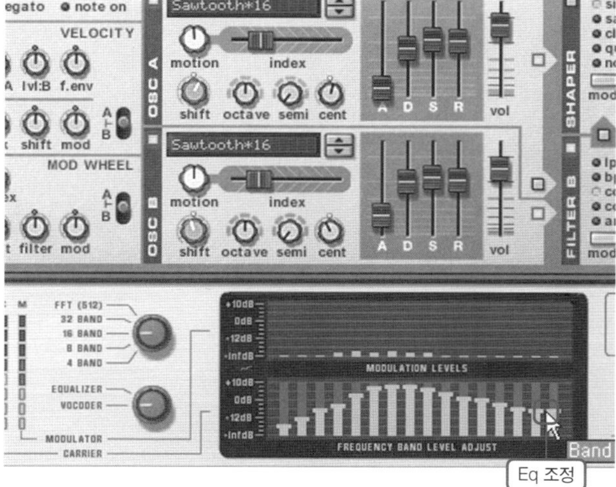

11 BV512는 보코더와 EQ의 두 가지 기능을 갖추고 있습니다. 중간에 보이는 디스플레이 상단이 보코더의 레벨을 표시하며, 하단이 EQ를 표시합니다. EQ 창은 마우스 드래그로 각 밴드의 레벨을 조정할 수 있습니다. EQ/Vocoder 스위치가 Equalizer일 때는 EQ 기능만 작동합니다.

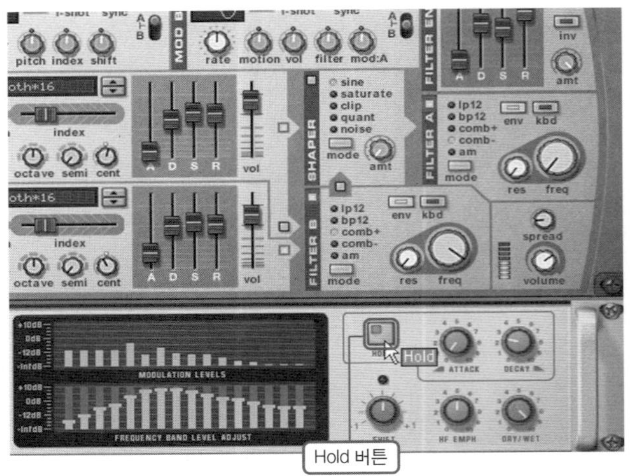

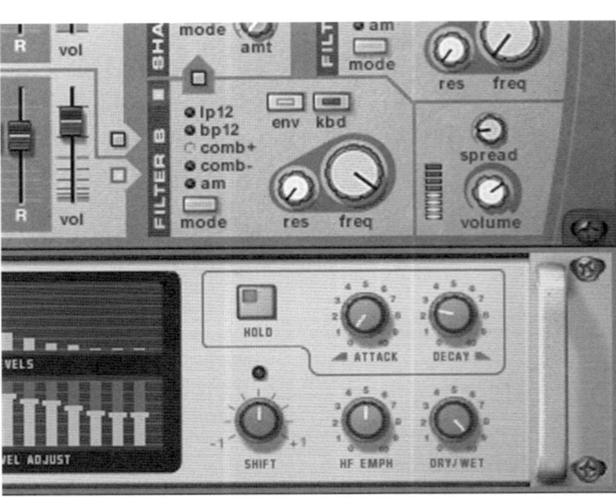

12 오른쪽에는 보코더가 작동하는 Attack과 Decay Time 조정할 수 있는 노브가 있습니다. 그리고 보코더의 작동을 고정하는 [Hold] 버튼이 있습니다. 단, VB512를 EQ 모드로 사용할 때는 적용되지 않습니다.

13 그 밖에 Frequency Band Level Adjust에서 설정한 밴드의 값을 위/아래로 바꿔주는 역할의 Shift, 고주파수 대역을 증가시키는 HF EMPH, Modulator와 Carrier의 비율을 조정하는 Dry/Wet 노브가 있습니다. VB512의 학습을 마칩니다.

리즌 4에는 다 수의 장치를 하나로 모아서 출력하거나 하나의 장치를 다 수로 나눠서 출력하는 역할의 Spider Audio Merger & Splitter와 Spider CV Merger & Splitter라는 두 가지 장치가 있습니다. Spider Audio Merger & Splitter는 오디오의 입/출력을 관리하고, Spider CV Merger & Splitters는 CV의 입/출력을 관리하는 역할을 합니다. 리즌 4에서 제공하는 장치 중에서 사용 빈도가 가장 적은 장치들이지만, 많은 장치를 사용하거나 신호를 합성하고 싶을 때 유용하게 사용할 수 있습니다.

마우스 오른쪽 버튼을 클릭하여 Create 메뉴의 Spider Audio Merger & Splitter와 Spider CV Merger & Splitter를 선택하여 각각의 장치를 장착하고, Tab 키를 눌러 뒷면을 봅니다. 각 장치 별로 몇 개의 입/출력 단자를 가지고 있는데, 각 단자의 역할만 살펴보겠습니다.

Spider Audio Merger & Splitter

Spider Audio Merger & Splitter는 왼쪽에 4개의 입력을 하나의 출력으로 합치는 5개의 라인 단자가 있고, 오른쪽에 하나의 입력을 4개의 출력으로 나누는 5개의 라인 단자가 있습니다. 여러 개의 악기를 하나의 라인 입력으로 연결하여 음색을 합성하거나 하나의 입력을 여러 개의 출력으로 나누어 컨트롤 할 수 있습니다.

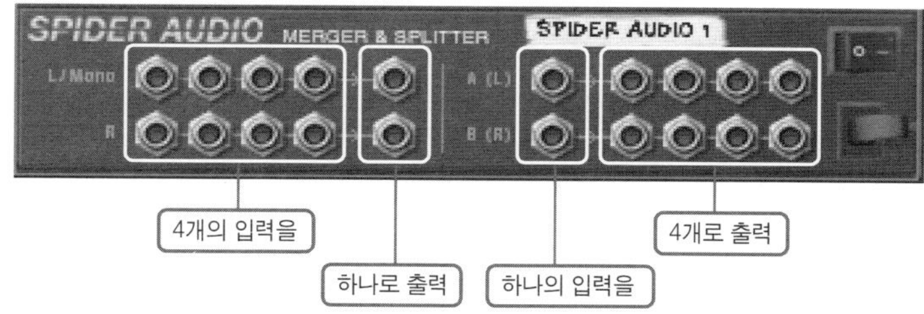

Spider CV Merger & Splitter

Spider AudioSpider CV Merger & Splitter는 왼쪽에 4개의 CV 신호를 하나의 CV 출력으로 합치는 5개의 라인 단자가 있고, 오른쪽에 Split A와 B 각각은 하나의 CV 신호를 둘로 나누어 출력하는 역할을 합니다. 그리고 CV 신호를 둘로 나누는 단자 아래쪽에 있는 Inv는 입력된 CV를 반전시켜 출력하고자 할 때 사용합니다.

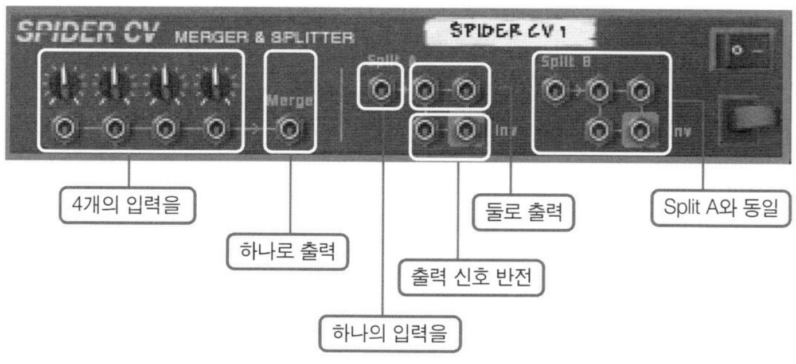

12 COMBINATOR와 MCLASS

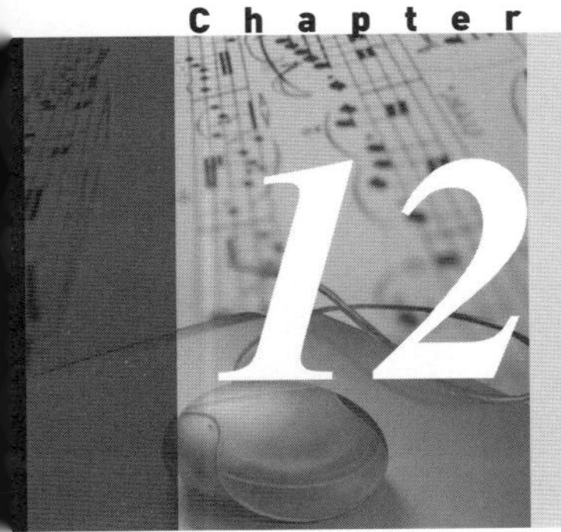

Combinator는 사용자가 원하는 장치들을 하나의 패널로 관리할 수 있는 미니 랙 역할을 하며, MClass Mastering Suite Combi는 마스터링 작업에 사용하는 Equalizer, Stereo Imager, Compressor, Maximizer의 4가지 장치가 장착되어 있는 Combinator입니다. 각 장치의 역할을 살펴보겠습니다.

1 COMBINATOR

01 이펙트 학습에서 저장했던 '실습-08' 파일을 불러옵니다. 그리고 마우스 오른쪽 버튼을 클릭하여 단축 메뉴를 열고, [Combinator]를 선택하여 장착합니다.

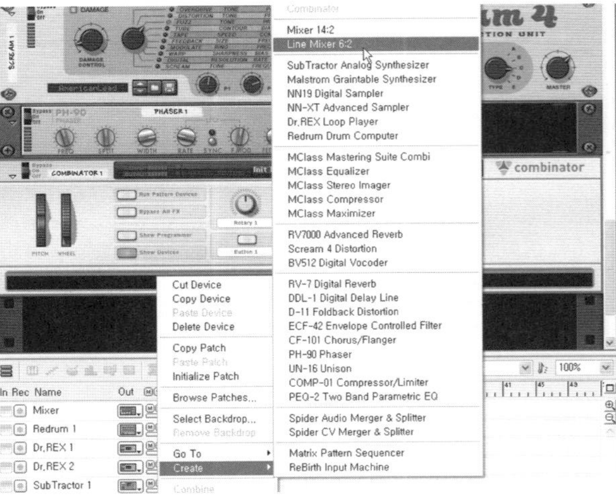

02 몇 가지 파라미터를 가지고 있는 Combinator를 보면, 빨간색 라인이 있는 빈 공간이 있습니다. 이곳에 사용자가 원하는 장치들을 장착하여 하나의 라인 아웃으로 관리하는 것입니다. 빨간색 라인이 있는 빈 공간에서 마우스 오른쪽 버튼을 클릭하여 단축 메뉴를 열고, Create 메뉴의 [Line Mixer 6:2]를 선택합니다.

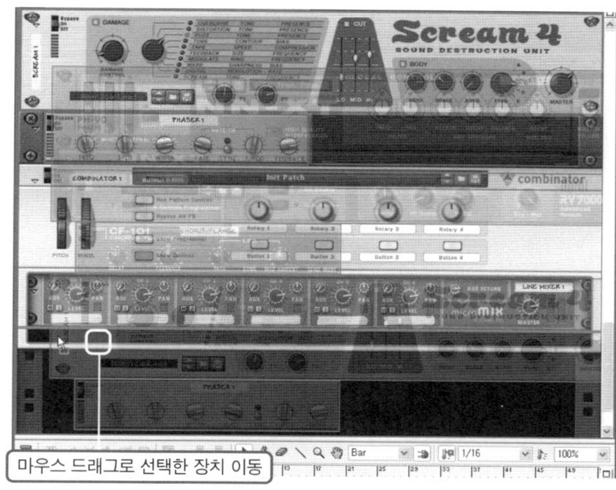

03 Combinator에는 새로운 장치를 추가하는 것 외에도 이미 사용하고 있던 장치를 등록할 수 있습니다. NN-XT와 연결되어 있는 장치를 Shift키를 누른 상태로 모두 선택합니다. 그리고 선택한 장치를 Combinator의 빈 공간으로 등록하여 이동합니다.

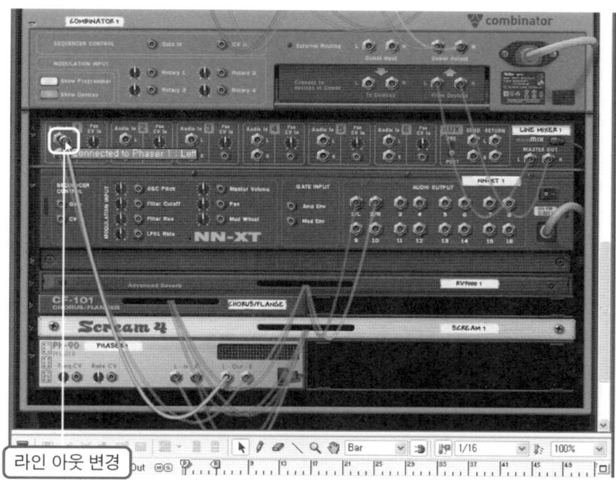

04 NN-XT와 4개의 이펙트 그리고, Line Mixer를 하나의 Combiantor에서 컨트롤 할 수 있게 한 것입니다. Tab 키를 눌러 믹서에 연결되어 있던 PH-90의 라인 아웃을 Line Mixer의 1번 인풋으로 연결합니다.

05 Combinator는 여러 개의 악기를 등록하여 사운드를 합성하거나 이펙트를 조합하는 목적으로 사용할 수 있는데, [Browse Patch] 버튼을 클릭하면 리즌 4에서 제공하는 다양한 프리셋들을 불러올 수 있습니다. 리즌 4에서 제공하는 악기와 이펙트를 어떻게 조합하고 있는지 반드시 살펴보기 바랍니다.

06 Combinatory 메인 패널에는 소속된 장치를 동시에 컨트롤 할 수 있는 파라미터가 있습니다. 첫 번째 Pitch와 Wheel은 Combinator에 장착되어 있는 악기의 피치 휠과 모듈레이션 휠을 컨트롤 합니다.

07 [Run Pattern Devices] 버튼은 곡을 연주할 때, 자동으로 On되어 Combinator에 장착한 Redrum이나 DrREX의 패턴을 연주하고, Bypass All FX는 Combinator의 모든 이펙트를 Bypass합니다. 그리고 Show Programmer는 Combinator의 키 맵 창을 열거나 닫고, Show Devices는 Combinator의 랙을 열거나 닫습니다.

08 메인 패널의 4가지 Rotary와 4가지 Button은 사용자가 컨트롤하고자 하는 파라미터를 설정해주어야 합니다. 예를 들어 Rotary1으로 NNXT의 Filter FREQ를 조정하고 싶다면 키 맵 창의 Device 목록에서 NN-XT를 선택합니다.

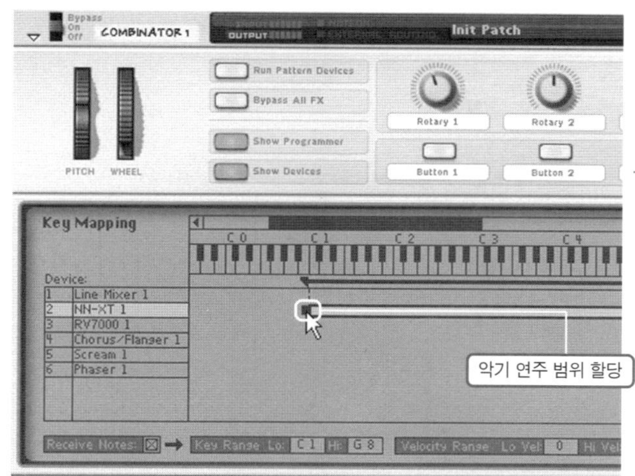

09 실습에서는 악기가 NN-XT만 장착되어 있지만 여러 개의 악기를 장착한 경우에는 Zone 영역에서 각 악기 별로 범위를 조정할 수 있습니다. NN-XT에서 샘플의 Zone을 할당하는 것과 동일한 개념이므로 별다른 설명은 필요 없을 것입니다.

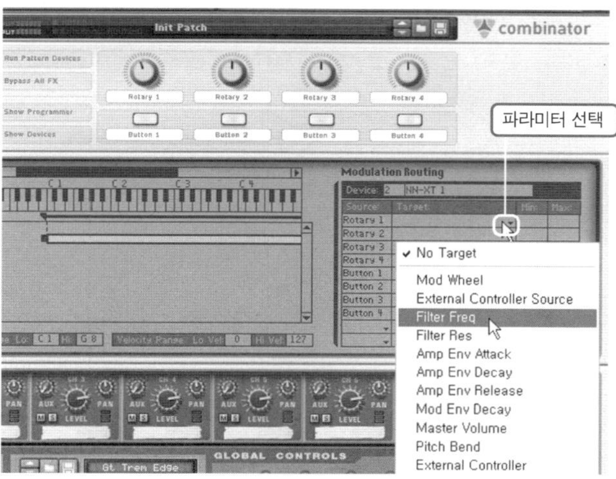

10 오른쪽의 Modulation Routing 항목을 보면 4개의 Rotary와 4개의 Button 목록이 있으며, Target 항목을 클릭하면 해당 컨트롤에 부여할 파라미터 목록을 볼 수 있습니다. Rotary 1 목록의 Target에서 Filter Freq를 선택합니다.

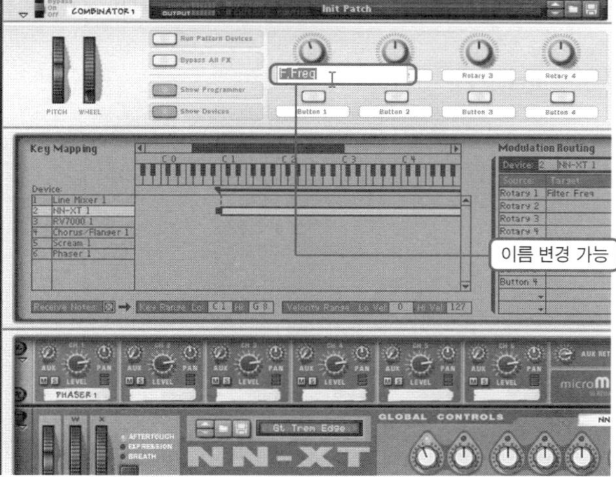

11 그러면 메인 패널의 Rotary 1으로 NN-XT의 Filter FREQ를 컨트롤 할 수 있게 되는 것입니다. 나머지 Rotary와 Button도 동일하게 사용합니다. 기능을 부여한 컨트롤의 이름은 마우스 더블 클릭으로 변경할 수 있습니다.

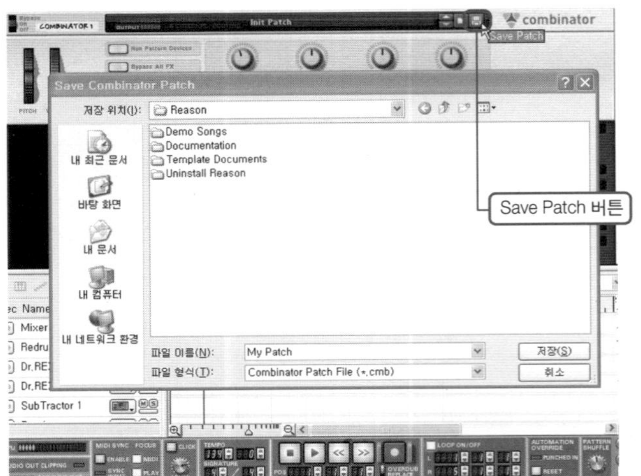

12 사용자가 만든 Combinator은 [Save Patch] 버튼을 클릭하여 프리셋으로 저장할 수 있으며, 언제든 [Browse patch] 버튼으로 불러와 사용할 수 있습니다.

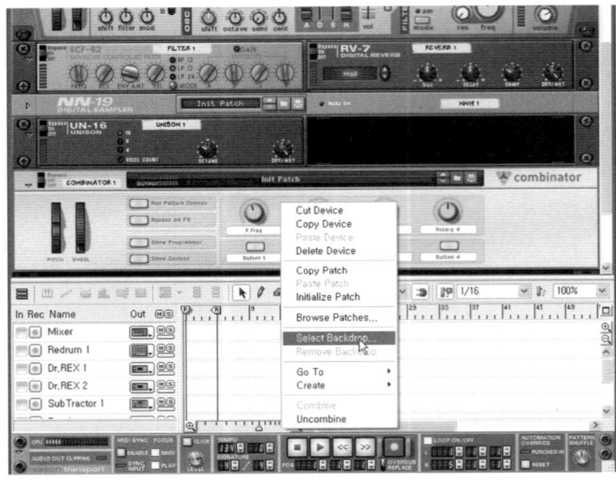

13 Combinator는 사용자의 개성을 맘껏 발휘할 수 있는 장치답게 전면 패널의 그림을 바꿀 수 있는 기능이 있습니다. 패널에서 마우스 오른쪽 버튼을 클릭하여 단축 메뉴를 열고, [Select Backdrop]을 선택합니다.

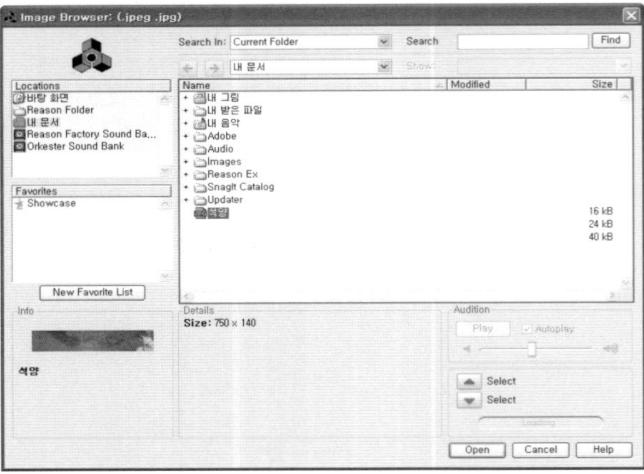

14 Imager Browser 창이 열리면 사용자가 제작한 것이나 인터넷에서 다운 받은 JPG 파일을 더블 클릭합니다. 참고로 패널의 꼭 맞는 크기는 748x132입니다.

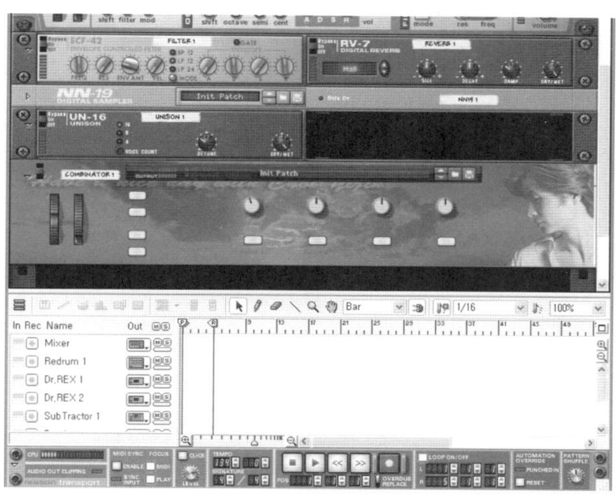

15 Combinator의 그림이 변경된 것을 확인할 수 있습니다. 음악과는 상관없지만, 자신이 만든 Combinator 패치 파일을 인터넷에 배포할 때, 사인처럼 사용할 수 있을 것입니다. 단축 메뉴를 열고, [Remove Backdrop]을 선택하면 메인 패널의 그림을 초기화 할 수 있습니다.

Combinator의 학습을 마칩니다.

2 MCLASS MASTERING SUITE COMBI

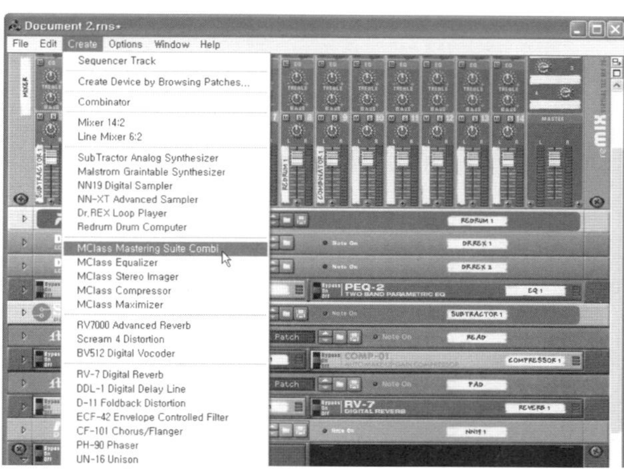

01 리즌 4에서는 지금까지 살펴본 이펙트 외에 마스터링 작업에 꼭 필요한 MClass Equalizer, MClass Stereo Imager, MClass Compressor, MClass Maximizer의 4가지 이펙트를 더 제공하고 있습니다. 그리고 4가지 이펙트를 장착하고 있는 Combinator가 MClass Mastering Suite Combi입니다.

02 문제는 마스터링 작업을 마스터 프로그램에서 할 것인지 리즌 4에서 할 것인지에 따라 MClass Mastering Suite Combi의 사용 여부가 결정된다는 것입니다. 리즌 4의 하드웨어 인터페이스에서 마우스 오른쪽 버튼을 클릭하여 단축 메뉴를 열고, Create 메뉴의 MClass Mastering Suite Combi를 선택합니다.

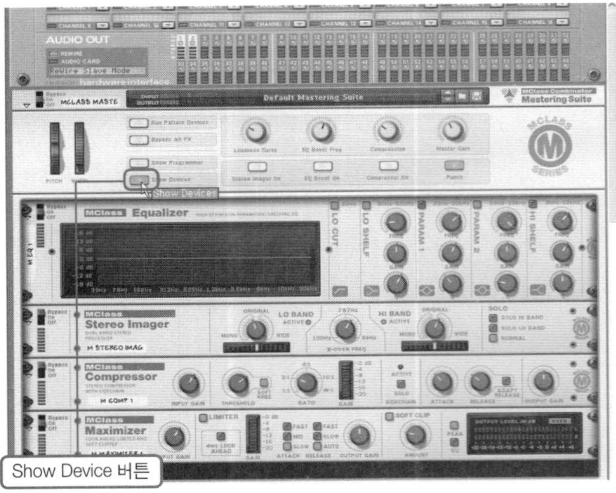

03 앞에서 살펴본 Combinator가 장착되는 것을 확인할 수 있습니다. [Show Device] 버튼을 클릭하여 랙을 열어보면, EQ, Comp 등 마스터링 작업에 필요한 이펙트가 장착되어 있는 차이점을 발견할 수 있습니다.

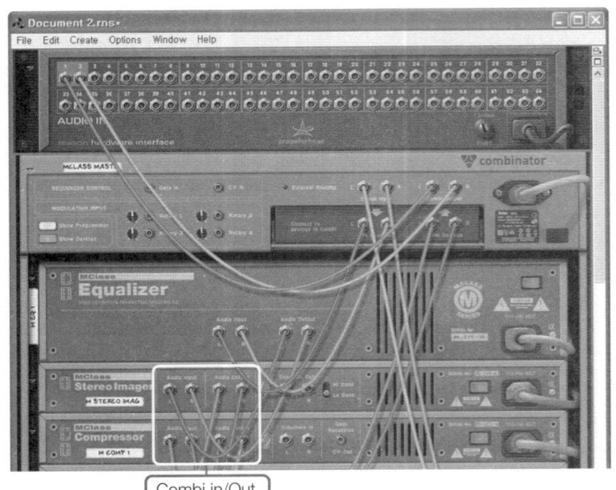

04 Tab 키를 눌러 랙 뒷면을 보면, 하드웨어 인터페이스 1/2번에 연결되었던 믹서의 라인 아웃이 MClass Mastering Suite Combi의 Input에 연결되고, Output이 하드웨어 인터페이스 1/2번에 연결된 것을 확인할 수 있습니다. 즉, 리즌 4에서 많은 악기를 사용하고 있지만, 메인 아웃은 1/2번 포트 하나만을 사용하고 있는 것입니다.

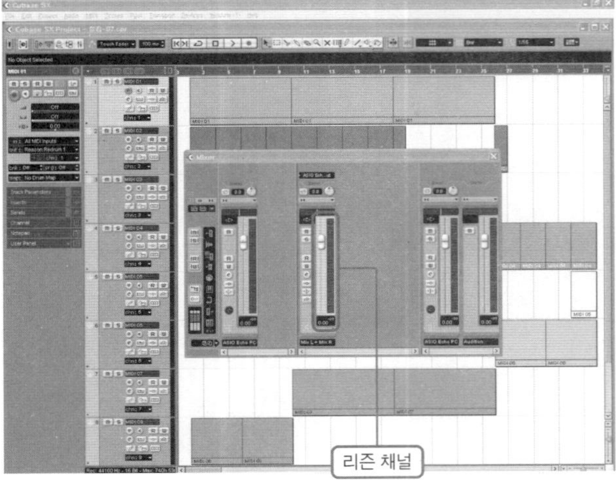

05 마스터 프로그램에서 F3 키를 눌러 믹서를 열어보면, 8개의 미디 트랙을 사용하고는 있지만, 리즌 4채널은 하나뿐이기 때문에 마스터 프로그램에서는 믹싱과 마스터링 작업을 할 수 없다는 것을 알 수 있습니다.

06 만일 마스터 프로그램에서 마스터링 작업을 하려면, 믹서의 라인 인에 연결되어 있는 것들을 하드웨어 인터페이스 라인 인으로 드래그하여 연결합니다. 결국 리즌 4의 MClass Mastering Suite Combi와 reMixer는 사용하지 않는 것입니다.

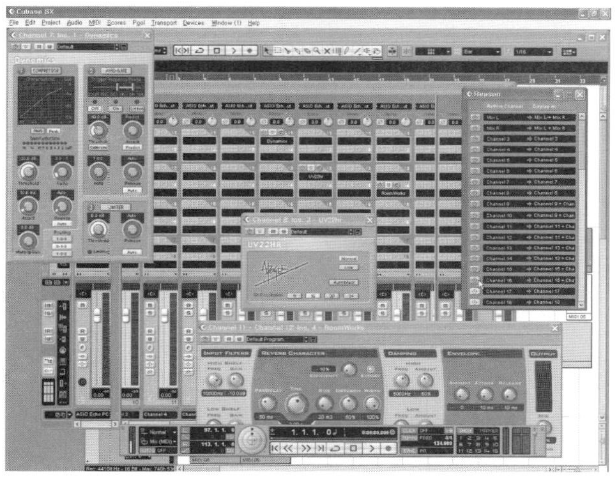

07 실습에 사용된 라인을 모두 하드웨어 인터페이스로 연결하면 16채널입니다. 마스터 프로그램의 Reason 패널에서 Channel 16번까지 모두 On으로 하면, 믹서에서 16개의 리즌 4트랙을 볼 수 있고, 마스터 프로그램에서 제공하는 다양한 VST를 이용해서 믹싱과 마스터링 작업을 할 수 있는 것입니다.

08 하지만 본서는 리즌 4를 학습하는 것이 목적이고, 리즌 4에서 제공하는 장치만으로 곡을 만들었다면, 믹싱과 마스터링 작업 역시 리즌 4에서 하는 것이 편리할 것이므로, MClass Mastering Suite Combi의 역할과 기능을 살펴보겠습니다. 라인 연결을 변경해 보았다면, 파일을 닫았다가 다시 열어서 복구합니다.

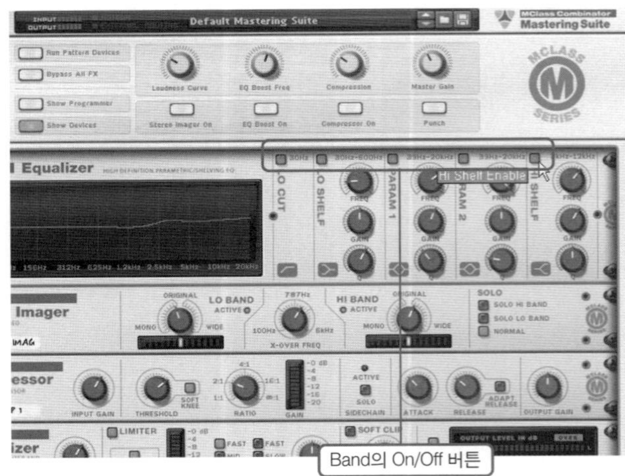

01 MClass Mastering Suite Combidml 첫 번째 구성 요소인 MClass Equalizer는 Low Cut, Lo Shelf, Param1/2, Hi Shelf의 5 Band 타입인 EQ입니다. 각 Band의 [On/Off] 버튼을 클릭하여 On으로 설정합니다.

02 Lo Cut은 30Hz이하의 주파수를 차단하며, Lo Shelf는 freq 에서 설정한 주파수 이하를 증/감합니다. 실습에서는 Freq는 92.5Hz, Gain은 -0.3, Q는 1.03으로 설정하겠습니다. Gain 값이 미묘하기 때문에 그래프에서 변화 값을 확인하기는 어려울 것입니다.

03 Param 1과 2는 Freq 에서 설정한 주파수 대역을 중심으로 증/감하는 벨 타입입니다. Param 1의 Freq는 846.1Hz, Gain은 -1.1dB, Q는 1.0으로 설정하고, Param2의 Freq는 3.487Hz, Gain은 2.9dB, Q는 3.3으로 설정합니다.

04 Hi Shelf는 Freq에서 설정한 주파수 이상의 대역을 증/감합니다. Freq를 7.459KHz, Gain을 0.9dB, Q를 0.61로 조정하면서 MClass Equalizer의 학습을 마칩니다. 곡을 연주해보면서 EQ 작업만으로도 사운드의 색깔이 달라지는 것을 경험해보기 바랍니다.

4 MCLASS STEREO IMAGER

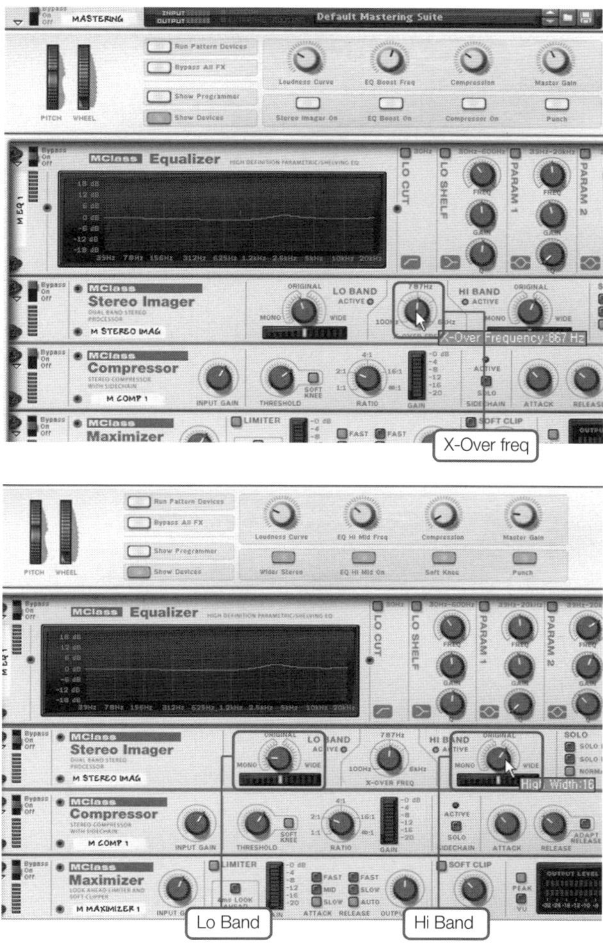

01 MClass Stereo Imager는 이름 그대로 사운드의 스테레오 범위를 조정합니다. X-Over Freq에서 설정한 주파수를 중심으로 왼쪽의 Lo Band는 저 음역의 스테레오 범위를 조정하고, 오른쪽의 Hi Band는 고 음역의 스테레오 범위를 조정합니다. X-Over freq를 867Hz로 설정하겠습니다.

02 Lo Band는 -42로 설정하여 사운드를 가운데로 모으고, Hi Band는 16으로 설정하여 고 음역 대는 조금 넓히겠습니다.

03 오른쪽의 Solo 섹션은 Solo Hi Band를 선택하여 고 주파수 대역의 사운드만을 모니터 하거나 Solo Lo Band를 선택하여 저주파수 대역의 사운드만을 모니터 하는 역할을 합니다.
기본 모드인 Normal를 선택하는 것으로 MClass Stereo Imager의 학습을 마치겠습니다.

5 MCLASS COMPRESSOR

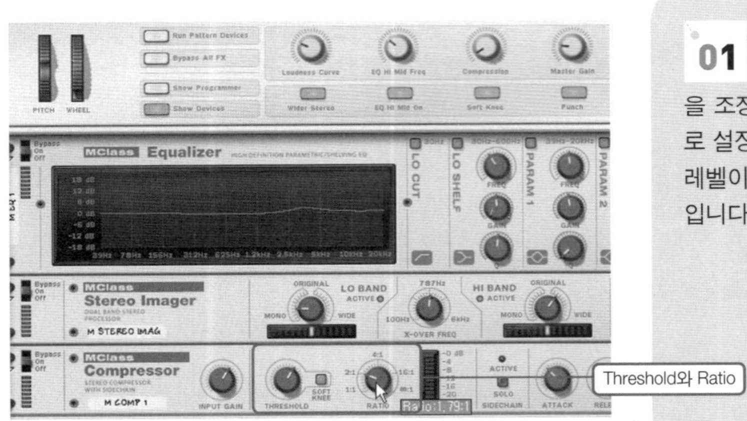

01 MClass Compressor은 앞에서 살펴본 COMP-01과 동일하게 사운드의 다이내믹을 조정하는 장치입니다. 즉, Threshold를 -13.9dB로 설정하고, Ratio를 1.79:1로 하면, 전체 사운드의 레벨이 -13.9dB이 넘어갈 때, 1.79:1로 압축하는 것입니다.

02 Threshold의 Soft Knee는 압축이 이루어지는 레벨을 부드럽게 처리합니다. 그리고 입력 레벨을 설정하는 Input Gain은 2.6dB로 설정하고, 출력 레벨을 조정하는 Output Gain은 1.1dB로 설정하겠습니다.

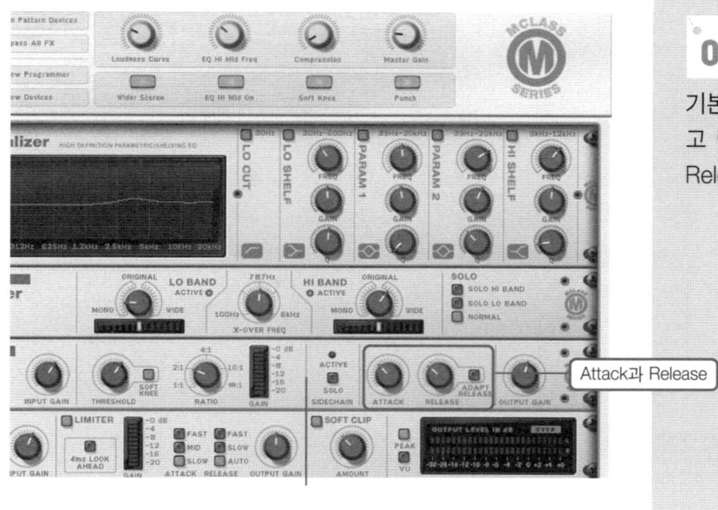

03 컴프레서가 작동을 시작하는 Attack 타임과 작동이 끝나는 타임을 설정하는 Release는 기본 값인 35ms와 223ms 그대로 두겠습니다. 그리고 릴리즈 타임을 자동으로 설정하게 하는 ADAPT Release는 Off로 합니다.

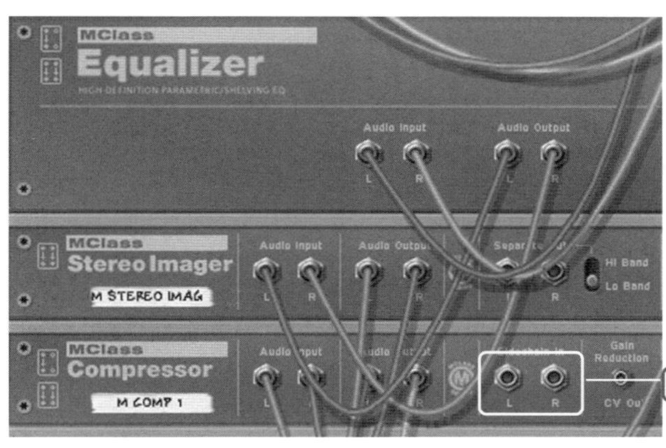

04 MClass Compressor 의 Sidechain 은 뒷면의 Sidechain in에 연결한 악기가 연주를 할 때, 컴프레서의 Audio Input으로 들어오는 레벨을 일시적으로 작게 하는 역할 하는 것입니다. 리즌 4 에서는 거의 사용하지 않지만 실제 하드웨어에서는 DJ들이 많이 사용하므로 기억해두기 바랍니다. MClass Compressor 학습을 마칩니다.

6 MCLASS MAXIMIZER

01 MClass Mastering Suite Combi의 마지막 구성 장치인 MClass Maximizer는 리미터와 소프트 클립의 두 가지 기능을 갖추고 있는 장치입니다. 각 기능의 사용여부는 [On/Off] 버튼을 클릭하여 결정합니다.

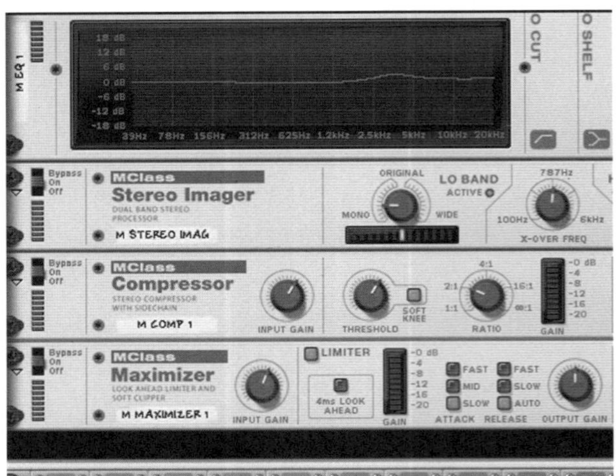

02 입력 레벨을 조정하는 Input Gain은 2.1dB 로 설정하고, Attack은 Show, Release는 Auto로 둡니다.

그리고, 출력 레벨인 Output Gain을 0.0로 합니다. 즉, 지금까지 작업한 음악의 최종 출력을 0.0dB로 제한하는 것입니다. 참고로 4ms Look Ahead는 Limiter를 작동할 때, 4ms 타임을 미리 감지할 수 있게 하는 기능입니다.

03 Soft Clip은 최대 출력으로 설정한 0dB이 넘 는 클립 사운드를 부드럽게 처리하는 역할 을 합니다. Soft Clip의 적용 값을 설정하는 Amount 는 44정도로 설정하겠습니다.

04 최종 출력의 레벨을 표시하는 레벨 미터는 피크 값을 기준으로 하는 Peak 타입과 아날 로그 장비에서 볼 수 있는 VU타입이 있습니다. VU 타입은 인간의 청각과 비슷한 레벨을 표시하므로, 자신의 귀에 들리는 사운드를 보고 싶을 때 유용합 니다. MClass Maximizer의 학습을 마칩니다.

지금까지 하나의 곡을 만들고, 믹싱과 마스터링 작업을 해보면서 리즌 4에서 제공하는 모든 장치를 살펴보았습니다. 한가지 빠진 ReBirth Input Machine이라는 장치는 Propellerhead사에서 출시했던 ReBirthRB-338이라는 드럼 머신을 리즌 4에서 리와이어로 사용하게 하는 역할을 합니다. 사용자 시스템에 ReBirthRB-338가 설치되어 있다면, 장치를 추가했을 때, Active LED에 녹색 불이 표시됩니다.

계속해서 ReBirth RB-338를 실행하면, 마치 리즌에 내장되어 있는 리듬 머신을 사용하듯 라인 연결과 이펙트를 자유롭게 이용할 수 있습니다. ReBirth RB-338가 처음 출시되었을 당시에는 컴퓨터 뮤지션들에게 많은 관심을 받았지만, 리즌 4에서 제공하고 있는 Redrum이나 Dr. REX만으로도 사용자가 원하는 리듬을 구사하는데 어려움이 없고, 큐베이스나 소나 사용자가 리즌을 리와이어로 이용하는 경우에는 동시에 3개의 프로그램을 실행해야 한다는 부담감이 있습니다. 결국, ReBirth RB-338를 실제 음악 작업에서 사용하는 뮤지션은 없게 되었으며, 제품 역시 단종된 상태입니다. 본서에서도 ReBirth RB-338라는 프로그램이 있다는 것과 ReBirth Input Machine이라는 장치의 역할만 언급하고, ReBirth RB-338의 기능은 살펴보지 않겠습니다.

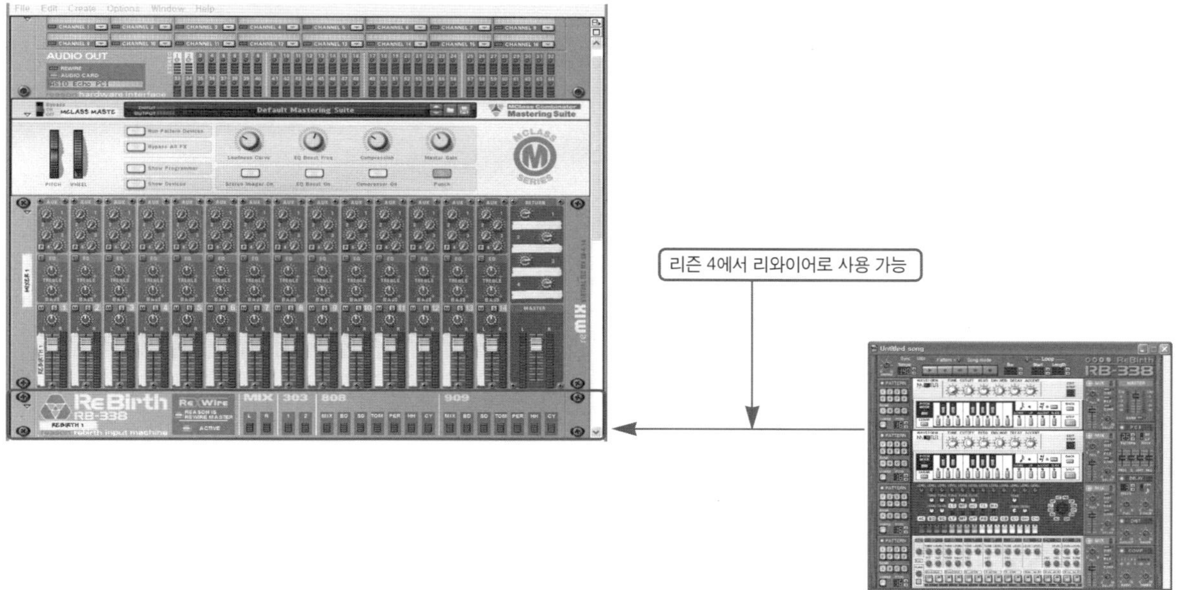

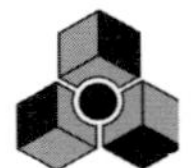 **R e a s o n 4**

대부분은 큐베이스나 소나에서 시퀀서 작업을 하기 때문에 간단한 테마 음악을 만들어

볼 때 외에는 리즌 4의 시퀀서를 사용할 일은 없겠지만, 리즌 4의 학습을 마무리하는

의미에서 시퀀서와 각 메뉴 기능들을 마련하였습니다.

시퀀서와
메뉴 익히기

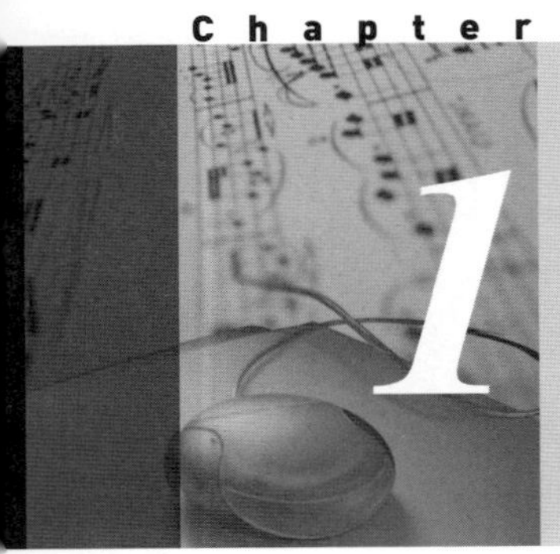

시퀀서 익히기

본서는 큐베이스나 소나 사용자를 중심으로 리즌 4를 리와이어로 이용할 수 있는 방법들을 살펴보았지만, 리즌 4 는 자체적으로 미디 작업을 할 수 있는 시퀀서 기능을 갖추고 있습니다. 리즌 4에서 제공하는 시퀀서의 편집 창은 큐베이스의 Key Editor나 소나의 Piano Rill과 비슷하므로, 쉽게 사용할 수 있을 것입니다.

1 화면 구성 요소

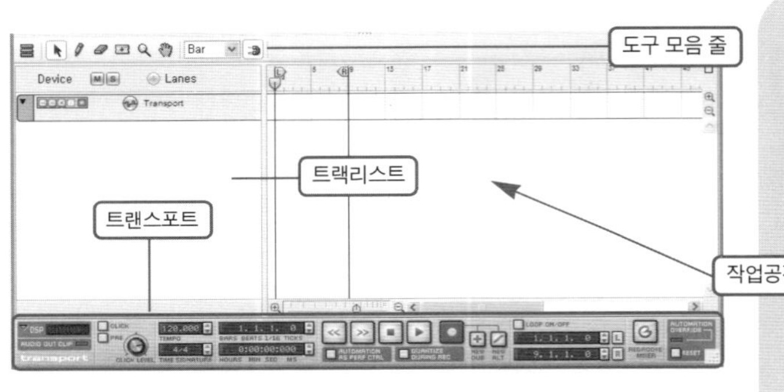

01 리즌 4의 시퀀서는 크게 도구 모음 줄, 트랙 리스트, 작업 공간, 트랜스포트 패널로 구성 되어 있습니다. Create 메뉴의 [NN-XT Advenced Sampler]를 선택하여 악기를 장착한 후에 학습을 진 행합니다.

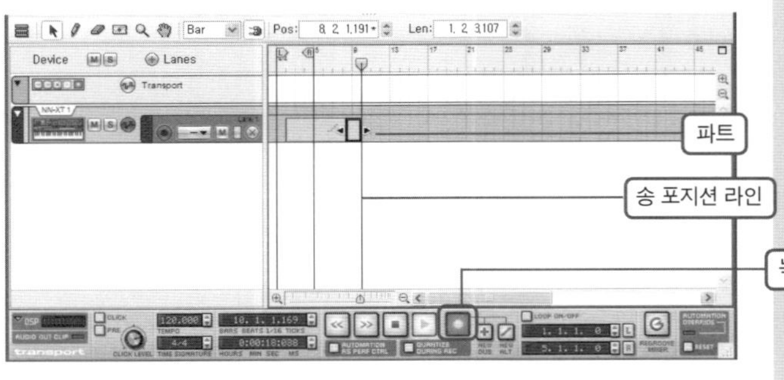

02 키보드 숫자열의 · 키를 눌러 녹음을 진행 하고, 적당한 연주를 녹음합니다. 송 포지션 라인이 우측으로 이동하면서 사용자가 연주하는 데 이터가 기록되는 과정을 확인할 수 있습니다. 기록 된 데이터를 담고 있는 것은 파트라고 합니다.

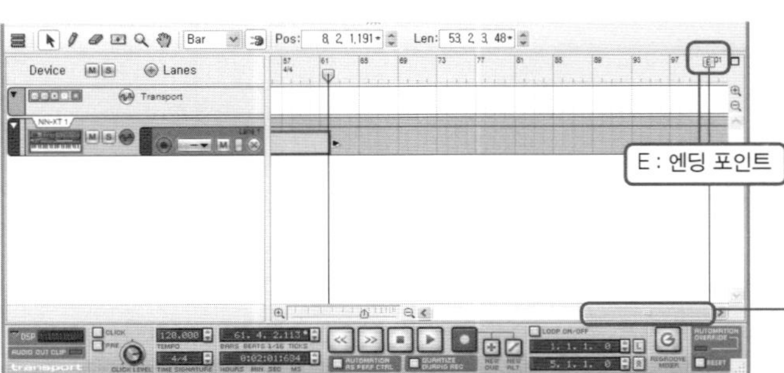

03 송 포지션 라인은 연주 및 녹음을 할 때, 곡 의 위치를 표시하는 것이고, L과 R의 로케이 터 구간은 반복 구간을 표시합니다. 이동 바를 우측 으로 드래그해보면, E 표시를 볼 수 있는데, 이것은 곡의 끝 부분을 나타내는 엔딩 포인트입니다.

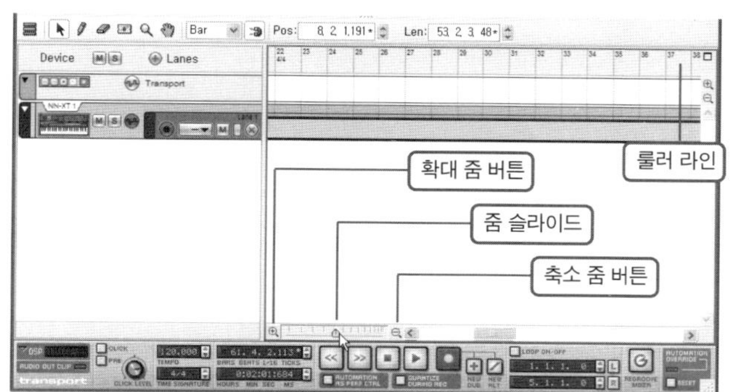

04 L, R, E 등의 포인트 위치를 표시하고 있는 라인은 곡을 마디 단위로 나타내고 있는 룰러 라인입니다. 룰러 라인의 단위는 +/-의 줌 버튼이나 중간에 위치한 줌 슬라이드를 이용해서 조정할 수 있습니다.

05 리즌 4는 좌/우로 화면을 확대하는 줌 기능 외에도 트랙을 세로로 확대하는 [줌] 버튼이 있습니다. 그리고 줌 버튼 위쪽의 [최대화] 버튼을 클릭하면 리즌 4의 화면을 시퀀서 창으로 채울 수 있으며 최대화 버튼은 [복구] 버튼으로 변경됩니다.

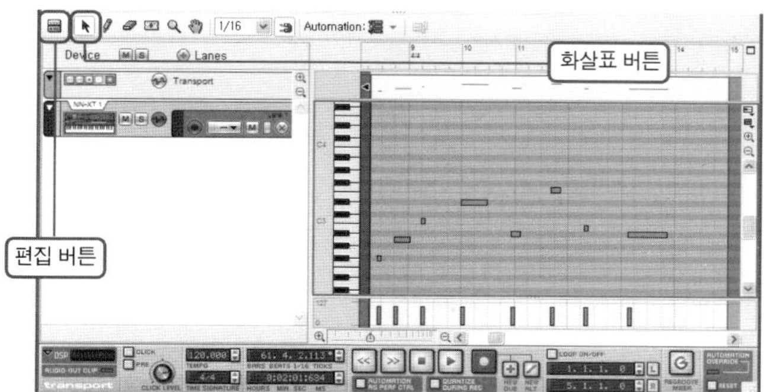

06 도구 모음 줄에서 [편집] 버튼을 클릭하거나 [화살표] 버튼으로 파트를 더블 클릭하면 입력한 데이터를 편집할 수 있는 창이 열립니다. 큐베이스의 Key Editor나 소나의 Piano Roll 창과 매우 비슷하다는 것을 알 수 있으며, 사용법 역시 비슷합니다.

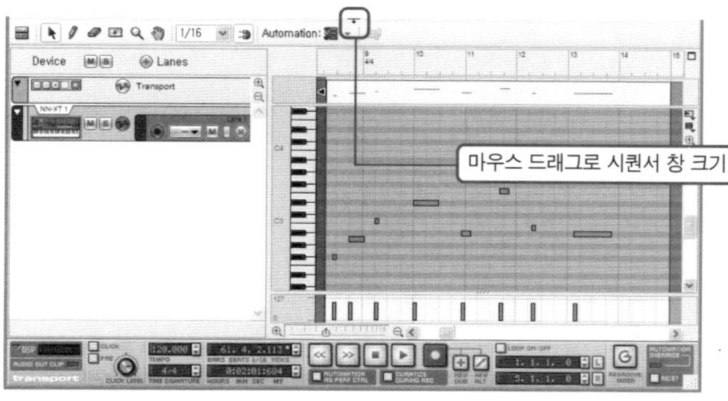

07 트랙이 많아지고, 각각의 트랙에 패턴이나 오토메이션 등의 라인을 만들게 되면, 작업 창이 매우 작습니다. 그러면 시퀀서 창의 크기를 조정할 필요가 있는데, 랙과의 경계선을 위/아래로 드래그하여 크기를 조정할 수 있습니다.

리즌 4의 시퀀서는 간단한 기능을 갖추고 있기 때문에 툴의 기능만 익힌다면, 쉽게 사용할 수 있습니다. 각 툴의 역할을 살펴보겠습니다.

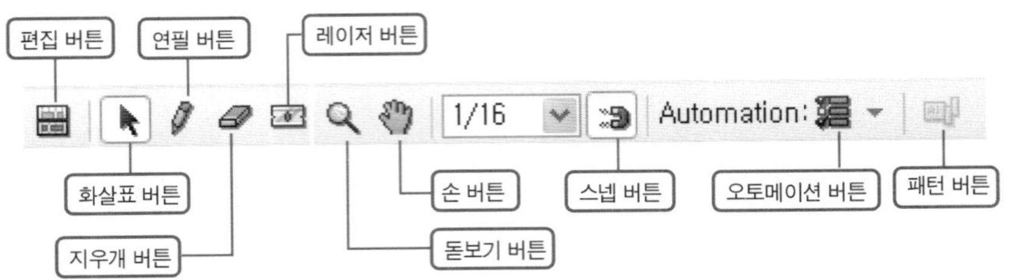

편집 버튼

편집 창을 열거나 닫는 [On/Off] 버튼입니다. 미디 파트를 더블 클릭하면 해당 파트가 있는 트랙의 편집 창이 열리고, 도구 모음 줄의 편집 버튼을 클릭하면 선택한 트랙의 편집 창이 열립니다. 트랙은 마우스 클릭으로 선택할 수 있고, 트랙이 선택되어 있는 상태에서는 키보드의 상/하 화살표 키를 이용해서 선택할 수 있습니다. 편집 창이 열려있는 경우에는 트랙을 선택하여 해당 트랙의 편집 창으로 이동할 수 있습니다.

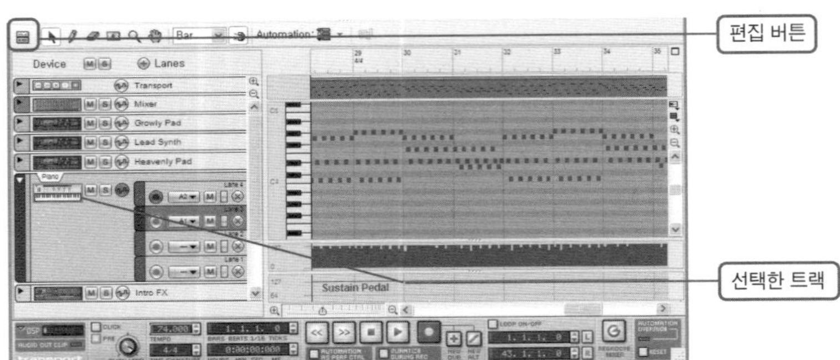

체인지 모드 버튼

리즌 4에서는 편집 창을 피아노 모양의 Key Edit 외에도 Redrum의 드럼 패턴을 편리하게 편집할 수 있는 Drum Edit와 Dr.REX의 데이터를 편리하게 편집할 수 있는 REX 모드로 변경할 수 있습니다. 모드 변경은 편집 창 오른쪽 상단에 보이는 [체인지 모드] 버튼을 클릭하여 선택합니다.

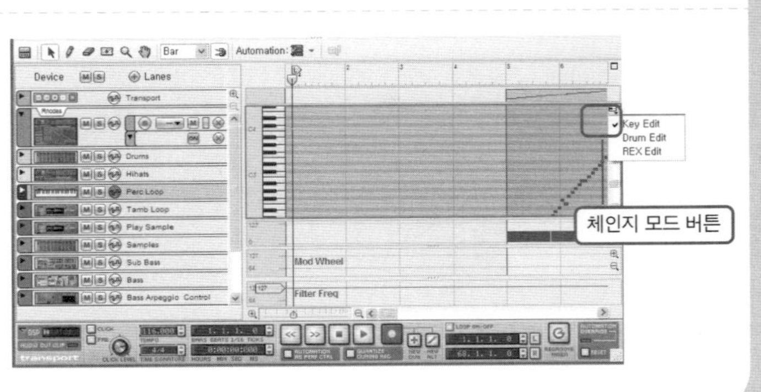

화살표 버튼

편집할 데이터를 선택하는 역할을 합니다. Ctrl 키를 누른 상태에서는 떨어져 있는 데이터를 선택할 수 있고, 선택한 데이터는 Ctrl + C , Ctrl + X , Ctrl + V 등의 편집 단축키를 이용해서 이동과 복사 등의 작업을 할 수 있습니다.

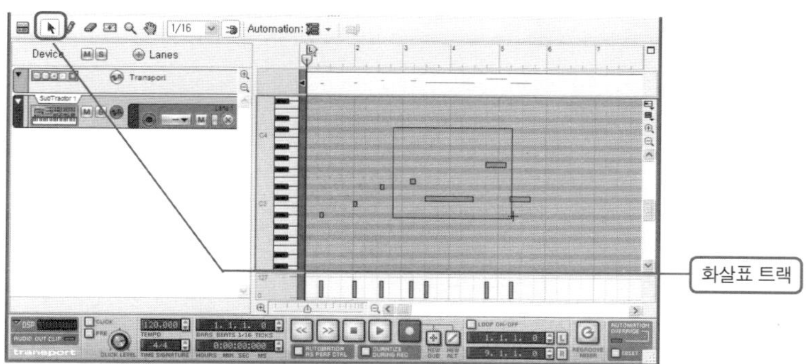

연필 버튼

마우스로 데이터를 입력하거나 편집하는 역할을 합니다. 연필 버튼을 이용해서 데이터를 입력하거나 화살표 버튼을 이용해서 데이터를 편집할 때는 도구 모음 줄에 시작 위치(Pos), 길이(Len), 음정, 벨로시티(Vel)을 표시하거나 편집할 수 있는 데이터 정보가 나타납니다.

지우개 버튼

데이터를 삭제하는 역할을 합니다. 지우개 버튼은 마우스 드래그로도 사용이 가능하며, [화살표] 버튼을 이용해서 데이터를 선택한 후, Delete 키를 눌러도 됩니다.

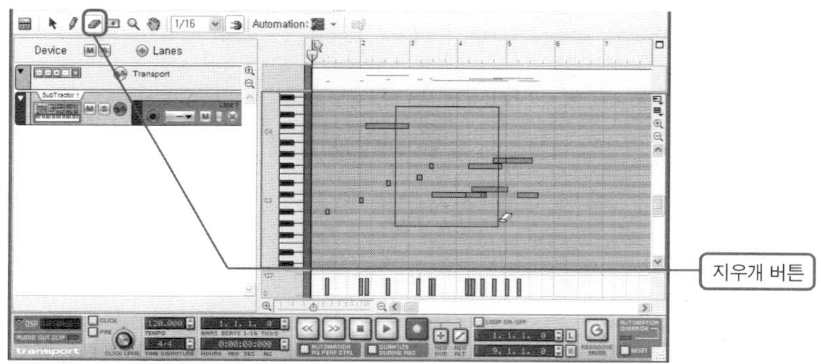

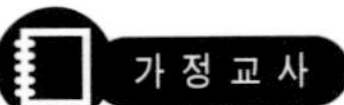 레이저 버튼

면도날 모양의 레이저 버튼은 데이터가 입력되어 있는 파트를 둘로 나누는 역할을 합니다. 편집 창에서는 자르고자 하는 범위를 마우스로 드래그하여 자를 수 있습니다. 데이터의 일부분을 이동시키거나 복사하는 등의 편집 작업을 할 때 유용합니다.

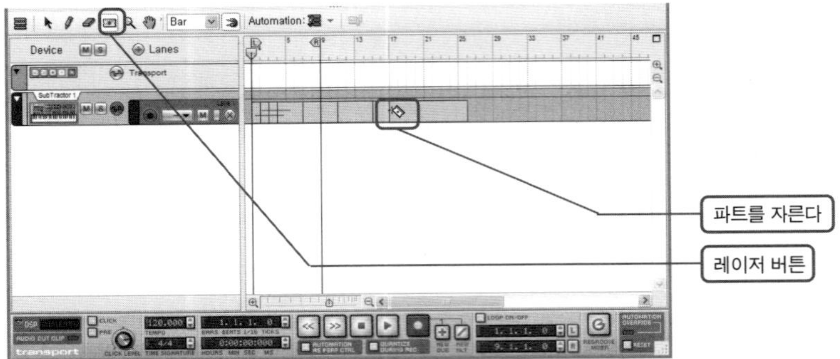

돋보기 버튼

미세한 편집이 필요한 범위를 드래그하여 확대하는 역할을 합니다. Ctrl 키를 누른 상태에서는 축소 역할을 합니다.

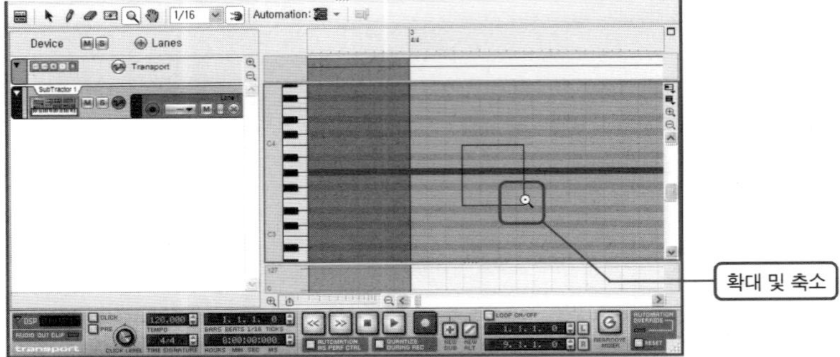

손 버튼

편집 창을 드래그하여 작업 공간의 위치를 이동하는 역할을 합니다. [돋보기] 버튼과 함께 편집할 데이터를 화면에 보이게 하는 역할을 하는 것으로 Alt 키를 누르고 있으면, 돋보기 버튼 역할을 하고, 돋보기 버튼을 선택한 상태에서도 Alt 키를 누르면 [손] 버튼 역할을 합니다.

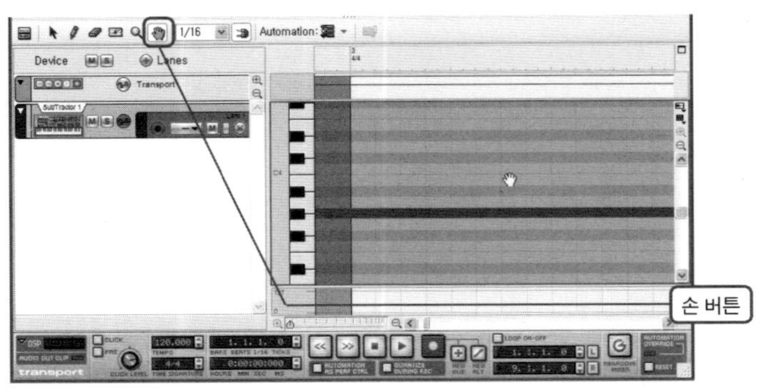

> **가 정 교 사**
>
> 시퀀서 창의 도구는 단축키를 이용해서 선택할 수 있으며, 화살표는 Q, 연필은 W, 지우개는 E, 레이저는 R, 돋보기는 T, 손은 Y 입니다.

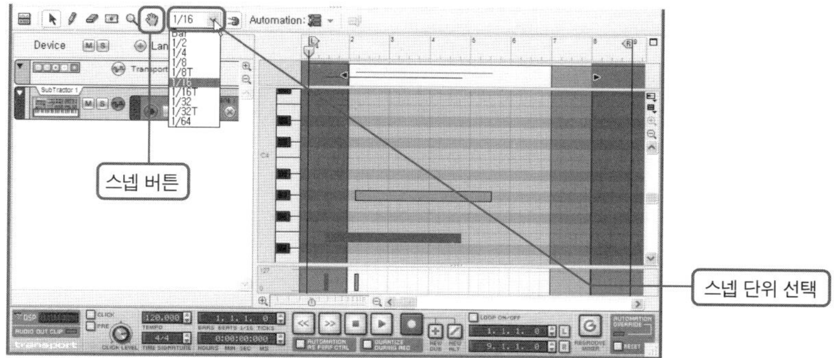

스냅 버튼

데이터의 입력 단위와 길이를 설정합니다. 목록 메뉴에서 단위를 선택하면 작업 공간의 스냅 라인이 선택한 단위로 변경되고, 목록 우측의 [스냅] 버튼을 On으로 하면 입력하는 데이터를 스냅 라인에 일치되게 할 수 있습니다.

Automation: 오토메이션 버튼

오토메이션을 기록할 수 있는 편집 트랙을 만듭니다. 목록에서 오토메이션으로 조정하고 싶은 파라미터를 선택하면 해당 파라미터를 기록할 수 있는 트랙이 만들어지는데, [연필] 버튼을 이용해서 기록할 범위를 마우스 드래그로 선택하고, 원하는 라인을 마우스 드래그로 그릴 수 있습니다. 오토메이션 목록은 해당 트랙의 장치마다 달라집니다.

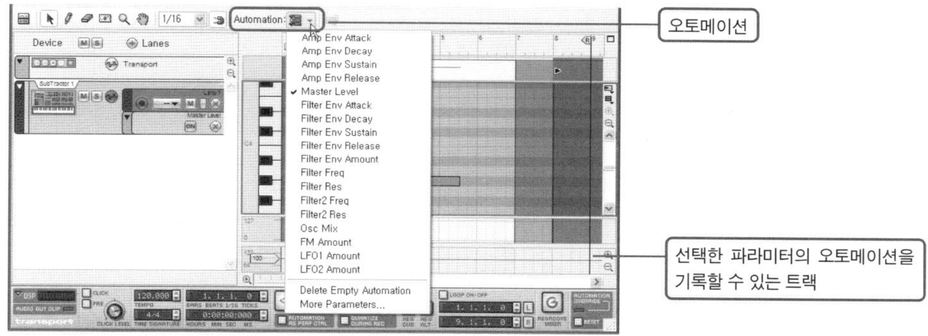

작업 중인 오토메이션 라인을 변경하고 싶다면 체인지 모드 버튼 아래쪽에 보이는 파라미터 선택 버튼을 이용합니다. 메뉴에는 작업 중인 오토메이션 라인이 표시되면 More Parameter를 선택하여 추가할 수 있습니다. Delete Empty Performance Automation은 비어있는 오토메인션 트랙을 삭제합니다.

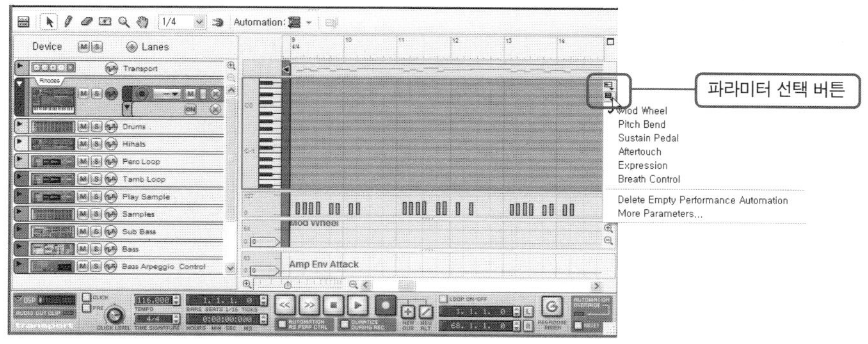

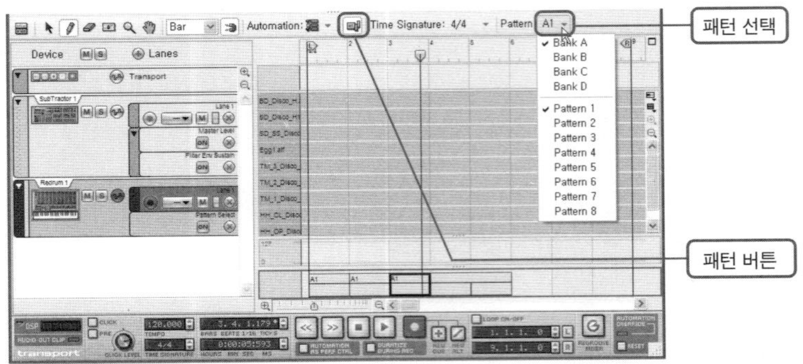

패턴 버튼

Matrix나 Redrum의 패턴을 입력하거나 편집할 수 있는 패턴 트랙을 열거나 닫습니다. 녹음으로 입력한 패턴의 위치는 마우스 드래그로 변경할 수 있고, 마우스 이용해서 패턴을 입력하거나 편집하고 싶다면 Time Signature에서 단위를 선택하고, Pattern에서 입력할 패턴의 번호를 먼저 선택합니다.

3 트랜스포트 패널

리즌 4에서 작업하는 곡을 연주하거나 데이터를 녹음하는 등의 컨트롤을 담당하는 기능들로 구성되어 있는 트랜스포트 패널에 관해서 살펴봅니다.

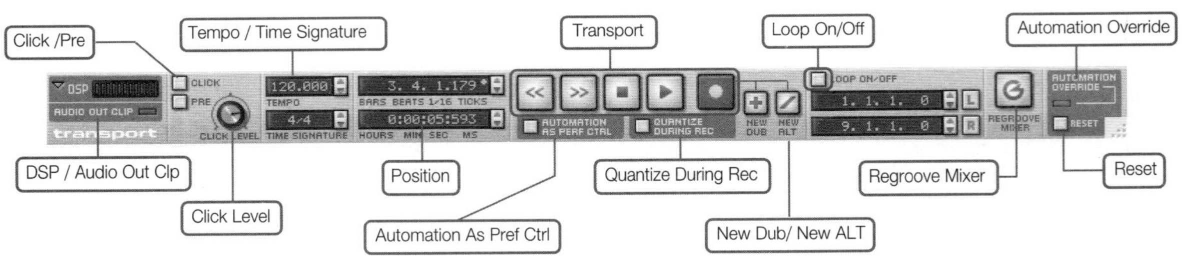

DSP / Audio Out Clp

상단의 DSP는 리즌 4가 사용하는 프로세스의 양을 LED로 표시합니다. LED에 빨간색이 보이면, 시스템이 다운될 가능성이 크므로 Ctrl + S 키를 눌러 작업하던 프로젝트 저장해야 할 것입니다.

하단의 Audio Out Clip은 과도한 오디오 출력으로 인해서 사운드가 찌그러지고 있다는 것을 표시하는 LED입니다. 이때 Mixer의 메인 아웃이나 Mastering Suite에서 Maximizer의 아웃 게인을 조정하기 보다는 특정 악기의 레벨이 너무 크지 않은지 확인하는 것이 우선일 것입니다.

Click / PRE

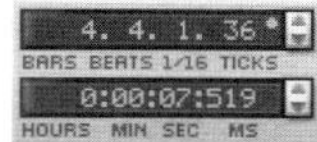

[Click] 버튼은 데이터를 녹음할 때. 메트로놈 사운드가 들리게 할 것인지의 여부를 On/Off 하며, Click Level 노브로 메트로놈의 볼륨을 조정합니다. [PRE] 버튼은 녹음을 바로 진행하지 않고, 한 마디 길이의 카운터가 들린 후에 시작되게 하는 역할을 합니다. 큐베이스나 소나를 사용하고 있다면 그다지 의미는 없습니다.

Tmpo / Time Signature

Tempo는 곡의 템포를 설정하는 부분이고, Time Signature는 박자를 설정하는 부분입니다. Tempo 항목은 왼쪽에서 일반적으로 사용하는 단위를 이용하고, 오른쪽에서 0.999 단위까지 미세한 설정이 가능하지만 리즌 4의 대부분이 그렇듯 큐베이스나 소나를 사용하고 있다면 템포의 권한은 마스터 프로그램에 있습니다.

Position

곡을 재생하거나 편집할 때의 위치를 나타내는 송 포지션 라인의 위치를 표시합니다. 상단은 마디(Bars), 박자(Beats), 비트(1/16), 틱(Ticks) 단위이며, 하단은 시(Hours), 분(Min), 초(Sec), 1000분의 1초(MS) 단위입니다. 리즌 4의 틱 단위는 960이지만, 16비트를 기준으로 표시하기 때문에 최대 값은 240입니다.

Transport

상단의 5가지 버튼은 왼쪽에서부터 곡의 앞 부분으로 빠르게 이동, 곡의 뒷 부분으로 빠르게 이동, 곡의 정지, 재생, 녹음의 역할을 합니다. 각각의 버튼은 키보드 숫자열의 키를 이용해서 이용할 수 있으므로, 이 정도의 단축키는 외워두기 바랍니다. 각각의 버튼은 큐베이스와 동일하기 때문에 큐베이스 사용자에게 유리하지만, 정지와 재생은 소나에서와 같이 Space bar 키로도 가능합니다.

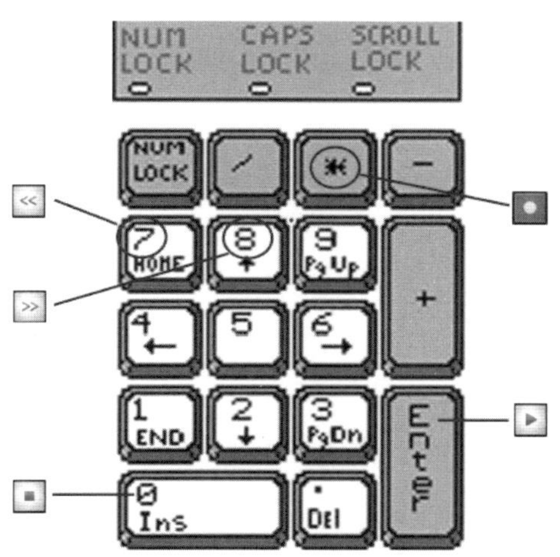

녹음 버튼 오른쪽의 [New Dub] 버튼과 [New ALT] 버튼은 해당 트랙에 새로운 파트를 기록할 수 있는 라인을 추가하는 역할을 합니다. New Dub는 기존에 입력되어 있는 데이터를 모니터 하면서 새로운 데이터를 기록하는 방식이고, New ALT는 기존의 데이터가 입력되어 있는 라인을 뮤트 시킨다는 차이가 있는 것으로 마음에 드는 부분을 편집할 때 유용합니다.

아래쪽에는 [Automation As Pref Ctrl]과 [Quantize During Rec] 버튼이 있습니다. 리즌 4는 오토메이션을 기록할 때, 해당 파라미터의 조정 값을 기록하는 라인을 새로 만드는데, 그냥 파트 위에 기록하고 싶다면 [Automation As Pref Ctrl] 버튼을 On으로 합니다. 그리고 [Quantize During Rec] 버튼을 On으로 하면, 데이터를 리얼로 입력할 때, 자동으로 퀀타이즈가 적용됩니다.

Loop On/Off

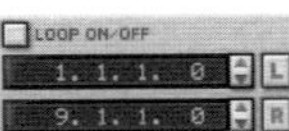 [Loop On/Off] 버튼은 로케이터 구간을 반복 연주/녹음 할 것인지의 여부를 결정합니다. 아래쪽의 L에서는 로케이터의 시작 위치를 마디, 박자, 비트 단위로 설정할 수 있고, R에서는 로케이터 끝 위치를 마디, 박자, 비트의 단위로 설정할 수 있습니다. 그러나 룰러 라인에서 Ctrl 키를 누른 상태로 클릭하면 로케이터의 시작 위치가 설정되고, Alt 키를 누른 상태에서 클릭하면 로케이터 끝 위치를 설정할 수 있다는 것을 기억해두면 트랜스포트 패널에서 직접 입력할 경우는 없을 것입니다.

Regroove Mixer

 음악의 글루브감을 연출할 수 있는 글루브 믹서 창을 열거나 닫습니다. 단, 리즌 4를 단독으로 사용할 때만 적용되기 때문에 큐베이스나 소나를 마스터 프로그램으로 사용하는 경우에는 의미가 없습니다.

Automation Override

 Automation override의 Punched는 이미 오토메이션이 기록되어 있는 부분에 새로운 오토메이션이 기록되고 있다는 것을 알리는 LED입니다. 그리고 [Reset] 버튼은 오토메이션을 기록을 초기화 하는 것으로 오토메이션을 구간 별로 녹음하고 싶을 때 유용합니다.

4 트랙 리스트

리즌 4는 기본적으로 새로운 악기를 장착하면, 장착한 악기의 트랙이 만들어지며, 각각의 트랙별로 데이터가 입력되는 라인과 오토메이션이 기록되는 라인을 레이어 방식으로 추가할 수 있습니다. 각각의 트랙에는 해당 장치의 그림과 이름, 뮤트, 솔로, 녹음 버튼으로 구성되어 있고, 오른쪽에는 글루브 패턴을 선택하거나 오토메이션을 기록할 수 있는 라인이 있습니다.

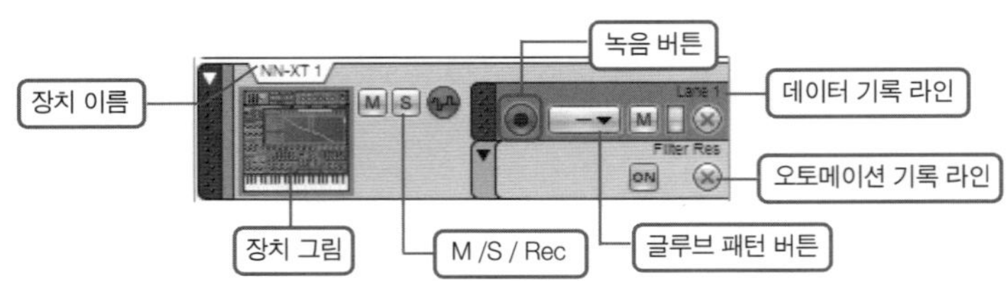

Name

트랙의 이름을 표시합니다. 기본적으로 장착한 악기 이름과 번호로 표시됩니다. 원한다면 마우스 더블 클릭으로 이름을 변경할 수 있습니다. 장치의 이름을 변경하면 트랙의 이름은 자동으로 변경됩니다.

M /S / Rec

M은 해당 트랙을 뮤트 시키며, S는 솔로로 연주합니다, 그리고 Rec은 오토메이션 기록 여부를 선택합니다. Rec 버튼이 빨간색으로 On되어 있어야 장치에서 조정하는 파라미터를 오토메이션으로 기록합니다.

데이터 기록 라인

[녹음] 버튼이 On으로 되어 있어야 데이터를 리얼로 입력할 수 있습니다. 그리고 글르부 패턴 목록에서는 사용자가 만들어놓은 글루브를 선택할 수 있고, [M] 버튼은 해당 라인을 뮤트 시킵니다.

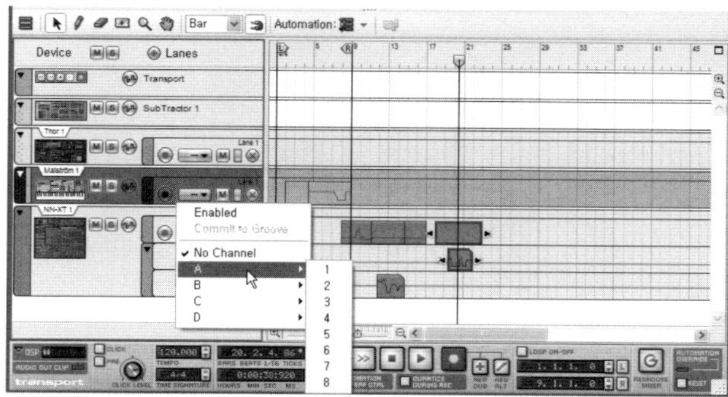

오토메이션 기록 라인

오토메이션 기록 라인에는 오토메이션의 작동 여부를 On/Off 할 수 있는 버튼이 있고, [X] 버튼을 클릭하여 라인을 삭제할 수 있습니다. 데이터가 기록되어 있는 라인을 삭제할 때는 경고창이 열리며, [Continue] 버튼을 클릭하여 삭제 명령을 완료합니다.

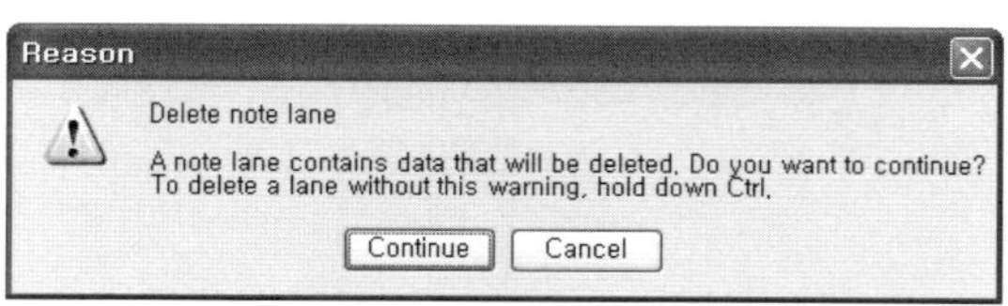

큐베이스나 소나 사용자가 리즌 4의 시퀀서를 이용할 필요는 없겠지만, 시퀀서 기능을 정리하는 의미로 리즌 4 단독으로 간단한 곡 작업을 해보겠습니다.

01 File 메뉴의 [New]를 선택하여 새로운 프로젝트를 만듭니다. Preferences 창의 Default Song을 Built in으로 선택해놓은 상태라면 Mastering Suite와 reMIx가 장착된 랙이 열립니다.

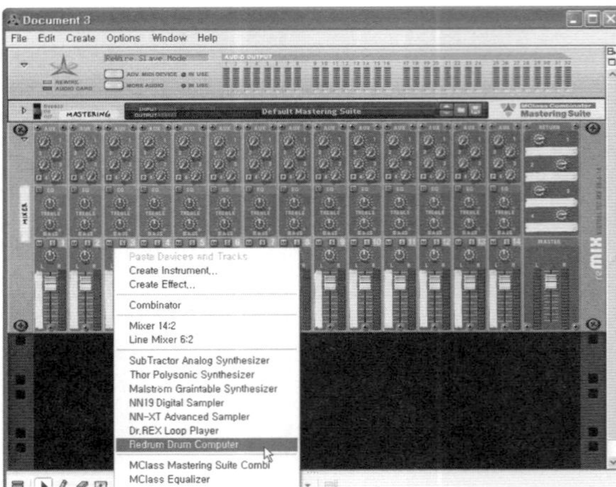

02 Create 메뉴 또는 작업 공간의 빈 곳에서 마우스 오른쪽 버튼을 클릭하여 단축 메뉴를 열고, [Redum Drum computer]를 선택하여 악기를 장착합니다. 시퀀서 창에 Redrum 1 트랙이 자동으로 생성되는 것을 확인할 수 있습니다.

03 기본적으로 로딩되어 있는 Disco Kit RDK 음색을 그대로 사용하겠습니다. 원한다면 [Browse Patch] 버튼을 클릭하여 다른 음색을 불러와도 좋습니다.

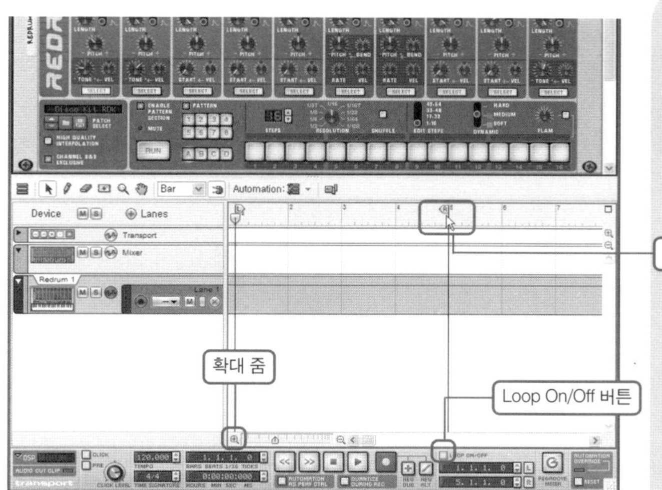

04 시퀀서의 룰러 라인에서 Alt 키를 누른 상태로 5마디 위치를 클릭하여 R 포인트를 위치시킵니다. 그리고 [Loop On/Off] 버튼을 클릭하여 On으로 합니다. 작업 공간의 크기는 [확대 줌] 버튼을 이용하여 조정합니다.

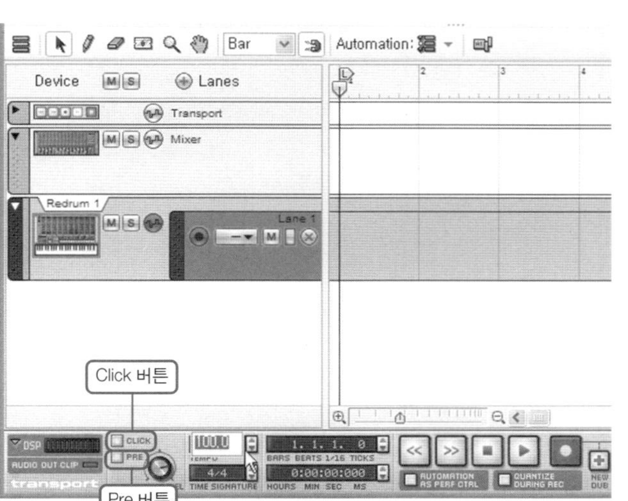

05 [정지] 버튼을 두 번 클릭하여 송 포지션 라인을 처음 위치로 이동시키고, Click과 Pre 버튼을 On으로 합니다. 그리고 사용자가 리얼로 입력 가능한 템포를 조정합니다.

가 정 교 사

[Pre] 버튼은 리즌 4를 단독으로 사용할 때만, 작동합니다.

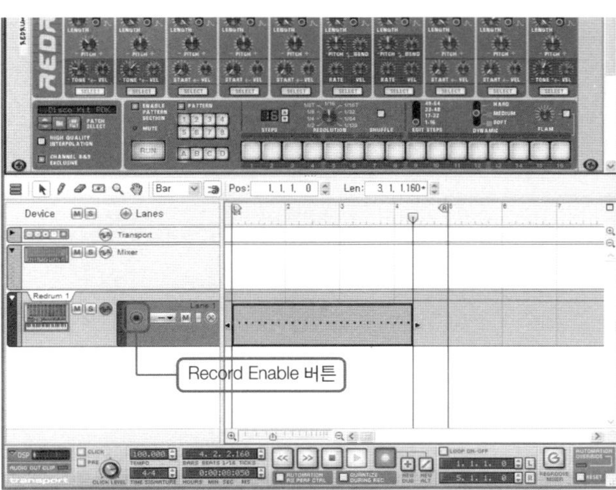

06 Redrum 1 트랙의 [Record Enable] 버튼이 On으로 되어 있는 것을 확인하고, 키보드 숫자열의 · 키를 눌러 녹음을 시작합니다. 한 마디 길이의 카운트를 듣고, G1 노트의 하이해드 리듬을 4마디 녹음합니다.

07 [Loop] 버튼을 On으로 해놨기 때문에 4마디의 로케이터 구간이 반복됩니다. 두 번째 반복을 할 때, 스네어 드럼인 C#1을 2, 4, 박자에 녹음하고, 세 번째 반복할 때, 베이스 드럼인 C1을 1, 3, 박자에 녹음합니다. 녹음이 끝나면, 숫자열의 0 키를 눌러 정지합니다.

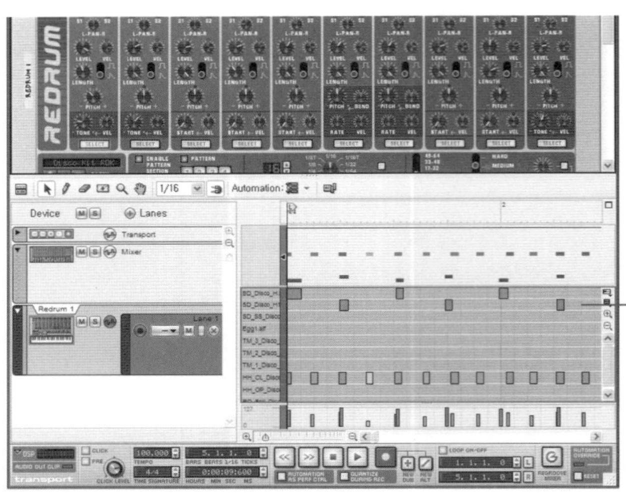

08 Redrum 1 트랙에 녹음된 파트를 더블 클릭하여 편집 창을 엽니다. 큐베이스의 Key Editor 또는 소나의 Piano Roll과 비슷한 모습을 하고 있기 때문에 노트와 벨로시티 편집이 가능하다는 것을 짐작할 수 있습니다.

09 드럼을 리얼로 입력해본 이유는 퀀타이즈 기능을 사용해보기 위해서입니다. Ctrl + A 키를 눌러 노트를 모두 선택하고, Tools Windows의 Tools 페이지에서 Quantize Value 단위를 1/8로 선택합니다.

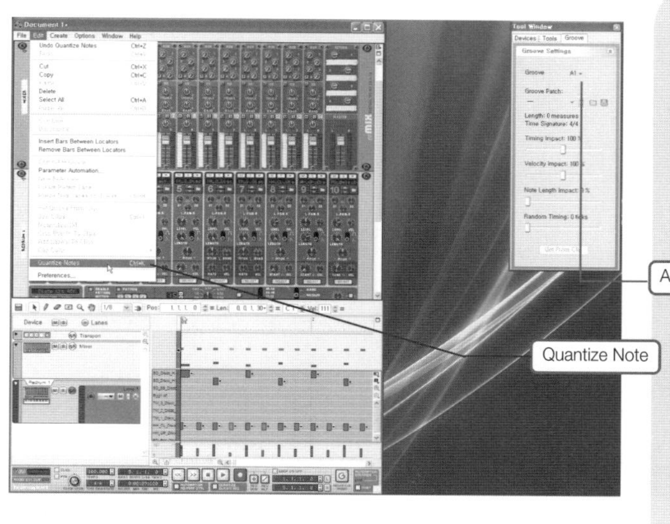

10 Edit 메뉴의 Quantize Note를 선택하거나 단축키 Ctrl + K 를 눌러 노트를 정렬합니다. 이때, 정렬되는 범위는 Tool window의 Amount 값으로 설정할 수 있습니다. 기본 값은 100% 이므로 리얼로 입력한 노트가 8비트 단위로 정확하게 정렬됩니다.

가 정 교 사

퀀타이즈를 Edit 메뉴 외에 Tools Window의 [Apply] 버튼을 클릭을 이용할 수 있습니다.

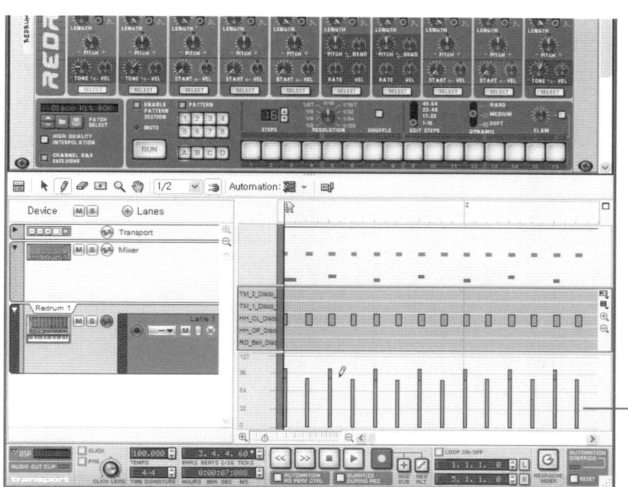

11 입력한 노트의 벨로시티는 연필 툴을 이용해서 편집할 수 있습니다. 이때, Shift 키를 누르면 같은 위치에 입력되어 있는 노트에 상관없이 선택한 노트의 벨로시티 값만 조정할 수 있으므로 기억해두기 바랍니다.

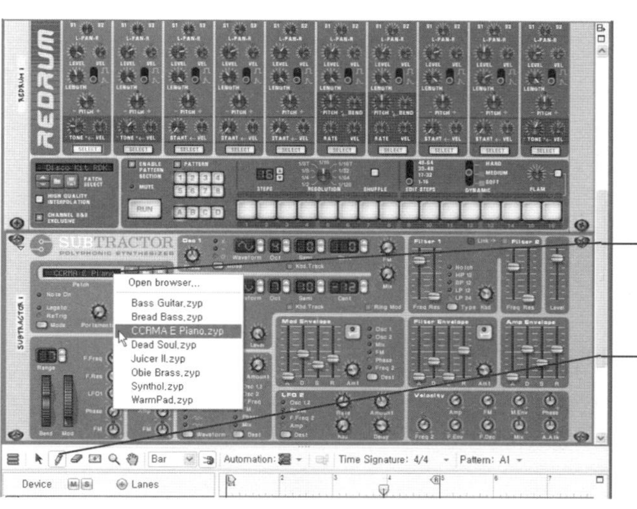

12 데이터 편집에 관해서 조금만 더 살펴보겠습니다. [편집] 버튼을 클릭하여 트랙 창으로 전화하고, Sub Tractor를 장착합니다. Patch 항목을 클릭하여 기본적으로 로딩되어 있는 음색 중에서 CCRMA E Piano.zyp를 선택합니다.

13 시퀀서 창의 도구 모음 줄에서 [연필] 버튼을 선택하고, Sub Tractor 1 트랙의 작업 공간을 클릭하여 한 마디 길이의 비어있는 파트를 만듭니다. 그리고 [화살표] 버튼을 선택하고, 새로 만든 파트를 더블 클릭하여 편집 창을 엽니다.

파트 만들기

14 도구 모음 줄의 스넵 메뉴에서 1/8를 선택하여 스넵 단위를 8비트로 맞추고, [연필] 버튼으로 간단한 아르페지오 패턴을 입력합니다. 그림에서는 C 코드에 해당하는 도, 미, 솔 아르페지로 패턴을 만들고 있습니다.

스넵 단위

데이터 입력

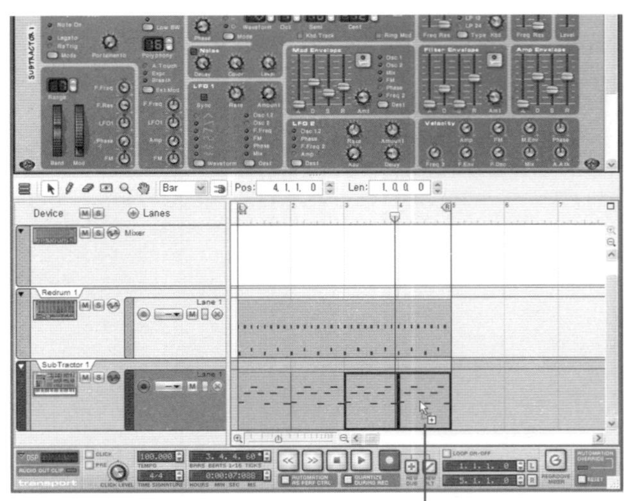

15 도구 모음 줄의 [편집] 버튼을 클릭하여 트랙 창으로 복구합니다. 그리고 [화살표] 버튼을 선택하고, Ctrl 키를 누른 상태에서 아르페지오 패턴을 입력한 파트를 오른쪽으로 드래그하여 반복 복사합니다.

가 정 교 사

복사 단축키인 Ctrl + C 와 Ctrl + V 키를 이용해도 좋습니다.

Ctrl 키를 누른 상태로
드래그하여 복사

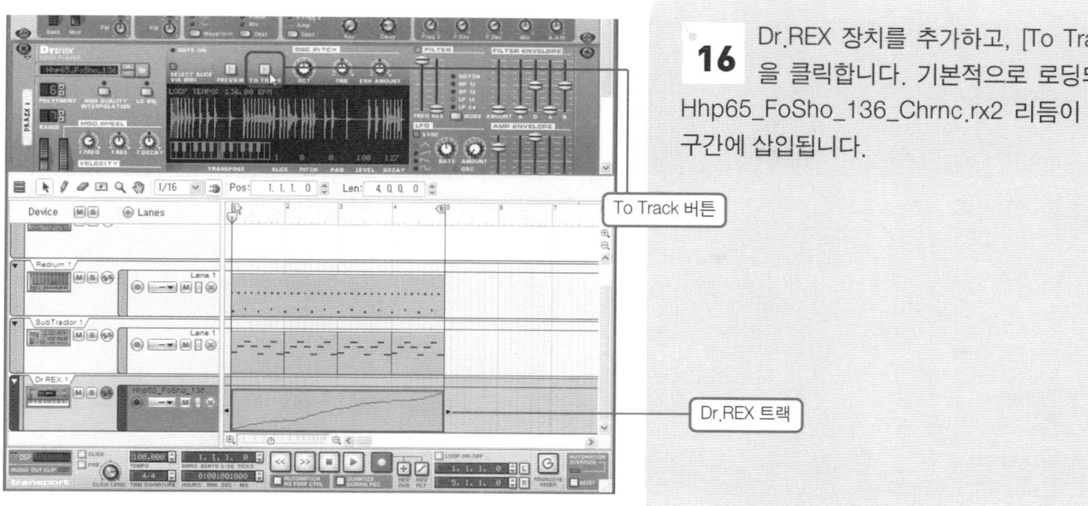

16 Dr.REX 장치를 추가하고, [To Track] 버튼을 클릭합니다. 기본적으로 로딩되어 있는 Hhp65_FoSho_136_Chrnc.rx2 리듬이 로케이터 구간에 삽입됩니다.

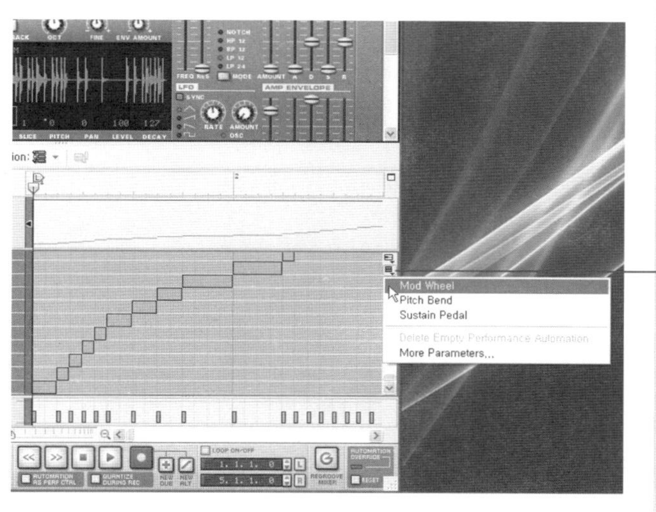

17 Dr.REX 트랙에 삽입된 파트를 더블 클릭하여 편집 창을 엽니다. 체인지 모드 버튼 아래쪽에 보이는 [라인] 버튼을 클릭하여 메뉴를 열고, Mod Wheel을 선택합니다. 다른 파라미터를 선택하겠다면, More Parameters를 선택합니다.

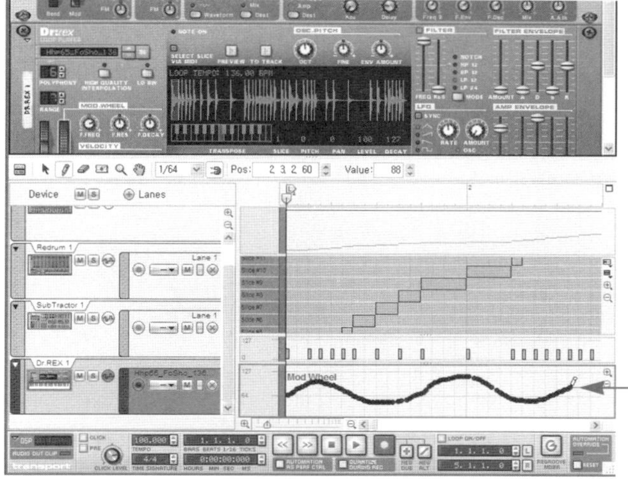

18 모듈레이션의 오토메이션을 기록할 수 있는 라인이 보입니다. 스넵 단위를 원하는 값으로 선택하고 [연필] 툴을 이용해서 오토메이션 라인을 그립니다.

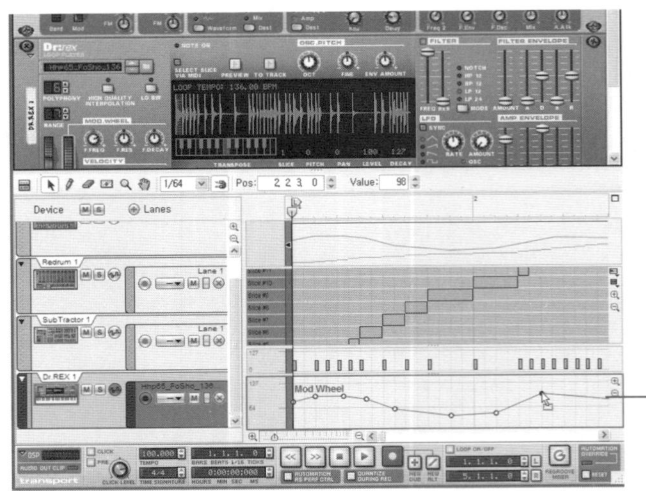

19 장치에서 마우스 오른쪽 버튼을 클릭하여 단축 메뉴를 열고, Edit Automation을 선택하여 오토메이션 라인을 만든 다음에 리얼로 입력해도 좋지만 마우스를 이용하는 방법을 살펴본 것입니다. 오토메인션 라인은 포인트를 드래그하여 수정할 수 있습니다.

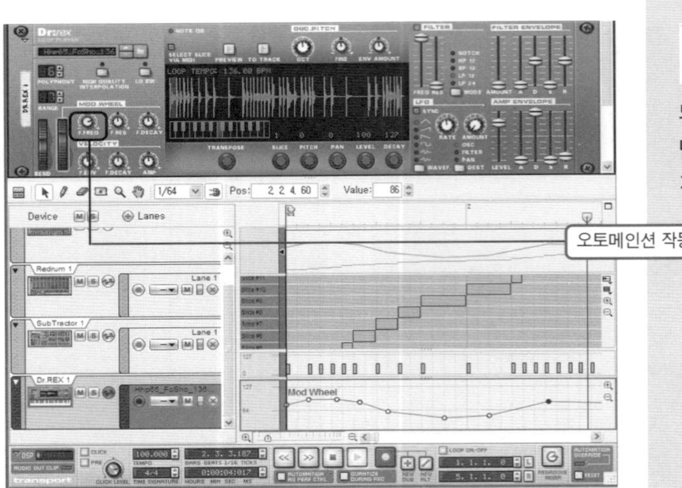

20 숫자열의 Enter 키를 눌러 곡을 연주해보면, Dr.REX의 모듈레이션 휠이 자동으로 조정되는 것을 확인하 수 있습니다. 간단한 실습이었지만, 리즌 4만을 이용해서 음악 작업이 가능하다는 것을 알게되었습니다.

글루브 믹서 사용하기

리즌 4에는 글루브 리듬을 쉽게 연출할 수 있는 글루브 믹서가 추가되어 있습니다. 이것 역시, 큐베이스나 소나 사용자에게는 의미없는 기능이지만, 리즌 4를 단독으로 사용할 때는 매우 매력적인 기능입니다.

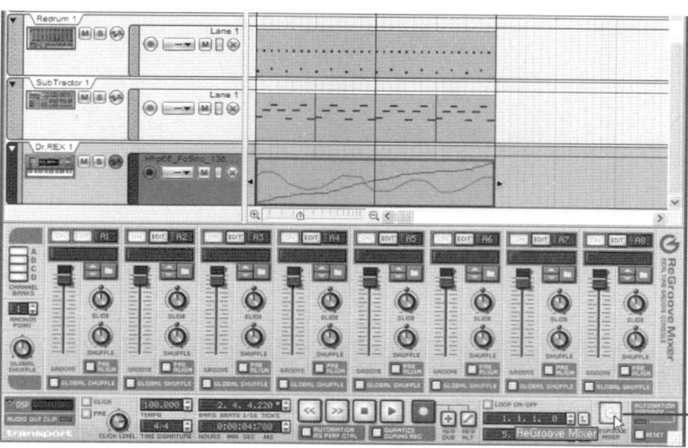

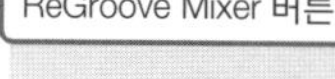

01 앞의 시퀀서 이용하기 학습편에서 만들어봤던 8비트 곡에 글루브 감을 연출해보겠습니다. 트랜스포트 패널의 [ReGroove Mixer] 버튼을 클릭하여 글루브 믹서를 엽니다.

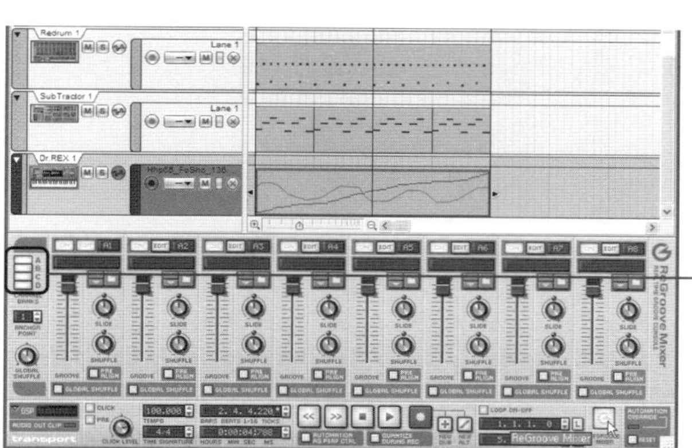

02 글루브 믹서는 글로벌 파라미터와 8개의 채널로 구성되어 있습니다. 8개의 채널은 글로벌 파라미터에서 선택한 A~D까지의 뱅크에 종속되어 있는 것이므로 총 32개의 채널로 확장 가능합니다.

03 글로벌 파라미터는 전체 채널을 컨트롤하는 역할로, 뱅크 선택 버튼 외에 글루브 믹서가 적용되는 시작 마디를 조정할 수 있는 Anchor Point와 셔플 정도로를 조정할 수 있는 Global Shuffle 노브가 있습니다.

04 채널에는 [On/Off] 버튼은 글루브 믹서의 적
용여부를 On/Off 하는 것으로 기본 값은 모
든 채널이 On으로 되어 있습니다. 그리고 [Edit] 버
튼은 Tool Woindow의 Groove 페이지를 열어 세부
설정이 가능하게 합니다.

05 [Edit] 버튼 오른쪽은 채널의 뱅크와 번호 네
임을 표시하는 것이고, 아래쪽의 패치 이름
항목은 리즌 4에서 제공하는 글루브 패턴을 불러왔
을 때의 이름을 표시합니다. 글루브 패턴은 패치 이
름 항목에서 Open Brower 메뉴를 선택하거나 브라
우저 버튼을 클릭하여 불러올 수 있습니다.

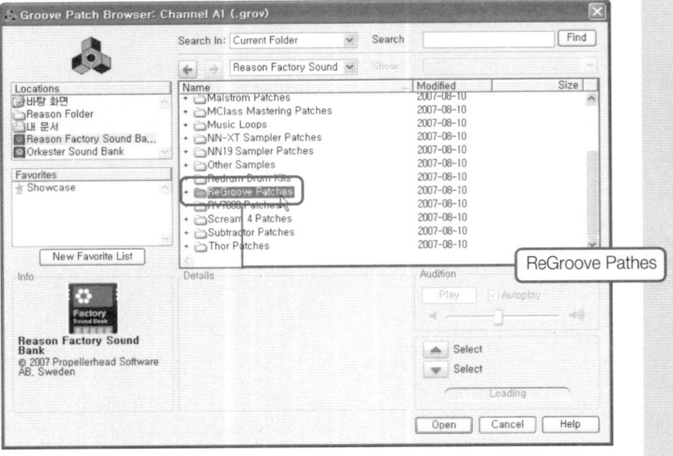

06 [브라우저] 버튼을 클릭하여 Groove Patch
Browser 창을 열고, Reason Factory
Sound Bank에서 ReGroove Pathes 폴더를 더블
클릭하여 엽니다. 계속해서 Viny 폴더의 Councey.
gorv 패턴을 더블 클릭하여 불러옵니다.

07 패치 이름 항목을 클릭하면, Councey.gorv 패턴을 불러왔던 Viny 폴더의 패치 목록이 모두 표시되고, 사용자가 원하는 패턴으로 쉽게 변경할 수 있습니다. 악기에서 음색을 불러오고, 선택하는 것과 같은 방식입니다.

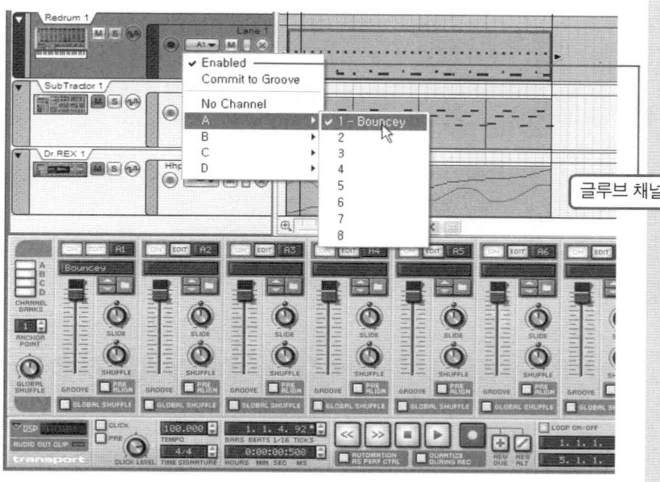

08 글루브 패턴을 적용시킬 트랙의 글루브 선택 버튼을 클릭하여 메뉴를 열고, 앞에서 불러온 뱅크 A의 채널 1번인 Bouncey를 선택합니다.

09 숫자열의 Enter 키를 눌러 곡을 재생해 보면서 Amount 슬라이드 조정합니다. 글루브 패턴의 적용 값을 퍼센트로 조정하는 것입니다. 필요하다면, Slide 노브를 이용해서 노트를 이동시키거나 Shuffle 노브를 이용해서 셔플 리듬을 연출해봅니다.

10 [Pre Align] 버튼은 글루브 패턴을 노트에 적용시킬지의 여부를 선택하는 것이고, Global Shuffle은 글로벌 파라미터의 Global Shuffle에 종속시킬 것인지의 여부를 선택합니다.

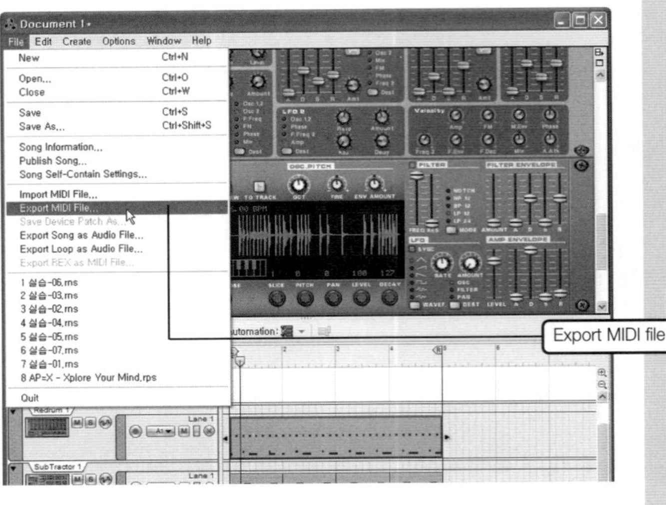

11 기계적인 음악에 인간미를 줄 수 있는 글루브 믹서는 리즌 4를 단독으로 사용할 때만, 적용할 수 있다는 아쉬움이 있지만, 꼭 사용하고 싶다면, 글루브 믹서를 적용한 데이터를 미디 파일로 저장하고, 큐베이스나 소나에서 임포팅 시키는 방법을 이용하면 됩니다.

2 메뉴 익히기

리즌 4는 File, Edit, Create, Options, Window, Help의 6가지 메뉴를 갖추고 있지만, 작업한 곡을 저장하거나 익스포팅 하는 역할의 File 메뉴 외에 편집이나 장치를 배치하는 역할의 Edit 및 Create 메뉴는 단축 메뉴를 이용하는 것이 편리합니다. 단축 메뉴는 PART 2의 실습에서 수 차례 사용해 보았으므로 이미 익숙할 것입니다. 여기서는 메뉴의 역할만 간단하게 살펴보겠습니다.

1 FILE 메뉴

File 메뉴에는 새로운 프로젝트 만들기, 프로젝트 파일 불러오기, 저장하기, 작업한 음악을 오디오 파일로 만들기 등의 파일을 관리하는 기능들로 구성되어 있습니다.

New

새로운 프로젝트를 만듭니다. File의 New 메뉴를 선택했을 때 만들어지는 새로운 프로젝트는 Preferences의 General 페이지에서 Default Song을 어떻게 설정했는지에 따라 달라집니다. Empty Rac을 선택한 경우에는 하드웨어 인터페이스와 시퀀서만 있는 프로젝트를 만들고, Built in을 선택한 경우에는 하드웨어 인터페이스와 시퀀서 외에 MClass Mastering Suite Combi와 reMIX를 포함하고 있는 프로젝트를 만듭니다. 그리고, Custom을 선택한 경우에는 사용자가 선택한 프로젝트 파일을 열어줍니다.

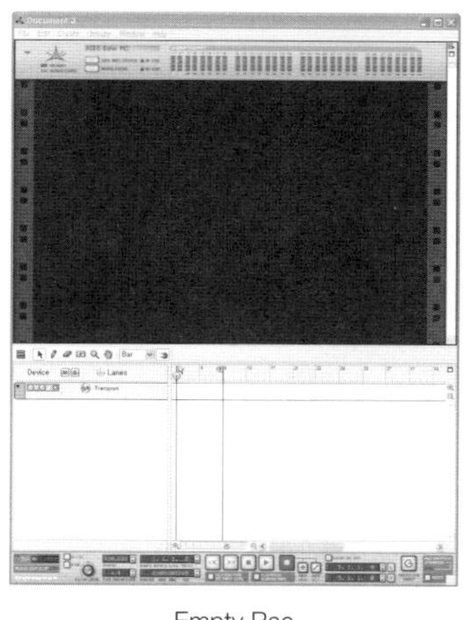

Empty Rac

Built in

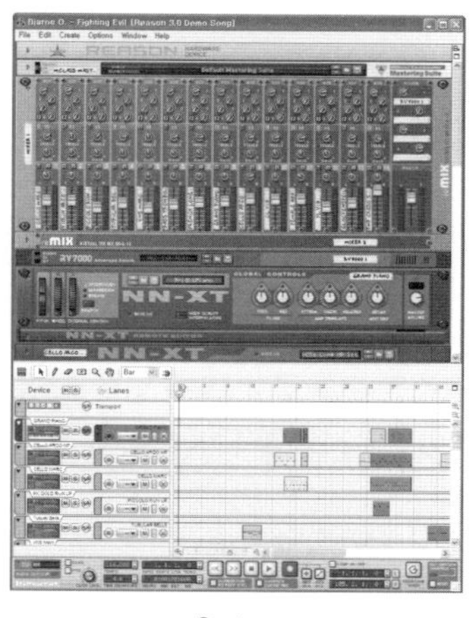

Custom

꩜ Open

리즌 4의 프로젝트 파일(rns)과 송 파일(rps)를 불러올 수 있는 Song Browser 창을 엽니다. 리즌 4의 Song Browser 창은 악기에서 음색을 불러올 때 열리는 Patch Browser 창과 동일합니다. Song Browser 창의 구성요소와 역할을 살펴보겠습니다.

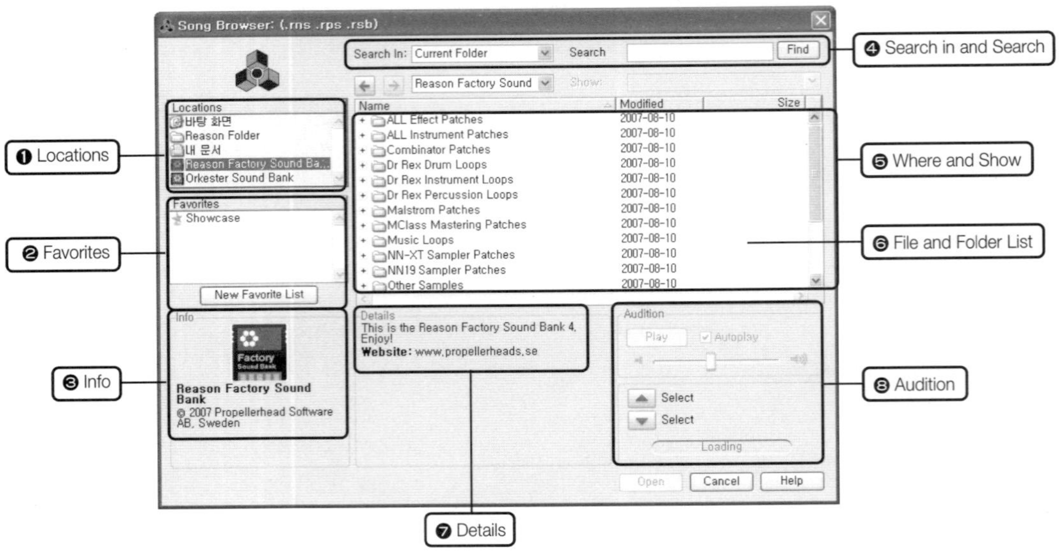

❶ Locations

기본적으로 바탕 화면, Reason Folder, 내 문서, Reason Factory Sound Bank, Orkester Sound Bank의 5가지 폴더 목록이 보입니다. 새로 구입한 RiFills 파일이나 자주 열게 되는 폴더가 있다면 File and Folder List에서 마우스 드래그로 등록해 둘 수 있습니다.

❷ Favorites

사용자가 자주 이용하는 음색을 관리할 수 있는 섹션입니다. [New Favorite List] 버튼을 클릭하여 사용자가 원하는 Favorite를 만들 수 있고, File and Folder List에서 자주 사용하는 음색을 마우스 드래그로 등록할 수 있습니다.

❸ Info

File and Folder List에서 선택한 파일의 정보를 표시합니다.

❹ Search in and Search

사용자가 원하는 폴더나 파일을 찾을 수 있는 역할을 합니다. Search in에서 찾을 위치를 선택하고, Search에서 찾고자 하는 폴더나 파일의 이름을 입력합니다. 그리고 [Find] 버튼을 클릭하면 됩니다.

❺ Where and Show

Where메뉴는 사용자가 열어본 폴더의 위치를 기억하고 있는 목록입니다. [좌/우 화살표] 버튼은 인터넷 익스플로러의 이전/다음 페이지로 이동과 동일한 역할을 한다고 보면 됩니다. Show 메뉴는 Patch Browser 창에서

만 사용할 수 있는 것으로 선택한 악기에서 사용할 수 있는 음색 리스트를 선택하여 File and Folder List에 표시하는 역할을 합니다.

❻ File and Folder List

Locations에서 선택한 폴더의 내용을 보여줍니다. Reason Folder를 선택하면 리즌에 설치되어 있는 폴더의 위치로 바로 이동할 수 있습니다. PART 2에서 실습한 곡은 리즌 4에서 제공하는 Demo곡입니다. 가능하면 Demo Songs 폴더에 있는 모든 곡을 연구하고 만들어보는 훈련을 해보기 바랍니다.

❼ Details

선택한 곡에 대한 세부 정보를 표시합니다.

❽ Audition

샘플이나 Rx2 파일을 선택한 경우에만 사용할 수 있는 섹션으로 사운드를 모니터 할 수 있는 [Play] 버튼과 볼륨을 조정할 수 있는 슬라이드가 있습니다. Autoplay 옵션은 파일을 선택할 때 자동으로 재생되게 하는 기능입니다. [Play] 버튼을 이용해서 수동으로 재생하고 싶다면, 옵션을 해제합니다. 그리고 아래쪽에 있는 위/아래 화살표 버튼을 샘플의 선택을 이동하는 역할을 합니다.

❧ Close

작업 중인 곡을 닫습니다. 작업 중인 곡이 하나뿐이라면 리즌이 종료되므로 주의하기 바랍니다. 작업 중인 곡을 닫는 방법은 메뉴를 이용하는 것보다 제목 표시줄의 [닫기] 버튼을 이용하는 것이 익숙할 것입니다.

❧ Save

작업 중인 프로젝트를 저장합니다. 이미 프로젝트 이름을 가지고 있는 경우에는 아무런 대화 상자 없이 수정한 내용을 그대로 저장하지만, 처음 저장하는 Document # 프로젝트는 이름을 입력할 수 있는 Save As 창을 엽니다.

Save As

이미 이름을 가지고 있는 프로젝트 파일을 새로운 이름으로 저장할 수 있는 Save As 창을 엽니다. 기존에 파일을 불러와 수정을 하고, 불러왔던 파일 내용은 그대로 두고, 수정한 프로젝트를 별도로 저장하고 싶을 때 이용하는 메뉴입니다. 즉, 기존의 프로젝트 파일과 새로 저장하는 프로젝트의 두 가지 파일이 만들어집니다.

Song Information

작업한 곡에 대한 정보나 제작자 정보를 입력할 수 있는 Song Information 창을 엽니다. 자신이 작업한 곡을 인터넷에 배포할 때나 친구와 함께 온라인상으로 곡 작업을 할 때, 서로 정보를 주고 받는 용도로 사용할 수 있습니다. Show Splash on Song Open 옵션을 체크하면 파일을 열 때 정보 창이 열립니다. 리즌 4에서 제공하는 데모 곡을 열어본 사용자라면, Song Information 창과 함께 제작자의 모습이 담긴 사진을 보았을 것입니다.

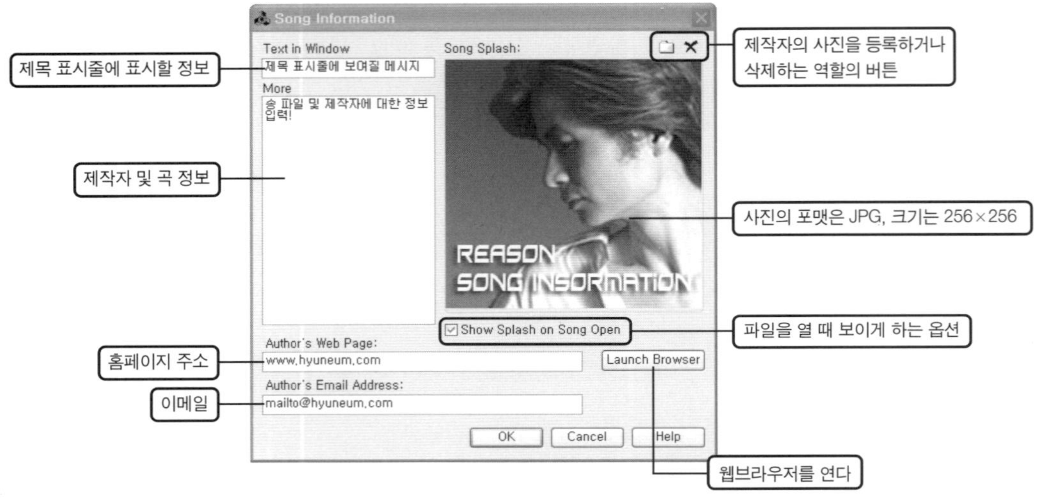

제목 표시줄에 표시할 정보 — Text in Window
제작자 및 곡 정보 — More
홈페이지 주소 — Author's Web Page
이메일 — Author's Email Address
제작자의 사진을 등록하거나 삭제하는 역할의 버튼
사진의 포맷은 JPG, 크기는 256×256
파일을 열 때 보이게 하는 옵션
웹브라우저를 연다

Publish Song

리즌 송 파일(rps)로 저장할 수 있는 Publish As 창을 엽니다. 리즌 4에서 제공하는 Tutorial Song 파일을 제외한 데모 곡은 모두 이 메뉴를 이용해서 rps 포맷을 만들어진 파일입니다. 리즌 송 파일은 리즌이 설치되어 있는 사용자는 누구나 열어서 곡을 감상할 수 있지만, 편집이나 저장 등을 할 수 없도록 하여 제작자의 송 파일을 보호하는 기능입니다.

Song Self-Contain Settings

리즌 4의 기본 샘플인 Reason factory Sound Bank나 Orkester Sound Bank 외의 샘플을 사용하여 곡을 만든 경우에는 그 샘플을 파일에 포함시켜야만, 다른 청취자가 들을 수 있을 것입니다. Song Self-Contain Settings 메뉴는 그 샘플 파일을 파일에 포함 시킬 것인지의 여부를 설정할 수 있는 창을 엽니다.

리즌 4의 기본 샘플 이외의 샘플을 사용한 곡이라면 Song Self-Contain Settings 창의 Sound 칼럼에 체크 표시를 할 수 있는 옵션이 보입니다. 옵션을 체크하면 샘플을 파일에 포함시키고, 해제하면 포함시키지 않습니다.

샘플 파일이 여러 개일 경우 [Check All] 버튼은 모든 샘플 옵션에 체크를 하고, Uncheck All은 모든 샘플의 체크 옵션을 해제합니다.

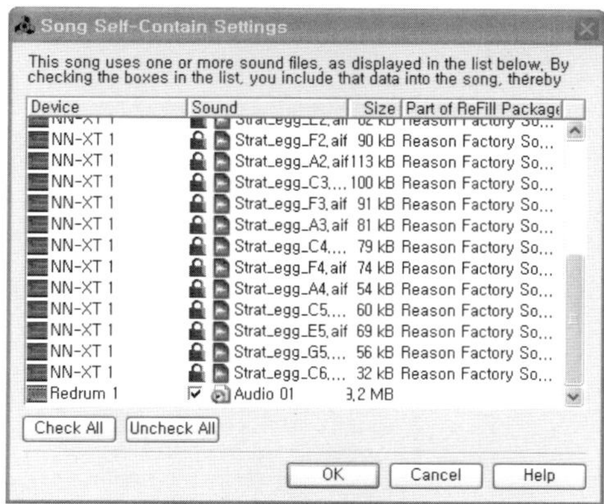

Import MIDI File

큐베이스나 소나에서 작업한 곡을 미디 포맷으로 저장했다면, 리즌 4의 시퀀서로 불러올 수 있습니다. 이러한 역할을 하는 것이 File 메뉴의 Import MIDI File입니다.

Export MIDI File

Import MIDI File 메뉴와 반대로 리즌 4에서 작업한 프로젝트 파일을 큐베이스나 소나에서 불러올 수 있는 미디 파일로 저장합니다. 단, 리즌 송 파일은 Export MIDI File 메뉴를 사용할 수 없습니다.

Export Device Patch

Export Device Patch메뉴는 선택한 악기에 따라 이름이 변경됩니다. 예를 들어 Malstrom을 선택하면 Export Masltrom으로 변경되고, NN-XT를 선택하면 Export NN-XT Patch로 변경됩니다. 즉, 이 메뉴는 선택한 악기의 음색을 저장하는 기능이므로, 악기를 선택한 경우에만 사용할 수 있습니다.

Export Song as Audio File

리즌 4의 프로젝트 파일이나 리즌 송 파일을 오디오 CD 제작을 위한 Wav 파일이나 Aif 파일로 제작합니다. Export Song as Audio File 메뉴를 선택하면 샘플 레이트와 비트를 설정할 수 있는 창이 열립니다. 오디오 CD 제작을 위한 웨이브 파일을 만들겠다면 Sample은 44100Hz, bit는 16으로 설정해야 합니다. 그리고 Dither 옵션은 랜더링 과정에서 발생할 수 있는 디지털 잡음을 최소화하는 역할을 하므로, 체크하는 것이 좋습니다.

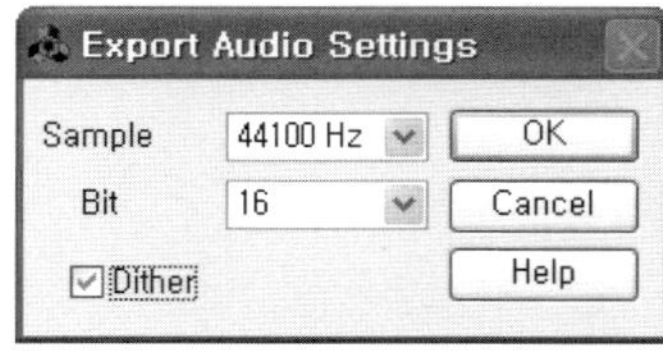

Export Loop as Audio File

Export Song as Audio File와 동일한 역할을 합니다. 단, 로케이터 구간만을 Wav나 Aif 파일로 제작한다는 차이점이 있습니다.

Export REX as MIDI File

PART 2에서 Dr.REX를 학습할 때 이용했던 메뉴를 기억할 것입니다. Dr. REX의 패턴을 미디 파일로 만드는 이 기능은 큐베이스나 소나에서 Dr.REX 음원을 사용할 때 매우 유용한 기능이므로 반드시 기억해두기 바랍니다.

Recent File

Export REX as MIDI File 메뉴와 Quit 메뉴 사이에는 최근에 불러왔던 파일의 이름을 최대 8개까지 표시하고, 선택하는 것만으로도 해당 파일을 불러오는 기능입니다.

Quit

리즌은 파일을 열 때마다 새로운 작업 창으로 열어줍니다. 그래서 사용자의 시스템이 허락한다면 동시에 여러 곡을 열어놓고 작업할 수 있습니다. 이때 File 메뉴의 Close나 제목 표시줄의 [닫기] 버튼을 클릭하면 해당 파일만을 닫지만, File 메뉴의 Quit를 선택하면 열려있는 모든 파일을 닫습니다. 결국 한 곡만 열려있을 경우에는 File 메뉴의 Close와 동일한 결과입니다.

2 EDIT 메뉴

리즌 4의 Edit 메뉴의 구성은 선택한 장치에 따라 유동적으로 변한다는 특징을 가지고 있습니다. 그래서 각 장치에서 마우스 오른쪽 버튼을 클릭하면 열리는 단축 메뉴를 이용하는 경우가 더 많습니다.

Undo

사용자가 실행한 작업을 취소하는 역할을 합니다. 예를 들어 데이터를 선택하고, Delete 키를 눌러 삭제했을 때, Undo 메뉴를 이용해서 삭제 전 상태로 복구할 수 있습니다.

Redo

Undo로 취소했던 작업을 다시 취소합니다. 예를 들어 시퀀서의 데이터를 삭제했다가 Undo 명령으로 삭제한 데이터를 복구했을 때, Redo 메뉴를 이용해서 복구한 데이터를 다시 삭제할 수 있습니다.

Cut / Paste

선택한 데이터를 특정 위치로 이동시키고 싶을 때 사용하는 메뉴입니다. 즉, 데이터를 선택하고, Cut 메뉴를 선택하면 선택한 데이터가 화면에서 제거되고, 송 포지션 라인을 사용자가 원하는 위치로 가져다 놓고, Paste 를 선택하면 Cut으로 잘라낸 데이터가 이동됩니다. Cut 메뉴는 장치나 트랙의 이동도 가능한데 장치를 선택하면 Cut Device and Tracks과 Paste Device and Tracks으로 표시되고, 트랙을 선택하면 Cut Track and Device 과 Paste로 표시됩니다.

Copy / Paste

Cut 과 Paste는 선택한 데이터를 송 포지션 라인이 있는 위치로 이동하는 것이지만 Copy와 Paste 선택한 데이터를 송 포지션 라인이 있는 위치에 복사하는 기능입니다. 즉, 데이터를 선택하고, Copy 메뉴를 선택하면 화면에는 아무런 변화가 없지만 컴퓨터는 기억을 하고 있게 됩니다. 그리고 송 포지션 라인을 원하는 위치에 가져다 놓고 Paste를 선택하면 Copy를 적용한 데이터가 복사됩니다.

Copy 메뉴는 장치나 트랙, 그리고, 음색도 복사할 수 있습니다. 장치를 선택하면, Copy Device and Tracks과 Paste Devieces and Tracks 으로 표시되며, 트랙을 선택하면 Copy Track and Device와 Paste로 표시됩니다.

Cut, Copy, Paste 윈도우 XP에서 사용하는 대부분의 프로그램에서 동일하게 사용하는 편집 명령이므로 Ctrl +X, Ctrl+C, Ctrl+V의 3가지 단축키는 외워두는 것이 좋습니다.

Delete

선택한 데이터 및 장치 등을 삭제합니다. 장치를 선택한 경우에는 Delete Device and Tracks으로 표시되며, 트랙을 선택한 경우에는 장치와 트랙을 동시에 삭제하는 Delete Track and Device와 트랙만 삭제하는 Delete Tracks 메뉴가 보입니다. 삭제 명령에 해당하는 Delete 메뉴 역시 윈도우 XP에서 사용하는 대부분의 프로그램 에서 동일하게 사용하는 편집 명령이므로 단축키 Delete 를 외워두는 것이 좋습니다.

Select All

시퀀서에서는 모든 미디 파트를 선택하고, 편집 창에서는 모든 데이터를 선택합니다. 그리고 랙에서는 작업 중에 사용하는 모든 장치를 선택하는 Select All Devices로 표시됩니다. 이처럼 Edit 메뉴의 대부분은 작업 공 간이나 선택한 이벤트에 따라 역할이 달라지므로 주의하기 바랍니다.

Duplicate

트랙을 선택한 경우에는 Duplicate Tracks and Devices로 표시되며, 장치를 선택한 경우에는 Duplicate Devices and Tracks로 표시되지만 역할은 모두 선택한 트랙과 장치를 복사합니다. 동일한 데이터를 이용해서 서로 다른 장치를 배정하고, 음색을 합성하는 용도로 이용하거나 약간의 시간차를 두어 딜레이 효과를 연출하 는데도 유용한 기능입니다.

Copy / Paste Patch

Copy Patch는 선택한 장치의 패치를 복사하고, Paste Patch는 복사한 패치를 붙입니다.
같은 장치를 두 개 열어 놓았거나 프로젝트 파일을 두 개 이상 열어놓고, 작업할 때 유용한 기능입니다.

Initialize patch

선택한 장치의 패치 설정을 초기화 합니다. 악기를 설정하다가 마음이 변해서 처음부터 다시 설정하고 싶을 때
유용합니다.

Cut / Paste Pattern

Redrum이나 Matrix를 선택했을 때, 볼 수 있는 메뉴입니다. Cut Pattern은 패턴을 잘라내어 윈도우의 클립보
드에 저장하고, Paste Pattern은 클립보드에 저장한 패턴을 붙입니다.

Copy / Paste Pattern

Copy Pattern은 Redrum에 만든 패턴을 복사하여 윈도우의 클립보드에 저장하고, Paste Pattern은 클립보드에
저장한 패턴을 붙입니다.

Clear Pattern

Redurm 또는 Matrix의 패턴을 삭제합니다.

Browse Patches

선택한 장치의 음색이나 프리셋을 불러올 수 있는 Browser 창을 엽니다. 각 장치에 [Browser patch] 버튼을 이
용하기 때문에 Edit 메뉴를 이용할 경우는 없을 것입니다.

Browse ReCycle/REX Files

DrREX를 선택한 경우에 볼 수 있는 메뉴입니다. DrREX에서 연주할 파일을 불러올 수 있는 Browser 창을 엽
니다. DrREX에서 [Browse Loop] 버튼을 이용하기 때문에 메뉴를 이용할 경우는 없을 것입니다.

Browse Samples

NN-19나 NN-XT와 같은 샘플러를 선택했을 때, 볼 수 있는 메뉴로 Wav, Aif, Rx2 등의 샘플 파일을 불러올 수
있는 Browser 창을 엽니다.

Automap Samples

NN-19에서 샘플을 불러왔을 때, 각 샘플의 루트 키를 기준으로 Zone을 자동 배치하는 기능입니다.

Delete Sample

NN-19에서 불러온 선택한 샘플을 삭제합니다. NN-XT를 선택한 경우에는 Remove Sample이라는 메뉴 이름으로 표시되며 샘플을 삭제하는 역할은 동일합니다.

Delete Unused Samples

NN-19에서 불러온 샘플들 중에서 사용하지 않는 샘플을 삭제합니다. 여기서 사용하지 않는 다는 것은 건반에 Zone을 할당하지 않았다는 의미입니다.

Split Key Zone

NN-19에서 선택한 Key Zone을 좌/우로 나눕니다.

Delete Key Zone

NN-19에서 선택한 Key Zone을 삭제합니다. 계속해서 NN-XT를 선택했을 추가되는 메뉴를 살펴보겠습니다.

Reload Samples

NN-XT에서 선택한 샘플을 다시 로딩합니다. 샘플을 편집하다가 원래의 상태로 초기화하고 싶을 때 유용합니다.

Add Zone

NN-XT에 샘플 Zone을 만듭니다. 새로 만드는 Zone은 No Sample입니다.

Copy / Paste Zone

Copy Zone은 선택한 Zone 윈도우 XP의 클립보드에 저장하고, Paste Zone은 클립보드에 저장되어 있는 Zone을 붙입니다.

Duplicate Zones

선택한 Zone을 복사합니다.

Delete Zones

선택한 Zone을 삭제합니다.

Select All Zone

NN-XT의 모든 Zone을 선택합니다.

Copy Parameter to Selected Zones

선택한 Zone의 설정 파라미터를 복사합니다.

Sort Zones by Note

선택한 Zone을 노트 순서로 정렬합니다.

Sort Zones by Velocity

선택한 Zone을 벨로서티 값 순서로 정렬합니다.

Group Selected Zones

선택한 Zone을 그룹으로 만듭니다.

Set Root Notes from Pitch Detection

선택한 샘플의 루트 키를 분석하여 자동으로 Zone을 배치하는 역할을 합니다. 샘플 분석은 이름을 참조하므로 사용자가 샘플을 만들 때에도 파일 이름에 루트 키를 입력하는 습관을 들이기 바랍니다.

Automap Zones

선택한 샘플의 Zone을 자동으로 배치합니다. 이 메뉴를 실행하기 전에 Set Root Notes from Pitch Detection 를 실행하여 루트 키를 설정하기 바랍니다.

Automap Zones Chromatically

선택한 샘플의 루트 키를 무시하고 건반에 크로매틱 스케일로 배치합니다.

Create Velocity Crossfades

선택한 샘플의 벨로서티에 적합한 Crossfades를 만듭니다. 계속해서 Redrum을 선택했을 때, 추가되는 메뉴의 역할을 살펴보겠습니다.

Copy REX Loop to Track

DrREX를 선택한 경우에 볼 수 있는 메뉴입니다. 로딩한 루프 데이터를 트랙에 만듭니다.
범위는 Redrum에서와 같이 로케이터 구간입니다.

Copy Pattern to Track

선택한 패턴을 시퀀서의 트랙에 입력합니다. 입력 구간은 로케이터 범위이므로 사용자가 원하는 범위를 미리
설정해야 합니다.

Shift Pattern Left / Right

Redum, Matrix, thor 등을 선택했을 때, 볼 수 있는 메뉴입니다. 선택한 패턴을 Shift pattern Left(왼쪽), Shift
Pattern Right(오른쪽)으로 이동시킵니다.

Shift Drum Left /Right

Shift Drum Left /Right 선택한 채널의 노트를 Shift Drum Left(왼쪽)/Shift Drum Right(오른쪽)으로 이동시킵
니다.

Shift Pattern Up / Down

선택한 패턴의 음정을 위(UP), 아래(Down)로 조정합니다.

Randomize sequencer Pattern

Thor를 선택했을 때 볼 수 있는 메뉴입니다. 사용자가 선택한 편집 모드의 스텝 값을 자유롭게 조정합니다.

Randomize Pattern

선택한 패턴을 자유롭게 만듭니다.

Randomize Drum

선택한 채널의 노트를 자유롭게 만듭니다.

Alter pattern

선택한 패턴을 자유롭게 변경합니다.

Alter Drum

선택한 채널의 노트를 자유롭게 변경합니다.

Invert Pattern

PRG-8을 선택했을 때, 볼 수 있는 메뉴입니다. 사용자가 설정한 패턴을 반대로 만듭니다.

Arpeggio Notes to Track

트랙에 입력되어 있는 코드를 실제 아르페지오 연주 노트를 만들어줍니다. 즉, 시퀀서 트랙에 코드가 입력되어 있어야 합니다. 큐베이스나 소나 사용자는 리즌 4의 시퀀서를 이용할 이유가 없기 때문에 별 의미 없는 메뉴입니다.

Combine

선택한 장치를 Combinator 안에 장착합니다. 기준은 선택한 장치의 위쪽에 위치한 Combinator이며, Combinator가 없을 경우에는 새로운 Combinator를 만듭니다. 그러나 마우스 드래그를 이용하는 것이 편하기 때문에 Edit 메뉴의 Combine은 잘 사용하지 않습니다.

Uncombine

Combinator안에 장착되어 있는 장치를 밖을 꺼냅니다. 역시 Combinator 아래쪽에 위치하며, 마우스 드래그를 이용하는 것이 편리할 것입니다. 장치를 Combinator 안이나 밖으로 이동할 때는 장치 왼쪽의 이름 표시 부분을 드래그합니다.

Create / Delete Track

트랙을 만들지 않은 장치를 선택하면, Create Track for 메뉴를 볼 수 있으며, 트랙을 만드는 역할을 합니다. Delete Track for는 장치는 그대로 두고 트랙만 삭제합니다.

Auto-Route /Disconnect Device

Auto-Route 메뉴는 선택한 장치의 라인이 연결되어 있지 않을 경우에 리즌 4가 자동으로 선택한 장치의 라인을 연결해주는 역할을 합니다. Disconnect Device는 연결되어 있는 라인을 모두 해제합니다. 두 메뉴는 마우스 드래그를 이용하는 것이 편리할 것입니다. 많은 장치를 사용하고 있는 경우에는 랙 뒷면의 라인 인/아웃 단자에서 마우스 오른쪽 버튼을 클릭하면 현재 사용하고 있는 장치의 목록을 볼 수 있으며 목록에서 라인의 연결을 확인하거나 변경할 수 있습니다.

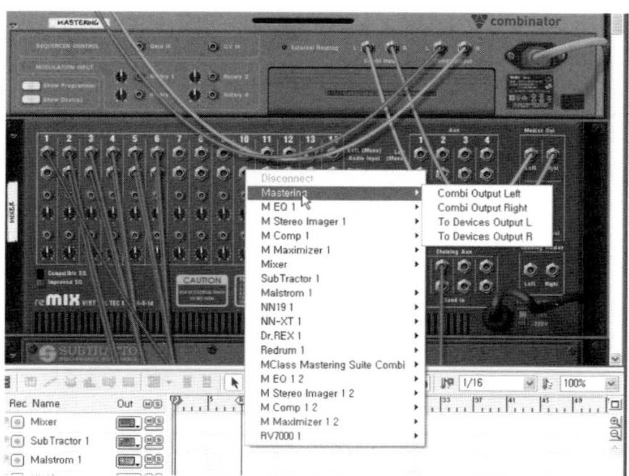

Insert Bars between Locators

로케이터 구간에 빈 공간을 삽입합니다. 로케이터 시작 위치(L)는 Ctrl 키를 누를 상태에서 룰러 라인을 클릭, 끝 위치는 Alt 키를 누른 상태에서 클릭하여 설정할 수 있습니다. Insert Bars between Locators는 리즌 4에서 곡 작업을 할 때, 중간에 새로운 데이터를 입력하기 위해서 사용합니다.

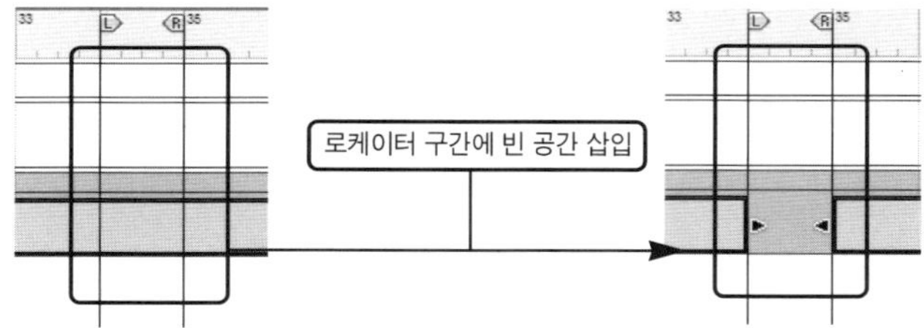

Remove Bars between Locators

로케이터 구간을 삭제합니다. 로케이터 구간을 삭제하면 삭제한 구간만큼 오른쪽의 파트를 왼쪽으로 이동하는 것으로 Remove Bars between Locators는 리즌 4에서 곡 작업을 할 때, 곡의 일부분을 제거하기 위해서 사용합니다.

Convert Pattern Track to Notes

Redrum 또는 DrREX의 패턴을 노트로 변환합니다. 녹음과 재생 버튼을 클릭하여 녹음을 시작하고, Redrum 또는 DrREX의 패턴 버튼을 누르면 사용자가 누른 패턴을 녹음할 수 있습니다. 미디 작업 또는 패턴 수정을 위해서 녹음한 패턴을 노트로 변환할 필요가 있을 때, Convert Pattern Track to Notes 메뉴를 이용합니다.

Commit to Groove

글루브 믹서의 패턴이 적용된 트랙에서 사용할 수 있는 메뉴입니다. 글루브 믹서의 패턴을 실제 노트에 적용하여 위치를 변경합니다.

Parameter Automation

선택한 장치의 오토메이션을 기록할 수 있는 트랙을 만듭니다. 메뉴를 선택하면 오토메이션을 기록할 파라미터를 선택할 수 있는 Track Parameter Automation 창이 열립니다. 여기서 원하는 파라미터를 체크하고, [OK] 버튼을 클릭하면 선택한 파라미터의 이름으로 오토메이션 트랙이 만들어집니다.

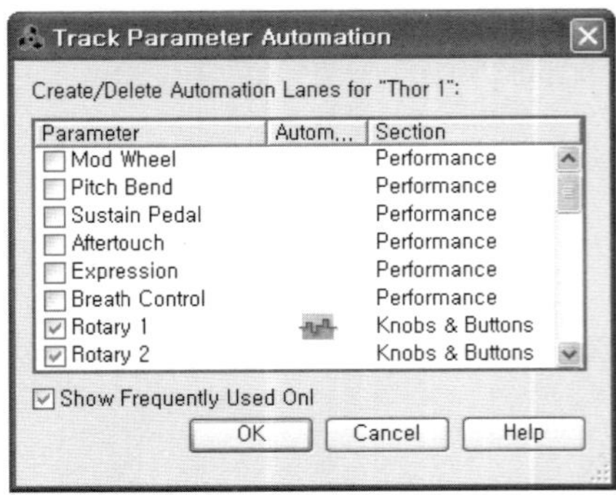

New Note Lane

선택한 장치를 연주할 라인 트랙을 만듭니다. 리즌 4는 하나의 장치에 사용자가 원하는 만큼의 트랙을 만들 수 있다는 특징이 있습니다.

Merge Note Lanes on Track

선택한 장치에 두 개 이상의 트랙이 있을 경우에 사용할 수 있는 메뉴입니다. 선택한 트랙에서 사용하고 있는 모든 라인 트랙을 하나로 병합합니다. 드럼 채널과 같이 서로 다른 악기를 트랙별로 나누어 입력하고, 하나로 병합하고 싶을 때, 유용합니다.

Get Groove From Clip

선택한 파트 또는 데이터를 사용자 퀀타이즈로 설정합니다. 큐베이스나 소나 사용자는 글루브 퀀타이즈의 개념을 잘 알고 있을 것입니다. 리즌 4의 Get Groove From Clip 메뉴는 글루브 퀀타이즈와 동일한 개념으로 사용자가 선택한 데이터를 퀀타이즈 목록의 User에 등록합니다. 단, Get Groove From Clip를 실행한 마지막 데이터를 기억하고 있다는 것에 주의하기 바랍니다.

Join Clips

선택한 파트를 하나로 병합합니다. 단, 하나의 라인에 존재하는 파트만 가능합니다. 참고로 리즌 4에서 클립(Clips)이라고 부르고 있는 것을 본서에서는 파트라고 부르고 있으므로 착오 없길 바랍니다.

Mute Clip

선택한 파트를 뮤트 시키며 메뉴는 뮤트 시킨 것을 해제할 수 있는 Unmute clip으로 변경됩니다.

Crop Evets to Clips

작업을 하다가 보면, 필요없는 노트들을 삭제하기 보다는 파트의 길이를 줄이는 경우가 있습니다. 즉, 노트는 존재하지만 연주는 되지 않는 것입니다. 그러나 이것을 미디 파일로 만들면 연주되는 않는 노트까지 그대로 저장됩니다. Crop evets to Clips 메뉴는 파트 밖의 노트를 삭제하는 역할입니다.

Add Labels to Clips

파트의 이름을 입력할 수 있게하며, 이름이 입력되어 있는 파트를 선택하면 이름을 삭제할 수 있는 Remove Lables from clips 메뉴로 표시됩니다.

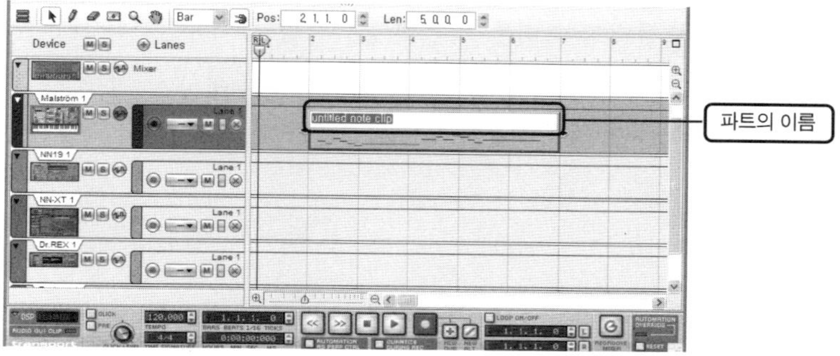

Clips Color

파트의 색상을 선택할 수 있는 서브 메뉴를 가지고 있습니다. 악기 또는 특정 프레이즈를 색상으로 구분해 놓으면, 작업을 효과적으로 할 수 있을 것입니다.

Track Color

Clips Color와 같은 역할을 하는 것으로 선택한 트랙의 색상을 변경합니다.

Quantize Notes

선택한 파트 또는 데이터의 노트를 퀀타이즈합니다. Quantize Notes 메뉴를 선택했을 때의 기준은 시퀀서 창의 퀀타이즈 목록에서 선택한 값입니다.

Edit Keyboard Control Mapping

Options 메뉴의 Keyboard Control Edit Mode가 선택되어 있는 경우에 볼 수 있는 메뉴입니다. Keyboard Control Edit Mode 옵션 메뉴를 선택하면 노란색 화살표 표시로 키보드가 설정되어 있지 않은 파라미터를 볼 수 있는데, Edit Keyboard Control Mapping 메뉴를 이용해서 사용자가 원하는 키 값을 설정할 수 있습니다.

Clear Keyboard Control Mapping

Edit Keyboard Control Mapping 메뉴를 이용해서 키 값을 설정한 경우에 볼 수 있는 메뉴입니다. 선택한 파라미터의 키 값을 삭제합니다. Edit Keyboard Control Mapping과 Clear Keyboard Control mapping 메뉴는 해당 파라미터에서 마우스 오른쪽 버튼을 클릭하면 열리는 단축 메뉴를 이용하는 것이 편할 것입니다.

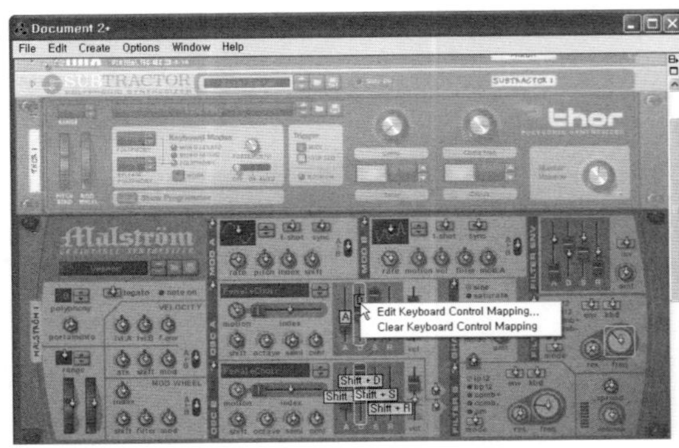

Clear all Keyboard Control Mapping for Device

Clear Keyboard Control mapping 메뉴는 선택한 파라미터의 키 값을 삭제하지만, Clear all Keyboard Control Mapping for Device는 선택한 장치에 설정되어 있는 모든 키 값을 삭제합니다.

Edit Remote Override Mapping

Options 메뉴의 Remote Override Edit Mode가 선택되어 있는 경우에 볼 수 있는 메뉴입니다. 키 값과 동일하게 선택한 파라미터를 마스터 키보드 또는 미디 컨트롤러로 조정할 수 있는 값을 설정할 수 있는 창을 엽니다. 설정 창에 관해서는 Options 메뉴에서 설명합니다.

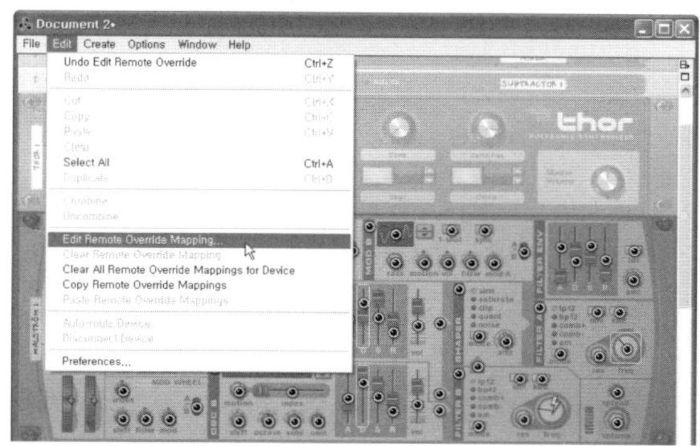

Clear Remote Override mapping

미디 컨트롤러가 설정된 파라미터를 선택 했을 때, 볼 수 있는 메뉴로 해당 파라미터에 설정된 미디 값을 삭제합니다. 이것 역시 파라미터에서 마우스 오른쪽 버튼을 클릭하면 Edit Remote Override mapping과 Clear Remote Override mapping 단축 메뉴를 사용할 수 있습니다.

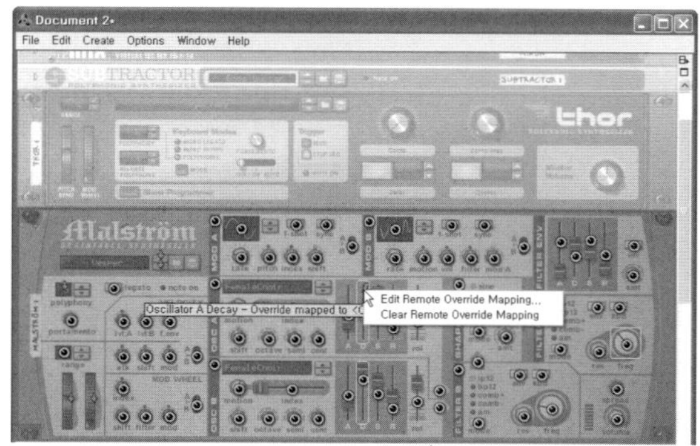

Clear All Remote Override mapping for Device

Clear Remote Override mapping 메뉴는 선택한 파라미터에 설정되어 있는 컨트롤 값을 삭제하지만 Clear All Remote Override mapping for Device는 선택한 장치에 설정되어 있는 모든 컨트롤 값을 삭제합니다.

❧ Copy/Paste Remote Override Mappings

Copy Remote Override Mappings 메뉴는 선택한 파라미터에 설정되어 있는 컨트롤 값을 복사하고, Paste Remote Override Mappings은 복사한 컨트롤 값을 선택한 파라미터에 붙입니다. 장치는 다르지만 역할이 같은 파라미터에 컨트롤 값을 설정할 때 유용합니다.

❧ Preference

리즌 4의 환경을 설정할 수 있는 Preference 창을 엽니다. Preference 창은 기본 환경을 설정할 수 있는 General를 비롯해서 오디오 장치를 위한 Aduio, 컨트롤러를 위한 Keyboard and Control surfaces, 다른 시퀀스와의 동기 작업을 위한 Advanced control, 사용 언어 선택을 위한 International 페이지를 제공합니다. 각 페이지의 역할은 PART 1에서 살펴보았으므로, 자세한 내용은 생략합니다.

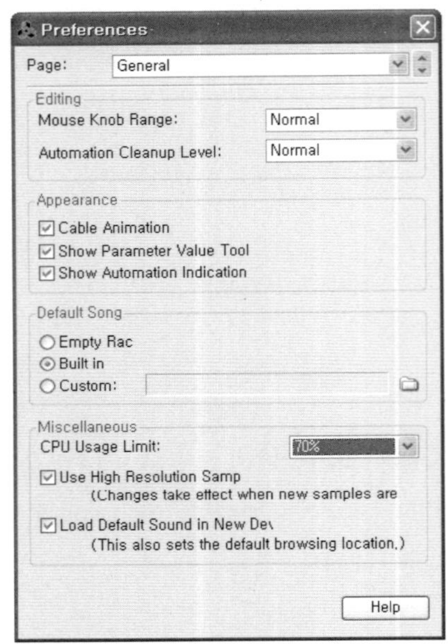

이상으로 선택한 장치에 따라서 유동적으로 변경되는 Edit 메뉴를 모두 살펴보았습니다.

Edit 메뉴는 해당 장치에서 마우스 오른쪽 버튼을 클릭했을 때 열리는 단축 메뉴와 동일하므로, 단축 메뉴를 더 많이 사용하게 될 것입니다.

Create 메뉴는 PART 2에서 살펴보았던 리즌 4의 다양한 장치를 추가하는 역할을 합니다.

PART 2에서 살펴보지 못한 것은 새로운 트랙을 만드는 Sequencer Track과 장치 추가와 동시에 음색을 로딩하는 역할의 Create Device by Browsing Patches 두 가지 메뉴입니다.

Create Instrument / Effect

새로운 악기 또는 이펙트 장치를 장착합니다. Create Instrument 또는 Reate Effect 메뉴를 선택하면, 음색이나 프리셋을 불러올 수 있는 브라우저 창이 열리며, 선택한 음색이나 프리렛에 해당하는 악가와 이펙트를 장착합니다.

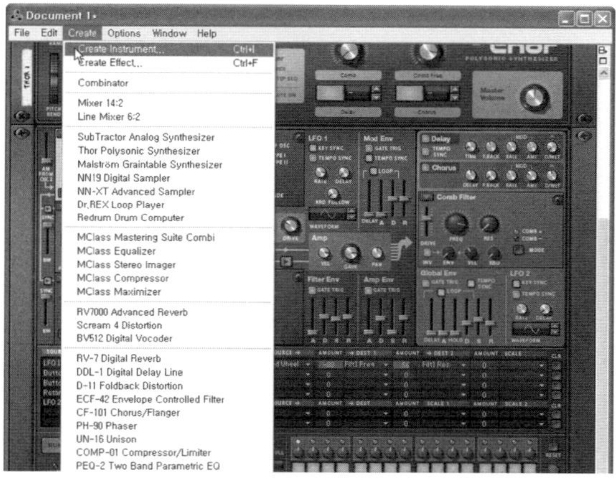

Create Device by Browsing Patches

그 외 Cimbinator에서부터 Rebirth Input Machine까지의 32가지의 Create 메뉴는 PART 2에서 학습한 악기와 이펙트 등의 장치를 장착합니다. 하지만 장치를 장착하는 메뉴는 랙의 빈 공간에서 마우스 오른쪽 버튼을 클릭하면 열리는 단축 메뉴나 리즌 4에 추가된 Tool Window의 Devices 페이지를 많이 이용합니다.

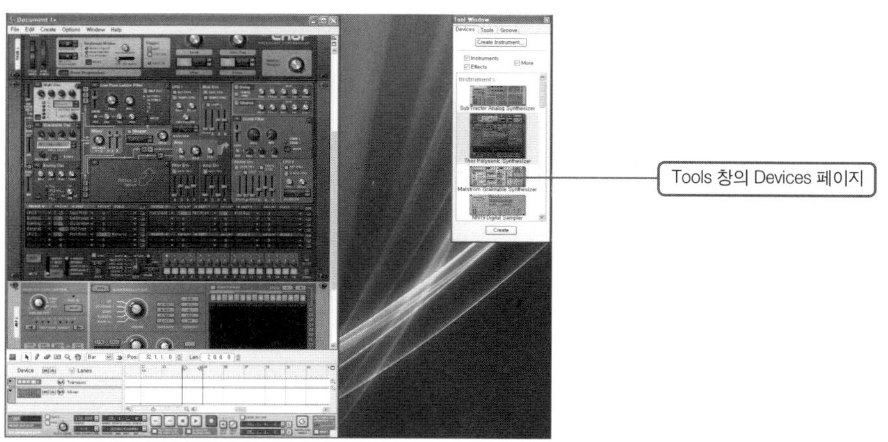

리즌 4를 단독으로 사용할 것인지 리와이어로 사용할 것인지 등의 Sync 선택과 컨트롤러 설정 등 부가적인 옵션을 설정할 수 있는 메뉴들로 구성되어 있습니다.

❧ Sync

Internal Sync, MIDI Clock Sync, ReWire Sync의 서브 메뉴를 가지고 있는 Sync 메뉴는 리즌 4를 단독으로 사용할 때 선택됩니다. Internal Sync는 내부 동기 신호를 이용하는 것이고, MIDI Clock Sync는 외부 미디 신호를 이용하는 것으로 큐베이스나 소나가 설치된 컴퓨터와 리즌이 설치된 컴퓨터 미디 케이블로 연결한 후, 큐베이스나 소나에서 리즌 4를 동기 시키고자 할 때 사용합니다. 그리고, ReWire Sync는 동일한 컴퓨터에서 큐베이스나 소나 그리고 리즌 4를 함께 사용하고 있을 때, 자동 선택됩니다.

❧ Enable Keyboard Control

컴퓨터 키보드로 장치의 파라미터를 컨트롤 할 수 있게 하는 선택 옵션 메뉴입니다. 컨트롤 하고 싶은 파라미터에서 마우스 오른쪽 버튼을 클릭하여 단축 메뉴를 열고, Edit Keyboard Control Mapping를 선택하여 창을 열고, 사용하고자 하는 키를 누르면 해당 자동으로 할당됩니다. 그리고, Enable Keyboard Control 메뉴를 체크하면, 사용자가 설정한 키보드로 해당 파라미터를 컨트롤 할 수 있는 것입니다.

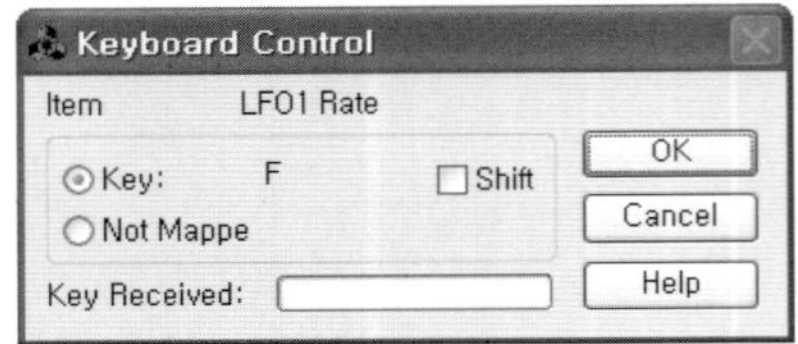

❧ Keyboard Control Edit Mode

사용자가 설정한 키가 생각나지 않는 다면, Keyboard Control Edit Mode 메뉴를 선택하여 체크 표시를 하면, 선택한 장치에 할당되어 있는 키를 볼 수 있습니다. 그 외 키가 설정되어 있는 않은 파라미터는 노란색 화살표 표시를 합니다.

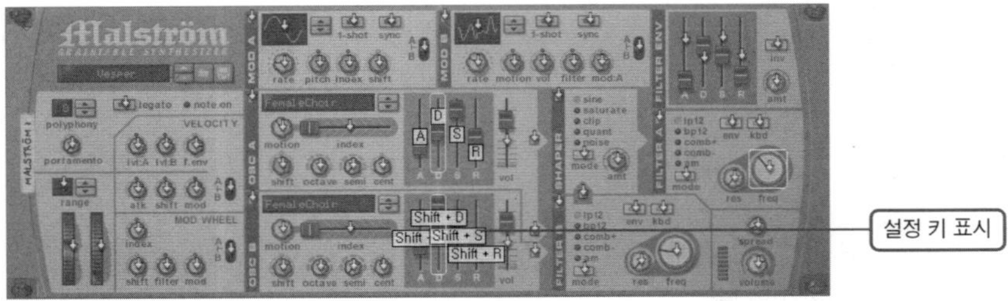

Remote Override Edit Mode

외부 미디 컨트롤러로 리즌 4의 각종 파라미터를 컨트롤 할 수 있습니다. 리즌 4에 기본적으로 프리셋되어 있는 장치 사용자는 Preferences 창에서 해당 컨트롤러를 선택만해도 리즌 4의 별다른 설정 없이 리즌 4의 파라미터를 컨트롤 할 수 있지만, 그 외의 장치를 사용하고 있다면, 사용자가 원하는 컨트롤을 설정해야 합니다.

설정 방법은 컨트롤하고 싶은 파라미터에서 마우스 오른쪽 버튼을 클릭하여 단축 메뉴를 열고, Edit Remote Override Mapping을 선택하여 창을 엽니다. 창에서 Learn From Control Surface Input 옵션을 체크하고, 사용자가 가지고 있는 장치의 컨트롤을 움직이면 자동으로 할당됩니다.

Remote Override Edit Mode를 선택하면 할당되어 있는 파라미터는 번개 표시, 할당되어있지 않는 파라미터는 파란색 화살표 표시로 확인할 수 있습니다.

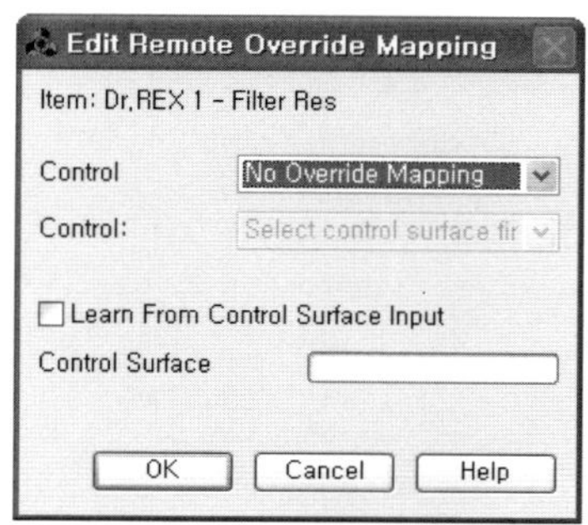

Additional Remote Overrides

선택한 장치에 할당되어 있는 컨트롤러의 목록을 확인할 수 있는 창이 열립니다. [Edit] 버튼을 선택한 리스트의 값을 변경할 수 있는 Edit Remote override Mapping 창을 열어주고, [Clear] 버튼은 사용자가 새롭게 설정한 컨트롤 목록을 선택했을 사용할 수 있는 것으로 해당 컨트롤에 할당했던 값을 삭제합니다.

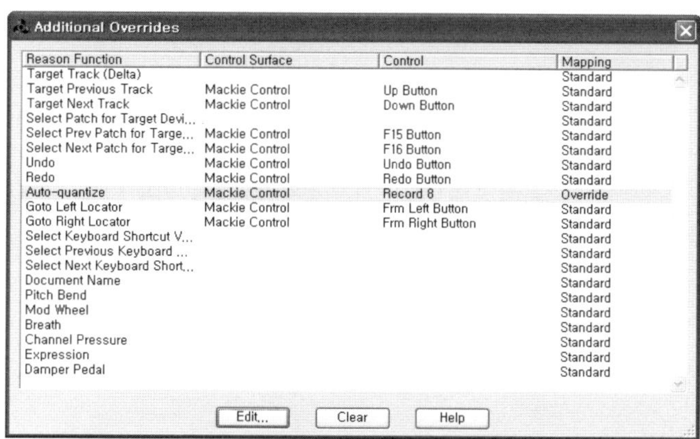

Surface Locking

두 대 이상의 컨트롤러를 사용하고 있을 경우에는 한 개의 파라미터에 두 대의 장비가 중복될 수 있습니다. 이 때 Surface Locking 메뉴를 이용하여 특정 장치만을 컨트롤 할 수 있는 컨트롤러를 선택할 수 있습니다. 창의 Lock to device에서 선택한 장치는 Surface에서 선택한 장치로만 컨트롤됩니다.

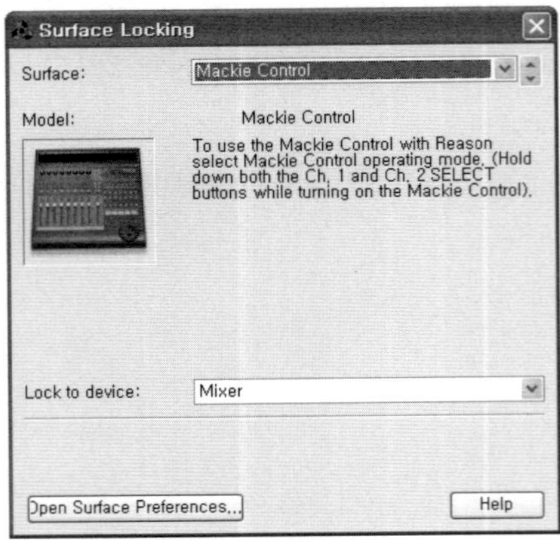

Toggle Rack Front/Rear

랙의 전면과 뒷면이 보이게 하는 메뉴입니다. 이미 Tab 키를 이용해서 수 차례 이용해보았으므로 메뉴를 이용할 경우는 없을 것입니다.

Show Cables

랙 뒷면의 케이블을 화면에 보이게 할 것인지의 여부를 선택하는 옵션 메뉴입니다. 기본적으로 체크되어 있는 Show Cables 메뉴를 선택하면 케이블이 감춰지고, 케이블이 연결되어 있던 단자에 색상만 표시됩니다. 그리고 색상이 표시되어 있는 단자에 마우스를 가져가면 어떤 장치의 어떤 단자로 연결되어 있는지를 표시합니다.

Follow Song

시퀀서 창의 화면을 고정할 것인지의 여부를 선택하는 옵션 메뉴입니다. 기본적으로 체크되어 있는 상태에서는 곡을 연주할 때, 송 포지션 라인 위치에 따라 화면이 오른쪽으로 이동하지만 Follow Song 메뉴를 선택하여 체크 표시를 해제하면 송 포지션 라인 위치에 상관없이 화면이 고정됩니다. 곡을 모니터 하면서 데이터를 수정하고 싶을 때 유용합니다.

Auto-color New Sequencer Tracks

새로운 트랙을 만들 때, Edit 메뉴의 Track Loclor 서브 메뉴에 있는 색상 순서대로 자동 설정됩니다. 물론, 설정된 색상은 Edit 메뉴의 Track Loclor로 변경할 수 있습니다.

파트가 표시되어 있는 트랙 모드를 편집이 가능한 모드로 변경합니다. 이것은 파트를 더블 클릭하거나 도구 모음 줄의 [편집] 버튼을 이용하는 것이 편리할 것입니다.

5 WINDOW 메뉴

Window 메뉴는 Stay On Top과 Detach Sequencer Window의 두 가지 메뉴와 열려있는 프로젝트의 이름을 표시합니다.

~ Stay On Top

작업 중인 프로젝트를 윈도우 화면의 앞쪽에 고정합니다. 두 개 이상의 프로젝트를 열어 놓고 작업하는 경우나 마스터 프로그램과 함께 리와이어로 사용하고 있을 때, 리즌 4를 항상 화면 앞쪽에서 보이게 합니다.

~ Detach Sequencer Window

프로젝트 화면 하단에 위치하고 있는 시퀀서 창을 별도의 창으로 분리합니다. 시퀀서가 분리되면, Detach Sequencer Window 메뉴는 다시 결합할 수 있는 Attach Sequencer Window로 변경됩니다. 분리된 시퀀서 창은 가장 자리를 드래그하여 크기를 조정할 수 있으므로 랙과 별도로 사용하고 싶을 때 유용합니다.

Show Tool Window

리즌 4에 추가된 Tool Window를 열거나 닫습니다. Tool Window는 장치를 장착하는 역할의 Devices, 노트를 편집할 때 이용할 수 있는 Tool, 글루브 믹서의 설정 값을 편집할 수 있는 Groove의 3가지 페이지로 구성되어 있습니다.

1) Device

리즌 4에서 제공하는 장치의 리스트가 표시되어 있으며, [Create] 버튼을 클릭하여 선택한 장치를 추가할 수 있습니다. Create Instruments 버튼을 클릭하면 장치와 음색을 동시에 불러올 수 있는 Patch Browser 창이 열립니다.

2) Tool

시퀀스에 입력한 데이터를 편집하는 역할로, Quantize, Pitch, Note Velocity, Note Lengths, Legato Adujstments, Scale Tempo, Alter Notes, Automation cleanup의 8가지 패널로 구성되어 있습니다. 각각의 패널은 이름 오른쪽에 보이는 버튼을 이용해서 열거나 닫습니다.

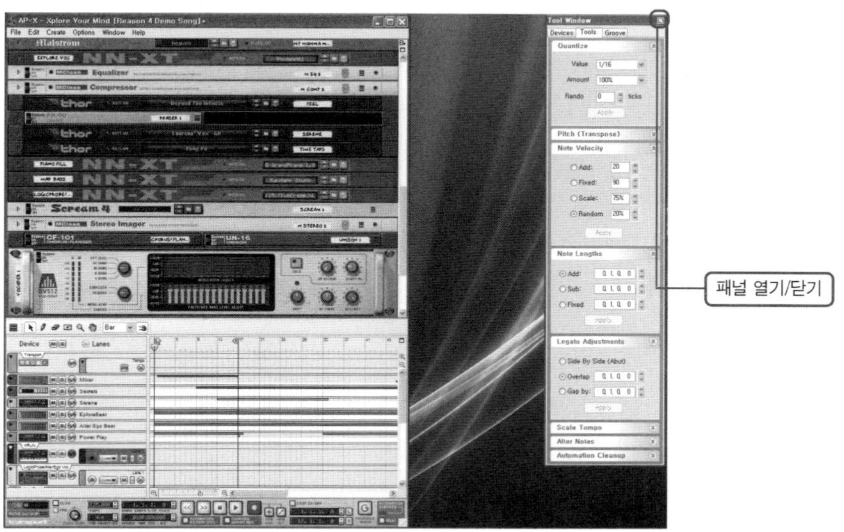

2-1) Quantize

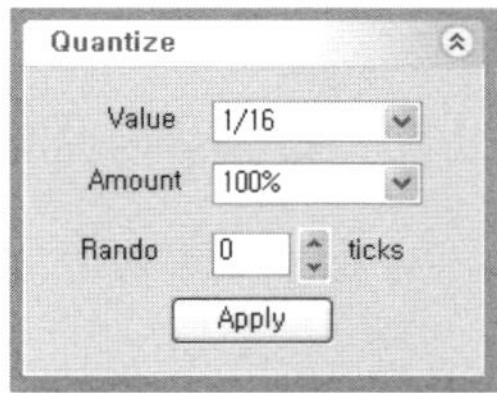

선택한 노트를 퀀타이즈 시킵니다. Value에서 퀀타이즈 단위를 선택하고, Amout는 퀀타이즈 적용 범위를 퍼센트 단위로 선택합니다. 그리고 Random은 퀀타이즈를 틱 단위로 자유롭게 틀어서 기계적인 느낌을 감소시킬 수 있는 역할을 합니다. 각각의 항목에서 원하는 값을 설정하고 [Apply] 버튼을 클릭하여 적용합니다.

2-2) Pitch (Transpose)

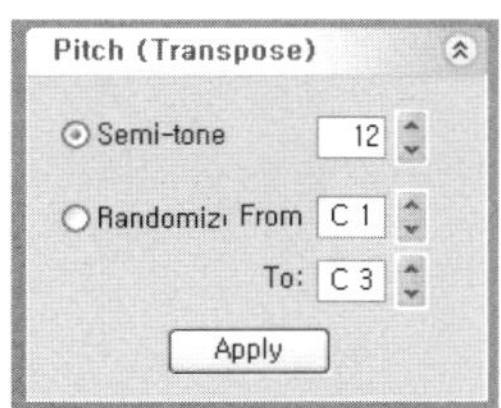

선택한 노트의 음정을 변경합니다. Semi-tone에서 변경할 음정을 선택할 수 있으며, Randomize는 From에서 선택한 노트를 To에서 선택한 음정으로 변경합니다.

2-3) Note Velocity

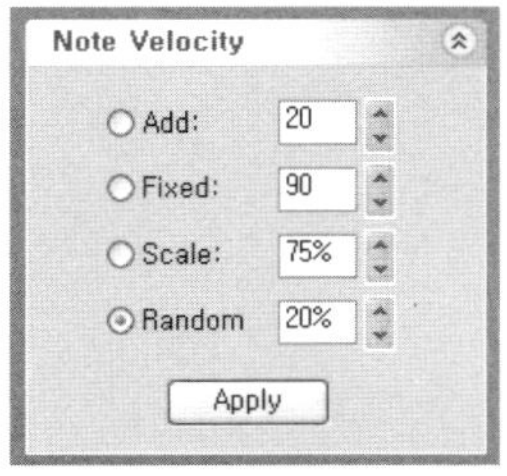

선택한 노트의 벨로시티를 조정합니다. Add에서 설정한 값은 입력된 노트의 벨로시티를 증/감시키는 역할을 하고, Fixed는 설정한 값으로 변경합니다. 그리고 Scale은 설정한 값의 비율로 증감시키고, Random은 무작위로 변경하여 인간적인 느낌을 만듭니다.

2-4) Note Lengths

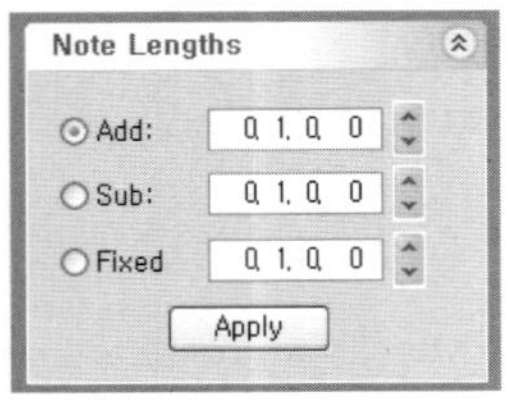

선택한 노트의 길이를 조정합니다. Add는 설정한 값만큼, 길이를 늘리고, Sub 는 줄입니다. 그리고 Fixed는 설정한 값으로 모두 변경합니다. 단위는 마디, 박 자, 비트, 틱입니다.

2-5) Legato Adujstments

선택한 노트를 겹쳐서 레가토 효과를 연출합니다. Side by Side는 노트의 간격 을 채우고, Overlap은 설정한 값만큼 노트의 길이를 연장합니다. 그리고 Gap by는 설정한 값만큼 갭을 만들어 레가토와 반대로 스타카토 등의 연주를 연출 할 수 있습니다.

2-6) Scale Tempo

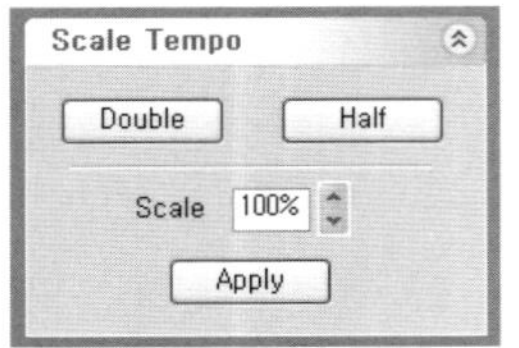

선택한 노트의 간격을 조정합니다. [Double] 버튼은 간격을 두 배로 줄이고, [Half]는 두 배로 늘려 템포를 조정하는 것입니다. 이때의 조정 범위는 Scale로 설정합니다.

2-7) Alter Notes

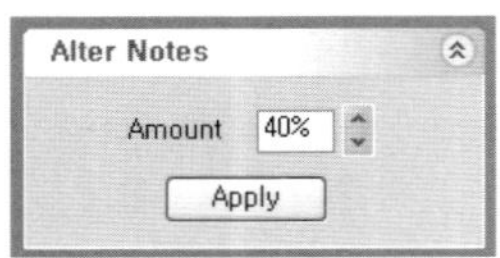

선택한 노트의 음정, 길이, 벨로시티 등을 무작위로 변경합니다. 변경 범위는 Amount로 설정합니다.

2-8) Automation Cleanup

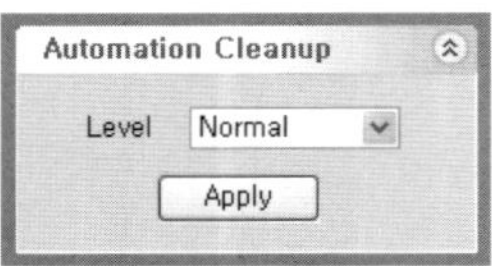

오토메이션 기록을 정리합니다. Level에서 선택한 메뉴로 제거 정도를 선택할 수 있습니다. 너무 많은 오토메이션이 기록되어 있는 경우에는 연주가 불안정 해질 수 있는데, 이때, Cleaup 기능을 이용해서 정리할 수 있습니다.

3) Groove

글루브 믹서 패턴이 적용될 값을 설정합니다. 설정할 채널은 글루브 믹서의 [Edit] 버튼을 클릭하거나 Groove 항목에서 선택할 수 있습니다. Groove Patch는 패턴을 불러올 수 있는 Browser 창을 열고, Time, Velocity, Note, Random 슬라이드는 모두 글루브 패턴이 적용되는 범위를 조정합니다. [Get Groove Clip] 버튼은 시퀀서 창에서 선택한 파트를 새로운 패턴으로 만들어 주는 역할을 합니다. 즉, 사용자가 만든 리듬을 글루브 패턴으로 이용할 수 있으며 Groove Patch 항목의 [저장] 버튼을 클릭하여 사용자 패턴으로 저장할 수 있습니다.

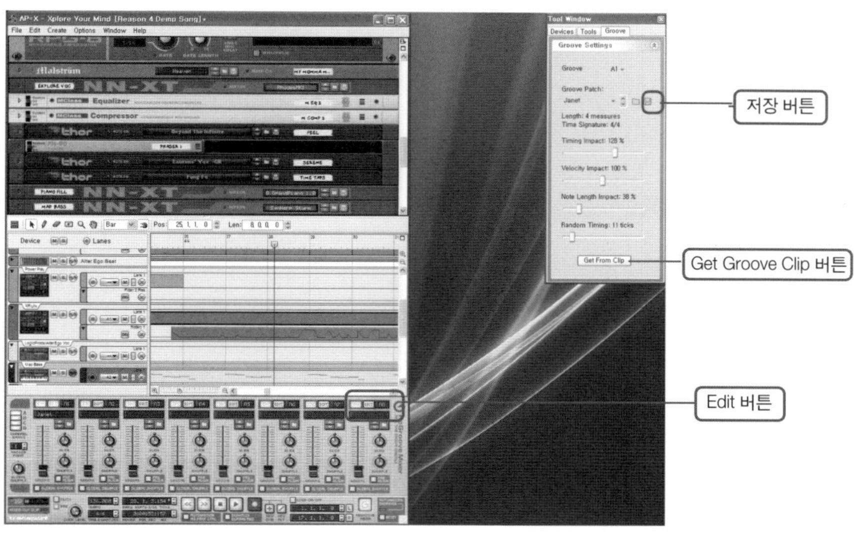

Document

현재 열어놓은 프로젝트의 이름이 모두 표시됩니다. 두 개 이상의 프로젝트를 열어놓고, 각각의 프로젝트로 전환할 때 사용할 수 있는 메뉴입니다.

리즌 4의 도움말이나 제작사 홈페이지로 연결되는 메뉴로 구성되어 있습니다.

Contents / Index / Search

영어에 자신이 있다면 본서가 필요 없을 정도로 자세한 내용의 설명서를 볼 수 있습니다. 설명서에는 목차, 색인, 검색의 3가지 탭으로 제공되고 있는데, Contents는 목차, Index는 색인, Search는 검색 페이지를 열어준다는 차이만 있습니다. 이것은 도움말 창에서 직접 선택할 수 있으므로, 동일한 역할을 하는 메뉴입니다.

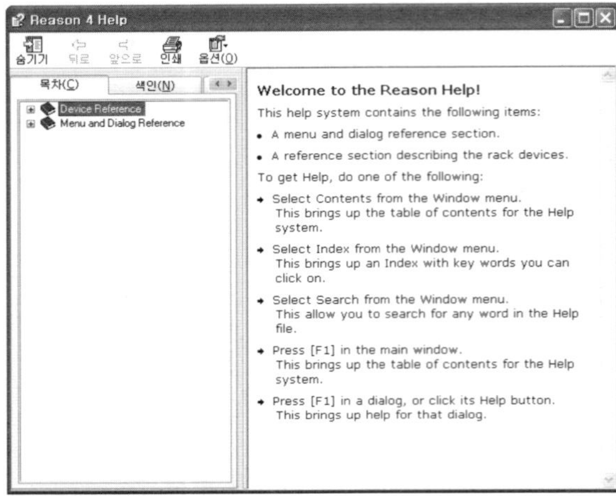

Go to the Propellerhead Homepage ~ Check For Update

Go to the Propellerhead Homepage에서부터 Check for Updates의 7가지 메뉴는 방문하는 페이지만 다를 뿐, 모두 리즌 4의 제작사 홈페이지로 연결합니다. 리즌은 수시로 업데이트가 되고 있고, 다양한 ReFills를 출시하고 있으므로 종종 방문하여 새로운 소식을 접해보는 것도 좋습니다.

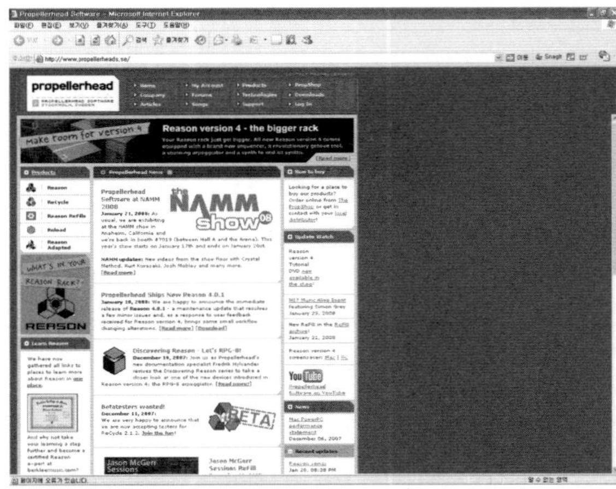

﹌ About Reason

사용하고 있는 리즌 4의 버전을 확인할 수 있는 창이 열립니다. 리즌 4는 자잘한 버그를 해결한 업데이트 버전을 정식 사용자에게 무료로 제공하고 있으므로 build 번호를 확인하고, 홈페이지를 방문하여 항상 최신 버전을 유지할 수 있습니다.

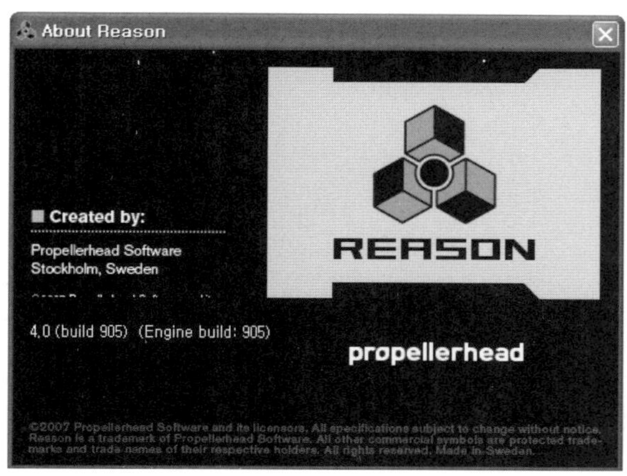

큐베이스나 소나를 마스터 프로그램으로 사용하는 경우에는 필요 없는 내용이었지만, 리즌 4 학습을 정리한다는 의미에서 시퀀서와 메뉴의 역할을 모두 살펴보았습니다. 본서의 실질적인 내용인 PART 2만큼은 반복 학습을 통해 완벽하게 익혀두기 바랍니다.

아무쪼록 여러분의 노력이 멈추지 않는다면 그 꿈은 반드시 이루어지리라 믿습니다.

감사합니다.

찾아보기